BEIJING SHI
JIAOTONG YONGDU CHENGYIN FENXI
YU DUICE YANJIU

北京市交通拥堵成因分析与对策研究

周正宇　郭继孚　杨　军◇编著

人民交通出版社股份有限公司
China Communications Press Co.,Ltd.

内 容 提 要

本书全面介绍了北京市交通发展历程和交通发展现状,对北京市目前阶段的交通拥堵现象进行了归纳总结,提出了北京交通拥堵的新特征、内涵和评价方法。同时,详细解析了北京交通拥堵的特点和形成机理、交通拥堵成因体系和特征、交通拥堵主要矛盾等,并在借鉴世界典型城市交通发展历程及治理经验基础上,结合北京实际,提出了北京市交通拥堵治理的对策措施。

本书为城市交通决策管理者以科学、客观、理性与长远的态度审视和应对城市交通拥堵问题提供了参考,有助于城市交通拥堵管理向精细化发展。本书也可供交通运输相关专业师生作为参考书使用。

图书在版编目(CIP)数据

北京市交通拥堵成因分析与对策研究 / 周正宇,郭继孚,杨军编著. — 北京:人民交通出版社股份有限公司,2019.6
 ISBN 978-7-114-15590-1

Ⅰ.①北… Ⅱ.①周… ②郭… ③杨… Ⅲ.①城市交通—交通拥挤—研究—北京 Ⅳ.① U491.2

中国版本图书馆 CIP 数据核字(2019)第 100003 号

书　　名:	北京市交通拥堵成因分析与对策研究
著 作 者:	周正宇　郭继孚　杨　军
责任编辑:	刘　博　杨丽改
责任校对:	赵媛媛
责任印制:	张　凯
出版发行:	人民交通出版社股份有限公司
地　　址:	(100011)北京市朝阳区安定门外外馆斜街 3 号
网　　址:	http://www.ccpress.com.cn
销售电话:	(010)59757973
总 经 销:	人民交通出版社股份有限公司发行部
印　　刷:	北京凯鑫彩色印刷有限公司
开　　本:	787×1092　1/16
印　　张:	24
字　　数:	566 千
版　　次:	2019 年 6 月　第 1 版
印　　次:	2019 年 6 月　第 1 次印刷
书　　号:	ISBN 978-7-114-15590-1
定　　价:	98.00 元

(有印刷、装订质量问题的图书由本公司负责调换)

编 委 会

主　　任：周正宇

副 主 任：郭继孚　杨　军

参编人员：刘　莹　许　焱　刘宇环　郑晓彬

朱宇婷　程　颖　谷　岩　余　柳

蔡　静　周　凌　李晓明　徐　龙

管城熠　孙海瑞　张　帅　何巍楠

周瑜芳　沙　川　包婼娜　陈　静

张　溪　卢霄霄

前 言

近年来,北京市交通发展的内外部环境发生重要变化。从外部环境看,党的十九大提出建设交通强国的战略目标,京津冀协同发展战略提出交通一体化先行,新版城市总体规划进一步明确北京"四个中心"的战略定位以及北京非首都功能疏解和城市副中心建设的大力推进等,都对北京交通发展提出了新的目标和要求,交通治理进入转型升级、提质增效的关键时期。从内部环境看,北京市的交通发展有力支撑了首都社会经济的快速健康发展,但近年来在城市化与机动化水平不断提升的情况下,城市人口和机动车数量增加以及居民出行需求升级的多样性也带来交通需求量的显著变化,由此引发的交通拥堵等一系列问题也成为政府和市民广泛关注的热点。交通拥堵产生的原因较为复杂,涉及城市发展、社会经济、人口、土地、交通设施、组织管理、意识文化等诸多方面,内在关系和互动规律错综复杂。在内外部环境形势的双重挑战下,北京市的交通治理工作亟需拓展思维广度、加强治理力度,明确工作重点,在拥堵治理上分类施策、精准施策,这就需要科学审视、深入分析北京市交通拥堵现象及成因,准确把握北京市未来交通发展的阶段性特征,从而为城市交通问题的综合治理,推进首都经济社会可持续发展提供有力支撑。

本书旨在通过总结北京市交通基本情况、发展演变历程、交通拥堵现象等方面的特点,对北京市交通拥堵特征进行更为系统的考量,并对交通拥堵成因进行深层次分析;进一步梳理世界典型城市的交通发展演变及相关政策治理经验,以此为基础,研判北京市未来交通发展的趋势和挑战;最后,通过系统梳理和分析北京市既有的交通缓堵措施,并结合国内外经验,从供给侧和需求侧出发,研究并提出面向北京现代化综合交通体系的缓堵措施和实施策略,为提升北京市交通精细化管理提供依据。北京市交通拥堵成因体系、北京市交通缓堵对策库是本书的两大核心成果。

本书以作者多年科学研究工作为基础,邀请多位相关领域专家进行评审,并对相关部门及单位进行了广泛调研和讨论,经过多轮修改后完成编写工作。全书共分为六章,第一章为概述，重点介绍本书的撰写背景和主要成果内容；第二章为北京市交通发展基本情况，重点介绍北京市交通的发展历程和交通发展现状；第三章为北京市交通拥堵内涵与评价，重点介绍城市交通拥堵的定义内涵、北京市交通拥堵的新特征及新特征下的交通拥堵内涵和评价方法；第四章为北京市交通拥堵成因解析，重点介绍城市交通拥堵的特点和形成机理、交通拥堵成因体系和特征、交通拥堵主要矛盾等；第五章为世界典型城市的交通发展历程及治理经验，重点介绍纽约、伦敦、东京、香港等大城市的交通发展历程、交通问题及治理经验；第六章为北京市交通治理对策与措施，重点介绍北京市交通拥堵治理措施体系以及针对不同要素的对策措施。

本书涉及的内容既可为决策管理者提出缓堵措施建议，帮助管理者以科学、客观、理性与长远的眼光审视交通拥堵问题，应对交通拥堵新形势和新特征，也可作为高等院校相关专业师生的参考资料。

本书在编写过程中，得到了北京市交通委员会各处室、北京市交通信息中心、北京市交通运行监测调度中心（TOCC）、北京市交通宣传教育中心等部门的大力支持和协助，他们为本书的编写提供了很多有益的建议和丰富的相关材料，在此致以由衷的感谢。同时，本书参考了许多国内外专家学者的研究成果，相关参考文献已在书后列出，在此一并表示感谢。

由于编者水平和时间有限，书中难免有错误与不妥之处，恳请读者批评指正。

编著者

2018年12月

目 录 CONTENTS

第一章 概述 ... 001
第一节 北京市交通拥堵的发展历程及阶段特点 ... 002
第二节 新形势下北京市交通拥堵研究与治理思路 ... 002
第三节 北京市交通拥堵成因体系与缓堵对策库简介 ... 003
第四节 各章节概述 ... 004

第二章 北京市交通发展基本情况 ... 007
第一节 北京市基本情况 ... 008
第二节 北京市交通发展演变历程 ... 012
第三节 北京市交通发展现状 ... 019
第四节 交通发展情况总体评价 ... 038
第五节 北京市交通发展的新形势与新任务 ... 040
第六节 本章小结 ... 042

第三章 北京市交通拥堵内涵与评价 ... 043
第一节 既有城市交通拥堵定义与内涵 ... 044
第二节 北京市交通拥堵新特征 ... 055
第三节 新特征下北京市交通拥堵内涵及评价 ... 174
第四节 本章小结 ... 181

第四章 北京市交通拥堵成因解析 ... 183
第一节 城市交通拥堵的特点和形成机理 ... 184

第二节　北京市交通拥堵成因体系 …………………………… 199
第三节　北京市交通拥堵成因的特殊性 ………………………… 241
第四节　北京市交通拥堵成因体系特征 ………………………… 256
第五节　北京交通拥堵的主要矛盾 ……………………………… 261
第六节　本章小结 ………………………………………………… 266

第五章 | 世界典型城市交通发展历程及治理经验 …………… 269

第一节　纽约的交通发展回顾与治理经验 ……………………… 270
第二节　伦敦的交通发展回顾与治理经验 ……………………… 283
第三节　东京的交通发展回顾与治理经验 ……………………… 303
第四节　香港的交通发展回顾与治理经验 ……………………… 317
第五节　本章小结 ………………………………………………… 329

第六章 | 北京市交通治理对策与措施 ……………………………… 331

第一节　北京市城市交通拥堵治理措施体系 …………………… 332
第二节　城市发展要素的对策措施 ……………………………… 338
第三节　交通设施要素的对策措施 ……………………………… 340
第四节　组织管理要素的对策措施 ……………………………… 342
第五节　行为理念要素的对策措施 ……………………………… 347
第六节　体制机制要素的对策措施 ……………………………… 348
第七节　其他要素的对策措施 …………………………………… 349
第八节　本章小结 ………………………………………………… 349

第七章 | 总结 …………………………………………………………… 351

附件一 | 交通拥堵成因体系 ………………………………………… 355

附件二 | 交通拥堵缓堵对策库 ……………………………………… 363

参考文献 ……………………………………………………………… 373

第一章 概述

第一节　北京市交通拥堵的发展历程及阶段特点

近年来，随着社会经济持续、快速、高效发展，北京市城市化与机动化水平不断提升，导致城市人口急剧膨胀，城市空间结构发生了巨大变化。由此带来交通需求量的迅速增加，也带来了交通拥堵等一系列问题。从全世界大城市历史上来看，大都经历过或正在经历严重的交通拥堵。例如20世纪20~30年代的纽约，60~70年代的伦敦、巴黎、东京和80~90年代的中国香港、新加坡等，这些城市从20世纪城市机动化开始到现在一直受到交通拥堵的困扰。相对而言，中国的大城市交通拥堵问题才刚刚显现，就已成为国内大中型城市发展的主要制约因素之一。北京作为人口超过2000万人、机动车保有量达600万辆的特大城市，又是我国的政治中心、文化中心、国际交往中心与科技创新中心，与纽约、伦敦、东京等国际性大都市一样，也一直面临因交通拥堵而带来的一系列难题。

北京市交通拥堵问题由来已久，在不同时期呈现不同特点。20世纪80年代中期，北京市机动车保有量为20万辆，处于交通机动化的起步时期，由于城市对外通道不匹配，交通拥堵初露端倪，呈现显著的"出城难"特点。1995年，北京市机动车保有量为80万辆，是城市道路基础设施大规模建设的时期，交通拥堵进出城差异不明显，市区交叉口拥堵严重。2005年，北京市机动车保有量增长至250万辆，正是小汽车加速进入家庭的时期，上班时进城难、出城易，而在恶劣天气下则会出现大规模交通瘫痪。截至2017年底，北京市机动车保有量已达到590.9万辆，其中私人机动车保有量达到467.2万辆，日均拥堵时间（中度拥堵、严重拥堵）共计2h40min。据中国社科院的计算，交通拥堵每天造成的社会成本为4000万元，每年损失保守估计高达146亿元。交通拥堵导致城区机动车行驶速度降低、出行时间延长且不确定性增加、车用燃料消耗量增加、机动车污染物以及温室气体排放增加、道路事故率增加等一系列社会经济问题。

目前，北京市交通拥堵已发展成以道路、轨道、公共电汽车拥堵和停车供需矛盾突出为表征的综合性交通拥堵。拥堵的交通已经影响到广大城市居民的正常生活以及社会经济发展、资源消耗、环境保护等城市和谐发展的方方面面。如果说改革开放前30年，北京市的交通问题属于快速发展背景下的"体量+"问题，那么目前及未来相当一段时期将是向"品质+"新常态转变的关键阶段。

第二节　新形势下北京市交通拥堵研究与治理思路

交通拥堵是一项系统、复杂的"城市病"，也是北京市近年来长期存在的"顽疾"之一，其病理表象及内在机理随着城市总体发展不断演进变化。医病还需明确病症类型，才能对症下药、因病施治。因此面对上述新形势，进一步科学审视分析北京市交通拥堵成因，准确把握交通发展的阶段性特征，已经成为综合解决城市交通问题，推进首都经济社会可持续发展的必然要求。

交通拥堵的产生是基于外部资源约束下，城市交通需求、供给、管理三方面系统反馈闭合所呈现出的最终运行状态。该过程涉及城市发展、人口、土地、交通设施、组织管理、社会文化等方方面面，其内在关系和互动规律错综复杂。面对北京新发展、交通新形势和拥堵新特征，本书旨在通过总结北京市交通拥堵现象，分析北京市交通拥堵特点，对交通拥堵成因进行分析归纳，进而对应交通拥堵成因体系，建立交通缓堵对策库。整体思路可以概括为："五、八、四、三"，即"五"类拥堵、"八"大特性、"四"级成因、"三"方对策。

"五"类交通拥堵为道路交通拥堵、城市轨道交通拥堵、公共电汽车交通拥堵、静态交通（停车）拥堵和出租汽车交通拥堵。针对每一类交通拥堵，本书进一步从不同时空维度展开剖析。经过上述梳理提炼，本书给出了对应新时期交通拥堵内涵的评价体系框架，同时从交通供给、组织管理、交通需求三方面力求对交通拥堵成因进行全面的归纳总结。由于交通系统参与要素众多，本书将交通系统特点提炼为巨系统性、自组织适应、开放随机、供需困局、交织叠加、刚弹并济、动态聚集与相对稳定"八"大特征，并从基本属性等角度，构建"四"级北京市交通拥堵成因体系。对应拥堵成因，从供给侧、需求侧、管理侧"三"方入手，构建北京交通缓堵对策库，使交通承载力与交通需求相互匹配。新形势下北京市交通拥堵研究与治理思路如图1-1所示。

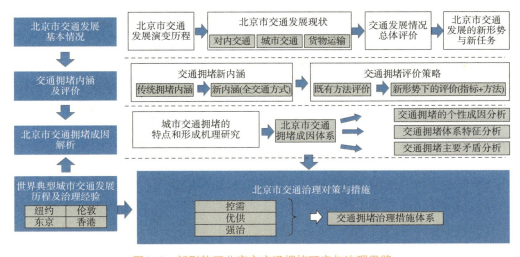

图1-1 新形势下北京市交通拥堵研究与治理思路

第三节 北京市交通拥堵成因体系与缓堵对策库简介

由于交通拥堵涉及城市发展、人口、土地、交通设施、组织管理、社会文化等方面，使其内在关系和互动规律错综复杂，因此，针对北京市交通拥堵问题的研究，核心在于梳理北京市交通拥堵成因体系，构建北京交通缓堵对策库，这也是本书的两大核心成果。

经过系统的梳理和分析，北京市交通拥堵成因体系从基本属性等角度划分为四级，其中一级成因6类，二级成因30类，三级成因71类，四级成因213类。一级成因包括城市发展要素、交通设施要素、组织管理要素、行为理念要素、体制机制要素及其他影响要素等6类。二级成因是一级成因的拓展，如城市发展要素进一步分为人口、用地、空间结构三方面；交通设施要素进一步分为区域交通、公共交通、步行及自行车交通、道路设施、停车设施、物流运输和交通工程设施七部分。三级成因则是对二级成因做出进一步细分，如人口三级成因细分为人口规模、人口结构、人口分布；用地三级成因分为功能空间布局、土地利用结构、用地开发组织等。四级成因是最后一类细分环节，如人口规模通过人口总量和人口增速两种因素呈现。总体来看，北京市交通拥堵成因体系整体呈现种类多样、层次分明、同中存异、蝴蝶效应、动静相宜、个性突出的特征。

未来，北京市交通拥堵的主要矛盾集中于交通系统的供给、管理、需求三个方面，因此本书从交通需求侧、交通供给侧和组织管理侧等方面构建北京交通缓堵对策库。该库缓堵对策与拥堵成因相互对应，具体对策划分为四级。其中一级缓堵对策包括城市发展、出行需求、交通设施、法律保障、体制机制、运营管理、安全应急和价格体系等；二级缓堵对策35类；三级缓堵对策58类；四级缓堵对策276类。

第四节 各章节概述

本书从交通拥堵新形势和新特征出发，通过对北京市目前阶段交通拥堵现象的归纳总结，研究各类拥堵现象背后的形成原因，综合分析城市交通系统各参与要素的影响关系和变化规律，提出缓堵措施建议，为决策管理者以科学、客观、理性与长远的态度审视和应对城市的交通拥堵问题提供依据。

第一章，概述。本章通过总结归纳北京市交通拥堵现象的发展历程，剖析了现阶段特点，并提出本书的整体思路和结构。

第二章，北京市交通发展基本情况。本章从北京市交通演变历程和北京市交通发展现状两方面进行阐述，通过对不同阶段北京市交通拥堵的特点和产生原因进行分析，结合现阶段北京市交通供给与交通需求的情况，提出北京市交通发展的新思路，为相关决策管理者以科学、客观、理性与长远的态度审视和应对城市的交通拥堵问题提供依据。

第三章，北京市交通拥堵内涵与评价。本章首先介绍了既有研究中关于交通拥堵内涵和评价方法的相关成果，针对北京市交通拥堵特点，归纳分析了北京市交通拥堵的新特征，对交通拥堵进行了总体分类，从道路交通、轨道交通、地面公交、静态交通（停车）、出租汽车5个方面对北京市交通拥堵情况进行了具体的分析；针对以上的新特征，提出了新形势下交通拥堵的内涵和评价方法总体框架。

第四章，北京市交通拥堵成因解析。本章提出了城市交通系统特点及城市交通拥堵的形成机理;构建了北京市交通拥堵成因体系,并结合典型案例与城市发展、交通设施、组织管理、行为理念、体制机制等要素,分析了拥堵成因;进而阐明了交通拥堵成因体系的体系特征。

第五章,世界典型城市交通发展历程及治理经验。本章对纽约、伦敦、东京、中国香港等世界典型城市的交通发展情况进行了回顾,分析不同城市交通拥堵治理经验,总结了对北京的启示。

第六章,北京市交通治理对策与措施。本章根据北京市发展形势与挑战,提出了交通拥堵治理总体方略;并从交通需求侧、交通供给侧和组织管理侧三方面,制定了拥堵治理措施体系。

第二章 北京市交通发展基本情况

自新中国成立以来,北京市城市规模不断拓展,机动化水平持续提高。迈入21世纪后,城镇化和机动化加速推进,北京市交通发展进入了新阶段,2004年至2017年,在城市人均地区生产总值增长到3.15倍、常住人口增加678万人、机动车保有量增长361万辆背景下,交通发展成就显著,北京市境内道路里程由19010km增加到29463km,地面公交车辆数由20237辆增加到29974辆,轨道交通运营线路长度由114km增加到608km,交通供给和承载能力不断提高,交通拥堵加剧的势头得到一定程度遏制。北京市交通运行状况总体平稳,有力支撑了首都经济社会发展。

第一节 北京市基本情况

一、地理区位

北京是中华人民共和国的首都、直辖市、超大城市、国际大都市,全国政治中心、文化中心、国际交往中心、科技创新中心。北京市位于北纬39°56′,东经116°20′,毗邻天津市和河北省,雄踞华北大平原北端,总面积16410km²。平原地区有"北京湾"之称,从地理位置上看,北京西拥太行、北枕燕山、东濒渤海、南向华北大平原,整个地势西北高、东南低,河流纵横,具有得天独厚的地理位置,自古以来便是沟通我国中原地区和东北、西北地区的交通枢纽。北京及周边区域空间格局如图2-1所示。

图2-1 北京及周边区域空间格局示意图

二、地形地貌

北京的西、北、东北面群山环绕、连绵不断,东南面为开阔的平原。北京地形地貌如图2-2所示。西部山地统称西山,属太行山脉,北部山地统称军都山,属燕山山脉。北京市山区面积为10418km²,约占全市总面积的63%。境内主要河流有属于海河水系的永定河、潮白河、北运河、拒马河和属于蓟运河水系的泃河。这些河流都发源于西北山地,乃至内蒙古高原。其泃河、永定河经潮白新河、永定新河直接入海,拒马河、北运河都汇入海河注入渤海。北京地区属暖温带大陆性季风气候,降水适中，四季分明，无霜期较长，年平均气温在8~12℃。冬季寒冷干燥，时有风沙；夏季潮湿多雨。年均降水量600mm以上，降水季节分配很不均匀，70%的降雨集中在7、8、9三个月。

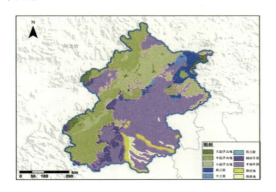 

图2-2 北京地形地貌

三、城市化进程

北京建城于公元前1046年，已有3065年历史，且拥有860年的建都史，历经元、明、清三个朝代，是世界历史文化名城和中国四大古都之一。全市总面积约16410km²，城乡建设用地规模为2921km²。目前北京建成区面积已达到1401km²，建成区面积相当于全市总面积的近1/10。北京城市化率仅次于上海，达到了86.5%。北京的行政区划范围经过多次调整，直到今天形成了16区的格局。2010年7月1日，国务院正式批复北京市政府关于调整首都功能核心区行政区划的请示，同意撤销北京市原东城区、崇文区，设立新的北京市东城区，撤销北京市原西城区、宣武区，设立新的北京市西城区。目前，北京市辖东城区、西城区、朝阳区、丰台区、石景山区、海淀区、顺义区、通州区、大兴区、房山区、门头沟区、昌平区、平谷区、密云区、怀柔区、延庆区16个区，共147个街道、38个乡和144个镇。北京市功能区划分：首都功能核心区包括东城、西城区；城市功能拓展区包括朝阳、海淀、丰台、石景山区；城市发展新区包括房山、昌平、顺义、通州、大兴区；生态涵养发展区包括门头沟、延庆、怀柔、密云、平谷区。其中东城、西城、朝阳、海淀、丰台、石景山区称为"城六区"，面积为1378km²。北京城市副中心位于通州区，面积为155km²。北京建成区面积变化如图2-3所示。

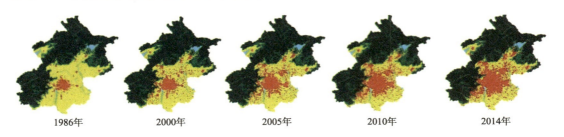

图2-3 北京市建成区面积变化

四、社会经济

2017年末,北京市常住人口为2170.7万人。从年龄构成看,0~14岁常住人口226.4万人,占全市常住人口的比重为10.4%;15~59岁常住人口1586.1万人,占73.1%;60岁及以上常住人口358.2万人,占16.5%。从城乡构成看,城镇人口1876.6万人,乡村人口294.1万人;城镇人口占全市常住人口的比重为86.5%。北京市2002年至2017年常住人口发展趋势如图2-4所示。

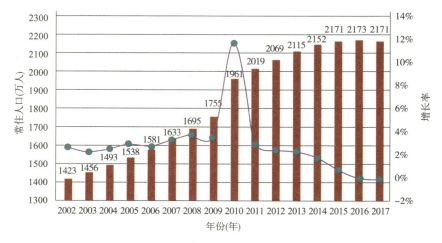

图2-4　北京市常住人口发展趋势

2017年北京市实现地区生产总值28000.4亿元人民币,比上年增长6.7%;人均生产总值约12.899万元人民币,折合2.02万美元。其中:第一产业120.5亿元人民币,占0.4%;第二产业5310.6亿元人民币,占19%;第三产业22569.3亿元人民币,占80.6%。2017年,北京市连续第3年位居中国百强城市排行榜榜首,城市现代服务业占比已超过80%,是北京经济发展的重要特征。

2017年,北京市居民人均可支配收入57230元人民币,比上年增长8.9%,扣除价格因素,实际增长6.9%。其中,城镇居民人均可支配收入62406元人民币;农村居民人均可支配收入24240元人民币。2017年,城镇居民人均住房建筑面积32.56m^2,农村居民人均住房面积44.89m^2。2017年城镇新增就业42.2万人,年末城镇登记失业率为1.43‰。

2017年北京市共有58所普通高校和88个科研机构培养研究生,全年研究生教育招生11.2万人,在学研究生31.2万人,毕业生8.5万人;全市92所普通高等学校全年招收本专科学生15.3万人,在校生58.1万人,毕业生15.3万人;全市成人本专科招生6.1万人,在校生15.6万人,毕业生6.9万人。

2017年末北京市共有卫生机构10986个,其中医院732个。医疗机构共有床位12.1万张,其中医院床位11.4万张。卫生技术人员达到27.7万人,其中执业(助理)医师10.6万人,注册护士12.3万人。

2017年北京市接待国内旅游者2.9亿人次。国内旅游总收入5122.4亿元人民币。接待入境旅游者392.6万人次。其中,外国游客332万人次;港、澳、台同胞60.6万人次。旅游外汇收入51.2亿美元。国内外旅游总收入5468.8亿元人民币。全年经旅行社组织的出境游人数511.5万人次。

2017年北京市运动员共获得国际性体育比赛奖牌24枚,其中金牌14枚,银牌6枚。获得全国性体育比赛奖牌202枚,其中金牌64枚,银牌60枚。北京市曾举办第一、二、三、四、七届全国运动会,1990年北京亚运会,第二十一届世界大学生运动会、2008年北京奥运会及2008年北京残奥会。2015年7月31日,国际奥委会主席巴赫宣布北京携手张家口获得2022年第24届冬季奥林匹克运动会的举办权,北京由此将成为全球首个既举办夏季奥运会又举办冬季奥运会的城市。

五、机动化发展

2017年末北京市机动车保有量达到590.9万辆,其中私人机动车保有量达到475.6万辆。北京市近几年来机动车保有量的发展状况如图2-5所示,机动化发展缩影如图2-6所示。由于北京自2011年起实行小客车总量控制措施,小客车保有量增速放缓。中心城区绿色出行比例达72.1%,通勤类出行占出行总量比例为43.9%。

图2-5 北京市机动车与私人机动车保有量发展图

图2-6 北京机动化发展缩影

第二节　北京市交通发展演变历程

从世界大城市发展经验来看，交通问题是城市经济高速发展伴生的普遍现象。1908年美国福特汽车大规模生产后，世界范围内开始出现了小汽车进入家庭的浪潮。人均机动车保有量与人均国内生产总值之间具有紧密的正相关关系。当人均国内生产总值达到1000美元时，机动车开始进入家庭；当人均国内生产总值达到3000美元时，小汽车加速进入家庭。

北京市的交通问题同样也是伴随着城市化和机动化的发展进程而呈现阶段性特征，总体而言可分为5个阶段：机动化萌芽期（1949—1989年）、机动化发展初期（1990—1999年）、公交优先发展的机动化加速发展期（2000—2008年）、公交优先与需求管理并重的机动化加速发展期（2009—2017年）、建设新型北京现代化综合交通体系的新时期（2018年至今）。

一、机动化萌芽期（1949—1989年）

自新中国建立至20世纪90年代，北京市城市交通以自行车出行占主导，自行车出行率最高达66%，机动化出行比例很低，机动化发展缓慢，距离真正的机动化发展差距较大，处于机动化进程萌芽期。新中国成立初期，北京市仅有2300辆机动车，1978年机动车保有量为7.7万辆，至20世纪80年代末期，北京市机动车保有量仅为38.4万辆，私人小客车发展尚未起步。

在城市规划方面，1957—1958年北京市编制了《北京城市建设总体规划初步方案》，在城市布局上采取了"子母城"的形式，有计划地发展40多个卫星城镇。商业服务业采取集中与分散相结合、均匀分布的原则。交通方面首次规划设置了3个城市环路、3个公路环路和18条放射路，为后续城市道路发展延伸奠定基础。1983年7月北京市政府出台《北京城市建设总体规划方案》。方案提出对旧城道路在保存原有棋盘式路网基础上加以打通、展宽，并开辟新的道路；在近郊新建地区发展放射路和环路；同时提出要继续建设地铁和发展郊区轻轨交通。

在轨道交通建设方面，1965年7月1日，中国最早建设的北京地下铁道一期工程（军事战备防空功能）举行开工典礼。1969年10月，北京地铁1号线投入试运营。1971年1月，北京地铁1号线正式向公众运营，运营区段为公主坟站至北京站，共10座车站，全长10.7km。同年11月，运营区段自古城站至北京站，共16座车站，全长22.87km。1981年9月北京地铁1号线移交北京市地铁公司管理，地铁一期工程运营线路从苹果园站至北京站区段正式对外开放。1981年北京地铁年客运量为6466万人次，日均客运量为17.7万人次。1984年9月，北京地铁二期工程建成通车运营，1号线与2号线（环线）相对分离按"马蹄形"方式运营。2号线（环线）往返于复兴门车站至建国门车站之间，线路全长16.1km，共有12座车站。1987年12月，1号线与2号线开始独立运行，地铁2号线实现成环运行。地铁1号线历经35年，分期建设运营，至2000年6月，最终实现自苹果园至四惠东站贯通运营，共23座车站，线路全长31km，此为北京东西向交通大动脉。

在道路建设方面，1974年公路里程比1965年增加50%多。1975—1976年，大力修建农村道路，公路里程比1974年增加将近1倍，虽然多是砂石土路或低级公路。在第五个五年计划期间，特别是1978年12月党的十一届三中全会后，党和国家把工作中心转移到经济建设上来，做出了实行改革开放的伟大决策。对国民经济实行"调整、改革、整顿、提高"的方针并采取了一系列重大措施，调整农业、轻工业、重工业的比例关系，加强交通等薄弱环节，国家出台政策专款改善交通设施，北京市交通运输业相应得到了调整和发展。在改革开放总方针的指引下，北京公路建设取得了量的飞跃和质的突破。贯彻中央批转的《首都城市建设总体规划》，加快北京公路网建设的步伐。新建改建京沈（北线）、京哈、京塘、京广、京深、京银等干线公路北京段，新建京津塘高速公路，分段改建部分公路环线，解决了"出城难"的问题。到1979年全市公路1079条，通车里程7044km；1980年全市公路1086条，通车里程7339km。截至1986年，全市232个乡、3754个行政村都通了公路。

这一时期，自行车作为城市居民的代步工具得到了迅速发展。北京市第一次交通综合调查结果显示，北京市交通出行结构中自行车出行比例占比最高，达到了62.7%，出行结构见图2-7。而同期，汽车增长比较缓慢，道路容量大于交通量，因而城市交通比较畅通，车速稳定。在这一时期，我国长期实行严格限制农业人口向城市和非农产业转移的政策，限制了城市化水平的提高，城市交通的发展总体处于一个沉寂时期。

二、机动化发展初期（1990—1999年）

20世纪80年代初期，北京市道路交通曾出现"出城难"现象，可谓最早的拥堵形态。20世纪80年代中期，北京市部分区域出现拥堵情况，交通拥堵点主要集中在三环以内主要道路交叉口和瓶颈路段。进入20世纪90年代，机动化开始发展，私人小客车开始起步，机动车需求总量激增，给北京市带来新一轮交通拥堵，二环和三环内大面积区域都发生了拥堵现象。北京市第二次交通综合调查显示，相较1986年，1989年北京市交通出行结构中小汽车出行比例大幅提高，从1986年的5%提升到了23.2%。20世纪90年代北京市出行结构如图2-8所示。为应对迅猛增长的交通需求，北京市开展了大规模基础设施建设。

图2-7　北京市出行结构（1986年）　　　　图2-8　北京市出行结构（20世纪90年代）

数据来源：北京市第一次交通综合调查。　　　数据来源：北京市第二次交通综合调查。

1986年6月，中国第一条国家级全封闭全立交高速公路—京石高速公路（现G4京港澳高速公路北京至石家庄段）破土动工。公路全长269.6km，其中北京段全长45.6km，设计速度为80~100km/h。1987年10月，北京六里桥至赵高店段（14km）率先通车，成为全国最早通车的全立交、全封闭的高等级公路，被誉为"中国公路的新起点"，并缓解了北京西南方向进出城难的问题。1994年12月全线正式通车。

针对首次出现的交通拥堵和"行路难"问题，1987年北京市委市政府提出"打通两厢，缓解中央，建设二、三环快速路"的目标，北京道路建设的第一个高峰期正式来临。两厢即东厢（东外二环路）和西厢（西外二环路）统称为南外二环路。继1989年5月东厢率先通车后，全部工程于1992年9月竣工。二环全线建成通车，减轻了穿城交通压力，为南城发展创造了交通条件。二环路是北京市第一条环城快速公路，处于北京道路路网的核心，沿老城墙位置环绕旧城而建，全长32.7km，建有32座立交桥，是我国大陆第一条全立交无红绿灯的城市快速路，成为北京交通发展史上的一个里程碑。三环路于20世纪80年代初期打通全环，并正式命名"三环路"，全长48km。三环路共建有44座立交桥，跨河桥9座，过街天桥62座，人行通道15座，是北京市城区的第二条环形城市快速路。1994年9月，北京三环路升级改造完成。

大规模的交通基础设施建设，极大地刺激了机动车的使用。1997年2月北京市机动车保有量首次突破100万辆；1999年机动车保有量达139万辆；2000年机动车保有量增长至151万辆，其中私人机动车85.5万辆，私人小汽车出行比例显著提高，达23.2%。

这一时期，我国城市交通拥堵问题开始显现且日益严重，主流交通政策力图通过不断加大交通供给满足交通需求的快速增长。为改变交通面貌，不少大城市开始建设环路、大型立交、高架道路、地铁。由于交通需求同样增长迅猛，交通基础设施的建设仅仅局部、短时间地改善了城市交通。拥堵—修路—再拥堵—再修路的循环，使城市道路交通陷入了"水多了加面，面多了加水"的被动局面。

三、公交优先发展的机动化加速发展期（2000—2008年）

1994年3月国务院发布我国首部汽车产业政策——《汽车工业产业政策》，提出把汽车工业尽快建设成为国民经济的支柱产业。2004年6月，国家发改委出台《汽车产业发展政策》，提出培育以私人消费为主体的汽车市场。随之北京市机动车增长势头迅猛，开始进入了汽车化社会。北京市机动化进程明显加速，城市空间结构和功能布局变化显著，出行结构发生重大变化，潮汐式交通现象明显。

2001年6月，四环路全线贯通。四环路是北京城区继二环、三环路后第三条环城快速路，全长65.3km，平均距离北京市中心点约8km。主路双向八车道，全封闭、全立交，设计速度为80km/h。全线共建设大小桥梁147座，并设有完善的交通安全设施。同G1 京哈高速公路（以下简称京哈高速）、G2 京沪高速公路（以下简称京沪高速）、G3 京台高速、G4 京港澳高速公路（以下简称京港澳高速）、G6 京藏高速公路（以下简称京藏高速）、G45 大广高速公路(京承高速公路)[以下简称大广高速（京承高速）]、G45 京开高速公路（以下简称京开高速）、首都机场高速公路（以下简称首都机场高速）8条高速公路互相连接。四环路是北京市北京市唯一的双向八车道城市快速路，建成后既具有承内启外的作用，在某种程度上又是城市空间格局"摊大饼"式扩张的产物。

2003年10月，五环路全线贯通。五环路全长98.58km，设计速度为100km/h，双向六车道加连续停车带。五环路按高速公路标准建设，目前按城市快速路管理，既是主城区的最外环,又是城市的公路一环。五环路与所有的放射线高速公路和快速路相连接,是位于城市城乡接合部衔接城市内外功能的重要通道。

大规模的道路设施建设仍没有遏制交通拥堵恶化的势头,严峻的交通拥堵形势和奥运会的成功申办促使北京市转变了交通发展思路。《北京交通发展纲要(2004—2020年)》提出"两个坚定不移"的交通发展战略,即"坚定不移地加快城市空间结构与功能布局调整""坚定不移地加快城市交通结构优化调整"。随后出台发布的《关于优先发展公共交通的意见》,明确提出"两定四优先"的优先发展公共交通的政策。

由此,北京市开始进行大规模公共交通建设,城市交通发展在保持城市道路交通供给的情况下,将公交优先提上日程,将城市交通治理思路由需求追随转向公交优先。战略重点由单纯的大规模道路基础设施建设转向总体战略发展构想,确立了以公共交通特别是轨道交通为主的城市综合交通规划体系框架,由"一边倒"的道路规划建设转向综合交通规划,提出了优先发展社会化公共运输政策。

2005年4月,北京市政府编制发布了《北京交通发展纲要(2004—2020年)》,作为指导制定全市交通规划、交通政策和实施计划的纲领性文件,确定了交通发展"两个坚定不移"的重大战略。纲要提出了以人为本、一体化、集约化、信息化、法制化的"新北京交通体系";提出了五大发展政策,明确了坚定不移地加快城市空间结构与功能布局调整,控制中心城建成区的土地开发强度与建设规模的战略任务;提出了坚定不移地加快城市交通结构优化调整,尽早确立公共客运在城市日常通勤出行中的主导地位;提出了要加快构建以轨道交通和大容量快速公交为骨干、地面公交为基础的综合公共交通运输体系。北京市第三次交通综合调查显示,在私人小客车数量逐年快速增长的情况下,公共交通出行比例达到与小客车出行比例基本持平,占比为29.8%,成为市民主要的出行方式之一。2005年北京市出行结构见图2-9。

2006年12月,北京市政府发布《关于优先发展公共交通的意见》,明确提出优先发展公共交通的政策,将优先发展公共交通战略作为缓解城市交通拥堵的治本之策,加快构建以轨道交通和大容量快速公交为骨干、地面公交为主体、出租车为补充的综合公共交通运输体系,总体思路概括为"两定四优先"。"两定"即确定发展公共交通在城市可持续发展中的重要战略地位,确定公共交通的社会公益性定位;"四优先"即公共交通设施用地优先、投资安排优先、路权分配优先、财税扶持优先。

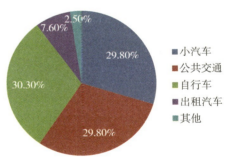

图2-9 北京市出行结构(2005年)

数据来源:北京市第三次交通综合调查。

北京市四、五环建成历史和相关政策情况见表2-1。

2007年1月1日,北京市取消了实行了几十年的地铁、公交月票,改为使用"市政交通一卡通"电子刷卡乘车,同时降低了票价并实行了单一票制,以比增加公交吸引力。

这一时期,出于拉动经济发展的目的,小汽车得到快速发展,机动化进程明显加快。当逐渐认识到交通供给永远无法满足交通需求,交通需求总是倾向于大于交通供给后,北京确立优先发展城市公共交通的战略，为后续发展指明了方向，但是交通形势仍然比较严峻。

北京市四、五环建成历史和相关政策详表　　　　　　　　表2-1

年　　份	事　　件
2001年	四环路全线贯通
2003年	五环路全线贯通
2005年	编制出台了《北京交通发展纲要（2004—2020年）》，确定了"两个坚定不移"的交通发展战略
2006年	印发《关于优先发展公共交通的意见》，明确提出"两定四优先"的优先发展公共交通的政策

四、公交优先与需求管理并重的机动化加速发展期（2000—2017年）

自2008年后，借助北京奥运会期间绿色交通理念和交通需求管理措施的声势，北京市大力发展公共交通，同时发挥交通需求管理政策积极作用，先后出台了机动车每周停驶一天、每周五日高峰区域限行、错时上下班、小客车总量调控、特殊时期单双号限行等需求管理政策，在一定程度上减缓了交通拥堵的蔓延趋势。北京市TDM（交通需求管理）政策历程如图2-10所示。

图2-10　北京市TDM（交通需求管理）政策历程

2008年7月北京市政府发布《关于2008年北京奥运会残奥会期间对本市机动车采取临时交通管理措施的通告》，按照国际惯例，在奥运会举办期间实行奥运会专用道和机动车单双号行驶措施，既保证了奥运交通圆满顺畅，又开创了交通需求管理的先河，是中国交通发展史的一个里程碑。2008年9月，北京市政府发布通告：从2008年10月1日起，北京市各级党政机关封存30%的公务用车，本市行政区域内的中央国家机关、本市各级党政机关、中央和本市所属的社会团体、事业单位和国有企业的公务用车按车牌尾号每周停驶一天；2008年10月11日至2009年4月10日本市其他机动车（含已办理长期市区通行证的外省、区、市进京机动车）试行按车牌尾号每周停驶一天。这一措施既响应了国务院发布的每周少开一天车的环保号召，又开启了后奥运时期社会常态化的交通需求管理。进而自2010年4月12日开始，北京市实行机动车工作日高峰时段区域（五环路内）限行，并延续至今。

2009年7月北京市继承奥运财富，出台《北京市建设人文交通科技交通绿色交通行动计划（2009—2015年）》，提出"人文交通""科技交通"和"绿色交通"的发展理念和提出建设公交城市的目标。为遏制奥运会后两年来机动车飞速增长的势头，2010年12月北京市人民政府令第227号发布《北京市小客车数量调控暂行规定》，北京市进入小客车总量控制时代。

2010年12月，北京市政府发布《北京市人民政府关于进一步推进首都交通科学发展加大力度缓解交通拥堵工作的意见》。提出了28项缓解交通拥堵的综合措施，包括科学规划、建设、管理、限行等方面。文件指出，北京存在"中心城功能和人口高度集聚、机动车保有量高速度增长和高强度使用、公共交通吸引力不足、交通综合管理水平与机动车保有量过快增长势头不相适应"等问题，并提出到2015年实现：中心城公共交通出行比例达到50%左右、自行车出行比例保持在18%左右、小客车出行比例控制在25%以下。2011年4月，按照"中心高于外围、路内高于路外、地上高于地下"的原则，停车收费最高的区域是一类地区的路面停车位，涵盖三环以内区域和四个活动中心（即中央商务区、燕莎地区、中关村核心区、翠微商业区），二类地区（三环和五环之间的区域）与三类地区（五环以外地区）的停车收费呈递减趋势。

自2010年4月起，北京市属各级党政机关、社会团体、事业单位、国有企业和城镇集体企业，实施新的错时上下班措施。相关单位的上班时间将由8时30分调整为9时，下班时间由17时30分调整为18时。在京中央国家机关及所属社会团体和企事业单位、学校、医院的上下班时间不变。大型商场开始营业的时间调整为10时。北京市出台了新的差别化行车收费标准，进一步调整停车收费标准。

2011年5月京通快速路公交专用车道（设置在最内侧车道）开始启用，全长8.6km。它是北京市第一条在城市快速路上开辟的公交专用道。京通快速路公交专用车道开通后，公交运行速度明显提升，早高峰专用车道内公交运行速度超过50km/h；公交客流量明显增长，早高峰小时进城方向公交客流量增长0.8万人次，全线日均客运量超过30万人次，充分发挥了其长安街延长线的城市公共交通走廊功能。

2011年11月，交通运输部发布通知，提出组织实施国家"公交都市"建设示范工程，提高城市公共交通服务水平，满足人民群众基本出行需求，缓解城市交通拥堵和资源环境压力。2012年6月，北京市政府发布《北京市人民政府关于建设公交城市提升公共交通服务能力的意见》，提出建设中国特色的国际化城市，建设"人文北京、科技北京和绿色北京"，并拟定进一步坚持公共交通的重要战略地位和公益性定位，坚持公共交通设施用地优先、投资安排优先、路权分配优先、财税扶持优先，率先建成"公交城市"。2012年，北京成为"公交都市"建设示范工程第一批创建城市之一。

这一时期，北京市保持了对于轨道交通建设的高强度投入，轨道交通线路长度由2008年的228km增长到2016年的574km，增幅达151%，年客运量由12.2亿人次增长到36.9亿人次，增幅达202%。城市公交专用道由2008年的258.5km增长到851km，增幅达230%。在这一时期，由于大力发展公共交通，北京市出行结构明显改善，公交（地面公交+地铁）出行比例稳步提升，从2005年的29.8%提高到2014年的48%。"十一五"至"十三五"北京市交通政策发展历程如图2-11所示。

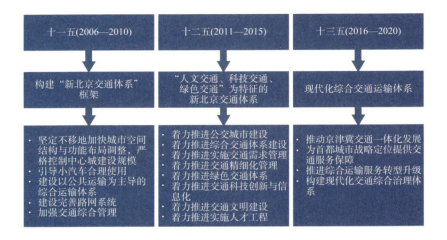

图2-11 "十一五"至"十三五"北京交通政策发展历程

同期，北京市加强了智能交通系统的建设强度，着力推进交通科技创新和信息化建设，用以支撑并实现交通精细化管理。2010年底，北京市交通运行监测调度中心(TOCC)正式投入运行，已整合接入行业内外34个应用系统、6000多项静动态数据、6万多路视频，构建了涵盖路网运行、公共交通、城际客运、交通枢纽、慢行交通、静态交通的综合交通运行监测框架体系，全国首个集综合交通动态运行监测分析、视频资源管理应用、公众信息统一发布于一体的省级综合交通运行监测业务平台。依托科技创新，不断提升交通管理水平。

五、建设新型北京现代化综合交通体系的新时期（2018年至今）

2018年，面对国家经济发展新常态，北京交通发展呈现出新特征，首都交通领域在交通便捷性、舒适性、畅通性、多样性上还有差距，发展还不平衡、不充分，尚不能完全满足人民群众对交通的期盼。城市交通仍属于供需矛盾较为紧张、出行方式和路权博弈较为突出、管理服务社会满意度差距较大的领域。目前，北京城市交通发展尚存在需要进一步突破和改变的"六个不平衡、六个不充分"。

六个不平衡：一是交通总体供需不平衡。北京作为超大城市，人口、土地、水、生态与交通供给矛盾交织，容量与能力有限，而广大市民对交通出行的机动性、多样性、舒适性需求越来越高，由此形成了根本性结构性供需不平衡矛盾。二是城乡和区域交通发展不平衡。城乡道路设施能力和公共服务水平存在较大反差，中心城东部、北部区域交通廊道超饱和运转。三是出行结构不平衡。通勤出行小汽车比例偏高，绿色出行比例提升空间很大。四是交通设施供给不平衡。道路网密度较规划目标有很大差距，次干路、支路实施率明显低于快速路、主干路，交通基础设施特别是公交枢纽场站的占地比例偏低。五是停车位中的居住停车位与出行停车位比例不平衡。普查数据显示，城镇地区的各类车位与夜间实际停车总量相当。但是，居住停车位缺口巨大（129万），而公共建筑等出行停车位夜间多数空闲（近90万个），两类车位严重不平衡，错时共享空间巨大。六是职住不平衡。造成城市通勤潮汐现象严重，加剧出行时效损耗和拥堵。

六个不充分：一是效率不充分。交通资源的合理利用程度、交通系统运行效率及各种交通方式相互衔接匹配的综合交通水平有待提高。二是服务不充分。交通信息化、智慧化水平有待提高，对市民舒适、便捷、多样化出行的交通服务尚待提升完善。三是关于"城市病"与"交通病"互动关系的认识不充分。"源头治堵"理念正在形成但尚不充分，将交通承载力作为城市发展约束条件的指标和内容尚在研究过程中。四是对道路交通拥堵成因认识不充分。如交通拥堵的三要成因之一是机动车低成本占用道路和停车资源，引发车辆过多、车满为患。因而有必要加大采取经济手段降低机动车使用强度。但社会各界的认识与接受度尚有很大差距。五是市区两级及相关部门缓堵工作形成合力不充分。六是绿色出行、文明出行的自觉性不充分。文明交通意识需进一步提升。

不平衡、不充分的分析与定位既是新角度、新认识，也是面对问题需着力加以解决的新起点，更对建设新形势下北京综合交通体系提出了更为严格的要求。2014年2月和2017年2月，习近平总书记两次视察北京时明确指出：北京的问题是人口过多带来的，其实深层次上是功能过多带来的。从一定意义上说，北京已经患上了相当程度的"城市病"。交通拥堵是"城市病"的典型表现，也是大城市发展中最难以治理的突出问题。北京要把解决交通拥堵问题放在城市发展的重要位置，加快形成安全、便捷、高效、绿色、经济的综合交通体系。

目前，北京市已进入建设新型综合交通体系的新时期，以"源头治本、精细治标，标本兼治、综合治理"为交通治理方针，坚持"以人为本、文明法治、安全环保、城乡统筹、和谐宜居"的发展理念，全面建设适应首都经济和社会发展需要，满足全社会日益增长的交通需求，各种交通方式融合发展，与国家首都功能和国际一流的和谐宜居之都定位相匹配，出行"安全、便捷、高效、绿色、经济"的北京现代化综合交通体系。这一体系到2020年力争基本实现，2030年全面实现。

第三节 北京市交通发展现状

一、对外交通

1. 航空

2017年，北京航空运输机场为北京首都国际机场和南苑机场。北京首都国际机场共有3条跑道，停机位380个，候机楼建筑面积140万m^2，设计旅客吞吐能力为7600万人次/年。2017年，首都国际机场定期通航航点达到292个，其中国内航点161个，国际航点131个；通航航空公司共计103家。

2017年，首都国际机场航班起降597259架次；进出港旅客9578万人，较2016年增加139万人，位列世界第二。首都国际机场进出港人数及飞行架次历年变化如图2-12所示。

图2-12 首都国际机场进出港人数及飞行架次历年变化

数据来源：北京首都国际机场股份有限公司。

北京大兴国际机场（新机场）位于北京市大兴区及河北省廊坊市广阳区，规划建设7条跑道（远期9条），飞机起降量年80万架次（远期100万架次），航站楼主体面积103万m²（远期140万m²），年旅客吞吐量1亿人次（远期1.3亿人次）。工程于2014年12月开工建设，计划于2019年9月开通运营。

2. 铁路

北京地处华北平原，是全国最大的铁路枢纽，沟通我国东北、西北、华北和中南地区，承担着与全国各地的客货运输和国际交流任务，是中国铁路路网性客运中心。北京铁路枢纽由京沪、京广、京原、丰沙、京包、京通、京承、京哈、大秦等10条铁路干线及京津城际铁路、京沪高速铁路、京广高速铁路组成，具有内、中、外3重环线，各干线间通过东南、东北、西北等环线相互连接，形成了大型、环形、放射形铁路枢纽。北京铁路枢纽营业里程1248km，三等以上车站40个，其中北京、北京西、北京南为主要客运站，担负旅客列车的始发、终到任务。

2017年，北京地区日开行旅客列车499对，其中北京站开行120对，北京西站开行179对，北京南站开行200对。2017年铁路旅客发送量达到13872.9万人次，旅客周转量达到1537625.3万人·km。北京市铁路运输量见表2-2，铁路发送量历年变化如图2-13所示。

北京市铁路运输量　　　　　表2-2

指　标	单位	2011年	2012年	2013年	2014年	2015年	2016年	2017年
旅客发送量	万人次	9755	10315	11588	12609	12821	13380	13873
旅客周转量	万人·km	1086609	1163833	1179555	1356313	1493106	1508200	1537625

其中：北京西站的发送量为最高，年发送量达5418.9万人次；北京南站、北京站的发送量依次为4466.6万人次、3525.7万人次；北京北站由于京张城际铁路的建设，暂停运营。

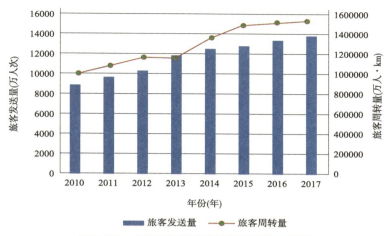

图2-13 北京市铁路发送量历年变化示意图
数据来源：中国铁路北京局集团有限公司。

3. 公路

2017年底，北京市公路总里程达到22226.0km。其中高速公路里程达到1012.9km，一级公路里程1450.1km，二级公路里程3985.4km，三级公路里程3949.0km，四级公路里程11828.6km。2017年北京市公路等级分类如图2-14所示，全市二级以上公路里程比例达到29.0%。2017年底公路密度达到135.44km/100km²。2000—2017年，高速公路运营里程由222km增加至1013km。

二、城市交通

1. 城市道路

北京市路网特点为棋盘加环状加放射状道路结构，城市快速路由4条环线和17条放射联络线组成。2017年底，北京市城区道路里程共计6359km，其中，城市快速路里程390km，城市主干道里程984km，城市次干道里程653km，支路及以下里程4332km；道路总面积达10347万m²。北京市2017年城市道路等级分类、城区范围内道路设施的基本情况、交通放射联络线概览如图2-15~图2-17所示。

图2-14 2017年北京市公路等级分类示意图
数据来源：北京市交通委员会。

图2-15 北京市2017年城市道路等级分类示意图
数据来源：北京市交通委员会。

图2-16 北京市历年城市道路情况示意图

图2-17 北京市交通放射联络线概览图

2. 郊区城镇道路

2017年底，北京市郊区城镇道路里程共计2077.18km，其中，城市主干道里程437.63km，城市次干道里程746.40km，支路及以下里程893.15km；道路总面积达3612.58万m²。2017年郊区县城道路等级分类示意图如图2-18所示。

3. 城市轨道交通建设情况

2017年底，随着首条磁悬浮线路S1线、首条自主化全自动线路燕房线、首条有轨电车线路西郊线的顺利开通，北京市轨道交通运营线路22条，运营总里程达608km，车站370座，换乘站56座。同时北京市地铁在建线路达20条。北京市轨道交通第二期规划建设如图2-19所示，北京市轨道交通路网运行指标、北京市轨道交通发展历程、北京市轨道交通路网概况见表2-3~表2-5。

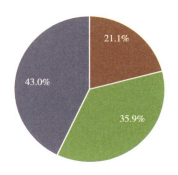

图2-18　2017年郊区县城道路等级分类示意图

数据来源：北京市交通委员会。

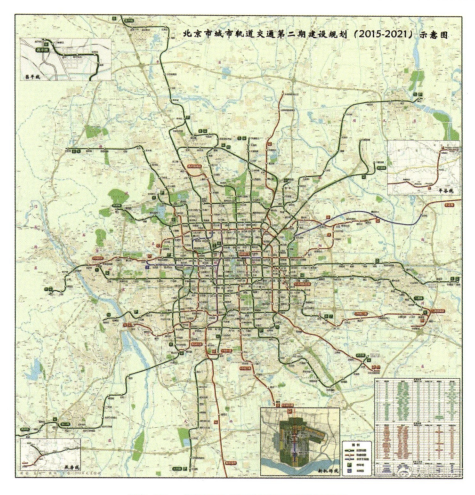

图2-19　北京市轨道交通第二期规划建设

北京市轨道交通路网运行指标 表2-3

指标	计量单位	2011年	2012年	2013年	2014年	2015年	2016年	2017年
运营车辆	辆	2850	3685	3998	4664	5024	5204	5328
运营线路条数	条	15	16	17	18	18	19	22
车站数	个	215	261	276	318	334	345	370
运营线路长度	km	372	442	465	527	554	574	608
行驶里程	万车·km	28424	31881	42123	43998	51117	54448	56845
年客运量	亿人次	21.9	24.6	32.0	33.9	33.2	36.6	37.8
日均客运量	万人次	601	673	878	928	911	999.8	1035.1

数据来源：北京市交通委员会。

北京市轨道交通发展历程 表2-4

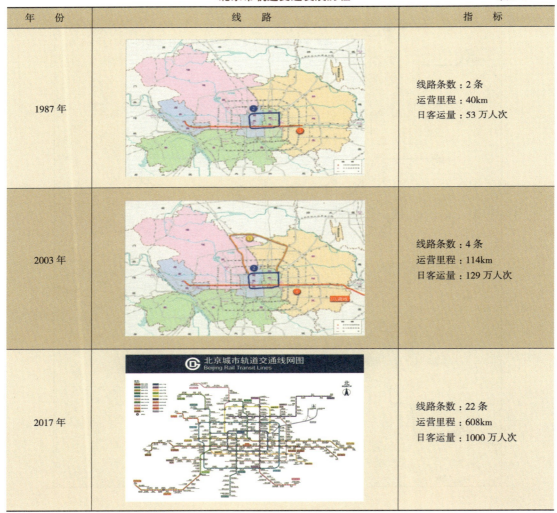

年份	线路	指标
1987年		线路条数：2条 运营里程：40km 日客运量：53万人次
2003年		线路条数：4条 运营里程：114km 日客运量：129万人次
2017年		线路条数：22条 运营里程：608km 日客运量：1000万人次

北京市轨道交通路网概况　　　　　　　　　　　　　　　　表2-5

线路	最早开通时间	起止点	运营长度（km）	电动客车（辆/列）	从业人员（人）	车站数（个）			换乘站
						地下	地面	高架	
1号线	1969年10月	苹果园—四惠东	31.6	420/70	2027	21		2	10
2号线	1984年9月	环形（西直门—积水潭）	23.1	300/50	1482	18			10
4号线	2009年9月	安河桥北—公益西桥	28.2	318/53	2416	23	1		10
5号线	2007年10月	宋家庄—天通苑北	27.6	366/61	1770	16		7	10
6号线	2012年12月	海淀五路居—潞城	42.8	504/53	2745	26			9
7号线	2014年12月	北京西站—焦化厂	23.7	280/35	1520	19			4
8号线	2008年7月	朱辛庄—南锣鼓巷	26.6	234/39	1706	17		1	6
9号线	2011年12月	国家图书馆—郭公庄	17.1	144/24	1097	13			7
10号线	2008年7月	环形（巴沟—火器营）	57.1	696/116	3662	45			16
13号线	2002年9月	西直门—东直门	40.9	336/56	2623	1	15		8
14号线西段	2013年5月	西局—张郭庄	12.4	108/18	2630	5		2	2
14号线东段	2014年12月	善各庄—北京南站	31.4	270/45		21			
15号线	2010年12月	清华东路西口—俸伯	41.9	204/34	2687	16		4	4
16号线北段	2016年12月	北安河—西苑	19.6	144/18	1248	10			1
八通线	2003年12月	四惠—土桥	18.9	180/30	1212		3	10	2
昌平线	2010年12月	西二旗—昌平西山口	31.9	152/27	2046	6		6	2
大兴线	2010年12月	公益西桥—天宫院	21.8	198/33	1097	10		1	
房山线	2010年12月	苏庄—郭公庄	26.2	126/21	1680	2		10	
机场线	2008年7月	东直门—T2	28.1	40/10	1802	3		1	1
西郊线	2017年12月	巴沟—香山	9	14/14	168		6		1
燕房线	2017年12月	阎村东—燕山	14.4	64/16	748			9	1
亦庄线	2010年12月	宋家庄—次渠	23.2	138/23	1488	5		8	1
S1线	2017年12月	金安桥—石厂	10.2	60/10	654			7	

数据来源：北京市地铁运营有限公司、北京京港地铁有限公司、北京市轨道交通运营管理有限公司、北京公共交通控股（集团）有限公司。

4.市郊铁路

2017年12月31日，市郊铁路城市副中心线、怀柔密云线正式开通运营。2017年底，北京市市郊铁路运营线路3条，运营里程203km。北京市市郊铁路基本情况见表2-6，北京市市郊铁路运营线路图如图2-20所示。

北京市市郊铁路基本情况　　　　　　　　表2-6

线　路	最早开通时间	起　止　点	运营长度（km）	车站数（个）	日均开行对数	2017年旅客发送量（人次）
S1线（副中心线）	2017年12月	北京站—通州站	20	3	1对	675
		北京西站—通州站	29	4	3对	
S2线（延庆线）	2008年8月	黄土店—延庆	64	4	每周一/五/六/日/节假日11对 每周二/三/四8对	1893242
		黄土店—沙城	95	5	每周一/五/六/日/节假日1对	
S5线（怀柔密云线）	2017年12月	黄土店—怀柔北	79	3	2对	353

数据来源：中国铁路北京局集团有限公司。

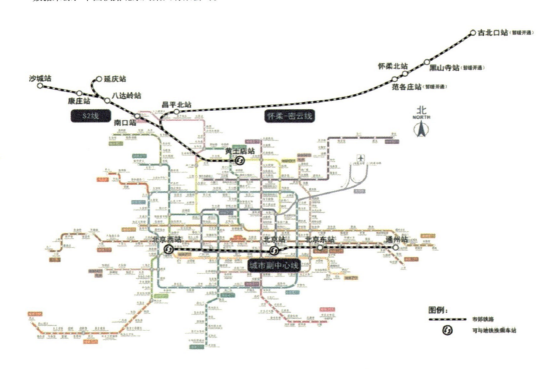

图2-20　北京市市郊铁路运营线路图

5. 停车设施

截至2016年12月，北京市停车位总量为381.9万个（不含农村地区）。其中：二环内停车位22.3万个，占比5.8%；二环到三环之间停车位47.7万个，占比12.5%；三环到五环之间停车位135.1万个，占比35.4%；五环外停车位176.8万个，占比46.3%。北京市停车位资源空间分布情况如图2-21所示。

从类型来看：停车位主要集中在居住区，共有停车位219.1万个，占停车位总量的57.3%；其次为公共建筑（主要包括行政办公、商场超市、酒店宾馆、餐饮娱乐、医院、学校、其他办公等），停车位147.4万个，占停车位总量的38.5%；路侧占道停车位6.7万个，占停车位总量的1.8%；立交桥下、驻车换乘等其他类型车位8.6万个，占车位总量的2.4%。北京市停车位资源类型分布如图2-22所示。

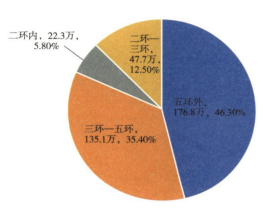

图2-21 北京市停车位资源空间分布情况　　　图2-22 北京市停车位资源类型分布情况

6. 客运枢纽

2017年底，北京市共有客运枢纽场站10个，占地面积57.04万m²，详见表2-7。

北京市客运枢纽一览表　　　表2-7

名　称	占地面积（万m²）	建筑面积（万m²）	建成运营时间	是否为对外交通综合客运枢纽
合计	57.04	31.60	—	—
1. 西客站北广场客运枢纽	1.32	0.13	1997年	是
2. 动物园客运枢纽	1.47	5.72	2004年	否
3. 六里桥客运主枢纽	6.52	2.95	2005年	是
4. 东直门交通枢纽	3.95	7.80	2008年	否
5. 北京南站交通枢纽	4.40	1.98	2008年	是
6. 西客站南广场枢纽	1.49	0.66	2009年	是
7. 西苑交通枢纽	14.00	1.80	2009年	否
8. 四惠交通枢纽	16.68	3.90	2012年	是
9. 宋家庄交通枢纽	4.71	5.26	2012年	否
10. 篱笆房交通枢纽	2.50	1.40	2017年	是

数据来源：北京市交通委员会。

7. 自行车步行设施建设

2017年底，北京市已建成自行车租赁服务网点共3280个，公共自行车服务系统建设规模共计10.2万辆。共享单车自2016年9月进入北京市以来快速增长，截至2017年底，运营车辆达到220万辆。北京市城市慢行系统道路里程达600km。北京市公共自行车系统建设及运营情况见表2-8。

北京市公共自行车系统建设及运营　　　　表2-8

指　标	单位	2015年	2016年	2017年
租赁服务网点	个	1730	2588	3280
自行车服务系统建设规模	万辆	5	8.1	10.2
办卡数量	万个	55	81	84.5
自行车骑行量	万次	4500	5000	5156
自行车日均周转率	次/日	5	5	2.89

数据来源：北京市交通委员会。

8. 城市轨道交通客运情况

2017年底，北京市轨道交通运营线路22条，运营总里程达608km，车站370座，换乘站56座，运营车辆5204辆，2017年年行驶里程达到54448.3万车·km。北京市轨道交通年客运量37.8亿人次，日均客运量999.8万人次，最高日客运量达到1270万人次。

北京市轨道交通运营线路如图2-23所示。

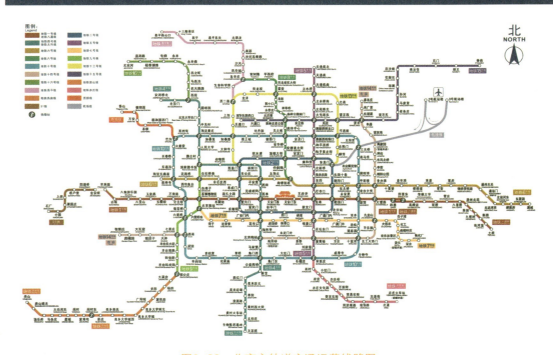

图2-23　北京市轨道交通运营线路图

北京市轨道交通运行主要技术指标见表2-9。

北京市轨道交通主要技术指标一览表　　　　表2-9

线路	运营km（万车km）	正点率(%)	最小发车间隔（分′秒″）	工作日日均客运强度（万人次/km）	工作日日均客运量（万人次） 进站量	工作日日均客运量（万人次） 换乘量	工作日平均运距(km)	百车km牵引能耗[kW·h/(百车·km)]
1号线	5005.64	99.95	2′	3.88	59.01	61.23	7.69	203.19
2号线	2915.13	99.95	2′	4.63	52.60	53.96	5.12	186.44
4-大兴线	5895.72	99.99	2′	2.66	70.82	62.28	9.42	198.71
5号线	3468.31	99.76	2′	3.83	53.97	53.34	8.25	214.16
6号线	5871.55	99.95	2′31″	2.21	53.82	41.06	10.44	191.88
7号线	2727.01	99.99	4′	1.93	25.78	20.57	6.65	179.95
8号线	2482.27	99.99	2′53″	1.44	21.71	19.93	9.44	197.37
9号线	1585.58	99.99	3′15″	3.22	21.62	33.15	6.25	154.34
10号线	7347.47	99.90	2′	3.09	97.12	78.97	8.15	156.43
13号线	4173.67	99.96	2′30″	1.89	40.72	36.91	10.89	132.68
14号线西段	691.92	100.00	6′	0.57	3.79	3.08	5.64	231.12
14号线东段	2455.66	100.00	8′	1.93	32.48	29.31	7.99	218.14
15号线	3103.41	99.99	3′49″	0.91	22.37	16.63	13.02	180.75
16号线北段	1470.75	100.00	8′	0.38	4.50	3.17	10.29	180.80
八通线	1797.29	99.98	2′50″	1.66	19.01	12.62	10.29	159.85
昌平线	2114.09	99.99	4′	0.80	15.14	9.63	13.13	200.49
房山线	1497.90	99.94	4′40″	0.58	7.61	5.70	14.42	178.53
机场线	828.48	99.99	8′	0.12	3.23	0.00	24.30	164.10
西郊线	—	—	—	—	—	—	—	—
燕房线	4.53	100.00	5′	—	—	—	—	—
亦庄线	1405.78	99.99	5′	0.95	12.38	9.45	11.11	159.40
S1线	3.13	99.86	9′	—	—	—	—	—

数据来源：北京市轨道交通指挥中心。

2017年北京市轨道交通最大断面满载率情况见表2-10，其中2017年轨道交通全网最大断面满载率超过120%的断面有9个，最大断面满载率发生在15号线崔各庄->望京东，满载率高达143%。

2017年北京市轨道交通最大断面满载率表 表2-10

线路	发生方向	最大断面满载率	发生区间	发生时段	发生日期
1号线	上行	103%	公主坟 –> 军事博物馆	7:30—8:30	2017年2月22日
	下行	98%	大望路 –> 国贸	7:55—8:55	2017年2月22日
2号线	上行	73%	车公庄 –> 阜成门	7:50—8:50	2017年2月22日
	下行	67%	东直门 –> 东四十条	7:55—8:55	2017年4月24日
4-大兴线	上行	120%	菜市口 –> 宣武门	7:40—8:40	2017年3月7日
	下行	109%	宣武门 –> 菜市口	17:55—18:55	2017年8月22日
5号线	上行	107%	磁器口 –> 崇文门	7:45—8:45	2017年3月28日
	下行	124%	惠新西街北口 –> 惠新西街南口	7:35—8:35	2017年5月4日
6号线	上行	114%	金台路 –> 十里堡	18:20—19:20	2017年6月21日
	下行	121%	十里堡 –> 金台路	8:00—9:00	2017年12月11日
7号线	上行	57%	菜市口 –> 虎坊桥	7:45—8:45	2017年5月4日
	下行	60%	广渠门内 –> 磁器口	7:30—8:30	2017年5月4日
8号线	上行	102%	奥体公园 –> 森林公园南门	18:30—19:30	2017年6月21日
	下行	114%	森林公园南门 –> 奥体公园	7:45—8:45	2017年11月21日
9号线	上行	126%	七里庄 –> 六里桥	7:30—8:30	2017年5月4日
	下行	108%	军事博物馆 –> 北京西站	17:50—18:50	2017年11月3日
10号线	上行	99%	双井 –> 国贸	7:50—8:50	2017年9月11日
	下行	95%	芍药居 –> 太阳宫	7:50—8:50	2017年6月5日
13号线	上行	123%	上地 –> 五道口	7:30—8:30	2017年5月4日
	下行	110%	五道口 –> 上地	18:20—19:20	2017年6月21日
14号线（西段）	上行	62%	大井 –> 七里庄	7:30—8:30	2017年5月4日
	下行	36%	七里庄 –> 大井	17:50—18:50	2017年10月24日
14号线（东段）	上行	106%	金台路 –> 朝阳公园	8:15—9:15	2017年12月11日
	下行	104%	朝阳公园 –> 金台路	18:20—19:20	2017年6月21日
15号线	上行	107%	望京西 –> 望京	8:00—9:00	2017年5月4日
	下行	143%	崔各庄 –> 望京东	7:45—8:45	2017年5月4日
16号线（北段）	上行	40%	西苑 –> 马连洼	18:20—19:20	2017年12月18日
	下行	60%	马连洼 –> 西苑	7:35—8:35	2017年12月5日
八通线	上行	111%	高碑店 –> 传媒大学	18:15—19:15	2017年6月21日
	下行	130%	传媒大学 –> 高碑店	7:45—8:45	2017年12月19日
昌平线	上行	98%	西二旗 –> 生命科学园	18:20—19:20	2017年7月20日
	下行	124%	生命科学园 –> 西二旗	7:45—8:45	2017年10月17日

续上表

线　路	发生方向	最大断面满载率	发生区间	发生时段	发生日期
房山线	上行	133%	稻田 -> 大葆台	7:30—8:30	2017年5月4日
房山线	下行	90%	大葆台 -> 稻田	18:00—19:00	2017年12月11日
机场线	上行	74%	T2航站楼 -> 三元桥	14:50—15:50	2017年10月8日
机场线	下行	105%	三元桥 -> T3航站楼	17:00—18:00	2017年9月30日
西郊线	上行	—	—	—	—
西郊线	下行	—	—	—	—
燕房线	上行	12%	紫草坞 -> 阎村东	9:50—10:50	2017年12月31日
燕房线	下行	12%	阎村东 -> 紫草坞	17:05—18:05	2017年12月31日
亦庄线	上行	119%	肖村 -> 宋家庄	7:20—8:20	2017年5月4日
亦庄线	下行	101%	亦庄桥 -> 亦庄文化园	8:00—9:00	2017年5月4日
S1线	上行	10%	四道桥 -> 金安桥	10:20—11:20	2017年12月31日
S1线	下行	7%	金安桥 -> 四道桥	14:45—15:45	2017年12月31日

数据来源：北京市轨道交通指挥中心。

9. 公共汽（电）车客运

2017年，北京市公共汽（电）车运营车辆25624辆，运营线路886条，运营线路长度19290km，施划公交专用道里程907km。2017年北京市公共汽（电）车年客运量33.6亿人次。北京市公共汽（电）车运营指标情况见表2-11。

北京市公共汽（电）车运营指标　　表2-11

指　标	单位	2011年	2012年	2013年	2014年	2015年	2016年	2017年
线路条数	条数	749	779	813	877	876	876	886
线路长度	km	19460	19547	19688	20249	20186	19818	19290
运营车辆	辆	21628	22146	23592	23667	23287	22688	25624
公交专用道	km	324.5	355.1	365.6	394.8	740.7	851	907
年客运量	亿人次	50.3	51.5	48.4	47.7	40.6	36.9	33.6
日均客运量	万人次	1369	1394	1327	1307	1098	973	919
运营行驶里程	万km	134271	133999	135669	138540	135411	133630	132357

注：公交专用道里程2015年统计口径由设置公交专用道长度变为施划的公交专用道长度。

数据来源：北京市交通委员会。

2017年，北京市公共汽（电）车客运站685个。其中保养站12个，枢纽站8个，中心站27个，首末站638个。北京市公共汽（电）车客运场站统计见表2-12。

北京市公共汽（电）车客运场站统计表（单位：个）　　表2-12

公共汽（电）车客运场站		2011年	2012年	2013年	2014年	2015年	2016年	2017年
合计		610	617	624	641	672	632	685
保养场		15	15	15	15	17	13	12
枢纽站		8	10	8	8	8	8	8
中心站		21	21	21	21	21	21	27
首末站		566	571	580	597	626	590	638
	永久性	140	142	146	146	152	154	161
	临时性	426	429	434	451	474	436	477

数据来源：北京市交通委员会。

针对市民差异化、多样化出行需求，北京开通商务班车、快速直达专线、节假日专线、休闲旅游专线及其他线路。旅游公交1线、2线、3线，全年共计发车1.6万车次，运送游客65.03万人次，平均上座率79.79%。2017年底，北京市商务班车、快速直达专线共计316条，其中商务班车168条，快速直达专线148条，日均发车1694次。北京市定制公交变化情况如图2-24所示。

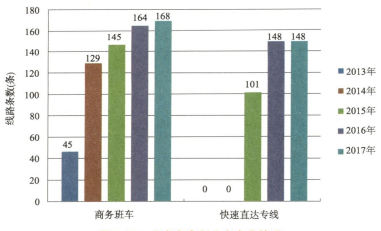

图2-24　北京市定制公交变化情况

10. 郊区客运

2017年，北京市郊区客运运营企业14家，运营车辆4350辆，运营线路446条，运营线路长度16357km，年客运量40717万人次，年旅客周转量503683万人·km，见表2-13。

11. 出租汽车客运

2017年，北京市出租汽车企业户数共计227户，出租汽车运营车辆为68484辆，2017年出租汽车年客运量3.94亿人次。受网约出租车参与运营的影响，传统巡游出租车行业客运量持续下降。北京市出租汽车客运运营指标见表2-14，客运量变化情况如图2-25所示。

郊区客运运营指标　　　　　　　　　　　　　　　　　　表2-13

指标	计量单位	2011年	2012年	2013年	2014年	2015年	2016年	2017年
运营企业	个	14	14	14	14	14	14	14
运营线路条数	条	322	347	364	377	386	410	446
运营线路长度	km	12923	13800	14341	15148	15148	15496	16357
运营车数	辆	2826	3115	3260	3453	3603	3963	4350
客运站数	个	121	130	140	146	151	151	181
年客运量	万人次	43034	46076	47039	46760	44630	42572	40717
旅客周转量	万人·km	596510	630122	641063	649926	620659	520797	503683

注：客运站均为四级站。

北京市出租汽车客运运营指标　　　　　　　　　　　　表2-14

指标	计量单位	2011年	2012年	2013年	2014年	2015年	2016年	2017年
运营企业	个	253	246	246	246	234	230	227
运营车数	辆	66646	66646	67046	67546	68284	68484	68484
年客运量	亿人次	6.96	6.99	6.99	6.68	5.88	4.77	3.94
载客车次	万车次	51210	50460	50660	47876	41965	33946	28127
年行驶里程	万·km	552659	585056	587873	654529	589815	509973	457050
年载客里程	万·km	376162	405773	399777	421035	378382	304966	290382

注：不含郊区运营纯电动出租汽车。

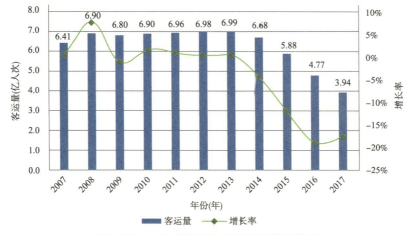

图2-25　北京市出租车年客运量变化情况

12. 省际客运

2017年底，北京市共计有8个省际客运站，运营线路776条，通往22个省、自治区和直辖市，年客运量1771万人次，年旅客周转量62.1亿人·km。北京市省际客运站基础信息见表2-15。

北京市省际客运站基础信息　　　　　　　　　　表2-15

指标	计量单位	2012年	2013年	2014年	2015年	2016年	2017年
省际客运站	个	11	11	11	11	10	8
运营线路	条	814	826	826	788	777	776
运营线路长度	万km	44	45	45	43	42	42
运营车数合计	辆	3756	3504	3499	3410	2962	2966
本市运营车辆	辆	1169	1161	1156	982	937	874
年客运量	万人次	2734	2674	2669	2361	1994	1771
到达量	万人次	1359	1348	1354	1201	1041	939
发送量	万人次	1375	1326	1315	1106	953	832
年旅客周转量	亿人·km	99.5	94.3	92.9	80.9	68.6	62.1
年日均发班次	班次	2091	1946	1858	1788	1695	1462
日均旅客发送量	人次	37684	36830	36019	31774	26439	23123

北京市省际客运信息变化如图2-26所示。

图2-26　北京市省际客运信息变化示意图

13. 旅游客运

2017年底，北京市共有旅游客运企业81户，旅游客车6544辆，年客运量3708万人次。北京市旅游客运基础信息见表2-16。

北京市旅游客运基础信息　　　　　　　　　　表2-16

指标	单位	2012年	2013年	2014年	2015年	2016年	2017年
企业户数	户	85	85	84	86	80	81
从业人员	人	7638	7986	8761	7819	7686	7560
运营车辆	辆	6717	6401	6629	6551	6650	6544
年客运量	万人次	4726	4805	4883	4666	4909	3708

北京市旅游客运量历年变化统计见图2-27。

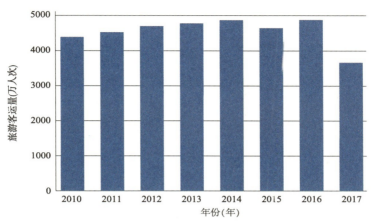

图2-27　北京市旅游客运量历年变化统计图

三、货物运输

1.公路货物运输

2017年，北京市公路营业性货运量为19374万t，货物周转量为159.2亿t·km，平均运距为82.2km。北京市道路营业性货运基本情况见表2-17。

北京市道路营业性货运基本情况　　　　表2-17

年份（年）	货运场站数量（个）	货运量（万t）	货物周转量（万t·km）	平均运距（km）
2010	16	20184	1015944	50.3
2011	8	23276	1323259	56.9
2012	15	24925	1397736	56.1
2013	14	24651	1561929	63.4
2014	14	25416	1651938	65.0
2015	11	19044	1563562	82.1
2016	11	19972	1613192	80.8
2017	10	19374	1592419	82.2

北京市公路营业性货运量年度变化如图2-28所示。

2.铁路货物运输

2017年，北京市铁路货物到发量为1946.5万t，其中货物发送量为704万t，到达量为1242.5万t，货运周转量为798.9亿t·km。北京市铁路货物到发量年度变化和货物周转量年度变化如图2-29、图2-30所示。

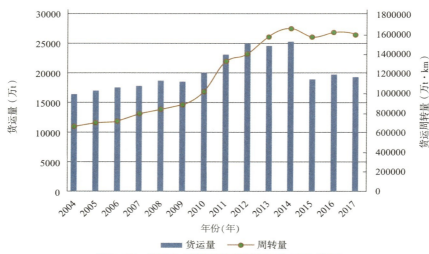

图2-28 北京市公路营业性货运量年度变化图

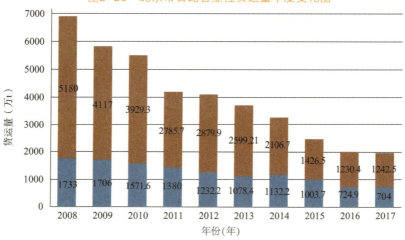

图2-29 北京市铁路货物到发量年度变化

图2-30 北京市铁路货物周转量年度变化

3. 航空货物运输

2017年，北京市航空货邮吞吐量达到203万t，航空承运货运量反映出高附加值货运需求逐年增加。北京市航空货运量年度变化如图2-31所示。

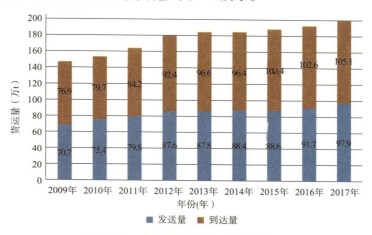

图2-31　北京市航空货运量年度变化

4. 对外贸易运输

北京市已形成以首都国际机场航空口岸为核心，北京西站铁路口岸、朝阳口岸、丰台货运口岸、北京平谷国际陆港为重要补充，空间布局均衡，航空、铁路、公路口岸互补，客、货功能配套，口岸与保税等功能区对接的口岸体系。其中四个货运口岸各有侧重，承担不同的职能：北京首都国际机场航空口岸是航空运输口岸，北京朝阳口岸、北京平谷国际陆港是与天津海港实行"口岸直通"的内陆公路口岸，北京丰台货运口岸是铁路运输口岸。

2017年，北京口岸海关监管进出口货物7570万t，其中进口货物7420.7t，出口货物149.3万t。北京市各口岸监管货物所占比例如图2-32所示。

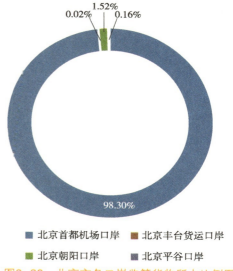

图2-32　北京市各口岸监管货物所占比例图

从口岸类别来看，首都机场航空口岸监管进出口货物7441万t，占北京口岸监管货物总量的98.3%；陆路口岸（朝阳口岸、平谷口岸）监管进出口货物127.1万t，占北京口岸监管货物总量的1.68%；铁路口岸（丰台货运口岸）监管进出口货物1.9万t，占北京口岸监管货物总量的0.02%。

5. 快递行业

截至2017年年底，北京市共有取得快递业务经营许可证的快递服务企业481户，全市快递站点个数4268个，从业快递员35538人，快递使用电动三轮车数34040辆，年快递业务总量22.7亿件。北京市快递行业基本情况见表2-18。

北京市快递行业基本情况　　　　　　　　表2-18

指标	单位	2014年	2015年	2016年	2017年
全年快递业务量	万件	111011.95	141447.26	196029.02	227452.1
取得快递业务经营许可证的企业数	家	291	351	474	481
站点总数	个	4110	6110	6395	4268
快递员	人	25734	3295	30253	35538
快递使用电动三轮车数	辆	20775	25839	36753	34040

北京市各类快递业务量如图2-33所示。

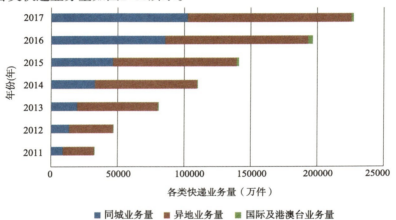

图2-33　北京市各类快递业务量

数据来源：北京市邮政局。

第四节　交通发展情况总体评价

进入21世纪，北京市交通发展进入了新阶段，交通拥堵加剧的势头得到一定程度遏制，交通供给和承载能力不断提高，交通运行状况总体平稳，有力支撑了首都经济社会发展。

交通基础设施承载能力提高。北京交通基本形成了与城市发展相适配的交通基础设施投资规模与保障体系，公共交通投资比例稳步提高，"十一五"期间公共交通投资占交通基础设施投资的比例达到59%。2000—2017年，轨道交通运营线路由2条54km增至22条608km；城区道路里程由2471km增至6359km，其中，城市快速路390km，城市主干道984km，"环线+放射线"的路网系统初步形成；公路里程由13597km增至22226km，其中高速公路里程由267km增至1013km，全市二级以上公路里程比率达到26.5%。2017年底公路密度达到134.4km/100km^2。自2003年以来北京市每年实施200多项优化平交路口、建设公交港湾、完善过街设施等疏堵工程，路口车辆平均行驶速度提高了19%，油耗降低10%，显著提高了既有设施效率。公路建设方面，还开展了"一会三函"模式前期工作流程研究，紧抓政策新机遇，围绕京津冀一体化、城市副中心、冬奥会等重大战略任务，不断加快公路建设项目工作。首都地区环线高速公路实现开工。协调推动京台高速顺利完工，京台高速（北京段）正式通车标志着《国家高速公路网规划》中涉及的7条首都放射线在京境内的路段全部通车，对促进京津冀区域交通协同发展具有重要意义。

公共交通主导地位初步确立。2017年，北京市公共汽（电）车运营车辆25624辆，运营线路886条，运营线路长度19290km，年客运量33.6亿人次。施划了907km的公交车专用车道，在京通快速路开设国内首条快速公交通勤走廊，在全国率先实现了"村村通公交"。继续推进京津冀一卡通互联互通工程，实现全市区所有地面公交线路及122条郊区公交线路一卡通互联互通。针对市民差异化、多样化的出行需求，北京开通商务班车、快速直达专线、节假日专线、休闲旅游专线及其他线路，如儿研所专线、高铁快巴等。其中商务班车及快速直达专线，主要集中在燕郊、通州至国贸；长阳、回龙观、昌平、石景山至中关村；丰台、长阳、黄村至亦庄；昌平、回龙观至上地等方向和地区。

城市交通拥堵得到缓解。目前，北京市路网早高峰平均速度为27.8km/h，其中快速路平均速度为37.1km/h，主干道平均速度为23.3km/h。晚高峰期间，路网平均速度为24.6km/h，其中快速路平均速度为32.3km/h，主干道平均速度为20.6km/h。2008年以来，北京市工作日高峰时段平均交通指数保持在6左右，基本处于"轻度拥堵"等级，其中2016年全路网高峰时段平均交通指数为5.6（轻度拥堵），较2007的7.5（中度拥堵）大幅下降。2016年工作日平均拥堵持续时间（包括严重拥堵、中度拥堵）为2h55min，较2007年减少95min，其中严重拥堵和中度拥堵持续时间分别为10min与2h45min，较2007年分别减少125min和30min。北京市交通缓堵措施见表2-19。

北京市交通缓堵措施　　　　表2-19

具体措施	实施内容	实施效果
尾号限行	工作日每天7时至20时五环内（不含五环主路）停驶两个尾号； 车牌尾号分为五组，每13周轮换一次限行日	停驶约90万辆机动车； 拥堵指数由7.5降至6以下
错时上下班	市属党政机关、社会团体、国有企事业等单位约80万人错峰出行； 上下班时间分别推迟半小时，从原来的8时30分和17时30分，推迟到9时和18时	早高峰推迟10min左右
摇号	小客车指标限额，以摇号方式无偿分配	机动车保有量增速由14%降至5%
停车收费	按照"中心高于外围、路内高于路外、地上高于地下"的原则分区域调整停车收费标准	一类区域小客车客流量降幅11%~12%； 主干路小客车流量降幅13%~16%

第五节　北京市交通发展的新形势与新任务

当前，随着党的"十九大"提出建设交通强国的战略目标以及京津冀协同发展战略纵深推进、《北京城市总体规划（2016年—2035年）》（新总规）实施、北京非首都功能疏解和城市副中心建设的大力推进，以及将北京建设成国际一流和谐宜居之都规划总目标的确定，北京交通已经进入了一个全新的发展阶段。这就要求必须全面审视交通发展面临的新形势，立足长远，科学谋划，以满足北京战略发展的各项要求。

一、京津冀协同发展的要求

京津冀协同发展是国家重大发展战略，《京津冀协同发展规划纲要》明确提出了将京津冀地区建设成为以首都为核心的世界级城市群。预计未来区域人口规模与分布仍将有较大变化，区域及北京交通系统服务人口仍将有一定增长，交通系统服务的通勤区域半径很可能由30km向50km乃至100km扩展，出行需求、出行结构、交通组织形式都将面临新的变化与挑战。

二、实施新版《北京城市总体规划(2016年—2035年)》的要求

新版的《北京城市总体规划(2016年—2035年)》按照习近平总书记视察北京重要讲话精神，明确北京四个中心战略功能定位及建设国际一流和谐宜居之都的总目标，按照以人为本、可持续发展的总体思路，确定"一主一副两轴多点"空间格局，拟定了人口总量上限（2300万）、生态控制线和城市开发边界三条红线，城乡建设用地规模近期为2860 km^2，北京进入了"疏解功能谋发展"的减量发展新时期。就发展而言，未来一段时期内，随着城市副中心的兴起与发展，城市功能与结构布局的调整、经济活动的增加与收入水平的提高，交通出行总量仍将持续增长，出行需求更加丰富，市民对出行方式的可达性、便捷性和可选择性等提出了更高的要求，交通需求的多样性、多层次差异化特征进一步凸显，现有的交通基础设施规模和功能结构、运输体系、运输组织和经营服务手段将面临新的考验，综合交通承载能力将成为新一轮城市重构、修复与发展的重要支撑和约束条件。

三、建设北京现代化综合交通体系的要求

2014年2月26日，习近平总书记在北京视察时指出，北京要把解决交通拥堵问题放在城市发展的重要位置，加快形成安全、便捷、高效、绿色、经济的综合交通体系。以习总书记重要讲话为根本遵循，以国际一流和谐宜居之都的交通需求和人民群众对美好生活需要为目标，提出了北京交通发展的一揽子措施和指标体系，描绘了未来的发展蓝图，明确了2020年基本建成、2035年全面实现北京现代化综合交通体系的中长期发展目标。预计到2020年，各种交通方式融合发展的新北京现代化综合交通体系将基本形成。实现区域交通和城市交通有机融合，航空、铁路、公路等交通方式协调发展，形成北京为中心50km半径范围内"1小时交通圈"；构建多层次、多样化的公共交通服务体系，实现公共交通"快速、便捷、多样"，服务定位由满足基本出行需求向满足多样化出行需求转变，中心城采用

公共交通出行的平均通勤时间不超过60min；构建北京新绿色出行体系，中心城绿色出行比例达到75%；建成区规划道路网密度达到4.5km/km^2，中心城路网高峰交通指数控制在6以内。

面对建设现代化综合交通体系的新机遇和新挑战，要以更高要求谋划交通发展。要更加侧重促进交通与城市协调发展，提高交通支撑、保障与服务能力；大力推动以各种交通方式相互匹配和衔接为主要特征的综合交通体系的形成；坚持公共交通优先与需求管理并重，提高交通运行效率和服务水平；加强客运枢纽和交通节点建设，提高换乘效率和服务水平；把治理交通拥堵放在更加突出的位置，治本治标"两手抓，两手硬"；提升出行品质，实现绿色出行、智慧出行、平安出行；引导支持交通物流融合发展，发挥交通运输基础和主体作用；结合共享经济、互联网、大数据等新业态新技术应用，提升交通精细化管理水平，构建安全、便捷、高效、绿色、经济的综合交通体系。北京现代化综合交通体系将以安全、便捷、高效、绿色、经济为基本特征，形成了包括区域交通系统、公共交通系统、自行车步行系统、道路设施及运行系统、停车设施与管理系统、交通需求管理系统、物流运输系统、智慧交通系统、绿色交通系统和平安交通系统在内的现代化综合交通体系的十大系统及2020年行动计划。

（1）区域交通系统。按照京津冀"一核、双城、三轴、四区、多节点"的布局，按照"轨道上的京津冀"构建高效密集的轨道交通网，区域城际轨道交通里程达到13400km。实现区域交通和城市交通有机融合，航空、铁路、公路等交通方式协调发展，区域交通畅达高效。

（2）公共交通系统。公共交通服务定位由满足基本出行需求向满足多样化出行需求转变，构建完善便捷的以枢纽为节点的综合换乘体系。2020年，轨道交通（含市郊铁路）运营里程力争达到1000km，轨道交通出行分担率占公共交通的60%以上，公交车专用车道里程达1000km，中心城公交站点500m覆盖率达到100%，全面建成"公交都市"。

（3）自行车步行系统。构建安全、便捷、舒适、宜人的自行车和步行出行环境，2020年五环内治理完善3200km连续成网的自行车道路系统，使自行车和步行成为中短距离出行的主要交通方式，并与公共交通无缝衔接，形成绿色出行体系，与居民生活有机融合，构建和谐宜居的城市环境。

（4）道路设施及运行系统。形成路网结构合理、功能完善、运行高效安全的道路网络体系。2020年中心城道路面积率达到7.3%，城市道路规划实现率快速路达95%、主干路达70%、次干路和支路达60%。

（5）停车设施与管理系统。北京市规划停车位总量原则上应按照基本车位1:1、出行车位1:0.2的标准统筹考虑。对基本车位建立分区域差别化供给政策，对出行车位采取更加严格的区域控制政策。建立多元化投资机制增加车位供给。建立反映土地资源稀缺程度和市场供需关系的停车价格体系，实行差别化定价并实现动态调节。改革路侧停车管理体制，实行电子收费，建立智慧停车系统，统筹资源管理和使用。建立居民停车自治、社区单位错时停车等多种方式的居民停车小区域供需平衡机制，建立"政府引导、企业实施、居民自治、多方参与"的停车社会公共治理制度。

（6）交通需求管理系统。构建完善的法律、经济、科技和行政管理体系，严格控制小客车总量,提高出行成本,推动个体机动交通方式向绿色出行方式转移。提升出租汽车和租赁汽车服务品质。到2020年中心城小客车出行比例控制在25%以内。

(7)物流运输系统。构建京津冀一体化格局的城市快递、物流配送服务体系,提高运输效率。实施城市"绿色货运"工程,推进低碳型货物运输服务。对55000辆"绿色货运"车辆(其中新能源车辆占5%以上)、20000辆城市快递车辆制定支持政策,形成专业化、集约化、社会化的货运发展模式。

(8)智慧交通系统。智慧交通是利用全方位现代化信息手段为出行者提供服务,为交通运行和管理提供支撑的人脑仿生智能互动体系。加快互联网与交通的深度融合,实现基础设施、运输工具、运行信息等互联网化,构建基于互联网平台的便捷化交通服务体系。实现营运车车载卫星定位安装率100%,专业运输企业信息化率100%。

(9)绿色交通系统。构建15min绿色出行生活圈,推行3km步行、5km骑行、10km公交的绿色出行通勤圈。2020年中心城绿色出行方式(轨道交通、地面公交、自行车、步行)比例达到75%。

(10)平安交通系统。加强平安交通建设,持续降低交通事故率和死亡率。2020年万车交通事故死亡率控制在1.2以下。降低交通事故的发生率,提高事故快速处理能力。强化预防,构建快速有效的应急保障体系,切实增强应急处置能力。

第六节 本章小结

自新中国成立以来,伴随着城市化和机动化的发展进程,北京交通发展经历了机动化萌芽期(1949—1989年)、机动化发展初期(1990—1999年)、公交优先的机动化加速发展期(2000—2008年)、公交优先与需求管理并重的机动化加速发展期(2009—2017年)、建设新型北京现代化综合交通体系的新时期(2018年至今)5个阶段,交通建设成果显著。特别是近十多年来,北京交通发展成就显著,2004—2017年,在城市人均地区生产总值增长到3.15倍、常住人口增长678万人、机动车保有量增长361万辆背景下,轨道交通运营里程增加433%,交通拥堵加剧的势头得到一定程度遏制。北京交通供给和承载能力不断提高,交通运行状况总体平稳,有力支撑了首都经济社会发展。

当前,随着交通强国战略目标、京津冀协同发展战略、"四个中心"定位、非首都功能疏解、城市副中心建设、新总规实施等重大战略举措的大力推进,北京交通已经进入了一个全新的发展阶段。未来几年北京交通将进入结构调整与品质提升并重、综合施策与精细化治理联动的重要战略机遇期,亟须深入分析重要关键环节和症结,科学谋划未来发展策略。

第三章

北京市交通拥堵内涵与评价

北京交通事业持续不断的发展，为首都经济社会发展提供了有力保障。尽管北京市在交通工作方面不断加大投入和管理力度，但由于交通需求总量的急剧增长及交通需求构成的复杂多样，城市交通总体形势依然非常严峻。2014年2月和2017年2月，习总书记两次视察北京时明确指出：北京已经患上了相当程度的"城市病"。交通拥堵是"城市病"的典型表现，也是大城市发展中最难以治理的突出问题。随着京津冀一体化的推进和城市副中心建设，城镇化和机动化进程仍将持续发展，北京市交通拥堵问题表象和内在机理也随着城市总体发展不断演进变化。面对新形势，进一步科学审视分析北京交通拥堵的定义、内涵，准确把握交通发展的阶段性特征，已经成为综合解决城市交通问题，推进首都经济社会可持续发展的必然要求。本章对北京市新形势下城市交通拥堵的定义内涵与相应的评价体系进行了归纳和分析研究，系统介绍了北京市交通拥堵的演变历程及新特征，从道路、公共交通、轨道交通、停车等方面进行了拥堵特征分析，并提出了面向新特征的城市交通拥堵内涵及评价体系。

第一节 既有城市交通拥堵定义与内涵

一、城市交通拥堵定义

一般意义的交通拥堵均是指城市道路机动车增加，并由于多种原因形成的车流堵塞，其具有一定的普遍性、反复性和常态性，准确一点可以称之为道路交通拥堵。20世纪60年代以来，很多国家从不同的角度开展了对于交通拥堵的研究，但由于交通拥堵的复杂性，交通拥挤及堵塞统称为交通拥堵，国际上关于交通拥堵的定义来源于多个学科，不同视角给出的定义之间既有所区别，又有所交叉，主要从交通工程学、交通经济学和交通行为学等3个方面出发，其定义见表3-1。

交通拥堵的定义 表3-1

理论视角	主要概念
交通工程学	从交通流的运行状态方面定义交通拥堵。指交通需求超过某条道路的通行能力或设施容量时，超过部分交通滞留在道路上的交通现象
交通经济学	从拥堵产生的成本方面定义交通拥堵。指社会边际成本大于个人（交通使用者）边际成本时，对应的交通运行状态
交通行为学	从出行者自身认知和体验方面定义交通拥堵。出行者首先基于个人情况和相关经验设定有关这次出行速度、时间及拥挤程度方面的期望值，然后感知判断实际出行主观体验，根据二者偏差判断通拥堵程度

1. 交通工程学交通拥堵定义

交通工程学通常根据交通流参数中的流量、速度、密度来定义交通拥堵。美国联邦道路管理署 FHWA（Federal Highway Administration）在1991年发布的交通政策白皮书ISTE（Intermodal Surface Transportation Act，1991）中对交通拥堵定义为：交通参与者因为交通流相互干扰而不能忍受的交通状态。经典交通流理论中，若从速度来定义，则认为小于临界速度（交通流量逐渐增大，接近或达到道路通行能力时的速度）时的交通流状态就是拥堵状态；从交通密度来定义，则指在车流密度大于最佳车流密度时，车流处于拥挤状态，由于车流密度逐渐增大，车速和交通量同时降低，交通发生阻塞。

交通量、交通密度和交通速度3个参数间的基本关系如式（3-1）：

$$Q = K \cdot V \quad (3-1)$$

式中：Q——交通量；

K——交通密度；

V——交通速度。

Q、K、V的数值大小可表征车辆的运行状态：

对Q，总有$Q<Q_m$。

当$K \leqslant K_m, V \geqslant V_m$时，车辆处于不拥挤状态。

当$K > K_m, V < V_m$时，车辆处于拥挤状态。

其中：Q_m——最大交通量；

K_m——最佳密度（临界密度），指交通流量最大时的密度；

V_m——临界车速，指交通流量最大时的车速。

在通常的交通密度下（密度不太大，也不太小），两者基本呈线性关系如式（3-2）：

$$V = V_f \left(1 - \frac{K}{K_j}\right) \quad (3-2)$$

式中：K_j——阻塞密度；

V_f——畅行速度。

当交通密度很大时，采用对数模型如式（3-3）：

$$V = V_m \ln\left(\frac{K_j}{K}\right) \quad (3-3)$$

当交通密度很小时，采用指数模型如式（3-4）：

$$V = V_f e^{-\frac{K}{K_m}} \quad (3-4)$$

2. 交通经济学中的交通拥堵定义

交通拥堵的经济学理论是由剑桥大学的英国经济学家Pigou教授提出的，它是指对于一段道路而言，道路交通的供给就是单位时间里该道路能通过的汽车数量(流量)，而道路交通的需求则涉及很复杂的城市结构和交通行为等问题。道路交通的供给有个很重要的特点：当需求到达一定水平之后，新的需求将会导致供给的减少。这是因为道路上的车越多，则车流就运动得越慢，单位时间里该道路能通过的汽车数量就越少。也就是说，新的使用者加入会导致所有其他使用者的使用成本增加，而且这种对社会的负担新的使用者既不用支付,也不用考虑。这种个人成本与社会成本之间的不一致将会导致需求与供给关系的扭曲,Pigou教授的拥堵定价理论(Congestion Pricing)就是从这个事实出发的。而拥堵收费、燃油税、公共交通津贴等手段均是从交通经济学角度提出的解决交通拥堵问题的方式。

3. 交通行为学中的交通拥堵定义

交通行为学从出行者自身认知和体验方面定义交通拥堵。出行者首先基于个人情况和相关经验设定有关这次出行速度、时间及拥挤程度方面的期望值,然后感知判断实际出行主观体验,根据二者偏差判断交通拥堵程度。美国交通运输研究所TRB(Transportation Research Board)对交通拥堵定义为:出行者的出行时间增加,交通状态不稳定,交通安全受到影响,且不能达到出行者预期服务水平的不良交通状态。

上述交通拥堵无论从交通工程学、交通经济学、交通行为学等角度定义,本质上还是仅指道路上的交通状态,并未囊括非道路设施上人出行环境的拥堵,如轨道交通换乘通道、轨道交通站台早晚高峰拥挤等候,公交站台拥堵;静态交通停车乱带来的不顺畅停车、驶离的状态。从机动车污染物排放对大气污染程度层面,车辆怠速下尾气排放增加对社会治理空气质量产生的经济成本也应随着日益关注的车辆对大气环境的影响而被纳入交通拥堵定义中去。因此,应该在传统交通拥堵定义的基础上,站在城市综合交通的新视野,进一步全面审视交通拥堵的定义与内涵。

二、城市交通拥堵内涵

传统意义的拥堵内涵为道路交通需求达到一定程度,超过供给能力,道路交通系统运行所体现出的状态,交通拥堵的内涵是供需关系不匹配,实质上是城市交通供给在时间与空间分布上难以满足交通出行需求,继而在特定状况下产生的一种交通滞留现象。

通过上述资料的梳理,交通拥堵的内涵具有以下特征:

(1)理论方法具有复杂性。交通拥堵作为交通领域的热点、难点问题,影响因素涉及诸多方面,其系统性、复杂性和时变性使得交通拥堵的演变规律异常复杂,拥堵评价方法体系需要多种方法理论的支撑及一系列模型的应用。

(2)指标表现具有多样性。基于交通拥堵定义的不同角度,拥堵评价的指标具有多样性,多以道路交通为主,评价指标涉及交通拥堵的多角度、多层面,如排队长度、排队时间、行驶速度、车道占有率等。

(3)拥堵评价具有主观性。拥堵评价多以表象特征和主观感受作为切入点,出行者根据拥堵发生地点、发生时间、影响范围等因素的不同,基于个人出行期望与经验,作出交通拥堵不同的主观感知与判断。判断系统是否达到拥堵的评价标准带有一定的主观性和社会性,如何引导这种主观性和社会性对拥堵治理也有很大的意义。

既有的交通拥堵内涵大多是从城市道路交通运行状态出发来描述交通系统运行状态,内涵评判内容及指标较为单一。面对北京交通的新形势、新问题,交通参与主体人日益增长的美好生活需要,对交通出行品质提升的迫切需求以及城市交通综合治理理念转变所带来的实际工作需要,原有的交通拥堵的定义与内涵已不适用,应在道路拥堵评价的基础上,将其他交通子系统纳入进来,形成综合交通拥堵评价体系,以支持新形势下城市综合交通体系的可持续发展。

三、城市交通拥堵评价

交通拥堵内容的延伸为城市交通拥堵评价带来了新的挑战。传统单纯面向城市道路交通运行状态的拥堵评价，已经无法满足多种交通方式并存的城市综合交通系统。因此，遵从城市交通拥堵演变的新特征，需将交通拥堵评价从道路交通状态，拓展至公共交通、慢行交通和静态交通等领域，以适应现阶段的交通拥堵特点。

已有的城市交通拥堵评价主要集中于道路交通方面，主要是运用定性分析、数理统计、模糊聚类等方面的理论方法，结合评价对象从时间和空间两个维度选取评价指标，对交通网络中特定节点、路段或区域的交通拥堵状况进行评价。因此，城市交通拥堵评价主要包括两方面内容：一是评价方法，二是评价指标体系。

1. 交通拥堵评价方法概述

交通拥堵评价方法是指通过定性或定量的评价指标对某区域内的交通拥堵状况进行评价，其主要作用是对比分析时空范围内的拥堵水平，从而确定拥堵治理政策和措施的可行性、有效性，为进一步治理拥堵提供重要的参考依据。

交通拥堵评价涉及的方法主要有拥堵现状评价和缓堵措施评价两类。前者主要是对区域内现在的拥堵状况进行评价，其作用在于对某区域拥堵状况的描述，以及不同区域的情况对比，该方法侧重空间范围内比较；而拥堵措施评价主要是对该措施实行前后的交通拥堵状况进行评价，从而确定措施的绩效，该方法侧重时间范围的比较，从某种意义上来说，拥堵措施评价也是拥堵现状评价的一种延伸应用。

关于交通拥堵评价的方法，可以分为定性评价法、统计学方法、运筹学方法、模糊数学方法等方面。

1）定性评价法

定性评价法主要是专家打分法。专家打分法即通过组织专家对评价对象划分等级、打分，再进行处理后得出评价结论的方法。

该类方法操作简单，可以利用专家在相关领域深厚的知识积累，得到易于使用且可靠性较大的结论。同时也存在主观性较大、多人评价情况下结论难收敛等问题，此方法通常用于战略分析或数据量较少的情形。随着交通检测手段的更新与普及，交通数据在多样性和全面性上有了极大的提高，如今在交通拥堵评价方面，单纯的定性评价已经不再使用。

2）统计学方法

交通拥堵统计学方法多是运用统计学理论，选取单一或多个指标对交通现状进行评价。单一指标的统计学方法多是以交通流理论为基础，选取单一指标，通过对比实际指标值与拥堵评价标准来评价交通拥堵等级。其中，速度—流量曲线图是常用的评价指标。

交通流方法理论上已相对成熟，受到广泛认可。但该方法在拟和速度—流量曲线的时候无法描述各国各地区自身的交通特性，因此，出现多指标交通拥堵评价方法。

多指标交通拥堵评价方法多运用的是综合评价法。综合评价法也称多变量综合评价法，将多个变量转化成一个能够综合反映被评价对象情况的方法。综合评价法在交通拥堵评价时，需要确定研究道路的等级和各等级道路的车辆行驶里程，用车辆行驶里程对路网评价指标，如平均速度、出行时间、出行比率等进行加权处理，综合评价交通拥堵等级。

3）运筹学方法

运筹学方法包括数据包络分析法和层次分析法。数据包络分析法是以相对效率为基础，按多指标投入和多指标产出，对同类型单位相对有效性进行评价，是基于一组标准来确定相对有效生产而言的。而层次分析法是针对多层次结构的系统，用相对量的比较，确定多个判断矩阵，取其特征根所对应的特征向量作为权重，最后综合出总权重并排序得出结论。

数据包络分析法是运筹学、管理科学与数理经济学交叉研究的一个新领域。它是根据多投入指标和多产出指标，利用线性规划的方法，对具有可比性的同类型单位进行相对有效性评价的一种数量分析方法。

层次分析法是指将一个复杂的多目标决策问题作为一个系统，将目标分解为多个目标或准则，进而分解为多指标（或准则、约束）的若干层次，通过定性指标模糊量化方法算出层次单排序（权数）和总排序，以作为目标（多指标）、多方案优化决策的系统方法。

4）模糊数学方法

在交通拥堵评价中，模糊系统理论是最为常用的模糊数学方法。模糊系统理论是模糊理论（Fuzzy Theory）的一个分支，用模糊集合的表现形式来处理系统所包含的模糊性的方法。模糊系统理论运用在交通拥堵评价时，专家和用户选取描述性评价指标，如行程时间、速度、延误等，并用专家评价法以百分比的形式即权重表示这些指标的重要性，然后对各个指标的权重值进行归一化处理，针对待评价道路的实际情况对各描述性指标进行评价，把各指标的评价值和相应的权重进行加权平均得到道路的拥堵指数，它是拥堵和不可接受拥堵的模糊值，可以分析道路的拥堵程度。

模糊系统理论的方法主要用于环境质量评价中，如模糊聚类法、模糊综合评判法等，它的核心是利用隶属度刻画客观事物中大量模糊的界线。在环境质量评价中，对于评价级别的归属问题，即元素与集合之间的关系，不再是笼统的经典集合论中的属于或不属于关系，而是[0, 1]中间的一个数，这样能更为确切地反映实际情况。

模糊数学方法操作难度系数小，科学合理，评价指标容易获取，评价结果符合人们对道路拥堵情况的直接感受，对那些道路基础数据量大且不易获得的城市使用这种方法实用性更加突出。

2. 道路交通拥堵评价方法

上述方法在应用方面，对道路交通拥堵的研究已经相对成熟，如朱彦等（2009）通过对快速路（以北京二环快速路为例）使用统计分析方法，得到目标路段相同时段下行程时间的规律，提出改善道路服务水平的相关结论和建议。蒋金亮等（2011）对城市道路（以济南市北园大街主干道为例）使用数据包络分析法，建立了城市拥堵评价模型，得到济南市北园大街主干道的拥堵状态及产生拥堵的主要原因。齐晓杰等（2007）对交叉口用层次分析法，建立了一个综合评价公式，得出适合我国各地区实际情况的交叉口服务质量评价准则。

道路交通拥堵的评价及衡量指标可以分为两类，包括直接参数和间接参数。直接参数多是单一性评价指标，能够衡量出某一情境下的道路交通拥堵状态。通常评价路段交通拥堵的直接参数主要包括平均速度、车流量、车流密度、占有率、排队长度和单位行程延误。而对于交叉口而言，评价交通拥堵的直接参数有符合度、信号二次排队率和效率指数等。间接评价参数需要能够衡量出行者关心的多维拥堵特征，能够同时在多个角度反映出交通拥堵的状态，包括拥堵程度、拥堵强度、拥堵持续、拥堵范围等，多维交通拥堵特性由于与出行者紧密联系，是常见的间接参数之一，通常通过以表征道路交通不同维度特征的基础数据来构建一个综合的道路交通拥堵评价指标。

目前，国内外使用较多的道路交通拥堵间接评价指标主要有交通拥堵指数（Roadway Congestion Index，RCI）、出行率指数（Travel Rate Index，TRI）、出行时间指数（Travel Time Index，TTI）、拥堵持续指标（Lane Kilometer Duration Index under LOS F，LKDIF）、Tomtom Congest Index（CI）等。

3. 国外采用的评价方法

1) 美国

目前，美国广泛采用的交通系统运行状况和拥堵的评价方法主要来源于得克萨斯州交通研究院负责的美国各城市的畅通性报告（Mobility Report）、美国交通部的交通拥堵评价系统（Congestion Management System，CMS）以及美国公路通行能力手册（Highway Capacity Manual，HCM），这三种研究在美国非常具有代表性。

美国的《Mobility Report》是针对全美国及各个城市的交通系统运行评价报告，通常用于城市间的比较，以运行效果评价为主。2012年的报告涉及的交通拥堵评价指标见表3-2。

Mobility Report的评价指标体系 表3-2

指标来源	主要指标名称	指标定义
Mobility Report	行程延误（travel delay）	车辆通过某路段的实际时间与车辆以自由流速度通过该路段所需时间之差
	行程时间指数（travel time index）	高峰时段通过某路段的实际时间与以自由流速度通过该路段所需时间的比值
	超额燃料消费（excess fuel consumed）	由于交通拥堵的影响，在一次OD出行中，比自由流状况下多消耗的燃料
	拥堵耗费（congestion cost）	完成一次OD出行过程，延误时间和超额燃料消耗所代表的经济价值

CMS：CMS是针对交通拥堵状况的评价系统，通常用于评价缓解拥堵的某项具体项目的实施效果，强调数据采集在评价工作中的重要性。CMS确定的主要评价指标见表3-3。

CMS建立的评价指标体系 表3-3

指标来源	主要指标名称	指标定义
CMS	行程时间（travel time）	车辆在路段上的行驶时间
	行程速度（travel speed）	车辆在路段上的平均行驶车速
	饱和度（volume-to-capacity ratio）	路段上交通量与设计通行能力的比值
	车流密度（density of traffic）	车道上车辆的密集程度
	车道占有率（vehicle occupancy）	车辆被占用车道时间或空间的比例
	拥堵持续时间（duration of time delay at congested condition）	从拥堵发生到拥堵结束的时间

HCM：美国的HCM采用了车流密度来确定高速公路服务水平等级，将服务水平划分为A、B、C、D、E、F 6个等级。在确定服务水平的过程当中，它涉及城市道路、高速公路、双车道公路、多车道公路以及交叉口等方面设施的评价，先后考虑了有无中央分隔带、道路的宽度、道路的侧向间隙、路口密度，并在自由流速度的计算过程中体现出来。另外，在服务流率的计算当中，考虑到了车道的数目和交通流中重型车辆的比例，并在计算当中得以体现。HCM虽然不是一种交通系统评价方法，但是通常作为各种评价方法的参考依据，甚至单独作为一种评价标准来确定道路交通运行状况。

2）日本和欧洲

继美国之后，许多发达国家和地区都组织了专门的队伍对道路服务水平进行了不同程度的研究，研究的思路与美国的研究体系基本一致，但都是从本国的实际情况出发，对美国的HCM进行了修改，编制了适合各自国情的HCM。德国公路通行能力手册(HBS)中的道路水平分级与美国相同，但是，有所不同的是德国用小客车的平均速度作为干线公路服务水平的评价标准。日本以车流量与通行能力的比值来划分服务水平，分为三级，其相当于美国服务水平的C、D、E级。除此之外，日本和欧洲还建立了相应的交通系统及拥堵评价指标，见表3-4、表3-5。

日本交通系统和拥堵评价指标　　　　　　　　　　　　　　　　表3-4

指标来源	主要指标名称	指标定义
日本道路公团	行程速度	车辆在某路段上的全程平均车速
	排队长度	由于道路交通拥堵的影响而形成的排队车列长度
	拥堵持续时间	从拥堵发生到拥堵结束的时间
交通研究部门	道路网密度	道路中心线长度与道路网所服务的城市面积的比值
	道路面积率	建成区内道路面积与建成区面积的比值
	道路实现率	干道网建成值与规划值的比值
	交通事故死亡率	每万辆机动车的年平均交通死亡人数
	交通事故率	平均每万辆机动车的年交通事故次数
	饱和度	路段上交通量与设计通行能力的比值
	交叉口等待时间	通过交叉口过程中停车等待的时间

欧洲交通系统和拥堵评价指标　　　　　　　　　　　　　　　　表3-5

指标来源	主要指标名称	指标定义
利兹大学	行程速度	车辆在某路段上的全程平均车速
	行程时间	车辆在路段上的行驶时间
	拥堵边际成本	车辆加入车流后导致道路进一步拥堵引起的他人出行费用的增加
OECD道路交通研究组织	通行能力	在一定的道路、交通和控制条件下每小时通过指定点的最大车辆数
	出行者平均耗费	出行者完成一次OD出行所消耗的时间和费用的经济价值
	出行者交通系统满意度	出行者在完成一次OD出行过程中对交通系统的满意程度
	出行预期费用与实际费用比	出行者完成一次OD出行预期的出行费用与实际费用的比值

4. 国内采用的评价方法

我国关于道路交通拥堵评价指数的研究起步较晚，但发展很快，目前比较有代表性的有北京、上海、深圳等特大城市，此外高德等一些互联网公司也相继开发并发布了关于道路交通拥堵指数的评价应用。

案例1：北京市交通指数

北京市采取拥堵里程占全部里程的比例对交通指数进行计算。交通拥堵指数是一定统计间隔内城市整体或区域道路网总体拥堵程度的相对数。

北京市交通指数是通过分布在城市各条道路的运行车辆实时、动态地获得每一条道路在该时刻的行程速度，并通过无线通信网络实时上报数据处理中心；数据处理中心从全路网（覆盖五环内的主城区）整体的角度出发，按照道路上通过的车辆越多则其在全路网评价中权重越大的原则，通过对每一条道路加权集成，得出路网整体或者交通走廊、重点功能区的交通拥堵特征数据；再根据出行者对交通拥堵的感知判断，依据大量现场调查数据的聚类分析，将交通拥堵特征数据转换为单一化的交通指数。

北京交通发展研究院的工程师们联合国内外交通、城市规划、数学统计等知名研究机构、专家，从最基础的道路交通信息采集技术开始，逐步研究并建立了一整套的城市道路交通运行评价技术体系和应用系统，其效果如图3-1、图3-2所示。

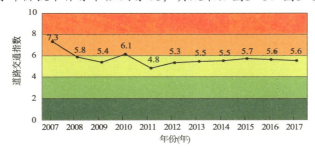

图3-1　2007—2017年年度道路交通指数对比

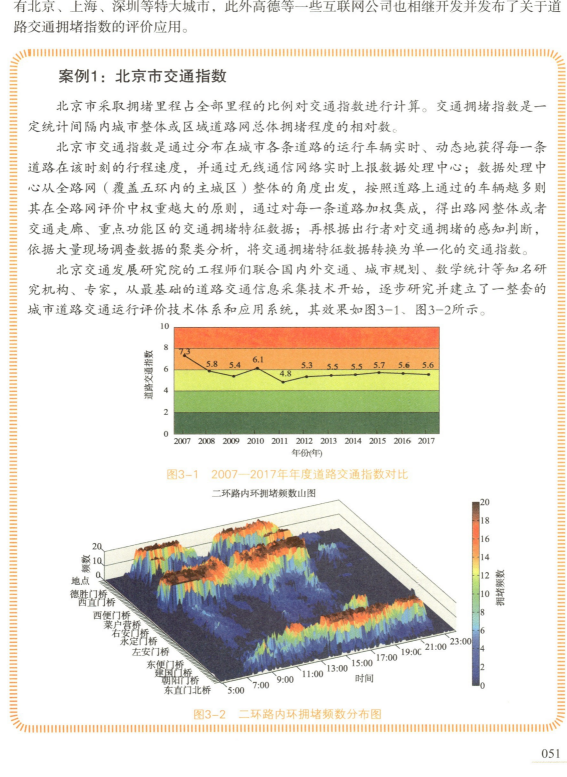

图3-2　二环路内环拥堵频数分布图

案例2：上海市交通指数

上海市根据选取的负荷度和速度指标，通过数学手段和逻辑分析建立了综合反映道路交通运行质量的交通指数模型。

为了方便大家更好地利用交通指数帮助出行，上海交通出行网为市民提供了交通指数实时值、交通指数历史参考值、交通指数变化趋势、区域参考平均车速以及综合性出行建议等，其界面如图3-3所示。

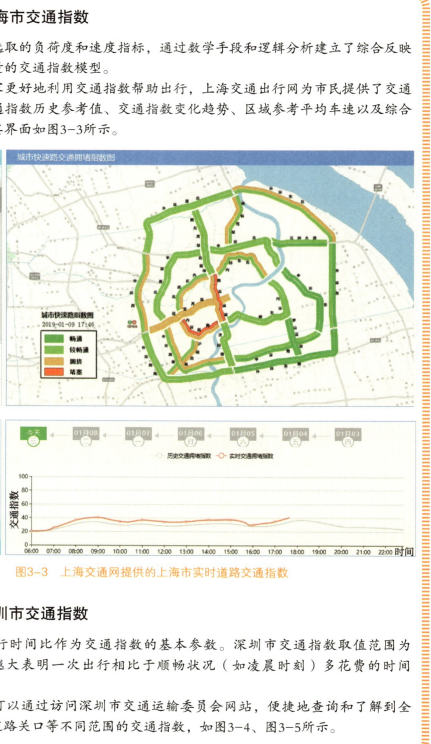

图3-3　上海交通网提供的上海市实时道路交通指数

案例3：深圳市交通指数

深圳市将出行时间比作为交通指数的基本参数。深圳市交通指数取值范围为0～5，交通指数越大表明一次出行相比于顺畅状况（如凌晨时刻）多花费的时间越长。

深圳市居民可以通过访问深圳市交通运输委员会网站，便捷地查询和了解到全市、热点片区和道路关口等不同范围的交通指数，如图3-4、图3-5所示。

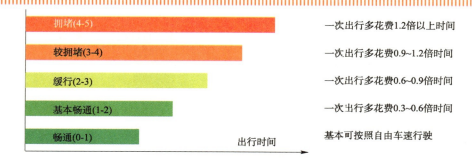

图 3-4 交通指数和出行时间关系图

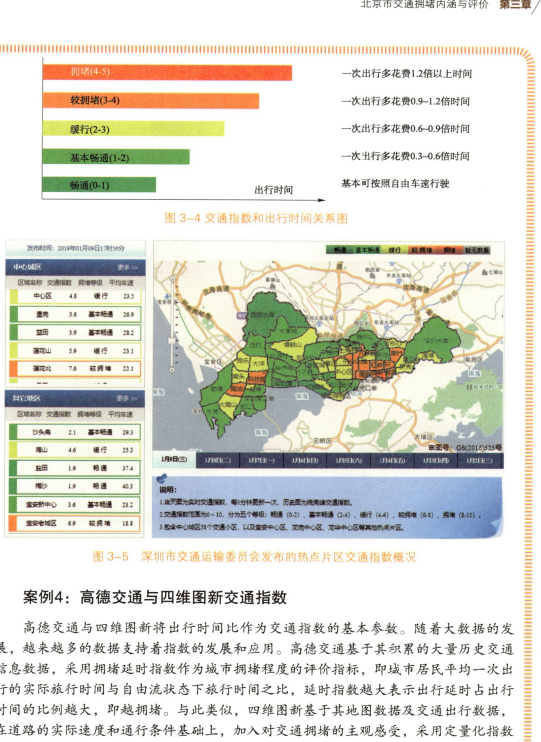

图 3-5 深圳市交通运输委员会发布的热点片区交通指数概况

案例4：高德交通与四维图新交通指数

高德交通与四维图新将出行时间比作为交通指数的基本参数。随着大数据的发展，越来越多的数据支持着指数的发展和应用。高德交通基于其积累的大量历史交通信息数据，采用拥堵延时指数作为城市拥堵程度的评价指标，即城市居民平均一次出行的实际旅行时间与自由流状态下旅行时间之比，延时指数越大表示出行延时占出行时间的比例越大，即越拥堵。与此类似，四维图新基于其地图数据及交通出行数据，在道路的实际速度和通行条件基础上，加入对交通拥堵的主观感受，采用定量化指数评估道路交通运行状况。四维交通指数定义为某条道路的实际车速与该道路上驾驶员自由流行驶速度之比，比值越大，道路越拥堵。高德交通与四维图新的城市指数概况分别如图3-6、图3-7所示。

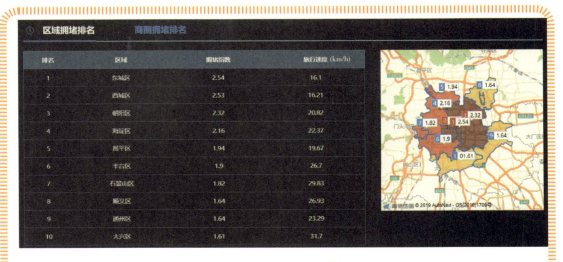

图3-6 高德交通城市指数概况

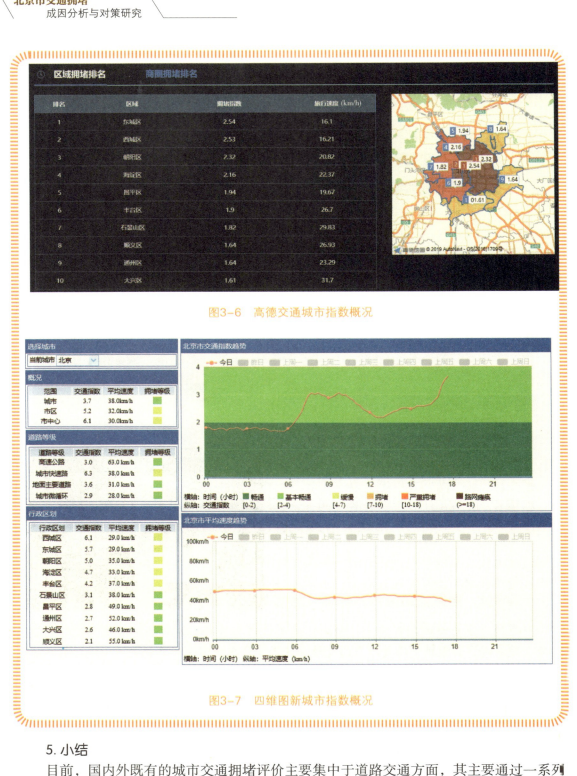

图3-7 四维图新城市指数概况

5. 小结

目前,国内外既有的城市交通拥堵评价主要集中于道路交通方面,其主要通过一系列定量评价方法,从时间和空间两个维度出发,对交通网络中特定节点、路段或区域的交通拥堵状况进行评价,但这种评价方法已经难以满足多种交通方式并存的城市综合交通系统。因此，急需结合城市交通拥堵演变的新特征，将交通拥堵评价拓展至公共交通、慢行交通和静态交通等领域。

第二节　北京市交通拥堵新特征

一、北京市交通拥堵的演变

伴随着人口的增长、经济的高速发展及城市化水平的提高，城市机动化水平的提升，北京市交通拥堵经历了从非机动车到机动车，从单纯的道路拥堵到道路、轨道、公共电汽车等综合性交通拥堵的演变过程，大致可以划分为五个阶段。

第一阶段（中华人民共和国成立初期—1980年）非机动车为主的交通拥堵。

中华人民共和国成立初期，国家对城市进行了新的建设和改造，20世纪50年代中期，以苏联规划理念编制的北京市第一版总体规划，其道路网规划在老城棋盘格局基础上，拓展为棋盘加环路，加放射线的新路网架构，并延续至今。至20世纪80年代改革开放前，由于国内实行严格限制农业人口向城市和非农产业转移的政策，限制了城市化水平的提高，城市交通的发展总体处于一个近30年的沉寂时期。这一时期，城市交通是以自行车作为城市居民的最主要交通工具，相比之下，汽车保有量很低，道路容量大于交通量，因而城市机动车交通比较畅通，车速稳定。

第二阶段（1980—1995年）非机动化向机动化过渡时期的交通拥堵（图3-8）。

进入20世纪80年代，随着国家改革开放，人口流动和城乡经济生活日渐活跃，北京开始出现交通拥堵，首先是80年代初发生了"出城难"，主要集中在六里桥、马甸、大北窑等几个当时城乡接合部的节点，表现为上班高峰过后的客货车拥堵（当时无私人汽车，小客车只有上班到达单位后才能使用外出）。这一拥堵现象随着1984年实施的昌平路（一级公路）改

图3-8　东单地区的交通拥堵

扩建工程和1986年京石高速一期建设而缓解。在城区的拥堵则表现为道路和路口通行能力不足，自行车与机动车混行，著名交通专家北京市公安局交通管理局前副局长段里仁教授在《三联生活周刊》中有一段形象描述："1984年第一次大拥堵在中秋节前后，我骑车到崇文门路口了解情况，满大街的自行车动不了，机动车在自行车的包围中也开不动。人们没有过大拥堵的经验，非常急躁。"随之而来的就是从80年代中期到90年代中期，以"打通两厢，缓解中央"为起点，以二环路、三环路、亚运会道路、京通快速、京开高速、京石高速、京津塘高速、机场高速为代表的一轮大规模道路建设。

第三阶段（1995—2005年）：城市道路基础设施大规模建设时期的机动车交通拥堵（图3-9）。

图3-9 北京二环路的交通拥堵

随着邓小平1992年南行讲话后，新一轮经济快速发展，居民收入快速增长，小汽车开始进入普通市民家庭，1996年北京市机动车保有量达到100万辆，6年后的2003年再增长100万辆，达到200万辆。北京越过机动化起步期进入小汽车快速增长期，这一期间逐渐出现了以机动车拥堵为主的道路交通拥堵。1995年开始，北京市出现大规模交通拥堵。当时很多路口水泄不通，路面上也经常堵车，公共汽车淹没在小汽车的车流之中造成晚点，挤在狭窄车厢里的乘客怨声载道。"市民最不满意的就是每天上下班乘坐的公交车等候长、行驶慢。"这一时期，城市交通拥堵问题开始显现且日益严重，主流交通政策力图通过不断加大交通供给满足交通需求的快速增长，开始了以平安大街、两广路、四环路、五环路、八达岭高速、京沈高速等为代表的新一轮大规模道路建设，但交通基础设施的建设仅仅局部、短时间地改善了城市交通，迅猛增长的交通需求使整个城市陷入了"拥堵—修路—再拥堵—再修路"循环的被动局面。

第四阶段（2005—2015年）：小汽车加速进入家庭时期的机动车交通拥堵（图3-10）。

著名城市交通专家杨涛曾说："提到1980年代中国城市曾经出现过的交通拥堵可以理解为基础设施不足导致的'饥饿型拥堵'的话，那么，新一轮城市交通拥堵却是在城市经济和百姓收入达到小康情况下形成的'体质性交通拥堵'，是综合性的、源发性的，比当年'饥饿型拥堵'解决起来更复杂、更困难，需要下更大的决心、作更艰苦的努力、花费更长久的时间。"出于拉动经济发展的目的，大部分城市对机动车没有采取严格的限制措施，基本政

图3-10 德外大街的交通拥堵

策导向是鼓励人们拥有机动车。随着大气污染、噪声污染、视觉污染、空间侵占，市民的工作生活开始受到严重影响，当逐渐认识到交通供给永远无法满足交通需求，交通需求总是倾向于大于交通供给的事实后，国内各大城市开始重新认识城市交通发展政策。北京、上海、广州、天津等大城市纷纷确立优先发展城市公共交通的战略。北京市将优先发展公共交通战略作为缓解城市交通拥堵的治本之策，加快构建以轨道交通和大容量快速公交为骨干、地面公交为主体、出租汽车为补充的综合公共交通运输体系。但公交体系的完善非一日之功，迫于实际交通压力，需求管理作为不得已的手段开始加入到交通体系当中。北京自2008年奥运会后，开始采取机动车限行措施，2011年开始实施小客车总量控制，并且成为常态化措施。2014年后，随着建设城市副中心、控制人口、疏解非首都功能等治理"城市病"的举措实施，道路交通拥堵开始呈现一定缓解态势，高峰时段拥堵指数和时长

均有所下降，非高峰时段交通状况明显改善，其综合治理措施成效逐步显现。

第五阶段（2015年后）：道路、轨道、公共汽（电）车拥堵及停车供需矛盾为表征的综合性交通拥堵（图3-11）。

图3-11　北京道路、轨道、公交、停车交通问题

除以往的机动车出行与道路供需矛盾导致的以机动车行驶速度低为特点的传统交通拥堵外，交通拥堵在轨道、公交、停车等方面均有表现。轨道交通和公共汽（电）车在高峰时段和部分热点线路人满为患，很多轨道交通站点不得不采取高峰限流措施，停车供需矛盾更加凸显，居住车位短缺严重，一些区域停车已上升为影响居民生活的社会问题。此外，"共享经济"背景下带来的"共享单车"快速发展，历史似乎经过螺旋式的演变又回到了20世纪那个自行车曾经风靡一时的80年代，但也带来自行车路权受到严重侵害和停车位不足问题。因此，有必要站在人的各种出行方式的新高度审视综合性交通拥堵问题，将对拥堵的认识和综合治理提升到一个新的高度！

二、北京交通拥堵总体分类

目前，"道路堵、停车难、骑车险、地铁挤、公交慢、换乘不便"已成为北京市"交通病"较为突出的表象，认识交通拥堵成因，首先要根据北京市交通拥堵现状及具体实际，综合考虑交通拥堵的新形势和新特征，针对北京市交通拥堵现阶段的特点进行分类。这里将当前北京交通拥堵现象归纳总结为道路交通拥堵、轨道交通拥堵、地面公交交通拥堵、静态交通（停车）拥堵、出租汽车拥堵等五大类，如图3-12、图3-13所示。

城市道路交通拥堵从空间角度综合考虑点、线、面三个维度，主要体现在道路网络拥堵、主要通道道路拥堵、路段和节点拥堵、特殊区域拥堵、节假日拥堵、开学季拥堵等方面。其中，网络拥堵状况是从道路网整体来看拥堵的时间和空间分布状况；主要通道道路拥堵、路段和节点拥堵分别对早晚高峰进出环路的道路交通和拥堵路段进行分析；特殊区域拥堵状况主要是对十大交通热点区域的拥堵情况进行分析；节假日拥堵主要是对元旦、春节、清明节、劳动节、端午节、中秋节、国庆节等节前交通运行情况进行分析；开学季拥堵是对2015年、2016年和2017年9月早晚高峰时段交通运行情况进行分析。

图3-12 北京交通拥堵主要表现

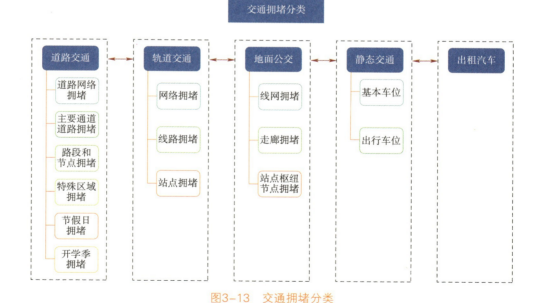

图3-13 交通拥堵分类

轨道交通拥堵从网络、线路、站点三个层面将拥堵进行分类，网络拥堵从时间的角度体现拥堵的变化情况，线路拥堵包括主要通道的拥堵，站点拥堵对环线、方向、区域等的拥堵规律进行分析。轨道交通拥堵具体又分为网络拥堵、出入口拥堵、通道拥堵、站台拥堵和车厢拥堵五个方面。

地面公交拥堵从地面公交线网层面、地面公交走廊及线路层面、地面公交站点层面三个层面，将拥堵分为公交线网拥堵、走廊拥堵和站点枢纽节点拥堵。其中，公交线网拥堵对地面公交线网整体拥堵情况进行描述，公交走廊拥堵对现状地面公交线路客流分布情况进行描述，站点枢纽节点拥堵主要针对地面公交的大客流节点及公交车辆的拥挤情况。

静态交通（停车）拥堵基于供需角度，以交通供给与交通需求不匹配造成交通拥堵为出发点进行分析，体现在停车总体供需、车位利用率、车辆实际停放位置、停车收费等方面。

出租汽车拥堵从排队打车、网约车等方面进行分析。

三、北京市交通拥堵的总体特征

对前述交通拥堵六大表象做进一步分析，有着以下几个明显的特征。

1. 交通拥堵的混合交通方式特征

城市的交通拥堵归根结底是城市中人和物的出行和移动所形成和构成的。城市中人的出行造成的拥堵直接表现为：人的拥挤，如乘坐公交、地铁的拥挤；繁华街区人行步道和过街通道的拥挤；交通工具的拥堵，如小汽车、公交车、地铁的道路拥堵，其中小汽车是人不挤车堵，公交车是人挤车堵，地铁是人挤车不堵。此外还有交通工具的静态停放，例如小汽车的停放、自行车的停放、电动（超标）自行车的停放、共享单车的停放、公共汽车的停放。其他表现如慢行交通路权被挤占，公共交通换乘不便，出租汽车与网约车发展的错位与融合，汽车分享与互联网新业态等。对于城市物的移动和流动，其中夜间货运车辆集中行驶，特别是过境通道进京货车时有拥堵。三轮车运送快递、二轮车送餐时逆向行驶、随意变道、车辆停放等造成的道路交通拥挤。本小节试图对北京当前上述这些领域的新特征给予归纳解析。

2. 交通拥堵的总体数量特征

2017年北京市中心城区工作日出行总量为3893万人次（含步行），同比增加2.4%，出行中各种方式出行量如图3-14所示。

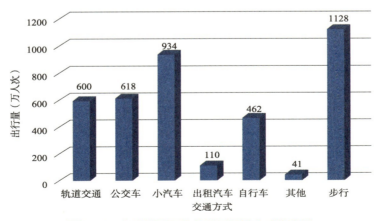

图3-14　中心城区工作日不同交通方式出行量

2017年中心城区绿色出行比例达72.1%，较2016年增长1.1%，其中包括轨道交通15.4%、公共汽（电）车15.8%、自行车11.9%、步行29.0%。随着轨道运营里程快速增长、公交线网不断优化调整、公交车专用车道里程持续增加，公共交通出行比例保持微幅上升，轨道交通出行比例增长0.1%，公共汽（电）车出行比例增长0.2%。2017年共享单车井喷式发展，吸引部分步行和短距离出行转移到自行车交通方式，自行车出行比例增长明显，较2016年增长1.6%，如图3-15所示。

图3-15 中心城区绿色出行方式构成

3. 交通拥堵时间分布特征

拥堵时间分布特征是指交通拥堵随时间的变化而变化的特性。交通系统是一个实时的系统，每时每刻都是不同的，实时都在发生着变化。

北京市交通拥堵的时间分布特征主要包括早晚高峰明显、周期性变化等特征。虽然路网运行过程中始终处于不间断的波动状态，但在总体上仍然呈现周期规律性。拥堵生成与消散过程呈现周期规律性，一周内每个工作日的拥堵状况非常相似，一个月内不同周的拥堵状况同样具有相似性，呈现周期性变化。

周一到周四的拥堵变化规律很相似，周五的拥堵情况相较于周一到周四更加严重，主要体现在晚高峰上。很多路段周五的晚高峰开始的早、结束的晚、持续时间更长、拥堵更严重。

同时周六周日也存在交通拥堵，拥堵一般发生在中午到晚上这段时间，周末一般没有早高峰，晚高峰也比工作日缓解很多，从周末和工作日的对比来看，周末相比工作日拥堵状况明显好转。周末车速波动幅度小，在白天的高峰期车速大于工作日，在非高峰期的车速小于工作日。

早晚高峰对比发现，总体上晚高峰的拥堵程度明显要比早高峰更加严重。晚高峰平均行驶速度更低，拥堵开始的早、结束的晚、持续时间更长。北京市是典型的"单中心"结构，以及职住分离情况的存在，一些道路存在明显的潮汐效应，早晚高峰双向道路拥堵差异很大。在工作日早高峰(7:00—9:00)，干道交通流的向心性十分显著，进京方向的主干道拥堵明显；而晚高峰(17:00—19:00)则离心性十分显著，离京方向的主干道拥堵明显。

4. 交通拥堵空间分布特征

交通拥堵的空间特征主要包括拥堵呈区域蔓延态势、交叉路口拥堵严重以及不同类型道路拥堵情况不同等特点。交通拥堵具有"点、线、面"的空间特征，这指的是交通拥堵发生的空间位置，发生交通拥堵和城市的路网分布有很大的关系。点拥堵主要指的是细微的基本单元的拥堵，例如独立的交叉口、十字路口、瓶颈路段等，作用范围不大，影响不是特别大。线拥堵通常指主干道路上的拥堵，指由于局部点交通发生拥堵时没有及时疏散，或在一段时间内交通需求的激增，使得车辆在路段上向上蔓延，致使多条路段出现拥堵，呈线形拥堵状态，常出现在路段相互关联的城市主干道路上。面拥堵也称区域性拥堵，指交通拥堵分布在城市路网的某一个区域，该区域内路段和交叉口相互关联，各个部分交通流之间相互影响，直接的结果是交通拥堵的疏通不畅，会直接导致区域性的拥堵。

北京市城区环路、进出城快速路、主干道、次干道、道路节点等都是交通拥堵常发路段，交通运行承担较大压力。从分布范围来看拥堵主要分布在中心城区、就业集中区、中央商务区、学校医院周边、卫星城的交通集中地区，交通拥堵分布很广。交通拥堵由交叉口拥堵逐渐蔓延至整个路段拥堵，甚至影响整个路网通行状况，造成全路网的拥堵。

四、道路交通拥堵概述

城市道路交通拥堵从空间角度综合考虑点、线、面3个维度，空间维度主要体现在网络拥堵、主要通道道路拥堵、特殊区域拥堵、路段和节点拥堵四个方面；从时间角度重点关注节假日拥堵和开学季拥堵两个方面。

1. 道路网络拥堵

1）网络拥堵持续时间

从2007—2015年，北京市中心城道路拥堵持续时间呈现了下降再上升的变化趋势。2011年在缓解交通拥堵综合措施"28条"实施之后第一年达到了最低值，日均严重拥堵持续时间为20min，中度拥堵持续时间为50min。2015年严重拥堵和中度拥堵持续时间分别达到50min和2h10min，拥堵形势依然严峻，如图3-16所示。

图3-16　2007—2015年北京市工作日平均拥堵持续时间

2）网络拥堵空间分布

从空间分布来看，中心城道路网络早高峰拥堵分布在东西二环南段，东西三环南段，东西四环南段以及进京联络线。晚高峰拥堵分布在东西二环北段，东西三环北段，东北四环，东北五环以及往东方向的出城联络线，如图3-17所示。

3）网络拥堵长期变化趋势

自2007年至今监测北京交通指数变化趋势，可以看出几个特殊时期的交通拥堵特征和交通指数的长期变化特征。2008年奥运会实施单双号限行政策之前，路网交通拥堵状况较为严重，2008年奥运会单双号限行期间取得良好效果，路网交通指数降到基本畅通等级。随后实施"每周少开一天车"政策，路网拥堵状况较2007年明显缓解，但随着机动车保有量的快速增长,交通拥堵形势在2010年进一步恶化(表3-6),随后政府出台缓解交通拥堵综合措施"28条",有效遏制了拥堵的发展趋势,2011年至今交通指数变化平稳,如图3-18所示。

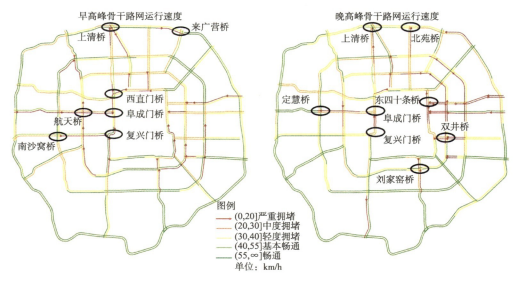

图3-17　骨干路网早、晚高峰运行速度对比

机动车保有量与交通指数年度数据　　　　表3-6

年份	2007年无限行	2008年	2009年	2010年	2011年	2012年	2013年	2014年	2015年	2016年
机动车保有量（万辆）	312.8	350.4	401.9	480.9	498.3	520	540	559.1	561.9	571.7
交通指数	7.5	5.8	5.4	6.1	4.8	5.2	5.5	5.5	5.7	5.6
拥堵等级	中度拥堵	轻度拥堵	轻度拥堵	中度拥堵	轻度拥堵	轻度拥堵	轻度拥堵	轻度拥堵	轻度拥堵	轻度拥堵

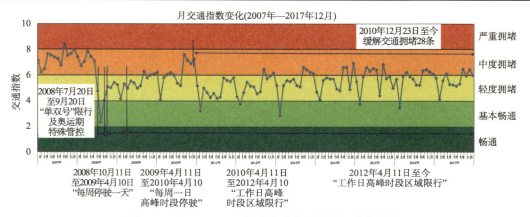

图3-18　2007—2017年北京市交通指数月变化趋势

2. 主要通道道路拥堵

从主要通道看,早晚高峰期进出环路的道路交通运行呈现明显的不均衡性,早上进城堵,晚上出城堵已成为常态。本小节分别从进出城主要道路拥堵情况、环路交通拥堵情况和货车聚集通道拥堵情况等方面分析主要通道道路拥堵特性。

1)进出城主要道路拥堵情况

(1)进出城主要道路拥堵情况。

基于浮动车速度分析得到早晚高峰联络线(五环内)的常发拥堵路段,见表3-7。

联络线(五环内)常发拥堵路段情况详表　　表3-7

联络线	常发拥堵路段	拥堵时段	拥堵长度(km)
学院路	北向南方向	早高峰	2.7
德胜门外大街	北向南方向	早高峰	0.6
机场高速	五环外进城方向	早高峰	2.8
姚家园路	五环至四环进城方向	早高峰	4.5
京通快速路	五环至四环进城方向	早高峰	4.6
安立路	进城方向	早高峰	1.5
阜石路	西向东方向	早高峰	5.5
万泉河路	北向南方向	早高峰	1.1
京港澳高速	杜家坎至大瓦窑桥进京方向	早高峰	3.2
安立路	出城方向	早高峰	1.5
京藏高速		晚高峰	3.2
姚家园路		晚高峰	5.2
京藏高速	出城方向	晚高峰	4.2
紫竹院路		晚高峰	2.1
阜石路		晚高峰	3.5
京开高速	马家楼桥至新发地桥出城方向	晚高峰	2.5
蒲黄榆路		晚高峰	1.5
小计		早高峰	28
		晚高峰	22.2

注:常发拥堵路段是分别统计早、晚高峰区域内道路网中以一定频率出现严重拥堵的路段的数量,反映出路网中的拥堵节点。
拥堵路段来源于《2015年上半年全路网及城六区道路交通运行分析》;拥堵里程来自于电子地图测量。

(2)工作日主要进出城高速公路速度变化。以交通流量比较大的京藏高速、机场高速和京港澳高速为例分析速度变化情况。

①京藏高速。京藏高速北京段始于北二环路德胜门桥,经过昌平区的回龙观大型居住区。以五环路上清桥为界,五环内为德胜门桥到上清桥之间的路段,五环外为上清桥与北郊农场桥之间的路段。京藏高速进出城方向的交通流速度变化规律如图3-19、图3-20所示。

图3-19　京藏高速进城方向速度变化

图3-20　京藏高速出城方向速度变化

从以上两幅图可以看出，京藏高速的交通运行特性表现为：

a. 对比五环内外，在进出城方向，京藏高速五环内的平均速度在6:00—22:00时段均低于60km/h，而五环外的速度在除早、晚高峰以外的其他多数时段均高于60km/h，说明五环内的速度较五环外整体偏低，这是由于五环内路段承担着大量市区交通，使得运行状况较差。

b. 对比早晚高峰，在进城方向，京藏高速五环内外的平均速度在早高峰明显低于其他时段，最低速度略高于20km/h，说明早高峰进城方向交通压力大；在出城方向，五环内外的平均速度在晚高峰明显低于其他时段，最低速度不到30km/h，说明晚高峰出城方向交通压力大。这种潮汐流现象与京藏高速的沿线居民区分布情况密切相关，京藏高速经过回龙观大型居住区，相关研究表明，回龙观居住区居民的工作地点主要集中在五环路以内的高科技园区和商业发达区，因此早高峰进城、晚高峰出城的通勤交通量大，交通运行状况较差。

②机场高速。首都机场高速市内起点为二环路东北角的东直门桥，与北京三、四、五环路分别相交于三元桥、四元桥、五元桥，并经过望京大型居住区。以五环路五元桥为

界，五环内为东直门桥至五元桥路段，五环外为五元桥至首都机场路段。机场高速进出城方向的交通流速度变化规律如图3-21、图3-22所示。

图3-21　机场高速进城方向速度变化

图3-22　机场高速出城方向速度变化

从以上两幅图可以看出，机场高速的交通运行特性表现为：

a. 对比五环内外，在进城方向，机场高速五环外的平均速度在多数时段均低于五环内的平均速度，说明机场高速进城方向在五环外的路段运行状况较差；在出城方向，机场高速五环内外的平均速度相差不大。

b. 对比早晚高峰，在进城方向，机场高速五环外的平均速度在早晚高峰明显低于其他时段，最低速度均不到30km/h，说明早晚高峰进城方向交通压力大；在出城方向，五环内的平均速度在晚高峰明显降低，而五环外的平均速度在6:00—22:00时段均在60km/h左右，无明显的早晚高峰现象。

③京港澳高速。京港澳高速起自西三环路六里桥，经岳各庄桥和京石立交桥到达五环外的京良桥，是北京西南方向的重要放射干线。京港澳高速进出城方向的交通流速度变化规律如图3-23、图3-24所示。

图3-23　京港澳高速进城方向速度变化

图3-24　京港澳高速出城方向速度变化

从以上两幅图可以看出，京港澳高速的交通运行特性表现为：

a. 对比五环内外，京港澳高速五环内的平均速度在除早晚高峰以外的其他时段均在60km/h左右，五环内外的平均速度在进城晚高峰以及出城早高峰相差不大，除此之外，五环外的平均速度均高于五环内。

b. 对比早晚高峰，在进城方向，京港澳高速五环内的平均速度在早高峰明显低于其他时段，最低速度不足40km/h，说明早高峰进城方向交通压力大；在出城方向，五环内的平均速度在晚高峰明显低于其他时段，说明晚高峰出城方向交通压力大，表现为潮汐流现象。

综合以上分析，可以得出放射性公路在工作日的交通运行特性主要表现为以下几点：

a. 放射性公路的交通运行特性与其沿线环境密切相关，如经过大型居住区或工业区对放射性公路交通特性影响较大，因此在东西南北不同方位的各放射性公路所承担的交通量以及交通组成性质、交通运行特性不同，因而放射性公路评价体系应能体现不同方位放射性公路的交通量分担情况。

b. 放射性公路在进出城不同方向的运行特性不同，表现为潮汐流或反潮汐流现象，使

得进出城的车流量分布相差较大,因此评价体系中应当体现放射性公路在进出城方向的车流量分布不均衡性;

c. 放射性公路在五环内外的运行特性不同,表现为多数放射性公路在五环外的平均速度高于五环内,而五环内的放射性公路交通拥堵现象明显,与城市道路交通运行特性相似,因此评价体系应充分考虑五环内外的不同运行特性,做出有针对性的评价。

（3）节假日进出城公路拥堵状况。

以2014年国庆节假期为例,10月2日,四、五环之间的重要出城方向高速公路均严重拥堵；京开高速拥堵情况尤为突出。10月5日,拥堵高速公路主要为：机场高速、京藏高速、京承高速,见表3-8。

节假日进出城公路拥堵指数　　　　表3-8

出城方向	二三环之间	三四环之间	四五环之间	五六环之间	六环外
10月2日早高峰					
110国道					6.63
机场北线高速				2.75	
机场高速	3.10	6.90	8.72	4.37	
机场南线高速				2.62	
京藏高速		5.24	8.08	4.96	8.51
京承高速		7.35	9.30	9.16	6.97
京港澳高速	2.21	8.15	7.48	4.79	
京哈高速			2.80	6.34	7.74
京沪高速		5.65	8.48	2.06	2.61
京津高速				2.63	2.99
京开高速		7.03	8.43	9.37	8.75
京平高速					5.69
京通高速		4.09	6.02	4.34	
京新高速				1.21	4.80
通燕高速				1.90	1.45
10月5日早高峰					
出城方向	二三环之间	三四环之间	四五环之间	五六环之间	六环外
110国道					6.77
机场北线高速				3.04	
机场高速	4.67	9.08	9.14	3.63	
机场南线高速				3.31	
京藏高速		7.13	8.36	7.71	8.15
京承高速		8.68	9.39	9.04	8.14

续上表

出城方向	二三环之间	三四环之间	四五环之间	五六环之间	六环外
京港澳高速		1.83	5.69	4.12	3.91
京哈高速			2.70	3.07	6.61
京沪高速		3.83	6.08	1.86	2.37
京津高速				2.50	3.10
京开高速		6.38	6.88	9.10	7.26
京平高速					3.55
京通高速		3.60	5.80	3.32	
京新高速				1.84	3.28
通燕高速				1.82	1.55

2）环路交通拥堵情况

以2015年北京市二环路、三环路和四环路为例分析交通拥堵情况。

（1）二环路分析。

早高峰期间，东二环南向北、西二环南向北、北二环西向东方向严重拥堵；晚高峰期间，东二环北向南方向严重拥堵，速度低于20km/h，如图3-25所示。

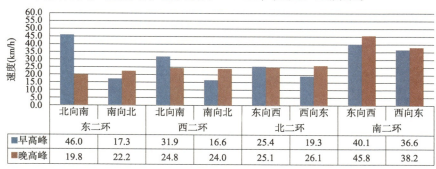

图3-25　二环路分段运行速度早、晚高峰对比

二环内环整体拥堵持续时间为早高峰07:45—09:50，持续时长2h5min；晚高峰14:00—18:20，持续时长4h20min，全天拥堵持续总时长6h25min。绵延拥堵区域有3个：菜户营桥至阜成门桥，拥堵时间集中在上午06:00—11:00及下午14:00—19:00，共计10h；西直门桥至东直门桥，拥堵时间为上午07:00—11:00及下午13:00—16:00，共计7h；东四十条桥至建国门桥，拥堵时间集中在14:00—22:00，共计8h。拥堵瓶颈点为建国门桥、东直门桥、阜成门桥。

二环外环整体拥堵持续时间为早高峰07:05—10:15，持续时长3h10min；晚高峰13:40—18:30，持续时长4h50min，全天拥堵持续总时长8h。绵延拥堵区域有4个：左安门桥至建国门桥，拥堵时间集中在上午07:00—11:30，共计4h30min；广渠门桥至东直门桥，拥堵时间为下午14:00—19:00，共计5h；菜户营桥至玉蜓桥，拥堵时间为上午7:00—10:00，共计3h；德胜门桥至复兴门桥，拥堵时间集中在7:00—23:00，共计16h。拥堵瓶颈点为复兴门桥、建国门桥、东直门桥。

2015年典型日二环时—空分布云图如图3-26所示。

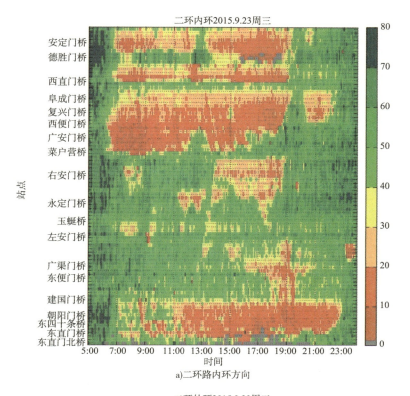

a) 二环路内环方向

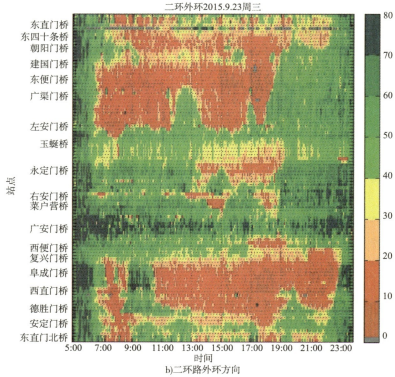

b) 二环路外环方向

图3-26 2015年典型日二环时—空分布云图

（2）三环路分析。

早高峰期间，西三环南向北方向严重拥堵；晚高峰期间，东三环北向南方向严重拥堵，速度低于20km/h，西三环北向南方向及东三环北向南方向也接近严重拥堵，如图3-27所示。

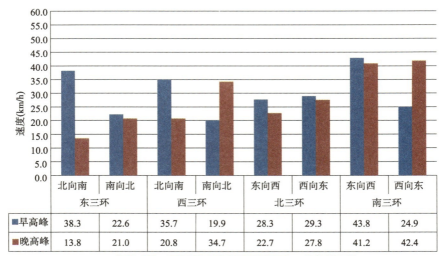

图3-27　三环路分段运行速度早、晚高峰对比

三环内环整体拥堵持续时间为早高峰07:35—09:45，持续时长2h10min；晚高峰16:55—18:15，持续时长1h20min，全天拥堵持续总时长3h30min。绵延拥堵区域有3个：苏州桥至三元桥，拥堵时间集中在上午07:00—11:00及下午17:00—19:00，共计6h；丽泽桥至紫竹桥，拥堵时间为上午06:00—11:00，共计5h；三元西桥至分钟寺桥，拥堵时间集中在13:00—20:00，共计7h。拥堵瓶颈点为分钟寺桥、国贸桥、紫竹桥、三元桥。

三环外环整体拥堵持续时间为早高峰07:20—9:45，持续时长2h25min；晚高峰17:05—18:40，持续时长1h35min，全天拥堵持续总时长4min。绵延拥堵区域有4个：木樨园桥至长虹桥，拥堵时间集中在上午06:00—11:00，共计5min；国贸桥至三元桥，拥堵时间为下午13:00—19:00，共计6min；太阳宫桥至联想桥，拥堵时间为上午7:00—10:00，共计3h；三元桥至六里桥，拥堵时间集中在下午17:00—19:00，共计2h。拥堵瓶颈点为联想桥、国贸桥、莲花桥。

2015年典型日三环时—空分布云图如图3-28所示。

（3）四环路分析。

早高峰期间，东四环南向北方向严重拥堵；晚高峰期间，北四环西向东方向严重拥堵，速度低于20km/h，如图3-29所示。

四环内环整体拥堵持续时间为早高峰08:10—08:45，持续时长35min，全天拥堵持续总时长35min。绵延拥堵区域有3个：四海桥至四元桥，拥堵时间集中在上午07:00—11:00及下午16:00—20:00，共计8h；丰北桥至四季青，拥堵时间为上午07:00—09:00，共计2h；四元桥至四惠桥，拥堵时间集中在14:00—21:00，共计7h。拥堵瓶颈点为四惠桥、万泉河桥、分钟寺桥、学院桥。

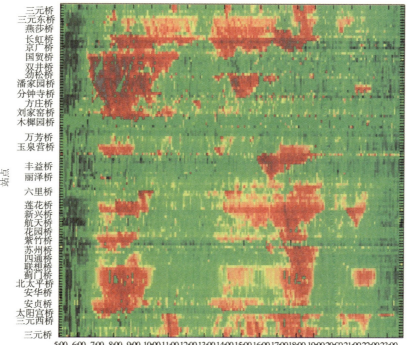

a) 三环路外环方向

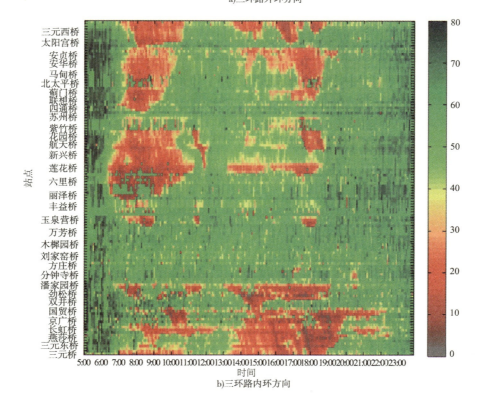

b) 三环路内环方向

图3-28 2015年典型日三环时—空分布云图

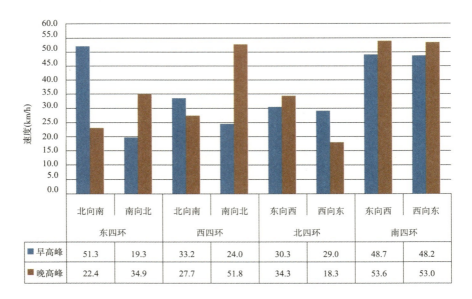

图3-29 四环路分段运行速度早、晚高峰对比

四环外环整体拥堵（速度<40km/h）持续时间为早高峰07:55—8:25，持续时长30min，全天拥堵持续总时长30min。绵延拥堵区域有4个：榴乡桥至朝阳公园桥，拥堵时间集中在上午07:00—11:00，共计4h；南沙窝桥至科丰桥，拥堵时间为上午07:00—12:00，共计5h；四海桥至南沙窝桥，拥堵时间为下午17:00—19:00，共计2h；四元桥至健翔桥，拥堵时间集中在上午07:00—11:00，共计4h。拥堵瓶颈点为健翔桥、窑洼湖桥。

2015年典型日四环时—空分布云图如图3-30所示。

3）货车集聚通道拥堵

北京市放射型路网布局吸引了大量过境货运车辆，外埠货车过境北京已成为进京高速拥堵的最主要原因。统计监测数据分析，2017年底日均外埠进京货车达2.3万辆次，其中26%为过境车辆。途经北京的外埠过境货车主要集中于天津⇌张家口、石家庄⇌唐山、石家庄⇌承德、石家庄⇌张家口、天津⇌承德等5个通道方向，外埠货车过境北京给城市货运系统的顺畅运行带来较大冲击，如图3-31所示。

伴随着城市货运需求的迅猛增长，北京市主要进京通道的货车流量尤其是外埠进京货车流量持续增加，其中京藏高速、京新高速等西北部进京通道尤为显著，由此引发的交通拥堵问题日益凸显。以京藏高速为例，京藏高速常年货车流量较高，遇重大安保活动、重要节假日、交通事故等突发情况，极易引发路段拥堵现象，甚至有时货车排队长达数十里。经分析，大量外埠货车过境北京是导致进京高速拥堵的最主要原因。据监测，莲花滩收费站作为京藏高速、京新高速和110国道三条西北方向主要进京通道的唯一交汇点，日均进京货车流量达到7000~10000辆次，其中过境货车占外埠进京货车总量高达74%，该部分货车经北六环、东六环驶往天津以及唐山、秦皇岛等河北东部城市（图3-32）。

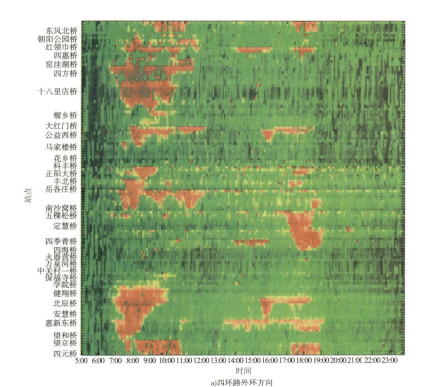

a) 四环路外环方向

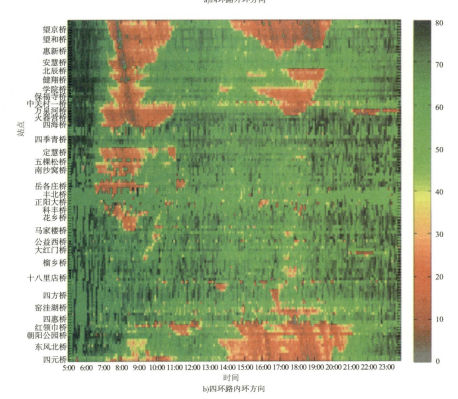

b) 四环路内环方向

图3-30 2015年典型日四环时—空分布云图

图3-31 外埠过境货车主要过境通道分布

图3-32 京藏高速货车拥堵

六环路作为连接各条放射线高速的主要环状高速公路，已成为北京市域内最主要的货车运行通道，且六环路货车拥堵现象持续加剧。2017年9月北京市实施高排放货车通行管控政策（"9.21"政策）、2018年12月实施国Ⅲ排放标准柴油货车限行范围扩展到全市域政策（"12.1"政策），六环路货车流量呈现波动性下降趋势。2018年12月，六环路日均货车流量为1.03万辆次，较2017年9月前降低35%。其中，东六环是最主要的通行断面，日均货车流量1.28万辆次，是六环路货车流量均值的1.2倍（图3-33）。

对于市域内其他道路，根据京内12t以上货车GPS监测数据显示（图3-34），G45大广高速、S50东五环、S50南五环、东六环、南六环等是市域内的主要货运通道，日均货车流量分别为3831辆次、3648辆次、3546辆次、3039辆次和3022辆次。

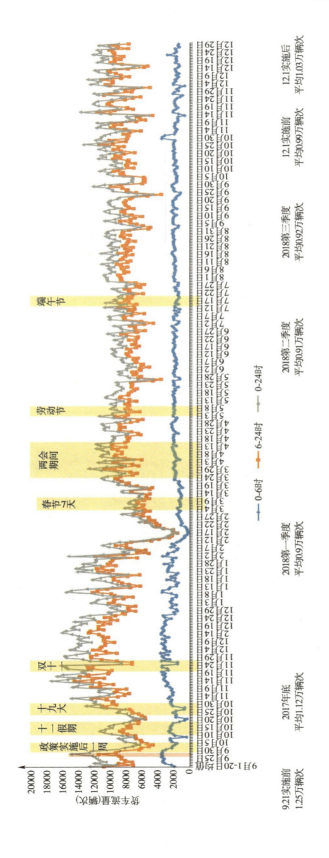

图3-33 六环路货车流量变化图

3. 路段和节点拥堵

路段和节点拥堵主要是指出行者在通过路段和节点的行驶过程中，遇到较长排队而导致长时间的延误。该类拥堵多由于规划设计不规范、标线及信号配时不合理、驾驶员不文明驾驶、机动车通行缓慢、人车交织、建筑施工、极端天气、事故等问题造成的（图3-35）。

根据浮动车数据分析结果，早晚高峰的拥堵路段示意图如图3-36所示。从分布情况来看，早晚高峰的拥堵主要发生在中心城的北、西、东3个方向；晚高峰的拥堵情况分布更为密集。如图3-36所示。

（1）早高峰拥堵节点为建国桥、安定门桥、西直门桥、阜成门桥、复兴门桥、双井桥、国贸桥、长虹桥、航天桥、刘家窑桥、四惠桥、四季青桥、南沙窝桥、来广营桥和上清桥。

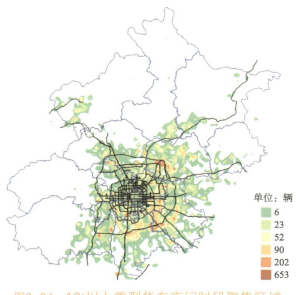

图3-34　12t以上重型货车夜间时段聚集区域

a)中秋节前东二环道路拥堵

b)立交桥区域交通拥堵

c)草房地铁站出入口紧邻交叉口

d)路边建筑物施工造成道路拥堵

图3-35　路段和节点拥堵

a)工作日早高峰常发拥堵路段　　　　　　b)工作日晚高峰常发拥堵路段

图3-36　工作日早晚高峰常发拥堵路段示意图

（2）晚高峰拥堵节点为建国门桥、东四十条桥、阜成门桥、复兴门桥、双井桥、国贸桥、长虹桥、莲花桥、刘家窑桥、定慧桥、北苑桥和上清桥。

行人拥堵现象主要体现为排队长和人口聚集多两大特点，且不同时间段展现出不同的分布特点。在工作日，行人拥堵主要出现人流密集点，上下班高峰的公共汽车站和地铁站（如天通苑地铁站），尤其是换乘站（如国贸地铁站、西直门地铁站等），以及城市中心商业区、医院、学校等周边（如五道口商业区）；在周末和节假日，行人拥堵主要出现在枢纽、长途车站、大型购物中心、景点周边（图3-37）。

a)早晚高峰的换乘地铁站　　　　　　b)早高峰的天通苑地铁站

c)节假日的天安门广场周边区域　　　　　　d)五道口商业区

图3-37　行人拥堵

自行车拥堵特点主要体现为停放车辆多和道路交叉口机非混行严重两个方面。从时间层面看，其主要集中在工作日早晚高峰时段。从空间层面看，自行车停放多的地区主要集中在人流量密集的公交站（如北京CBD的八王坟东公交车站），道路交叉口机非混行严重的地点主要集中在上班族聚集点，例如在望京SOHO，三栋大楼里的两万多上班族大多选择自行车来解决最后一公里的出行问题，由此造成了上下班通勤主要路段的自行车堵塞（图3-38）。

a) 早高峰望京soho

b) 八王坟公交车站

图3-38 自行车拥堵

4. 特殊区域拥堵

特殊区域如学校、医院、景区、商场、货运集散地和客运交通枢纽等交通量吸引点，由于其短期内交通量较大且秩序混乱，导致周边道路拥堵。本小节选取具有代表性的商务区、商业区、批发市场，包括CBD、中关村、金融街、姚家园、新发地5个出行热点区域，分别从交通指数、人口流动、居住和岗位密度、日均出行量等方面的大数据来描述各个区域呈现的出行特点和拥堵特征。5大交通热点区域在所处的位置如图3-39所示。

1）CBD地区

CBD地区公共交通出行占比较低，仅为62%，远低于东京站CBD的85%，公交线路冗余、站点过多、公共汽（电）车进出站时间较长等容易造成交通拥堵。另外CBD地区人行空间不连续，人车混行导致车辆运行速度过慢，也是造成交通拥堵的主要因素之一。

CBD地区是北京市主要商务中心区之一，占地面积约1370万m²，全天累积聚集144万人，工作岗位密度[1]高达5.4万人/km²，居住人口密度[2]为3.3万人/km²，工作岗位和居住人口密度都比较高，日间人口活跃。CBD地区的日均出行量[3]约130万人次，平均每平方公里达

---

[1] 工作岗位密度：工作人口数/区域面积，五环内平均工作岗位密度1.4万人/km²。
[2] 居住人口密度：居住人口数/区域面积，五环内平均居住人口密度2.3万人/km²。
[3] 日均出行量：平均每日从区域出发和到达区域的出行总量。

到20万人次，主要是到CBD地区上班的人群。根据伪码信令数据统计❶，CBD地区主要汇聚了来自望京、通州、天通苑三大通勤走廊的人流，出行发生地沿地铁10号线、八通线、6号线、5号线分布特征明显，如图3-40所示。

图3-39　北京市84个交通小区划分及5大交通热点区域

从交通指数❷来看，CBD地区工作日高峰时段拥堵情况突出，主要是由于区域功能集中、过境交通量大、上班通勤量大等多因素叠加引起的。其中CBD地区会在工作日的下午有两次拥堵高峰，第一次是下午13:30—15:00，峰值出现在14:15左右（峰值为7.1），主要是由于商务合作洽谈产生的出行高峰，第二次是晚高峰时段17:00—19:00，峰值出现在18:15左右（峰值8.1），主要是由于通勤产生的出行高峰，如图3-41所示。

---

❶ 伪码信令数据：居民通信过程中触发基站留下的基站位置信息，所获取数据已对用户信息进行加密处理，确保居民隐私安全；

❷ 交通指数：基于实时的道路速度数据、流量数据以及人对拥堵感受程度等数据的综合分析，得到反映区域道路网拥堵程度的指标。实时道路运行速度的获取是对分布在大街小巷的浮动汽车（出租汽车）的位置数据进行处理，得到每条路段的运行速度。道路交通指数取值0~10（0~2 表示畅通、2~4 表示基本畅通、4~6 表示轻度拥堵、6~8 表示中度拥堵、8~10 表示严重拥堵）。工作日高峰时段是早高峰 7:00~9:00，晚高峰 17:00—19:00；非工作日高峰时段是早高峰 10:00—12:00，晚高峰 16:00—18:00。

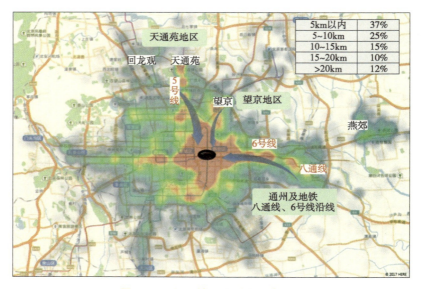

图3-40　CBD地区吸引人口来源

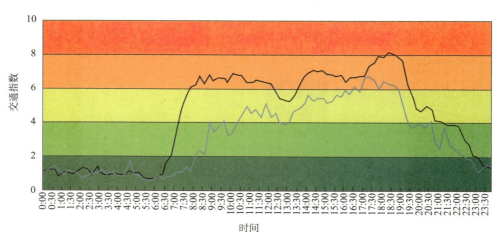

图3-41　2017年CBD地区分时段交通指数（工作日对比非工作日）

2）中关村地区

中关村地区是北京主要的科技和创业中心区之一，这一区域工作岗位密度2.5万人/km^2，居住人口密度2.4万人/km^2。中关村地区日均出行量约120万人次，平均每平方公里出行约10万人次。中关村地区的创业大街、智造大街汇聚了北京的创业者们和IT精英，同时周边也有中国人民大学、北京大学等高校以及人大附中、北大附中、中关村一小等中小学校。

中关村地区的交通指数在工作日上午会出现两次拥堵高峰，第一次是早高峰时段7:00—8:00，峰值出现在7:45左右（峰值6.1），主要是由到附近中小学校、高校上学的学生流产生的拥堵高峰，第二次是上午9:00—11:00，峰值出现在10:00左右（峰值5.6），主要是在中关村上班的IT工程师和创业者们通勤以及商务办公产生的拥堵，如图3-42所示。另外中关村区域周六的交通指数和周一到周五的交通指数基本一致，只有周日早高峰比平时稍有下降，足见中关村的周六和平时一样繁忙，如图3-43所示。

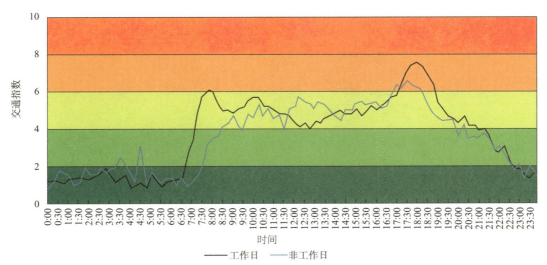

图3-42　2017年中关村地区分时段交通指数（工作日对比非工作日）

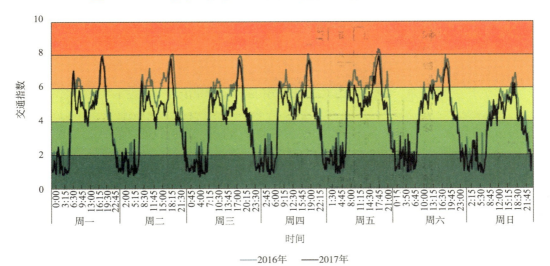

图3-43　中关村地区一周交通指数（2017年对比2016年）

根据伪码信令数据统计的人口出行特征来看，工厂工程师和创业者们主要居住在北部的天通苑、回龙观、西北旺等大型居住区，如图3-44所示。

3）金融街地区

金融街地区工作岗位密度3.9万人/km²,居住人口密度2.1万人/km²，日均出行量约60万人次，平均每平方公里出行量达15万人次，仅次于CBD地区，是北京核心区西部的一个商业金融热点区域。

就金融街地区出行特征来说，有70%的出行者是以金融街为中心的10km范围以内流动，其中又有42%的出行者的活动区域是在5km以内，主要来自于周边西北二环沿线以及长安街沿线，如图3-45所示。由此可以看出，金融街地区的人们出行距离较短。

081

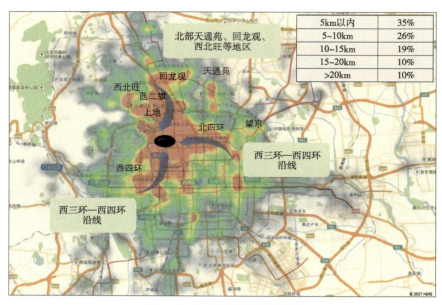

图3-44　中关村吸引人口来源

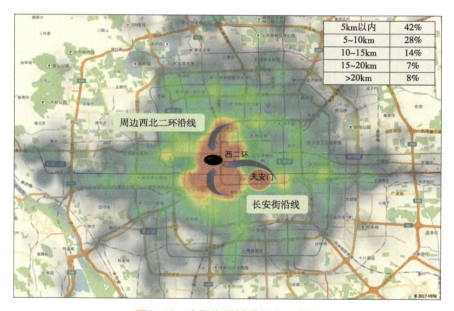

图3-45　金融街区域吸引人口来源

金融街地区工作日早上7:30进入中度拥堵状态,持续至11:30结束,峰值出现在8:00左右(峰值6.6)。晚高峰时段拥堵程度较早高峰有明显提升,17:30—18:30交通指数达到"严重拥堵"级别。金融街地区白天有9h以上处于中度拥堵,即通行时间是畅通状态的1.5倍以上。金融街地区的交通拥堵主要受西二环和长安街经过车辆的影响较大,如图3-46所示。

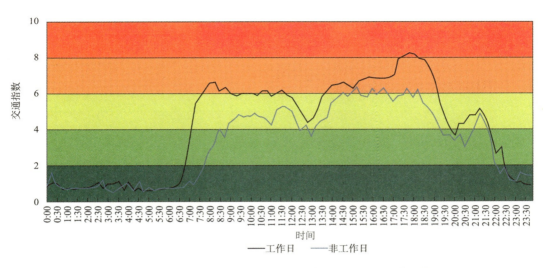

图3-46 2017年金融街地区分时段交通指数（工作日对比非工作日）

4）新发地

新发地位于南四环与京开高速相交区域，是北京主要农产品批发市场之一，日供应量占全市80%左右，占地面积约1.12km^2（1680亩），年交易量1618万t，全年交易额816亿元。新发地交通拥堵特征为市场货运车流、人流与京开高速途经车辆及地区出行叠加特征。新发地正在向居住密集区域逐渐过渡，目前新发地的工作岗位密度0.4万人/km^2，居住人口密度1.1万人/km^2，主要的人口流向是早高峰7:00—9:00从新发地离开，晚高峰17:00—19:00回到新发地，呈现了与CBD、中关村等岗位密集区域相反的居住区域的特征，如图3-47所示。

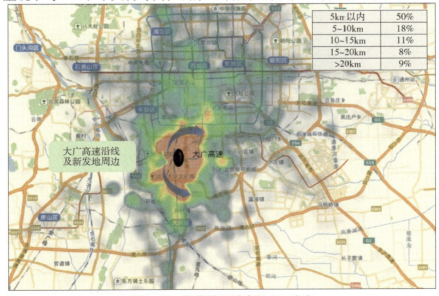

图3-47 新发地区域出行人口去向

工作日的新发地从早上6点就进入了中度拥堵状态，交通指数迅速上升，大约在6:45左右就能达到交通指数6.5的峰值，主要由于这一地区内批发市场采购及大型北部居住区过境交通引起的拥堵高峰。

另外新发地周末的拥堵情况比工作日更为突出。非工作日由于购物人数较多引起的拥堵,从早上8:00进入中度拥堵状态,持续至19:15结束,全天中度拥堵以上累计时长约11h,如图3-48所示。

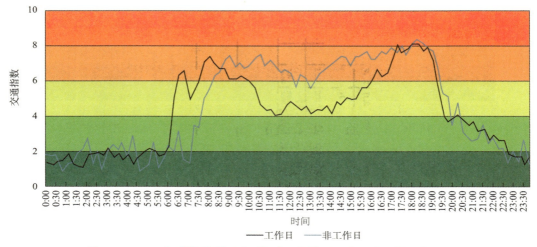

图3-48　2017年新发地地区分时段交通指数(工作日对比非工作日)

5)姚家园地区

姚家园地区位于东四环和东五环之间,是北京市朝阳区新兴的居住休闲娱乐区域,工作岗位密度0.6万人/km²,居住人口密度1.4万人/km²,日均出行量约100万人次,平均每平方公里出行4万人次。姚家园地区的出行人口主要去往周边的望京、亮马桥、CBD等商业区,以及返回东坝居住区等(图3-49),在高峰时段到达姚家园地区和离开姚家园地区的

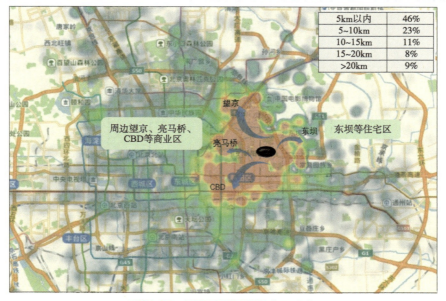

图3-49　姚家园地区出行人口去向

出行量是差不多的（图3-50）。由此可以看出姚家园地区是居民在东五环到东三环之间出行的主要通道之一。

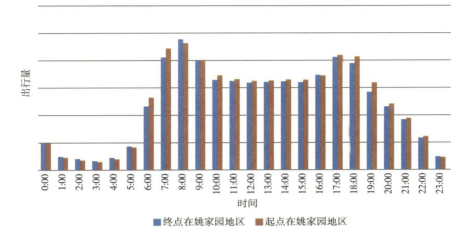

图3-50　到达和离开姚家园地区的出行量分时段分布

另外从交通指数上特别值得关注的是：2017年姚家园地区休息日早高峰时段交通指数为7.2，较2016年的6.9，增长了4.3%，如图3-51所示。姚家园地区毗邻朝阳大悦城、朝阳公园、蓝色港湾、朝阳体育中心等周末休闲场所，因此周末经过姚家园地区去往这些区域的逛街、吃饭、休闲、娱乐的交通流量就比较集中，同时也反映出目前人们更喜欢选择在四环、五环外区域进行周末活动的趋势。

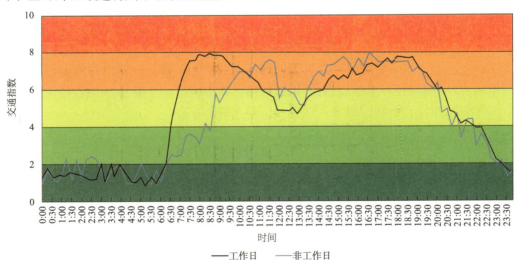

图3-51　2017年姚家园地区分时段交通指数（工作日对比非工作日）

6）丰台科技园

丰台科技园位于西南四环，总规划面积约17.63km^2，入驻企业超过2万家，是北京重要的高科技园区之一。园区内高峰时段潮汐特征明显，早、晚高峰车流量大，信号灯调控不及时，容易造成车辆堆积引发交通拥堵，另外园区内违章占道停车严重，执法手段单一，挤压通勤车辆运行空间，也是造成交通用的主要原因[数据来源：关于天坛医院周边道路交通综合治理（二期）方案]。

从交通指数来看，丰台科技园工作日高峰特征明显，高峰时段平均交通指数出现较大幅度上升，其中晚高峰拥堵情况最突出，晚17:00左右进入中度拥堵状态，持续至19:00左右结束，下午时段中度以上拥堵持续时间约2h，严重拥堵持续时间约45min，如图3-52所示。

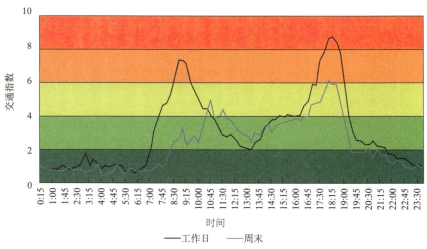

图3-52 2018年丰台科技园分时段交通指数对比（工作日对比周末）

7）天通苑地区

天通苑地区地处北京市昌平区东小口镇，紧邻朝阳区北苑地区，占地10km², 常住人口50万，人口密度5万人/km²，是北京最大的经济适用房聚集区之一，也是中国最大的社区之一。天通苑地区工作日晚高峰拥堵情况突出，晚18:00左右进入中度拥堵状态，持续至20:00左右结束，下午时段中度以上拥堵持续时间约2h。周末居民出行需求较多，白天时段拥堵持续时间较长，早8点左右进入轻度拥堵状态，持续至晚22:00左右结束，全天轻度以上拥堵持续时间约14h，如图3-53所示。

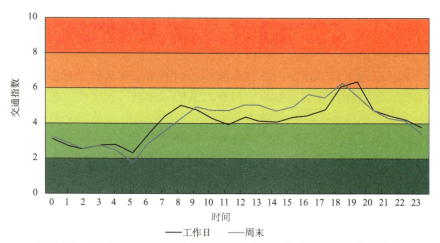

图3-53 2018年天通苑地区分时段交通指数对比（工作日对比周末）

8）回龙观地区

回龙观地区位于北京北部，东临东小口镇，北至沙河地区，西、南与海淀区相连，占地34km²，常住人口34万，人口密度1万人/km²，是北京市居住人口最为密集的地区之一。回龙观地区工作日高峰特征明显，高峰时段平均交通指数上升明显，其中晚高峰拥堵情况最突出。回龙观地区晚18:00左右进入中度拥堵状态，持续至20:00左右结束，下午时段中度以上拥堵持续时间约2h。周末白天时段持续拥堵时间较长，早8:00左右进入中度拥堵状态，持续至晚21:00左右结束，全天中度以上拥堵持续时间约13h，如图3-54所示。

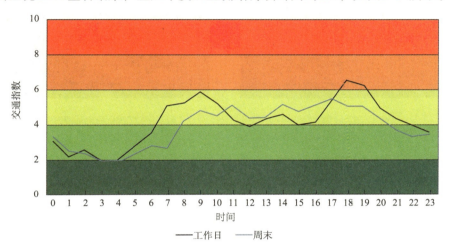

图3-54　2018年回龙观地区分时段交通指数对比（工作日对比周末）

9）客运枢纽

枢纽多指民航机场、火车站、汽车客运站等大型客流集散地，北京市的枢纽包括首都机场、南苑机场、北京站、北京西站、北京南站、北京各大长途客运站等。

各大枢纽站早已达到饱和状态，如北京西站，其设计之初的通行量是90对列车，如今已经达到了其设计通行量的两倍以上；2016年，首都机场旅客吞吐量达到了9439.3万人次，2017年，首都机场旅客吞吐量继续小幅增长，达到9579万人次，相比于当初规划设计总容量的7600万人次，首都机场已经连续多年超负荷运转，且其时刻资源也已经基本饱和；北京市现有的省际长途客运站的站容量已经达到了饱和状态，特别是在"十一"黄金周、春运客流高峰时段，各客运站的车和客流都达到了超饱和状况，且根据北京市客运枢纽建设规划，现有的省际长途客运站中，只有六里桥、四惠、永定门、机场等客运站具备省际长途客运功能，其他场站都在疏解之内，疏解之后剩余客运站的交通压力将会更大。

枢纽站的拥堵通常发生在春节春运、各大节假日前后。在春运期间，北京首都国际机场共运送旅客189.5万人次，起降航班达1.1万架次；公路省际客运210万人次；北京三大铁路客运站总共发送旅客1485万人次，单日发送旅客量将近60万人次。大量的返乡旅客造成了民航机场、火车站、汽车客运站的拥堵。

枢纽拥堵主要发生在枢纽进出口、候车（机）大厅、售（取）票窗口、自助售（取）票机、检票口等地。枢纽拥堵的原因也不仅限于客流量。以北京南站为例（图3-55）：北京南站的建筑面积（32万m²）比上海虹桥火车站（24万m²）大1/3，客流量却要少1/3；面积更小的东京车站（18.2万m²），每天进出乘客102万人，客流量是北京南站的6.8倍。但这些交通枢纽的拥挤程度都不及北京南站。

图3-55 枢纽拥堵状况

10）货运集散地

货运基础设施是承担货物运输、货物集散作用的基础条件，完善、合理的基础设施是提升运输效率、实现供需平衡的重要保障。近年来，随着"互联网+物流"新业态的快速发展，改变了传统点对点的运输模式，形成多层次、网络化的配送设施，大量不在规划范围内的货运节点和相关设施逐步向六环外扩张和蔓延。目前，北京市有4个物流基地、9个审批货运场站及58个未经审批的货运场站，主要集中在六环及市界周边（图3-56）。货运设施无序发展导致道路资源占用、客货车流混行等一系列问题，对城市运行系统产生了严重影响（图3-57、图3-58）。

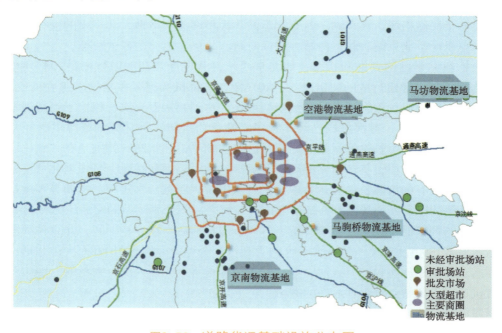

图3-56 道路货运基础设施分布图

图3-57　马路式仓储

图3-58　西南郊肉类水产品市场周边拥堵情况

5. 节假日拥堵

节假日前通常表现出明显的拥堵增长情况，节前与过节期间呈现出不同的交通拥堵特性，以2017年法定节假日之前和期间交通运行情况为例进行分析。

1）元旦节交通运行分析。

（1）元旦节前交通指数变化。

2017年元旦节前工作日，早高峰、晚高峰和全天高峰交通指数分别为5.4、7.5和6.5，同比2016年早高峰下降0.4%、晚高峰上升1.0%、高峰平均上升0.4%，交通指数较2016年同期略有上升。从环比来看，元旦节前一周工作日早高峰、晚高峰和高峰平均指数较上周分别增长57.5%、45.5%和50.3%，增长幅度较大，如表3-9和图3-59所示。

元旦节前交通指数对比　　　　　　表3-9

元旦节前对比		指　数		
		早高峰	晚高峰	高峰平均
2016年同期	2015年12月28日/周一	6.9	7.7	7.3
	2015年12月29日/周二	5.4	7.3	6.4
	2015年12月30日/周三	5.3	7.6	6.4
	2015年12月31日/周四	4.1	7.3	5.7
	平均	5.5	7.5	6.5

续上表

元旦节前对比		指　　数		
		早高峰	晚高峰	高峰平均
上周	2016年12月19日/周一	2.6	3.3	2.9
	2016年12月20日/周二	1.8	2.6	2.2
	2016年12月21日/周三	1.8	3.6	2.7
	2016年12月22日/周四	5.2	7.9	6.6
	2016年12月23日/周五	5.8	8.5	7.1
	平均	3.4	5.2	4.3
本周	2016年12月26日/周一	6.4	6.3	6.4
	2016年12月27日/周二	5.5	7.6	6.6
	2016年12月28日/周三	5.3	7.9	6.6
	2016年12月29日/周四	5.1	7.9	6.5
	2016年12月30日/周五	4.8	7.9	6.3
	平均	5.4	7.5	6.5
对比	同比	−0.4%	1.0%	0.4%
	环比	57.5%	45.5%	50.3%

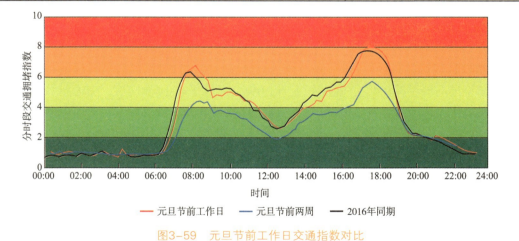

图3-59　元旦节前工作日交通指数对比

（2）元旦期间交通指数变化。

2017年元旦期间，早高峰、晚高峰和全天高峰交通指数分别为3.1、4.3和3.7，同比2016年早高峰、晚高峰和高峰平均分别上升162.7%，85.4%和111.7%。交通指数较2016年同期大幅上升，如表3-10和图3-60所示。

元旦期间交通指数对比 表3-10

元旦期间对比		指数		
		早高峰	晚高峰	高峰平均
2016年元旦	2016年1月1日/周五	0.8	2.3	1.6
	2016年1月2日/周六	1.2	1.6	1.4
	2016年1月3日/周日	1.6	3.1	2.3
	平均	1.2	2.3	1.8
2017年元旦	2016年12月31日/周六	4.0	4.7	4.4
	2017年1月1日/周日	2.6	3.4	3.0
	2017年1月2日/周一	2.8	4.8	3.8
	平均	3.1	4.3	3.7
对比	同比	162.7%	85.4%	111.7%

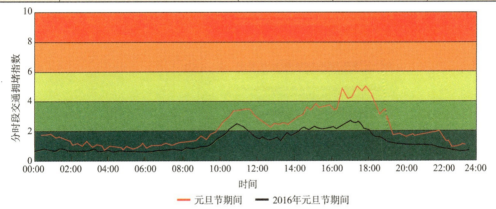

图3-60 元旦期间交通指数对比

（3）公共交通客运量变化。

2017年元旦节前工作日的日均地面公交、轨道交通及公共交通总客运量分别为1019.2万、1137.9万及2157.1万人次，地面公交客运量同比2016年下降8.7%，轨道交通客运量同比上升5.0%，总客运量同比下降1.9%，地面公交客运量环比下降2.2%，轨道交通客运量环比上升0.6%，总客运量环比下降0.8%；总体的客运量，同比与环比的变化均不明显。

2017年元旦节期间的日均地面公交、轨道交通及公共交通总客运量分别为855.7万人次、671.9万人次以及1527.6万人次，地面公交客运量同比2016年下降6.8%，轨道交通客运量同比上升6.6%，总客运量同比下降0.9%，如图3-61所示。

（4）公路进出京车辆数变化。

2017年元旦节前工作日公路日均进出京车辆数同比2016年分别增加8.4%和9.1%。增幅较小。节日临近，外出出游、返乡客流有所增加，受此影响，该周流量环比上周明显增长，分别增长22.5%和23.7%。

2017年元旦节期间公路日均进出京车辆数分别为67.6万辆和59.1万辆，同比分别下降16.0%和20.1%，降幅较明显，如图3-62所示。

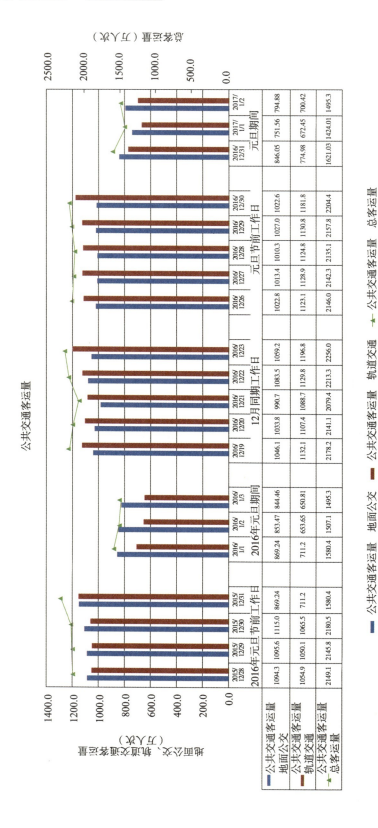

图3-61 元旦节前、期间公共交通客运量对比

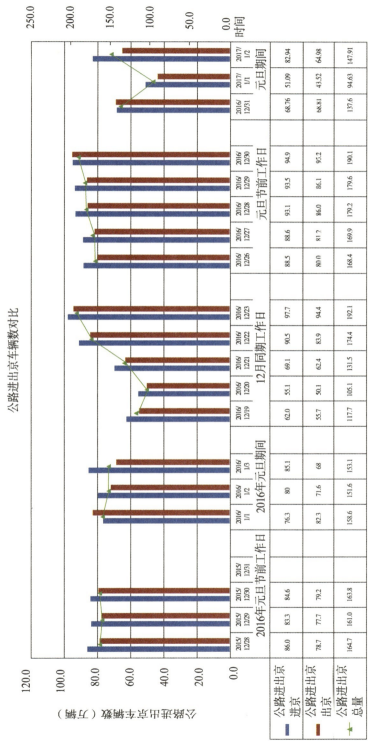

图3-62 元旦节前、期间进出京车辆数对比

2）春节交通运行分析

（1）春节前交通指数变化。

2017年春节前夕，大部分人员已离京返乡，早高峰、晚高峰和全天高峰交通指数环比大幅下降47.3%、38.9%和42.2%，仅为2.7、4.9和3.8。与2016年同比来看，本次节前交通指数小幅增长，分别为15.5%、2.2%和6.6%，如表3-11和图3-63所示。

春节节前交通指数对比　　　　　　　　　　　　　　表3-11

春节前对比		指　　数		
		早高峰	晚高峰	高峰平均
2016年同期	2016年2月1日/周一	3.9	5.8	4.8
	2016年2月2日/周二	3.3	7.9	5.6
	2016年2月3日/周三	2.3	4.6	3.5
	2016年2月4日/周四	1.9	3.3	2.6
	2016年2月5日/周五	1.6	5.4	3.5
	2016年2月6日/周六	1.3	1.5	1.4
	平均	2.4	4.8	3.6
上周	2017年1月16日/周一	6.5	8.0	7.3
	2017年1月17日/周二	4.8	7.8	6.3
	2017年1月18日/周三	4.6	7.9	6.2
	2017年1月19日/周四	4.9	8.1	6.5
	2017年1月20日/周五	5.2	8.0	6.6
	平均	5.2	8.0	6.6
本周	2017年1月22日/周日	4.2	7.7	5.9
	2017年1月23日/周一	3.7	6.6	5.1
	2017年1月24日/周二	2.5	4.9	3.7
	2017年1月25日/周三	1.9	3.2	2.6
	2017年1月26日/周四	1.4	2.0	1.7
	平均	2.7	4.9	3.8
对比	同比	15.5%	2.2%	6.6%
	环比	-47.3%	-38.9%	-42.2%

（2）春节期间交通指数变化。

2017年春节期间，早高峰、晚高峰和全天高峰交通指数分别为2.0、1.7和1.9，同比2016年早高峰、晚高峰和高峰平均分别上升39.1%，57.9%和47.2%，交通指数较2016年同期有较大上升，如表3-12和图3-64所示。

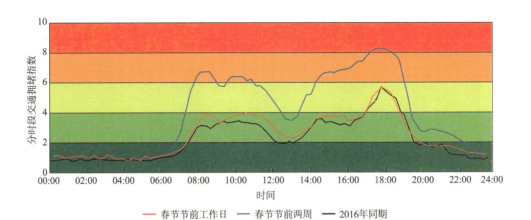

图3-63 春节节前工作日交通指数对比

春节期间交通指数对比　　　　表3-12

春节期间对比		指　数		
		早高峰	晚高峰	高峰平均
2016年春节	2016年2月7日/周日	1.1	1.0	1.0
	2016年2月8日/周一	1.4	1.0	1.2
	2016年2月9日/周二	2.3	1.1	1.7
	2016年2月10日/周三	1.6	1.1	1.3
	2016年2月11日/周四	1.4	1.1	1.2
	2016年2月12日/周五	1.4	1.4	1.4
	2016年2月13日/周六	1.0	1.0	1.0
	平均	1.5	1.1	1.3
2017年春节	2017年1月27日/周五	1.8	1.5	1.7
	2017年1月28日/周六	1.6	1.5	1.5
	2017年1月29日/周日	2.0	1.5	1.8
	2017年1月30日/周一	2.5	2.0	2.3
	2017年1月31周二	2.3	1.8	2.1
	2017年2月1周三	2.1	2.0	2.0
	2017年2月2周四	1.9	1.7	1.8
	平均	2.0	1.7	1.9
对比	同比	39.1%	57.9%	47.2%

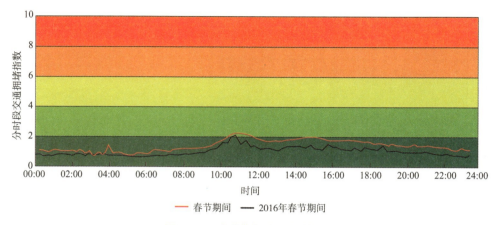

图3-64 春节期间交通指数对比

（3）公共交通客运量变化。

2017年春节节前工作日的日均地面公交、轨道交通及公共交通总客运量分别为790.0万、694.6万以及1345.6万人次，随着春节临近，环比大幅下降，降幅分别为20.3%、38.3%和36.4%。该周公共交通客运量同比2016年同期略有下降，地面公交客运量下降12.5%，轨道交通客运量和公共交通总客运量降幅分别为5.5%和1.0%。

2017年春节期间的日均地面公交、轨道交通及公共交通总客运量分别为521.2万、364.9万以及886.1万人次，同比2016年春节期间略微下降，公交客运量基本保持平稳，降幅分别为3.4%、7.2%和0.7%，如图3-65所示。

（4）公路进出京车辆数变化。

2017年春节节前工作日公路日均进出京车辆数为78.4万辆和86.9万辆，同比2016年分别增加8.9%和9.4%。节日临近，公路车流量有所减少，该周流量环比上周分别下降17.4%和5.6%。

2017年春节期间公路日均进出京车辆数为73.1万辆和75.2万辆，同比2016年分别增加1.4%和5.9%。

3）清明节交通运行分析

（1）清明节前交通指数变化。

2017年清明节前工作日，早高峰、晚高峰和全天高峰交通指数分别为5.9、6.4和6.1，交通指数较2016年同期有所下降，同比分别下降11.8%、2.4%、7.2%。从环比来看，节前一周工作日早高峰、晚高峰与高峰平均指数较上周分别下降3.4%，4.5%和3.9%，变化幅度较小，总体走势相对平稳，未出现明显的节前指数上升现象，如表3-13和图3-66所示。

（2）清明期间交通指数变化。

2017年清明期间，早高峰、晚高峰和全天高峰交通指数分别为3.9、2.4和3.1，同比2016年早高峰、晚高峰和高峰平均分别上升7.0%，1.2%和4.7%。交通指数较2016年同期略微上升如表3-14和图3-67所示。

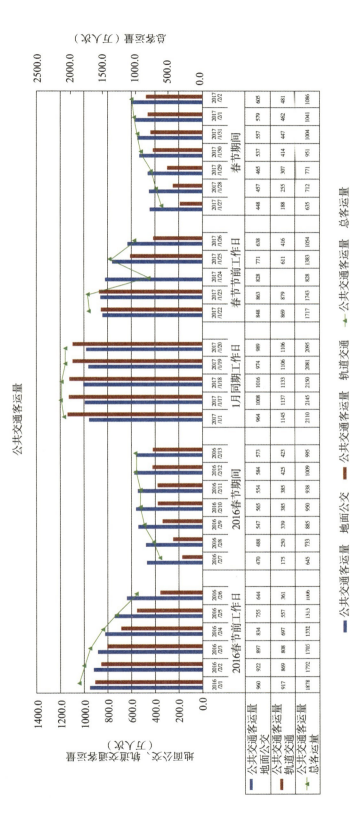

图3-65 春节节前、期间公共交通客运量对比

清明节前交通指数对比　　　　　　　　　　表3-13

清明节前对比		指　　数		
		早高峰	晚高峰	高峰平均
2016年同期	2016年3月28日/周一	7.1	5.2	6.2
	2016年3月29日/周二	7.0	7.3	7.1
	2016年3月30日/周三	6.6	6.8	6.7
	2016年3月31日/周四	6.2	6.1	6.1
	2016年4月1日/周五	6.4	7.3	6.8
	平均	6.7	6.5	6.6
上周	2017年3月20日/周一	6.8	7.6	7.2
	2017年3月21日/周二	5.3	5.1	5.2
	2017年3月22日/周三	5.1	6.4	5.7
	2017年3月23日/周四	6.8	6.5	6.6
	2017年3月24日/周五	6.4	7.8	7.1
	平均	6.1	6.7	6.4
本周	2017年3月27日/周一	7.1	6.9	7.0
	2017年3月28日/周二	5.5	5.5	5.5
	2017年3月29日/周三	5.7	5.7	5.7
	2017年3月30日/周四	5.2	6.2	5.7
	2017年3月31日/周五	5.3	5.8	5.5
	2017年4月1日/周六	6.5	8.2	7.3
	平均	5.9	6.4	6.1
对比	同比	-11.8%	-2.4%	-7.2%
	环比	-3.4%	-4.5%	-3.9%

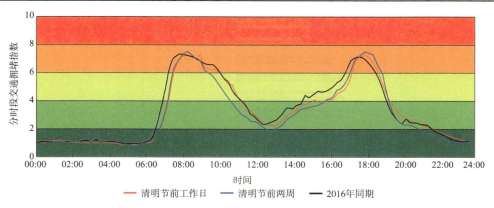

图3-66　清明节前工作日交通指数对比

清明期间交通指数对比   表3-14

清明期间对比		指数		
		早高峰	晚高峰	高峰平均
2016年清明	2016年4月2日/周日	5.1	2.8	4.0
	2016年4月3日/周一	3.8	2.2	3.0
	2016年4月4日/周二	1.9	2.1	2.0
	平均	3.6	2.4	3.0
2017年清明	2017年4月2日/周日	5.7	2.8	4.2
	2017年4月3日/周一	4.0	2.3	3.1
	2017年4月4日/周二	1.9	2.1	2.0
	平均	3.9	2.4	3.1
对比	同比	7.0%	1.2%	4.7%

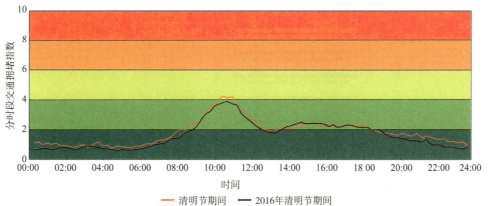

图3-67 清明节期交通指数对比

（3）公共交通总客运量变化。

2017年清明节前工作日的日均地面公交、轨道交通及公共交通总客运量分别为1107.3万、1203.1万以及2310.4万人次，地面公交客运量同比降低0.2%、轨道交通客运量与公共交通总客运量同比上升4.0%和2.0%；环比无明显变化，轨道交通客运量、地面公交客运量与总客运量环比分别上升3.9%，1.6%和2.7%，客运量保持稳定。

2017年清明节期间的日均地面公交、轨道交通及公共交通总客运量分别为951.3万、837.8万以及1789.1万人次，地面公交客运量同比上升1.2%、轨道交通客运量基本与2017年持平，公共交通总客运量同比上升1.4%，如图3-68所示。

（4）公路进出京车辆数变化。

2017年清明节前工作日公路日均进出京车辆数同比2016年分别增加6.4%和5.1%。环比也小幅增长，分别增长7.2%和8.9%。

2017年清明节期间公路日均进出京车辆数分别为118.7万辆和120.0万辆，同比2016年分别增加8.5%和7.7%，如图3-69所示。

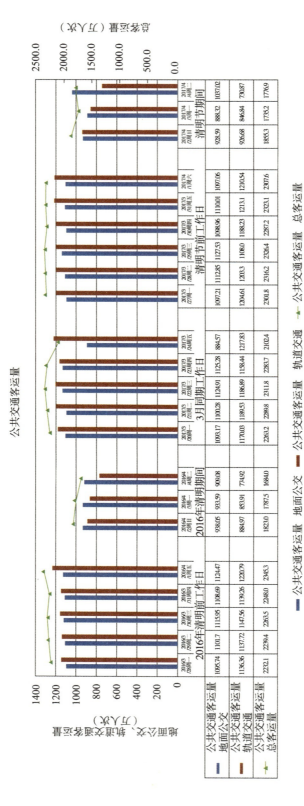

图3-68 清明节前、期间公共交通客运量对比

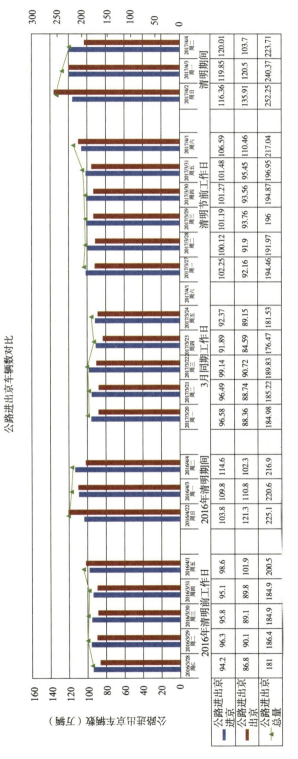

图3-69 清明节前、期间进出京车辆数对比

4）劳动节交通运行分析

（1）劳动节前交通指数变化。

2017年劳动节前工作日，早高峰、晚高峰和全天高峰交通指数分别为6.4、6.8和6.6，同比2016年早高峰上升2.3%，晚高峰和全天高峰交通指数下降2.8%、0.4%。交通指数较2016年同期略微下降。从环比来看，节前一周工作日早高峰平均指数较上周降低1.9%，晚高峰和高峰平均指数则分别上升1.9%和0.1%，变化幅度较小，总体走势相对平稳，未出现明显的节前指数上升现象，如表3-15和图3-70所示。

劳动节前交通指数对比　　　　表3-15

劳动节前指数对比		指　数		
		早高峰	晚高峰	高峰平均
2016年同期	2016年4月25日/周一	6.1	5.9	6.0
	2016年4月26日/周二	5.9	6.7	6.3
	2016年4月27日/周三	6.3	7.4	6.9
	2016年4月28日/周四	6.0	7.3	6.7
	2016年4月29日/周五	7.0	7.8	7.4
	平均	6.3	7.0	6.6
上周	2017年4月17日/周一	7.0	5.2	6.1
	2017年4月18日/周二	7.0	7.5	7.3
	2017年4月19日/周三	6.3	6.7	6.5
	2017年4月20日/周四	6.2	6.2	6.2
	2017年4月21日/周五	6.1	7.9	7.0
	平均	6.5	6.7	6.6
本周	2017年4月24日/周一	7.3	5.5	6.4
	2017/年4月25日/周二	6.7	7.4	7.0
	2017年4月26日/周三	6.5	6.3	6.4
	2017年4月27日/周四	6.3	7.3	6.8
	2017年4月28日/周五	5.3	7.7	6.5
	平均	6.4	6.8	6.6
对比	同比	2.3%	-2.8%	-0.4%
	环比	-1.9%	1.9%	0.1%

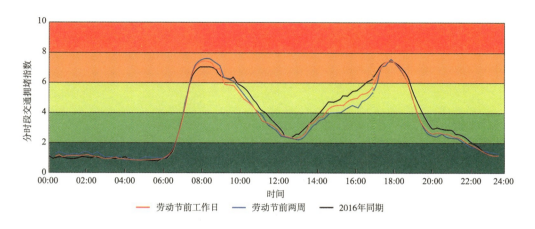

图3-70　劳动节前工作日交通指数对比

（2）劳动节期间交通指数变化。

2017年劳动节期间，早高峰、晚高峰和全天高峰交通指数分别为4.2、2.6和3.4，同比2016年早高峰、晚高峰和高峰平均分别下降9.3%，21.5%和14.3%。交通指数较2016年同期小幅度下降，如表3-16和图3-71所示。

劳动节期间交通指数对比　　　　表3-16

劳动节期间对比		指数		
		早高峰	晚高峰	高峰平均
2016年劳动节	2016年4月30日/周六	6.7	4.0	5.3
	2016年5月1日/周日	4.4	2.4	3.4
	2016年5月2日/周一	2.8	3.3	3.1
	平均	4.6	3.2	3.9
2017年劳动节	2017年4月29日/周日	6.3	3.2	4.8
	2017年4月30日/周一	4.1	2.3	3.2
	2017年5月1日/周二	2.1	2.1	2.1
	平均	4.2	2.6	3.4
对比	同比	-9.3%	-21.5%	-14.3%

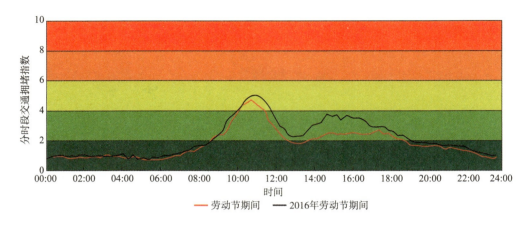

图3-71 劳动节期间交通指数对比

（3）公共交通客运量变化。

2017年劳动节前工作日的日均地面公交、轨道交通及公共交通总客运量分别为1103.4万、1215.8万以及2319.2万人次，地面公交、轨道交通与总客运量同比分别上升3.0%，1.3%、和13.0%；地面公交客运量环比降低2.2%，轨道交通客运量环比增长1.1%，总客运量较上周无明显变化。

2017年劳动节期间的日均地面公交、轨道交通及公共交通总客运量分别为877.7万、828.7万以及1706.3万人次，地面公交、轨道交通与总客运量同比分别上升1.0%，4.9%和3.0%，如图3-72所示。

（4）公路进出京车辆数变化。

2017年劳动节前工作日公路日均进出京车辆数同比分别增加2.2%和2.8%。增幅不明显。节日临近，外出出游、返乡客流有所增加，受此影响，该周流量环比上周小幅增长，分别增长18.1%和22.9%。

2017年劳动节期间公路日均进出京车辆数分别为124.4万辆和128.9万辆，同比分别增加8.4%和9.8%，如图3-73所示。

5）端午节交通运行分析

（1）端午节前交通指数变化。

2017年端午节前工作日，早高峰、晚高峰和全天高峰交通指数分别为6.2、8.3和7.3，同比2016年上升9.0%、1.9%、5.2%。交通指数较2016年同期略微上升。从环比来看，节前一周工作日早高峰、晚高峰和高峰平均指数分别上升16.4%、29.3%和22.8%，变化幅度较小，总体走势相对平稳，未出现明显的节前指数上升现象，如表3-17和图3-74所示。

（2）端午节期间交通指数变化。

2017年端午节期间，早高峰、晚高峰和全天高峰交通指数分别为2.9、2.3和2.6，同比2016年早高峰、晚高峰和高峰平均分别下降17.0%，16.8%和16.9%。交通指数较2016年同期小幅度下降，如表3-18和图3-75所示。

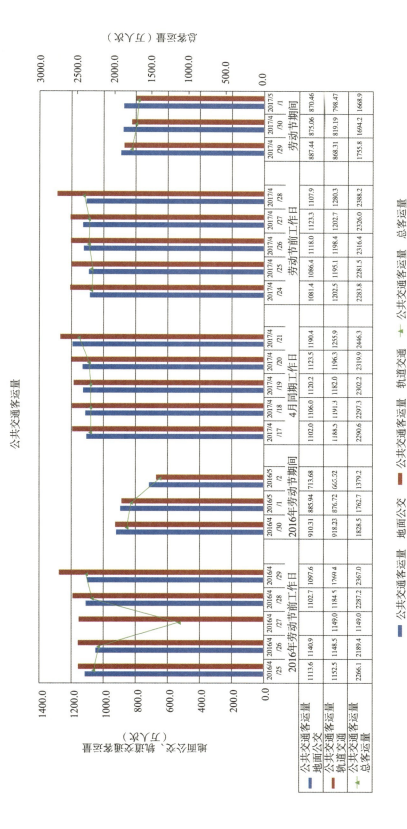

图3-72 劳动节前、期间公共交通客运量对比

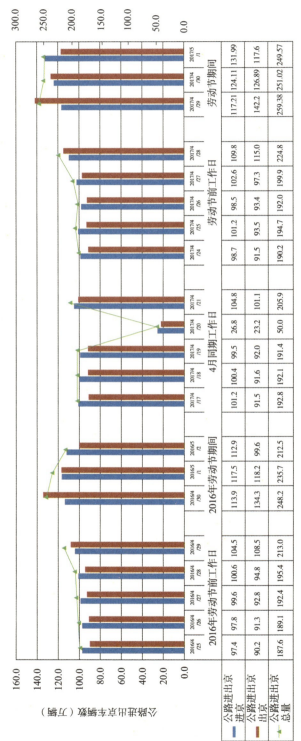

图3-73 劳动节前、期间进出京车辆数对比

端午节前交通指数对比 表3-17

端午节前指数对比		指　　数		
		早高峰	晚高峰	高峰平均
2016年同期	2016年6月6日/周一	6.4	5.8	6.1
	2016年6月7日/周二	5.7	6.5	6.1
	2016年6月8日/周三	5.5	7.8	6.7
	平均	5.8	6.7	6.3
上周	2017年5月15日/周一	5.9	3.5	4.7
	2017年5月16日/周二	5.2	4.9	5.1
	2017年5月17日/周三	5.0	4.7	4.9
	2017年5月18日/周四	5.4	5.7	5.5
	2017年5月19日/周五	5.8	7.6	6.7
	平均	5.5	5.3	5.4
本周	2017年5月22日/周一	7.1	4.4	5.7
	2017年5月23日/周二	6.6	7.7	7.2
	2017年5月24日/周三	5.9	6.6	6.3
	2017年5月25日/周四	6.0	6.9	6.5
	2017年5月26日/周五	6.2	7.1	6.6
	2017年5月27日/周六	6.2	8.3	7.3
	平均	6.4	6.8	6.6
对比	同比	9.0%	1.9%	5.2%
	环比	16.4%	29.3%	22.8%

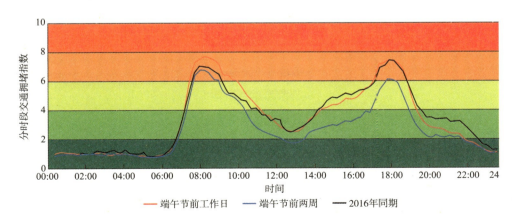

图3-74　端午节前工作日交通指数对比

端午节期间交通指数对比　　　　　　　　　　　表3-18

端午节期间对比		指　　数		
		早高峰	晚高峰	高峰平均
2016年端午节	2016年6月9日/周四	5.4	2.2	3.8
	2016年6月10日/周五	2.8	3.4	3.1
	2016年6月11日/周六	2.2	2.8	2.5
	平均	3.4	2.8	3.1
2017年端午节	2017年5月28日/周日	3.9	2.6	3.2
	2017年5月29日/周一	3.0	2.2	2.6
	2017年5月30日/周二	1.8	2.2	2.0
	平均	2.9	2.3	2.6
对比	同比	−17.0%	−16.8%	−16.9%

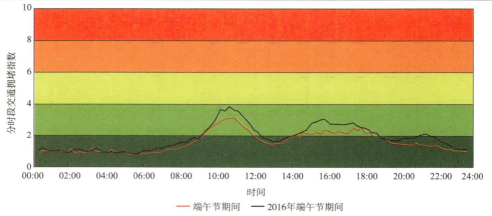

图3-75　端午节期间交通指数对比

（3）公共交通客运量变化。

2017年端午节前工作日的日均地面公交、轨道交通及公共交通总客运量分别为1064.1万、1160.4万以及2224.5万人次，地面公交客运量同比增加1.1%，轨道交通客运量同比增加2.4%，总客运量增加1.7%。环比来看，地面公交客运量、轨道交通客运量与总客运量环比分别减少1.1%、1.3%与1.2%。

2017年端午节期间的日均地面公交、轨道交通及公共交通总客运量分别为833.8万、727.8万以及1561.5万人次，地面公交客运量同比增加10.6%，轨道交通客运量同比增加2.8%，总客运量同比增加6.8%，如图3-76所示。

（4）公路进出京车辆数变化。

2017年端午节前工作日公路日均进出京车辆数同比分别增加6.9%和4.4%，增幅略微明显。节日临近，外出出游、返乡客流有所增加，受此影响，该周流量环比上周小幅增长，分别增长8.6%和9.4%。

2017年端午节期间公路日均进出京车辆数分别为110.8万辆和100.7万辆，同比分别增加7.8%和6.8%，如图3-77所示。

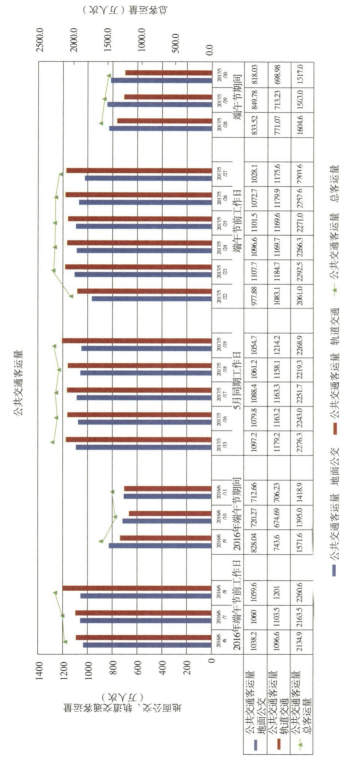

图 3-76 端午节前、期间公共交通客运量对比

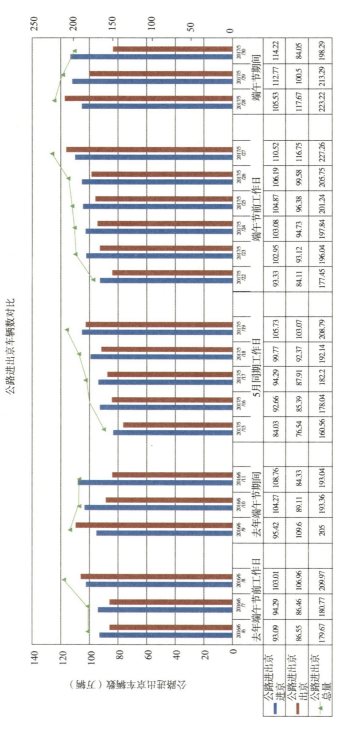

图3-77 端午节前、期间进出京车辆数对比

6）中秋、国庆节交通运行分析

2017年国庆节假期为10月1日周日至10月8日周日，选取国庆节前一周工作日、节前两周、2016年国庆节前一周进行对比。

（1）国庆节前交通指数变化。

2017年国庆节前工作日，早高峰、晚高峰和全天高峰交通指数分别为6.6、7.8和7.2，同比2016年同期上升6.7%、14.5%、10.8%。与前一周相比，工作日早高峰、晚高峰和高峰平均指数分别下降2.5%、4.3%和1.0%，指数略有下降，如表3-19和图3-78所示。

国庆节节前交通指数对比　　　　　　表3-19

国庆节前指数对比		指　　数		
		早高峰	晚高峰	高峰平均
2016年同期	2016年9月26日/周一	7.3	5.6	6.4
	2016年9月27日/周二	6.4	7.2	6.8
	2016年9月28日/周三	6.4	7.3	6.9
	2016年9月29日/周四	6.4	7.6	7.0
	2016年9月30日/周五	4.6	6.3	5.4
	平均	6.2	6.8	6.5
节前两周工作日	2017年9月18日/周一	7.5	6.9	7.2
	2017年9月19日/周二	6.9	7.3	7.1
	2017年9月20日/周三	7.2	8.1	7.6
	2017年9月21日/周四	6.2	7.0	6.6
	2017年9月22日/周五	6.2	7.9	7.1
	平均	6.8	7.5	7.1
节前一周工作日	2017年9月25日/周一	7.3	7.3	7.3
	2017年9月26日/周二	6.8	7.5	7.1
	2017年9月27日/周三	6.7	8.1	7.4
	2017年9月28日/周四	6.8	7.9	7.4
	2017年9月29日/周五	6.1	7.7	6.9
	2017年9月30日/周六	5.9	8.2	7.1
	平均	6.6	7.8	7.2
对比	同比	6.7%	14.5%	10.8%
	环比	-2.5%	4.3%	1.0%

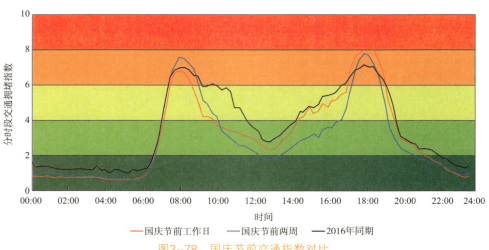

图3-78 国庆节前交通指数对比

(2) 国庆节期间交通指数变化。

2017年国庆节期间，早高峰、晚高峰和全天高峰交通指数分别为2.5、2.4和2.5，同比2016年早高峰下降4.3%、晚高峰上升8.1%，高峰平均上升1.5%。交通指数较2016年同期小幅度变化如表3-20和图3-79所示。

国庆期间交通指数对比　　　　　　表3-20

国庆节期间对比		指　数		
		早高峰	晚高峰	高峰平均
2016年国庆节	2016年10月1日/周六	3.5	2.3	2.9
	2016年10月2日/周日	3.1	1.9	2.5
	2016年10月3日/周一	2.5	1.9	2.2
	2016年10月4日/周二	2.3	2.7	2.5
	2016年10月5日/周三	2.4	2.0	2.2
	2016年10月6日/周四	2.1	2.6	2.3
	2016年10月7日/周五	2.3	2.5	2.4
	平均	2.6	2.3	2.4
2017年国庆节	2017年10月1日/周日	3.8	2.4	3.1
	2017年10月2日/周一	2.7	2.1	2.4
	2017年10月3日/周二	2.6	2.1	2.3
	2017年10月4日/周三	2.3	2.0	2.2
	2017年10月5日/周四	2.3	2.0	2.2

续上表

国庆节期间对比		指　数		
		早高峰	晚高峰	高峰平均
2017年国庆节	2017年10月6日/周五	2.0	2.1	2.1
	2017年10月7日/周六	2.0	2.3	2.1
	2017年10月8日/周日	2.0	4.6	3.3
	平均	2.5	2.4	2.5
对比	同比	−4.3%	8.1%	1.5%

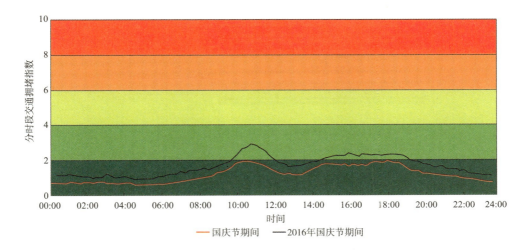

图3-79　国庆节期间交通指数对比

（3）公共交通客运量变化。

2017年国庆节前工作日的日均地面公交、轨道交通及公共交通总客运量分别为1062.6万、1181.4万以及2244.0万人次，地面公交客运量同比增加5.0%，轨道交通客运量同比增加1.7%，总客运量增加3.2%。环比来看，地面公交客运量增加0.5%、轨道交通客运量与总客运量分别减少1.0%和0.3%。

2017年国庆节期间的日均地面公交、轨道交通及公共交通总客运量分别为797.9万、709.3万以及1507.1万人次，地面公交客运量同比增加4.0%，轨道交通客运同比增加1.8%，总客运量增加3.0%，如图3-80所示。

（4）公路进出京车辆数变化。

2017年国庆节前工作日公路日均进出京车辆数同比分别增加3.1%和8.2%，增幅略微明显。节日临近，外出出游、返乡客流有所增加，受此影响，该周进出京流量环比上周小幅增长，分别增长2.1%和6.1%。

2017年国庆节期间公路日均进出京车辆数分别为112.1万辆和118.0万辆，同比分别增加3.1%和7.5%，如图3-81所示。

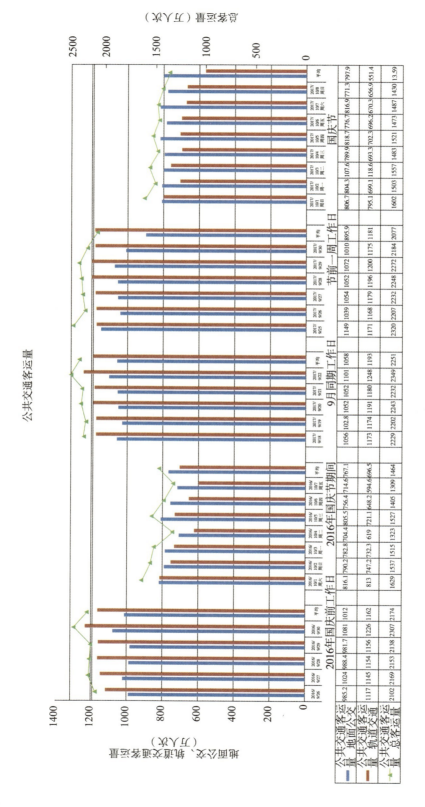

图3-80 国庆节前、期间公共交通客运量对比

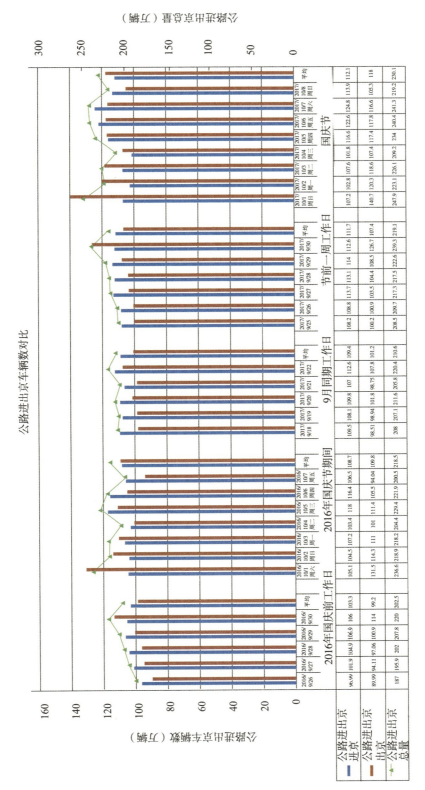

图3-81 国庆节前、期间进出京车辆数对比

6. 开学季拥堵

9月份为学校开学集中月，交通拥堵状况多发，是历年重点关注月份。本小节以2015年、2016年和2017年9月交通运行情况为例进行分析。

1）2015年9月交通运行情况分析

（1）中心城高峰交通指数[1]情况。

2015年9月北京市中心城高峰时段平均交通指数6.8，处于"中度拥堵"，其中早高峰交通指数6.5，晚高峰交通指数7.1。开学首周9月7日至9月13日拥堵情况最突出，周平均交通指数达到7.9，接近"严重拥堵"，主要有三方面因素影响：一是8月20日至9月3日单双号限行结束后，北京市交通出行需求出现反弹；二是学校陆续开学，通学交通流量明显增加，与通勤交通流量叠加；三是受降雨影响，9月10日（周四）、11日（周五）晚高峰拥堵情况突出。2015年9月交通指数及拥堵时间见表3-21。

2015年9月交通指数及拥堵时间表　　　　表3-21

日期	天气	尾号限行	早高峰指数	晚高峰指数	上午中度以上拥堵时间（h）	下午中度以上拥堵时间（h）
9月1日/周二	阵雨	单号行驶	3.9（峰值5.6）	2.6（峰值3.0）	0	0
9月2日/周三	晴	双号行驶	1.7（峰值2.3）	1.7（峰值1.9）	0	0
9月3日/周四	晴	假期	1.2（峰值1.3）	1.3（峰值1.4）	0	0
9月4日/周五	降雨	假期	4.0（峰值4.6）	4.4（峰值5.0）	0	0
9月5日/周六	降雨	假期	3.6（峰值4.1）	3.9（峰值4.7）	0	0
9月6日/周日	晴	不限行	6.7（峰值8.4）	9.2（峰值9.5）	2	5
9月7日/周一	晴	5,0和字母	8.1（峰值8.6）	7.8（峰值8.6）	2.5	2.25
9月8日/周二	晴	1,6	7.6（峰值8.5）	8.1（峰值8.7）	3	2.5
9月9日/周三	晴	2,7	7.5（峰值8.4）	8.7（峰值9.0）	3	3.5
9月10日/周四	降雨	3,8	8.1（峰值8.8）	9.3（峰值9.5）	4.75	6.5
9月11日/周五	降雨	4,9	7.5（峰值8.2）	9.2（峰值9.5）	4	7
9月12日/周六	晴	周末	8.0（峰值8.3）	8.5（峰值8.7）	2.5	6.5
9月13日/周日	晴	周末	5.2（峰值5.9）	7.6（峰值8.1）	0	4.25
9月14日/周一	晴	5,0和字母	8.3（峰值8.9）	6.1（峰值7.5）	2.75	1.25
9月15日/周二	晴	1,6	7.5（峰值8.4）	8.0（峰值8.5）	2.5	2.75
9月16日/周三	晴	2,7	7.3（峰值8.3）	8.4（峰值8.7）	2.75	1.75
9月17日/周四	晴	3,8	7.0（峰值8.0）	8.0（峰值8.5）	3	2.25
9月18日/周五	晴	4,9	7.5（峰值8.3）	9.2（峰值9.3）	3.5	6.75
9月19日/周六	晴	周末	7.7（峰值8.2）	8.2（峰值8.4）	2.5	5.5
9月20日/周日	晴	周末	4.4（峰值5.2）	6.8（峰值7.1）	0	4
9月21日/周一	晴	5,0和字母	8.3（峰值8.8）	7.6（峰值8.3）	2.5	1.75

---

[1] 统计日期为2015年9月1日至9月30日，其中工作日高峰时段为7:00—9:00，17:00—19:00；非工作日高峰时段为10:00—12:00，16:00—18:00。统计范围为完整的城六区。

续上表

日　　期	天气	尾号限行	早高峰指数	晚高峰指数	上午中度以上拥堵时间（h）	下午中度以上拥堵时间（h）
9月22日/周二	降雨	1,6	7.5（峰值8.3）	9.3（峰值9.5）	2	4.5
9月23日/周三	晴	2,7	7.7（峰值8.5）	8.99（峰值9.2）	3.75	5.75
9月24日/周四	阴	3,8	7.6（峰值8.4）	9.0（峰值9.3）	3.25	5
9月25日/周五	晴	4,9	8.2（峰值8.7）	9.4（峰值9.5）	5	9.5
9月26日/周六	晴	周末	8.0（峰值8.5）	8.3（峰值8.5）	2.3	5.5
9月27日/周日	阴	中秋节假期	4.2（峰值4.8）	3.4（峰值3.6）	0	0
9月28日/周一	降雨	5,0和字母	8.3（峰值8.9）	4.8（峰值5.8）	2.8	0
9月29日/周二	降雨	1,6	7.9（峰值8.6）	8.8（峰值9.1）	4	4.8
9月30日/周三	降雨	2,7	4.3（峰值4.9）	8.0（峰值8.3）	0	3.5

（2）城六区交通运行状况。

2015年9月城六区交通运行情况基本平稳。其中：西城区高峰平均交通指数7.7，东城区高峰平均交通指数7.5，朝阳区高峰平均交通指数7.1，海淀区高峰平均交通指数6.4，均处于"中度拥堵"；丰台区高峰平均交通指数5.7，石景山区高峰平均交通指数5.2，处于"轻度拥堵"。

2）2016年9月交通运行情况分析

（1）中心城高峰交通指数情况。

2016年9月北京市中心城工作日高峰时段平均交通指数6.7，处于"中度拥堵"，其中早高峰工作日交通指数6.4，晚高峰工作日交通指数6.9。2016年9月交通指数及拥堵时间见表3-22。

2016年9月交通指数及拥堵时间表　　　　表3-22

日　　期	天气	尾号限行	早高峰指数	晚高峰指数	上午中度以上拥堵时间（h）	下午中度以上拥堵时间（h）
9月1日/周四	晴	4,9限行	6.6（峰值7.4）	6.7（峰值7.2）	3.25	1.5
9月2日/周五	晴	5,0限行	5.9（峰值7.0）	6.9（峰值7.3）	1.75	2
9月3日/周六	晴	周末	6.3（峰值7.0）	5.2（峰值5.6）	1	
9月4日/周日	晴	周末	3.4（峰值3.7）	4.3（峰值7.0（4.6）	0	0
9月5日/周一	晴	1,6限行	7.0（峰值7.7）	6.4（峰值7.2）	2.75	3
9月6日/周二	晴	2,7限行	6.5（峰值7.4）	7.1（峰值7.5）	1.77	2.5
9月7日/周三	晴转雨	3,8限行	6.6（峰值7.2）	7.6（峰值7.9）	2.5	4
9月8日/周四	晴	4,9限行	6.2（峰值7.2）	7.5（峰值7.9）	2.5	3
9月9日/周五	晴	5,0限行	6.4（峰值7.3）	7.5（峰值7.7）	2.25	4
9月10日/周六	晴	周末	6.7（峰值6.7）	6.9（峰值6.9）	2.5	4.5
9月11日/周日	晴	周末	3.9（峰值3.9）	6.4（峰值6.4）	0	2.25
9月12日/周一	晴	1,6限行	7.2（峰值7.8）	7.2（峰值7.5）	2.75	2.75

续上表

日　　期	天气	尾号限行	早高峰指数	晚高峰指数	上午中度以上拥堵时间（h）	下午中度以上拥堵时间（h）
9月13日/周二	晴	2,7限行	6.7（峰值7.5）	7.8（峰值8.0）	4.5	5.75
9月14日/周三	晴	3,8限行	6.3（峰值7.3）	7.7（峰值7.8）	4.5	5.75
9月15日/周四	晴	中秋节假期	6.2（峰值7.1）	2.5（峰值2.7）	1.25	0
9月16日/周五	晴	中秋节假期	3（峰值3.3）	2.7（峰值2.8）	0	0
9月17日/周六	晴转雨	中秋节假期	2.6（峰值2.8）	3（峰值3.5）	0	0
9月18日/周日	晴	工作日	6.6（峰值7.5）	6.4（峰值7.2）	2	1.75
9月19日/周一	晴	1,6限行	6.4（峰值7.3）	5.8（峰值6.9）	1.75	1.25
9月20日/周二	晴	2,7限行	6.2（峰值7.3）	6.7（峰值7.3）	1.5	1.75
9月21日/周三	晴	3,8限行	6.2（峰值7.1）	5.9（峰值6.9）	1.75	1.25
9月22日/周四	晴	4,9限行	5.9（峰值7.0）	7（峰值7.4）	1.5	2
9月23日/周五	晴	5,0限行	5.7（峰值6.8）	7（峰值7.3）	1	2.5
9月24日/周六	晴转雨	周末	4.5（峰值4.9）	5.8（峰值3.1）	0	1.25
9月25日/周日	晴	周末	3（峰值6.7）	5.4（峰值5.8）	0	0
9月26日/周一	雨转晴	1,6限行	7.3（峰值7.9）	5.6（峰值6.7）	3.5	0.75
9月27日/周二	晴	2,7限行	6.4（峰值7.3）	7.2（峰值7.6）	2.75	3
9月28日/周三	晴	3,8限行	6.4（峰值7.3）	7.3（峰值7.6）	3.5	2.75
9月29日/周四	晴	4,9限行	6.4（峰值7.3）	7.6（峰值7.8）	3.5	4.75
9月30日/周五	晴	5,0限行	4.6（峰值5.3）	6.3（峰值6.9）	0	3.25

全部日期高峰时段平均交通指数为6.0，处于"轻度拥堵"等级，其中早高峰交通指数5.8，晚高峰指数6.2。

中秋节前一周9月12日至9月14日拥堵情况最突出，周平均交通指数达到7.2，主要受三方面的影响：一是中秋节购物；二是中秋节探亲访友；三是中秋节出游。

（2）城六区交通运行状况。

2016年9月城六区交通运行情况基本平稳。其中：西城区高峰平均交通指数7.5，东城区高峰平均交通指数7.3，朝阳区高峰平均交通指数6.9，海淀区高峰平均交通指数6.6，均处于"中度拥堵"；丰台区高峰平均交通指数5.3，石景山区高峰平均交通指数5.4，处于"轻度拥堵"。

3）2017年9月交通运行情况分析

（1）中心城高峰交通指数情况。

2017年9月北京市中心城高峰时段平均交通指数6.45，处于"中度拥堵"，略高于《2017年9月缓解交通拥堵专项行动方案》中9月份交通指数控制在6.4的既定目标。同比来看，2017年9月交通指数较2016年9月的6.0增长7.5%，其中早、晚高峰平均交通指数分别为6.1、6.8，较2016年9月的5.7、6.2分别增长7%、9.7%。2017年9月交通指数及拥堵时间见表3-23，早、晚高峰时段平均交通指数如图3-82所示。

2017年9月交通指数及拥堵时间表 表3-23

日　　期	尾号限行	早高峰指数	晚高峰指数	上午中度以上拥堵时间（h）	下午中度以上拥堵时间（h）
9月1日/周五	1,6限行	6.3（7.4）	7.3（7.7）	1.75	2.5
9月2日/周六	周末	5.2（5.7）	4.6（5.1）	0	0
9月3日/周日	周末	3.3（3.7）	4.6（5.0）	0	0
9月4日/周一	2,7限行	7.4（8.2）	5.3（6.3）	2.75	0.75
9月5日/周二	3,8限行	6.4（7.6）	6.1（7.3）	2.25	1.25
9月6日/周三	4,9限行	6.8（7.9）	7.6（8.0）	3	2.75
9月7日/周四	5,0限行	6.7（7.7）	6.8（7.5）	2.25	1.75
9月8日/周五	1,6限行	6.3（7.5）	7.7（7.9）	1.75	3.25
9月9日/周六	周末	5.7（6.3）	5.6（7.3）	0.5	1.75
9月10日/周日	周末	3.8（4.3）	4.3（4.8）	0	0
9月11日/周一	2,7限行	7.5（8.1）	6.7（7.5）	2.5	2
9月12日/周二	3,8限行	6.8（7.8）	6.5（7.4）	2.25	1.5
9月13日/周三	4,9限行	6.5（7.6）	7.6（8.0）	2	2.75
9月14日/周四	5,0限行	6.2（7.4）	6.4（7.2）	1.75	1.5
9月15日/周五	1,6限行	6（7.2）	7.8（8.1）	1.5	3.5
9月16日/周六	周末	5.5（6.3）	6（6.9）	0.75	2.25
9月17日/周日	周末	3.7（3.9）	5.6（6.5）	0	1
9月18日/周一	2,7限行	7.5（8.2）	6.9（7.7）	2.75	1.75
9月19日/周二	3,8限行	6.9（7.7）	7.3（8.0）	2.25	2.5
9月20日/周三	4,9限行	7.2（8.0）	8.1（8.4）	3.25	4.25
9月21日/周四	5,0限行	6.2（7.4）	7.0（7.6）	1.5	1.25
9月22日/周五	1,6限行	6.2（7.4）	7.9（8.1）	1.75	4.75
9月23日/周六	周末	6.3（6.8）	7.2（7.5）	1.5	4.75
9月24日/周日	周末	3.4（3.6）	6.2（6.9）	0	2
9月25日/周一	2,7限行	7.3（7.9）	7.3（7.9）	2.5	2
9月26日/周二	3,8限行	7.3（7.8）	7.7（7.9）	3.25	2.5
9月27日/周三	4,9限行	6.7（7.7）	8.1（8.4）	2.5	5.5
9月28日/周四	5,0限行	6.8（7.7）	7.9（8.1）	2.25	3.5
9月29日/周五	1,6限行	6.1（7.4）	7.7（8.0）	1.75	3.5
9月30日/周六	工作日	5.9（7.3）	8.2（8.3）	3	8

图3-82　2017年9月早、晚高峰时段平均交通指数

2017年9月比2016年同期指数增长可能与节假日相关，2016年中秋假期、国庆假期分散在月中（9月15日至9月17日）和月底（10月1日至10月7日），市民拼假出游有两种选择，2017年中秋假期和国庆假期连休8天，市民集中在国庆期间出游的比例增多，因此9月的道路拥堵情况比2016年略有提升。分工作日和非工作日来看，2017年9月工作日平均交通指数7.0，较2016年的6.7小幅提升4.5%，2017年9月非工作日平均交通指数5.1，较2016年的4.5提升13%，非工作日出行需求的增加更为明显。

（2）城六区交通运行状况。

2017年9月城六区交通运行情况基本平稳。其中：东城区高峰平均交通指数7.2，西城区高峰平均交通指数7.3、朝阳区高峰平均交通指数6.8，海淀区高峰平均交通指数6.2，均处于"中度拥堵"；丰台区高峰平均交通指数5.3，石景山区高峰平均交通指数5.2，处于"轻度拥堵"。

2017年9月20日（周三）受尾号4、9限行影响，拥堵情况较为突出，全天中度以上拥堵持续时间约7h30min。9月27日（周三）是国庆节前工作日，受尾号4、9限行及假期影响，晚高峰时段拥堵情况突出，平均交通指数8.1（峰值8.4）达到"严重拥堵"级别，下午时段中度以上拥堵持续时间约5h 30min。9月30日（周六）是节前最后一天不限行工作日，受假期及不限行影响，全天拥堵情况突出，中度以上拥堵持续时间约11h。

五、轨道交通拥堵概述

1. 北京轨道交通概述

北京市轨道交通系统自1969年开通第一条线路起，已经过40余载的发展。2007年以来，北京市轨道交通进入了快速建设时期，轨道里程和客运量快速增加，截至2017年12月30日地铁S1线（石厂—金安桥）、燕房线、房山线西延段、西郊线及14号线东段平乐园站、16号线北段农大南路站开通，至此北京市轨道交通开通线路22 条[1]，线路长度608km（含磁悬浮及有轨电车），车站数量370座[2]，其中换乘站56座[3]，轨道交通路网运营里程全国排名第2，仅次于上海的627km（含磁浮及有轨电车），见表3-24。北京轨道交通多运营主体、多技术制式的网络化运营格局进入了新的发展阶段。2017年运营里程56661.95万车·km，日均客运量1035.07万人次，工作日日均客运量1168.69万人次，年客运量地铁占公交比例已超过40%。2016年列车正点率99.95%，网络列车服务可靠度在5min以上为1011.54万车·km/次。2017年北京地铁线路示意图如图3-83所示。

北京市轨道交通运营规模（2017年12月31日）　　表3-24

序号	线路名称	起 点 站	终 点 站	建成时间	线路长度（km）	站点个数（个）	换乘站（个）
	合计				608	370	56
1	1号线	苹果园	四惠东	1981年1月15日	31	23	6
2	2号线	积水潭	积水潭	1984年9月20日	23	18	5
3	4号线	公益西桥	安河桥北	2009年9月28日	28	24	2
4	5号线	天通苑北	宋家庄	2007年10月7日	28	23	2
5	6号线	海淀五路居	潞城	2012年12月30日	43	26	7
6	7号线	北京西站	焦化厂	2014年12月28日	24	19	3
7	8号线	南锣鼓巷	朱辛庄	2008年7月19日	29	18	5
8	9号线	郭公庄	国家图书馆	2011年12月31日	17	13	2
9	10号线	巴沟	巴沟	2008年7月19日	57	45	1
10	13号线	西直门	东直门	2003年1月28日	41	16	1
11	14号线	张郭庄，北京南站	西局，善各庄	2013年5月5日，2015年12月26日	42	29	9
12	15号线	清华东路西口	俸伯	2010年12月30日	43	20	1
13	八通线	四惠	土桥	2003年12月27日	19	13	2
14	昌平线	南邵，昌平西山口	西二旗	2010年12月30日，2015年12月26日	33	12	2
15	大兴线	公益西桥	天宫院	2010年12月30日	22	11	1
16	房山线	郭公庄	苏庄	2010年12月30日	23	11	1
17	机场线	东直门	2号航站楼	2008年7月19日	28	4	2
18	亦庄线	宋家庄	亦庄火车站	2010年12月30日	23	13	1
19	16号线	西苑	北安河	2016年12月31日	20	10	1
20	燕房线	阎村东	燕山	2017年12月30日	17	9	1
21	S1线	金安桥	石厂	2017年12月30日	9	7	0
22	西郊线	巴沟	香山	2017年12月30日	9	6	1

---

[1] 地铁4号线和大兴线按2条运营线路统计，14号线东段、西段按1条运营线路统计，运营线路条数统计含西郊线。

[2] 6号线通运门站和北京河东站、7号线双井站和堡头站、14号线高家园站和陶然桥站、亦庄线亦庄火车站暂缓开通，不计入路网运营车站数。

[3] 7号线双井站暂缓开通，不计入路网运营换乘车站数，路网新增换乘站为阎村东站和巴沟站。

图3-83　2017年北京地铁线路示意图

随着轨道交通的不断建设,线路里程达到一定规模,逐步形成网格状,线路通达性和覆盖面不断提高,并已基本连通并覆盖城市的主要区域。但随着城市的发展、人口的增加,轨道交通网络出现拥堵情况,主要体现在网络拥堵、线路拥堵、站点拥堵三方面。北京轨道交通拥堵主要由高峰时段供需不平衡造成,轨道交通网络与现状城市发展不能完全匹配,部分轨道线路在高峰时段运力无法满足轨道交通出行需求。对此,本书就北京城市轨道交通拥堵作出了如下分析。

2. 网络拥堵

2013年5月,北京地铁10号线成环运营,标志着北京市轨道交通正式开启网络化运营时代。但近年来北京出行需求不断增长,轨道交通网络趋于复杂,网络拥堵问题日益凸显。

随着轨道建设里程的增加,北京市轨道交通客流呈现快速增长的趋势。2017年轨道交通路网客运量37.78亿人次,日均1035.07万人次,同比增长3.53%,其中工作日日均1168.69万人次,同比增长4.07%,日最高客运量1294.02万人次,发生于7月7日;进站量19.91亿人次,日均545.53万人次(工作日日均617.69万人次,同比增长3.45%),同比增长2.98%;换乘量17.87亿人次,日均489.54万人次(工作日日均551.00万人次,同比增长4.78%),同比增长4.14%;路网换乘系数1.90,比2016年同期增长0.01。北京市轨道交通客运总量从2009年的14.2亿人次增加到2017年的37.78亿人次,见表3-25。

历年轨道交通路网年客运量对比表(单位:万人次)　　　表3-25

时间	总客运量	日均客运量	日均同比	最高日客运量	发生日期
2009年	142268.15	389.78	—	532.79	2009年12月31日
2010年	184644.57	505.88	29.78%	658.60	2010年9月21日
2011年	219280.23	600.77	18.76%	757.62	2011年9月9日
2012年	246162.34	672.57	11.95%	839.05	2012年4月28日
2013年	320469.06	878.00	30.54%	1105.52	2013年7月16日
2014年	338668.21	927.86	5.68%	1155.95	2014年4月30日
2015年	332380.82	910.63	-1.86%	1165.81	2015年12月31日
2016年	365933.81	999.82	9.79%	1270.23	2016年4月29日
2017年	377801.09	1035.07	3.53%	1294.02	2017年7月7日

2000—2002年和2003—2006年,客流的增长主要是由于城市人口的增加,而不在于轨道交通建设导致轨道可达性和轨道服务覆盖人群的增加。2007年以后,随着轨道交通运营里程的增加,轨道交通客运量也随之快速增加。2015年由于公交票制票价调整等原因,客流总量有所下降。

北京市轨道交通主要服务于通勤,各月客流有小幅波动,整体变化不大,除1、2月受春节影响，10月受国庆节影响客运量有所下降以外。由于受暑运旅游旺季影响，最大日均客运量通常出现在7、8月，如2017年路网月日均客运量呈现出1月、2月最低，3月明显回升，4月、5月、6月略有下降，暑运7月快速回升，8月达到全年最高，9月、10月缓慢下降，11月再次回升，12月略有下降的情况，完全符合这一特点。除1月、2月和10月外，3~12月共计9个月路网月日均客运量均在1000万人次以上。出现最大日均客运量的8月为1111万人次，工作日日均客运量为1223万人次，日均进站量为585万人次，日均换乘量为527万人次，各轨道交通客运指标较2016年同期相比，大体呈上升趋势，如图3-84~图3-86所示。

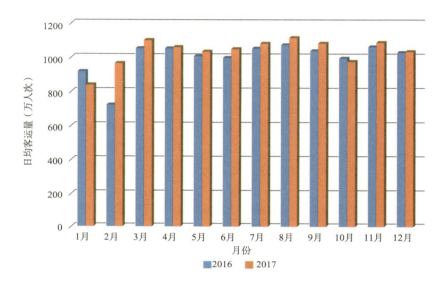

图3-84 2017年各月轨道交通日均客运量

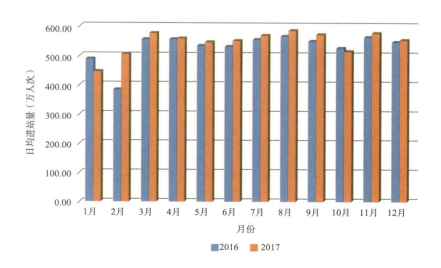

图3-85 2017年各月轨道交通日均进站量

图3-86　2017年各月轨道交通日均换乘量

而从各节假日的轨道交通路网客运量来看，受过年返乡的影响，春节期间的轨道交通客运量也是节假日里最低的，2017年各节假日中春节期间的日均客运量仅为365.71万人次，清明节期间路网日均客运量最高，达838.93万人次，其次为劳动节，达830.13万人次，见表3-26。

2017年轨道交通路网节日客运量统计表（单位：万人次）　　表3-26

名　　称	起止日期	天数	日均客运量	日均客运量同比	节前一日客运量	节前一日客运量同比
元旦	2016年12月31日至1月2日	3	716.44	6.49%	1182.65	1.44%
春节	2016年1月27日至2月2日	7	365.71	7.21%	417.50	15.54%
清明节	2016年4月2日至4月4日	3	838.93	-0.02%	1211.56	-0.84%
劳动节	2016年4月29日至5月1日	3	830.13	1.04%	1282.78	0.99%
端午节	2016年5月28日至5月30日	3	728.71	2.72%	1176.47	-2.16%
中秋节、国庆节	2016年10月1日至10月8日	8	710.45	1.65%	1177.36	-4.02%

北京市轨道交通拥堵情况主要集中在工作日，工作日拥堵体现在通勤交通上。据2017年12月2日至12月8日一周统计，工作日日均客运量1175.12万人次，双休日日均客运量745.61万人次，工作日轨道交通客运压力较大，双休日略有缓解，如图3-87所示。

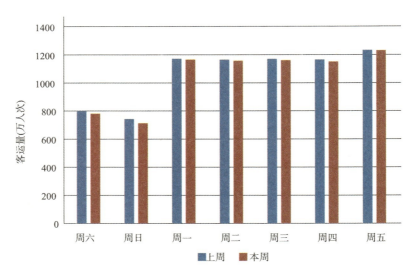

图3-87 2017年12月2日至12月8日一周轨道交通各日客运量

工作日,北京市轨道交通拥堵情况主要集中在早晚高峰时段,以早高峰尤为突出,除14号线(西段)、16号线(北段)、昌平线、房山线、亦庄线小时客运量最大值出现在7:00—8:00,其余线路小时客运量最大值均出现在8:00—9:00,其中10号线8:00—9:00时段的客运量最大,为26万人次,如图3-88所示。工作日期间,郊区线路由于距离中心城区有一定距离,所以拥堵时段略早于其他线路。

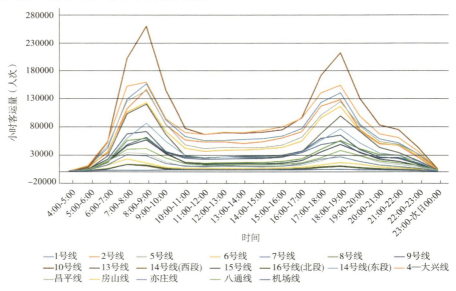

图3-88 工作日轨道交通客运量分布

非工作日,5号线、14号线(西段)、15号线、14号线(东段)、昌平线和亦庄线小时客运量最大值出现在18:00—19:00,4—大兴线小时客运量最大值出现在16:00—17:00,房山线小时客运量最大值出现在8:00—9:00,机场线小时客运量最大值出现在13:00—

14:00，其余线路小时客运量最大值出现在17:00—18:00。

从数据来看，2017年轨道交通路网分小时进站量基本呈驼峰时间分布，早晚高峰较为突出，且早高峰进站量整体高于晚高峰进站量，全网的客流高峰比较集中，如图3-89所示。工作日各线路的客流时间不均衡特征显著（机场线除外），早晚高峰时段（7:00—9:00，17:00—19:00）路网进站量占全日进站量比例为45.93%，早晚高峰时段路网换乘量占全日换乘量比例为44.32%，如图3-90所示。

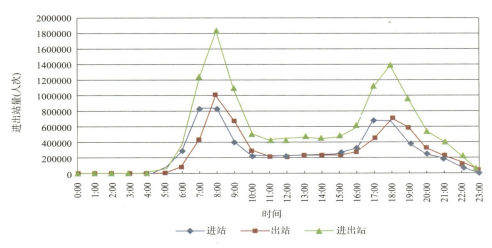

图3-89　2017年轨道交通全网小时进出站量

非工作日，由于无早晚通勤大客流，全网各小时客运量较为分散，相比工作日无明显高峰时段，如图3-91所示。

目前，北京市轨道交通网络拥堵主要由城市轨道交通供给尚未完全满足全市及部分重点功能区域人群出行需求所造成。在网络拥堵已经形成的背景下，北京市轨道交通客运量依然在逐年上涨，既有拥堵问题尚未有显著改善，新增拥堵区域还在陆续产生。

3. 线路拥堵

北京市轨道交通拥堵已是亟待决策者和管理者解决的热点问题，剥开网络拥堵日益严重的"外皮"，内部则存在着部分重点线路的拥堵问题。

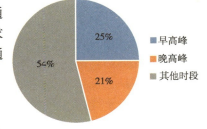

图3-90　2017年轨道交通路网工作日早晚高峰进站量比例示意图

客运量的增加和新增轨道运营里程并不是简单的线性关系。如2010年底轨道运营里程增加108km，增加47%，次年客运量仅增加18.7%；2012年底轨道运营里程增加70km，增加18%，但次年客运量反而增加30.2%。主要是由于2010年底开通的是郊区线路，新增车站覆盖服务人口相对较少，因此客运量增加有限。而2012年底一条作为东西向骨干线路的6号线和一条有效连接郊区线和骨干线的环线二期10号线开通，客运量迅速增加，说明轨道交通网络客运量的增长和新开通线路的区位及其与既有线网的功能级配关系等因素密切相关。

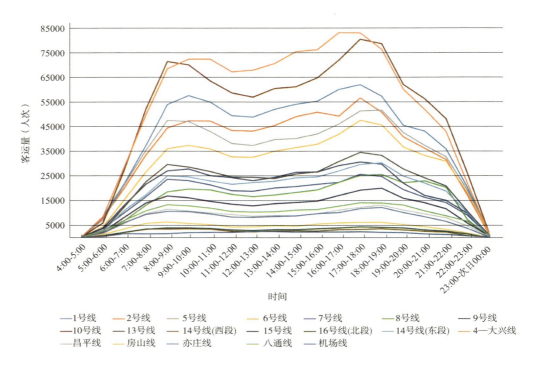

图3-91 非工作日轨道交通客运量分布

客流总量保持快速增加的同时,不同类型线路的客流呈现不同的变化趋势。

对于1号线、2号线、5号线和13号线等建成时间较早的线路,在2012年之前都呈现快速增长趋势,但是其客流并不会保持持续增长的压力,随着新线路开通,乘客被分流,其客运量开始保持平稳,甚至略微下降。

对于分段开通的线路,例如4—大兴线,6号线,8号线,9号线,10号线和15号线等线路,其客流呈现快速增长的情况,而每新开通一段,客流都会快速增加,主要来源于新开车站吸引的周边客流。

郊区线路,例如昌平线、亦庄线和房山线,虽然客流呈现一定的增长趋势,但其客流总量远少于骨干线路,且增长速度较慢。

从全网角度看,客流量较大的线路仍然是环线和横跨中心区的主干线,而郊区连接线客流总量有限。骨干线路客流在快速增长之后会逐步趋于稳定,郊区线路客流受车站周边开发程度的影响,客运量相对较少且增长速度相对较缓。

从最新数据上看,2017年日均客运量排名前6位的线路分别为10号线、4—大兴线、1号线、5号线、2号线、6号线,上述线路日均客运量之和占路网日均客运量的63.21%,见表3-27。

2017年各轨道线路日均客运量　　　　　　　　　　表3-27

线　路	日均客运量(万人次)		
	2016 年	2017 年	增幅
1号线	109.5	107.4	-1.9%
2号线	96.9	94.1	-2.9%

续上表

线　路	日均客运量（万人次）		
	2016年	2017年	增幅
4—大兴线	120.8	123.7	2.4%
5号线	93.5	94.4	1.0%
6号线	78.7	83.0	5.5%
7号线	38.3	41.5	8.4%
8号线	35.9	37.9	5.6%
9号线	46.6	49.2	5.6%
10号线	150.2	151.8	1.1%
13号线	67.0	66.8	0.3%
14号线（西段）	5.7	6.0	5.3%
14号线（东段）	46.6	54.1	16.1%
15号线	29.9	34.2	39.9%
16号线（北段）	4.7	6.9	46.8%
八通线	27.7	27.6	0.4%
昌平线	20.5	22.2	8.3%
房山线	10.9	11.9	9.2%
机场线	3.3	3.2	−3%
亦庄线	18.0	19.4	7.8%

2017年日最高客运量前3名的线路分别为10号线、4—大兴线、1号线，日最高客运量分别达190.10万人次、154.50万人次、135.71万人次，其中6号线、14号线（东段）、9号线、7号线、8号线、15号线、昌平线、亦庄线、房山线、16号线（北段）、机场线创单日客运量历史新高，如图3-92所示。

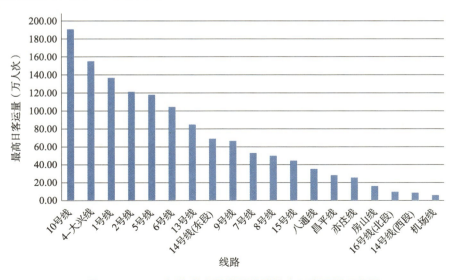

图3-92　2017年轨道交通路网线路最高日客运量示意图

2017年某工作日早高峰轨道交通路网断面流量如图3-93所示。

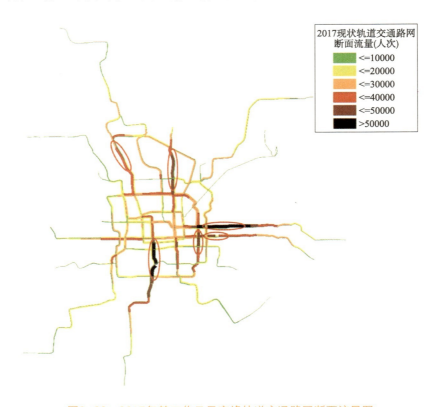

图3-93　2017年某工作日早高峰轨道交通路网断面流量图

从与图3-94同一天的早高峰北京市轨道交通路网满载率图来看，投入运营的19条轨道交通线路中，有多达13条线路的最大满载率超过了100%。其中1号线、5号线、8号线、9号线、13号线、15号线、昌平线、八通线、房山线、亦庄线、大兴线共11条轨道线路的最大满载率在100%~120%之间，4号线、6号线的最大满载率超过了120%，由此可见北京市轨道交通高峰时段线路拥挤的严重程度。

在北京市轨道交通路网中，车辆制式以B型车为主，早期大部分建成线路的选型为6B，但从北京近年来飞速增加的轨道交通客流量来看，6B可能已经无法满足客流通道上的需求。运营压力巨大，早高峰时段车厢拥挤严重，客流需求已超过线路的最大运能，需借助限流等手段保障运营，如八通线的传媒大学至高碑店区间满载率为130%，13号线的上地至五道口区间满载率为123%，4—大兴线的菜市口至宣武门区间的满载率为124%，而既有线路更改车型条件艰巨，所以近年来新建开通的线路根据需求尽量选取较大车型，为远期客流增长预留条件，如14号线和16号线均为A型车，目前拥挤度不高，运输能力能够满足客流的需求，使新建线路的运能有了一定提高。另外，机场线为直线电机列车，西郊线为现代有轨电车、门头沟线（S1线）为中低速磁悬浮车辆，见表3-28。

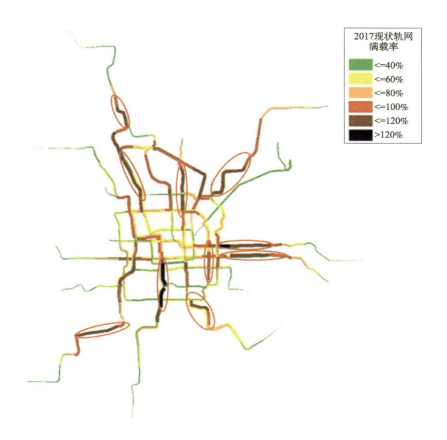

图3-94 2017年某工作日早高峰轨道交通路网满载率图

2017年轨道交通路网已运营线路系统选型统计表　　　　表3-28

序号	线　路	车　型	编组（辆）	最高速度（km/h）
1	1号线	B	6	80
2	2号线	B	6	80
3	4号线	B	6	90
4	5号线	B	6	80
5	6号线	B	8	100
6	7号线	B	8	80
7	8号线	B	6	80
8	9号线	B	6	80
9	10号线	B	6	80
10	13号线	B	6	80
11	14号线	A	6	80
12	15号线	B	6	100
13	16号线	A	8	80

续上表

序号	线 路	车 型	编组（辆）	最高速度（km/h）
14	昌平线	B	6	100
15	八通线	B	6	80
16	亦庄线	B	6	80
17	大兴线	B	6	80
18	房山线	B	6	100
19	机场线	直线电机列车	4	110
20	S1		6	100
21	燕房线	B	4	80

北京市轨道交通拥堵集中体现在了多个大通道上，如北部昌平、回龙观、天通苑，东部通州、朝阳，南部大兴、房山，西部石景山等外围进城通道。由于轨道交通网络与现状城市发展不能完全匹配，外围新城快速发展，轨道交通服务水平还有待提高，大量重点区域组团职住分离严重，城市通勤需求巨大，高峰时段轨道交通运力不能满足市民的出行需求，导致轨道交通网络中多条线路出现拥堵。目前，多条线路运营压力较大，早高峰时段车厢拥挤严重。据2017年统计数据，昌平线下行生命科学园至西二旗区间最大断面客流量为2.53万人次，较2016年同比增长3.69%；5号线下行惠新西街北口至惠新西街南口区间最大断面客流量为5.12万人次，较2016年同比增长4.70%；八通线下行传媒大学至高碑店区间最大断面客流量为3.89万人次，较2016年同比减少5.12%；15号线下行崔各庄至望京东区间最大断面客流量为2.92万人次，较2016年同比增长17.27%；4—大兴线上行菜市口至宣武门区间最大断面客流量为6.09万人次，较2016年同比减少0.33%；13号线上行上地至五道口区间最大断面客流量为4.23万人次，较2016年同比减少0.47%；房山线上行稻田至大葆台区间最大断面客流量为2.34万人次，较2016年同比增长2.18%；亦庄线上行肖村至宋家庄区间最大断面客流量为2.09万人次，较2016年同比增长8.29%，现状高峰时段车厢内最大乘客站立密度已超过7人/m^2，见表3-29。

2017年轨道交通路网高峰小时最大断面客流量统计表　　表3-29

线 路	方向	最大断面客流量（万人次）	同比	发生区间	发生时段	发生日期
1号线	上行	4.58	-0.22%	公主坟 -> 军事博物馆	7:30—8:30	2017年2月22日
	下行	4.33	0.23%	大望路 -> 国贸	7:55—8:55	2017年2月22日
2号线	上行	2.81	1.08%	车公庄 -> 阜成门	7:50—8:50	2017年2月22日
	下行	2.66	-1.48%	东直门 -> 东四十条	7:55—8:55	2017年4月24日
4—大兴线	上行	6.09	-0.33%	菜市口 -> 宣武门	7:40—8:40	2017年3月7日
	下行	4.61	-8.17%	宣武门 -> 菜市口	17:55—18:55	2017年8月22日
5号线	上行	4.40	-2.44%	磁器口 -> 崇文门	7:45—8:45	2017年3月28日
	下行	5.12	4.70%	惠新西街北口 -> 惠新西街南口	7:35—8:35	2017年5月4日

续上表

线　路	方向	最大断面客流量（万人次）	同比	发生区间	发生时段	发生日期
6号线	上行	5.13	-6.04%	金台路 -> 十里堡	18:20—19:20	2017年6月21日
	下行	5.92	11.49%	十里堡 -> 金台路	8:00—9:00	2017年12月11日
7号线	上行	1.80	13.21%	菜市口 -> 虎坊桥	7:45—8:45	2017年5月4日
	下行	1.88	10.59%	广渠门内 -> 磁器口	7:30—8:30	2017年5月4日
8号线	上行	2.84	4.03%	奥体公园 -> 森林公园南门	18:30—19:30	2017年6月21日
	下行	3.48	3.88%	森林公园南门 -> 奥体公园	7:45—8:45	2017年11月21日
9号线	上行	3.50	5.11%	七里庄 -> 六里桥	7:30—8:30	2017年5月4日
	下行	2.83	1.07%	军事博物馆 -> 北京西站	17:50—18:50	2017年11月3日
10号线	上行	4.52	-4.64%	双井 -> 国贸	7:50—8:50	2017年9月11日
	下行	3.78	-2.83%	芍药居 -> 太阳宫	7:50—8:50	2017年6月5日
13号线	上行	4.23	-0.47%	上地 -> 五道口	7:30—8:30	2017年5月4日
	下行	3.63	-2.42%	五道口 -> 上地	18:20—19:20	2017年6月21日
14号线（西段）	上行	1.16	0.00%	大井 -> 七里庄	7:30—8:30	2017年5月4日
	下行	0.73	-8.75%	七里庄 -> 大井	17:50—18:50	2017年10月24日
14号线（东段）	上行	3.15	16.67%	金台路 -> 朝阳公园	8:15—9:15	2017年12月11日
	下行	2.51	11.06%	朝阳公园 -> 金台路	18:20—19:20	2017年6月21日
15号线	上行	2.18	11.22%	望京西 -> 望京	8:00—9:00	2017年5月4日
	下行	2.92	17.27%	崔各庄 -> 望京东	7:45—8:45	2017年5月4日
16号线（北段）	上行	0.79	276.19%	西苑 -> 马连洼	18:20—19:20	2017年12月18日
	下行	1.20	400.00%	马连洼 -> 西苑	7:35—8:35	2017年12月5日
昌平线	上行	2.28	0.00%	西二旗 -> 生命科学园	18:20—19:20	2017年7月20日
	下行	2.53	3.69%	生命科学园 -> 西二旗	7:45—8:45	2017年10月17日
房山线	上行	2.34	2.18%	稻田 -> 大葆台	7:30—8:30	2017年5月4日
	下行	1.57	3.29%	大葆台 -> 稻田	18:00—19:00	2017年12月11日
亦庄线	上行	2.09	8.29%	肖村 -> 宋家庄	7:20—8:20	2017年5月4日
	下行	1.77	8.59%	亦庄桥 -> 亦庄文化园	8:00—9:00	2017年5月4日
八通线	上行	3.32	-9.29%	高碑店 -> 传媒大学	18:15—19:15	2017年6月21日
	下行	3.89	-5.12%	传媒大学 -> 高碑店	7:45—8:45	2017年12月19日
S1线	上行	0.06	—	四道桥 -> 金安桥	10:20—11:20	2017年12月31日
	下行	0.04	—	金安桥 -> 四道桥	14:45—15:45	2017年12月31日
燕房线	上行	0.09	—	紫草坞 -> 阎村东	9:50—10:50	2017年12月31日
	下行	0.09	—	阎村东 -> 紫草坞	17:05—18:05	2017年12月31日
机场线	上行	0.20	-4.76%	T2航站楼 -> 三元桥	14:50—15:50	2017年10月8日
	下行	0.42	10.53%	三元桥 -> T3航站楼	17:00—18:00	2017年9月30日

而2017年北京市轨道交通路网各线路拥堵也在不同程度上体现了方向不均衡、断面不均衡和时间不均衡特征。方向不均衡系数中，除1号线、2号线、5号线、7号线和10号线外，其他线路上下行方向客流的不均衡程度均较大；断面不均衡系数中，4—大兴线、6号线、13号线、15号线、昌平线和亦庄线上下行断面客流的不均衡程度均较大；时间不均衡系数中，除机场线外，其他线路分时客流的不均衡程度均较大，见表3-30。

2017年北京轨道交通路网线路客流不均衡系数统计表　　表3-30

线　路	方向不均衡系数	断面不均衡系数		时间不均衡系数	
		上行	下行	上行	下行
1号线	1.05	1.56	2.03	4.78	3.87
2号线	1.07	1.53	1.46	4.26	3.72
4—大兴线	1.43	2.16	2.16	3.99	3.4
5号线	1.06	2.13	1.71	4.1	4.11
6号线	1.4	2.49	2.26	3.79	4.7
7号线	1.05	1.88	1.47	2.71	3.36
8号线	1.58	1.54	1.52	4.24	6.1
9号线	1.43	1.29	1.34	4.88	3.1
10号线	1.1	1.81	1.74	4.91	4.08
13号线	1.16	2.17	2.26	4.84	3.85
14号线（西段）	1.72	1.65	1.7	5.61	3.98
14号线（东段）	1.31	1.83	1.88	4.16	3.17
15号线	1.18	3.62	1.86	3.55	4.97
16号线（北段）	1.46	1.62	1.59	3.5	5.15
昌平线	1.74	2.12	1.96	4.64	5.65
房山线	1.88	1.84	1.96	6.12	4.7
亦庄线	1.27	2.02	2.05	3.69	2.63
八通线	1.71	1.67	1.59	4.24	5.01
机场线	1.23	1.35	1.34	1.68	2.01

提到线路拥堵，作为南部地区进城最主要一条大通道的4—大兴线就是不能回避的。2017年北京市轨道交通路网中高峰时段最大断面客流量出现在4—大兴线，在上行方向菜市口至宣武门区间高达6.09万人次，同时也是2017年全国最大的轨道交通路网高峰时段最大断面客流量。在2018年1月最新公布的北京市轨道交通路网常态化限流车站信息中，4—大兴线南段天宫院至西单的所有站点均为高峰时段常态化限流车站。网络上还流传着"没有挤过早高峰的4号线就不能说自己体验了人生"的话语，足可见高峰时段的4—大兴线上车难、坐车挤的问题已是众所周知的北京市轨道交通大难题（图3-95）。

4—大兴线是由4号线和大兴线贯通运营的一条南北大通道，全线串联了南部大兴黄村、高米店、西红门以及丰台角门、马家堡多个大型居住区，长安街西单和北部中关村、西直门等大型就业岗位聚集地，以及北京南站这个重要铁路枢纽，并且能与地铁1号线、6

号线、9号线、10号线、13号线、14号线等多个大通道线路进行换乘,此外始发站天宫院站早高峰时段还有来自固安县、永清县等河北地区前往北京市域内的通勤客流,以上这些多方面原因形成了4—大兴线的大断面客流量(图3-96)。而4—大兴线的拥堵问题也体现了南部地区进城需求大,轨道进城通道少的问题。

作为一条郊区线,昌平线的拥堵问题则是最具代表性的。如果说4—大兴线是北京最拥挤的轨道,昌平线也不遑多让。昌平线作为北

图3-95 4—大兴线早高峰地铁站台拥堵实景

部昌平区一条轨道进城通道,每天的早晚高峰时段也承受着巨大的运营压力,虽然考虑到对其他换乘衔接线路可能产生的客流冲击影响,昌平线目前的发车间隔还未到其能维持正常运营的极限,运能未被最大限度地释放,相比4—大兴线最大断面客流量6.09万人次,昌平线最大断面客流量的2.53万看起来似乎也不算惊人,但2017年昌平线的最大满载率也超过了130%,由此可见昌平线的拥堵问题也很严重(图3-97)。

图3-96 4—大兴线地铁站高峰时段上车实景

图3-97 昌平线高峰时段站台拥堵实景

昌平线北起昌平西山口,中间经过昌平城区、沙河、巩华城、生命科学园等区域,最终到达北京最拥挤的地铁站——西二旗站,是昌平区客流除京藏高速和京新高速公路以外唯一的进城大通道。居住在昌平区的客流每日早高峰时段通过昌平线前往就业地点,如上地软件园、中关村中心城、望京、CBD、金融街等。由此可见,昌平线高峰时段的拥堵现象是北京市轨道交通亟待解决的问题。

在北京市轨道交通网络中,除作为外部进城通道的大干线外,在网络中起到分流换乘的环线问题同样不可忽视。北京市已基本形成了"环线+棋盘状+放射线"的网络化运营格局,并且缺少对角线线路,环线在整个轨道交通网络中的作用就显得尤为关键。现有轨道交通网络中共有2条环线,分别是2号线及10号线。其中10号线与北京轨道交通网络中13条轨道线路进行换乘,包括1号线、4号线、5号线、6号线等多条穿城主干线,实现了不同放射线间客流在中心区外围交换。此外10号线本身串联了多个大型居住地如角门、大红门、宋家庄、十里河等,以及就业地如CBD、亮马桥、知春路、海淀黄庄等,运营压力较大

图3-98 10号线高峰时段站台拥堵实景

（图3-98）。据《2017年北京市交通发展年度报告》显示，10号线日均客运量可达150.2万人次，在北京市轨道交通线路中排名第一。

目前北京市部分轨道交通线路产生拥堵主要由轨道交通对重点功能区域服务水平不足造成，此外由于职住不平衡现象较为明显，通勤时段轨道交通无法满足对重点功能区出行的问题尤为突出。

4. 站点拥堵

一张复杂繁忙的轨道交通网络，任何一个节点问题都将影响到整条线路乃至整个网络的运营。经分析不难发现，北京市轨道交通网络中部分节点的拥堵是形成问题的关键因素。

2017年底北京市轨道网络有56座换乘站，其中26座分布在2号线和10号线两条环线上，从一个侧面反映了环线对于整个网络的沟通连接作用。2017年7月的工作日和非工作日全网排名前20的车站及换乘客流量见表3-31。目前，工作日早高峰换乘量最大的车站是西直门站，早高峰换乘客流可以达到4万人次/h，主要是由于西直门站是2号线，4号线和13号线三条大客流线路换乘车站；其次是同为三线换乘的宋家庄站，早高峰换乘客流为3.8万人次/h左右。非工作日，早高峰换乘站的换乘压力有所缓解，换乘量最大的仍是西直门站，其次是宋家庄站。

主要换乘站换乘量（人次） 表3-31

工作日（2017年7月）				非工作日（2017年7月）			
排名序号	车站	工作日高峰小时换乘量（人次）	工作日高峰换乘量出现时段	排名序号	车站	非工作日高峰小时换乘量（人次）	非工作日高峰换乘量出现时段
1	西直门	40905	7:35—8:35	1	西直门	18697	17:05—18:05
2	宋家庄	38147	7:40—8:40	2	宋家庄	13817	18:00—19:00
3	惠新西街南口	28314	8:00—9:00	3	国家图书馆	9818	17:10—18:10
4	呼家楼	25295	7:55—8:55	4	角门西	9059	17:30—18:30
5	海淀黄庄	23968	7:50—8:50	5	宣武门	8723	14:25—15:25
6	国家图书馆	23005	7:50—8:50	6	菜市口	8575	17:00—18:00
7	建国门	21517	7:55—8:55	7	西单	8547	16:35—17:35
8	角门西	21425	7:35—8:35	8	建国门	8398	17:30—18:30
9	郭公庄	19975	7:35—8:35	9	海淀黄庄	8157	16:30—17:30
10	西二旗	19779	7:45—8:45	10	呼家楼	8011	17:25—18:25
11	四惠	19702	7:55—8:55	11	惠新西街南口	7942	17:50—18:50
12	北土城	19144	7:55—8:55	12	西二旗	7878	17:35—18:35

续上表

工作日（2017年7月）				非工作日（2017年7月）			
排名序号	车站	工作日高峰小时换乘量（人次）	工作日高峰换乘量出现时段	排名序号	车站	非工作日高峰小时换乘量（人次）	非工作日高峰换乘量出现时段
13	知春路	19137	7:50—8:50	13	东单	7555	17:20—18:20
14	公主坟	19096	7:40—8:40	14	磁器口	7397	17:45—18:45
15	国贸	18664	8:05—9:05	15	金台路	7186	17:45—18:45
16	金台路	18054	8:05—9:05	16	复兴门	6955	17:35—18:35
17	复兴门	17977	7:50—8:50	17	四惠	6763	17:50—18:50
18	东单	17972	7:50—8:50	18	鼓楼大街	6698	17:05—18:05
19	望京	17930	8:05—9:05	19	军事博物馆	6672	16:45—17:45
20	磁器口	17577	7:50—8:50	20	国贸	6266	17:20—18:20

从各个换乘站换乘量的大小可以看出，环线上的换乘站多，换乘客流一般较大，是全网主要的轨道交通乘客换乘地点。

目前换乘站设施使用存在的最主要问题是换乘设施能力不足或相交线路运力不匹配带来换乘拥挤，以及换乘距离较长带来换乘便捷性较差。产生问题的原因包括：换乘设施能力不足或者轨道交通网络中不具备条件的普通站调整为换乘站产生的问题，尤其是部分老线相交的换乘站条件较差，包括站台、出入口等条件；换乘客流过大导致的线路运能问题；半径线导致换乘设施压力过大，增加换乘次数。

由于北京市轨道交通主要服务于通勤客流，因此其进出站量在早高峰呈现居住地进站客流大而就业地出站客流大的不均衡性分布。图3-99是北京市2016年早高峰进出站量的分布情况，表3-32和表3-33分别为2017年7月工作日北京市轨道交通客流进站量、出站量较大车站，可以发现早高峰进站量较大的站点分布在天通苑、回龙观、沙河、通州和东南三环等居住地密集的外围地区，早高峰出站量较大的站点在国贸、金融街、中关村等就业集中的中心城区。

北京市轨道交通车站限流的情况也较为突出。由于线路最大运能限制或站台及通道设施能力限制，北京市轨道交通运营的多个车站都出现了站内或站外限流情况。2017年北京市轨道交通运营车站共370座，常态限流车站有84座，其中5号线限流车站高达16座，其次为6号线，达到12座。按换乘站分线统计的方法，平日早高峰时段路网共有常态限流车站68座，占路网车站总数的18%；平日晚高峰时段共有常态限流车站32座，占路网车站总数的9%。节假日高峰时段共1座（动物园）。2017年北京轨道交通路网限流车站，如表3-34和图3-100所示。

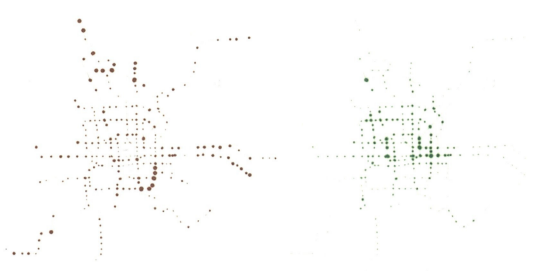

a) 工作日北京市轨道交通客流进站量　　　　　　b) 工作日北京市轨道交通客流出站量

图3-99　2016年北京市轨道交通早高峰进出站量分布情况

工作日北京市轨道交通客流进站量较大车站（2017年7月）　　表3-32

排名	车站	早高峰最大进站量（人）	排名	车站	早高峰最大进站量（人）
1	霍营	25527	11	新宫	15790
2	天通苑北	25008	12	物资学院路	15765
3	天通苑	24758	13	北京南站	13922
4	宋家庄	22848	14	草房	13570
5	立水桥	22394	15	海淀五路居	13342
6	回龙观	20623	16	八宝山	12474
7	回龙观东大街	19636	17	积水潭	12155
8	十里河	19373	18	土桥	11998
9	龙泽	18582	19	朱辛庄	11909
10	苹果园	16941	20	东直门	11782

工作日北京市轨道交通客流出站量较大车站（2017年7月）　　表3-33

排名	车站	早高峰最大出站量（人）	排名	车站	早高峰最大出站量（人）
1	西二旗	31812	11	北京西站	16698
2	朝阳门	28768	12	北京南站	16629
3	国贸	24147	13	金台夕照	16608
4	西直门	21979	14	西单	16308
5	大望路	21227	15	东四十条	15636
6	阜成门	20910	16	亮马桥	15480
7	复兴门	20371	17	东单	15361
8	东直门	19138	18	苏州街	15037
9	三元桥	18053	19	东大桥	14842
10	海淀黄庄	16767	20	五道口	14800

2017年北京轨道交通路网限流车站统计表　　　表3-34

线　路	工作日早高峰		工作日晚高峰	
	限流车站数量	占本线车站数比例	限流车站数量	占本线车站数比例
1号线	6	26%	3	13%
2号线	—	—	1	6%
4—大兴线	6	14%	4	11%
5号线	16	70%	7	30%
6号线	9	35%	3	12%
7号线	2	15%		
8号线	1	6%		
9号线	2	15%	1	8%
10号线	5	11%	7	16%
13号线	4	25%	3	19%
14号线东段	2	10%	2	10%
八通线	9	69%	—	—
昌平线	5	42%	1	8%
亦庄线	1	8%	—	—
路网	68	18%	32	9%

根据2018年1月北京地铁运营公司更新的限流车站资料显示，2018年初北京市轨道交通路网常态化限流车站已达96座，相比于2017年底的北京市轨道交通路网常态化限流车站数量增加了12座（图3-101）。其中北京地铁运营公司常态化限流车站达73座，京港地铁常态化限流车站达23座。地铁1号线、2号线、4—大兴线、5号线、6号线、7号线、8号线、9号线、10号线、13号线等城市核心区线路均有限流车站。4—大兴线、5号线是限流车站"大户"，4—大兴线常态化限流车站高达20座，占全线车站的57%（全线共35座车站），5号线常态化限流车站达到15座，站全线车站的65%（全线共23座车站）。

多年来，北京市轨道交通路网限流车站随着北京市轨道交通网络规模的逐年扩大、轨道交通网络复杂性的持续增加和北京市人口的不断增长呈逐渐增长的趋势，这也间接体现了北京市轨道交通站点拥堵的逐渐加剧。北京市轨道交通路网的限流车站从2010年的23个，到2013年的44个，再到2016年的84个，几乎每隔3年就要增加近1倍的限流车站，如图3-102所示。

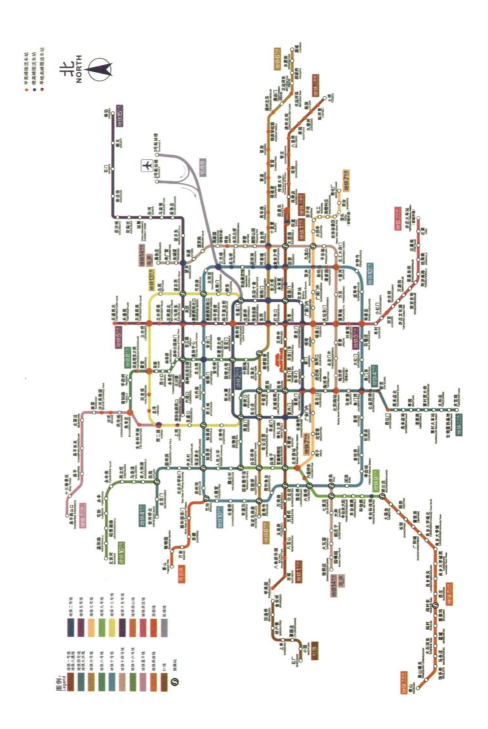

图3-100　北京轨道交通路网限流车站分布图（2017年12月）

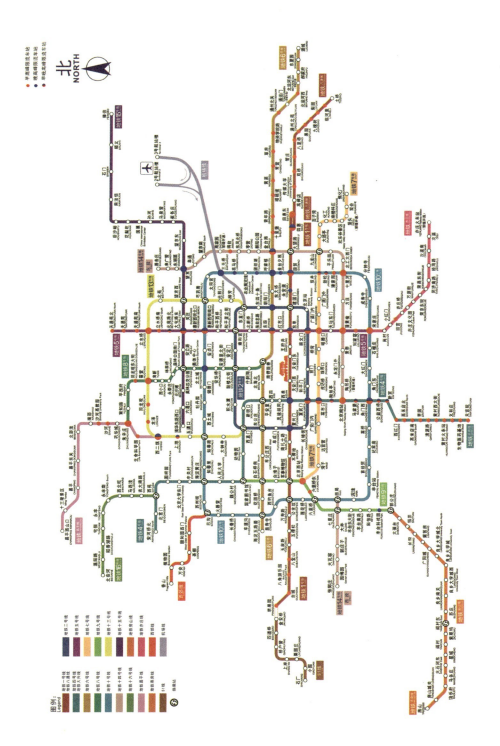

图3-101 北京轨道交通路网限流车站分布图（2018年1月）

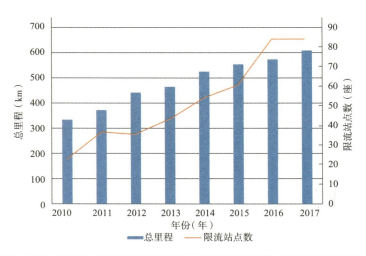

图3-102　北京市轨道交通路网限流车站增长示意图（2017年12月31日）

除了高峰时段北京市轨道交通限流车站数量较多外，在站外限流车站的限流人数也十分惊人（表3-35）。5号线天通苑北站早高峰站外限流规模最大，约4000人左右。包括天通苑北站 高峰共有12座车站限流规模超过1000人，分别为天通苑、宋家庄、立水桥、龙泽、回龙观、生命科学园、沙河、沙河高教园、朱辛庄、四惠东、梨园；晚高峰时段，惠新西街南口、五道口、西二旗3座车站的限流规模均超过了1000人。

2017年轨道交通路网限流车站统计表　　　　　　　　　　　　　表3-35

线路	车站个数	限流车站	限流地点	限流时段	限流时间	最大限流人数
1号线	8	苹果园	站外	早高峰	6:50—8:30	约250人
		古城	站外	早高峰	6:50—8:50	约50人
		八角游乐园	站外	早高峰	6:50—8:30	约310人
		八宝山	站外	早高峰	7:00—8:30	约240人
		四惠	站内	早高峰	7:00—9:00	约350人
				晚高峰	16:00—20:00	约650人
		四惠东	站内	早高峰	7:00—9:30	约2400人
		复兴门	站外	晚高峰	17:00—18:45	约550人
		永安里	站外	晚高峰	18:00—19:00	约260人
2号线	1	朝阳门	站内/外	晚高峰	16:45—19:00	约630人

续上表

线路	车站个数	限流车站	限流地点	限流时段	限流时间	最大限流人数
4—大兴线	7	公益西桥	站内	早高峰	7:00—9:00	约160人
				晚高峰	17:00—19:00	—
		角门西	站内	早高峰	7:00—9:00	约240人
				晚高峰	17:00—19:00	约140人
		北京南站	站内	早高峰	7:00—9:00	约240人
		宣武门	站内	早高峰	7:00—9:00	约560人
				晚高峰	17:00—19:00	—
		动物园	站外	晚高峰	13:30—18:30	约430人
		西红门	站外	早高峰	7:00—9:00	约180人
		新宫	站内/站外	早高峰	7:00—9:00	约260人
5号线	16	天通苑北	站外	早高峰	6:30—9:10	约4000人
		天通苑	站外	早高峰	7:00—9:40	约2600人
		天通苑南	站外	早高峰	7:00—9:10	约600人
		立水桥	站内	早高峰	6:30—9:00	约1400人
		立水桥南	站外	早高峰	7:15—9:00	约220人
		北苑路北	站内	早高峰	7:20—9:00	约190人
				晚高峰	17:30—19:10	约370人
		大屯路东	站内	早高峰	7:20—9:00	约380人
				晚高峰	18:00—19:30	约70人
		惠新西街北口	站内	早高峰	7:20—9:00	约340人
				晚高峰	18:00—19:30	约130人
		惠新西街南口	站内	早高峰	7:20—9:00	约530人
				晚高峰	18:00—20:00	约1900人
		东单	站内	早高峰	7:00—9:30	约120人
				晚高峰	17:00—19:30	约740人
		东四	站内	早高峰	7:30—9:30	约110人
				晚高峰	17:00—19:00	约70人
		崇文门	站内	早高峰	7:00—9:00	约850人
				晚高峰	17:00—19:00	约160人
		雍和宫	站内	早高峰	7:30—9:00	约60人
		蒲黄榆	站内	早高峰	7:30—8:30	约40人
		刘家窑	站内	早高峰	7:30—8:50	约80人
		宋家庄	站内	早高峰	7:00—9:00	约2000人

续上表

线路	车站个数	限流车站	限流地点	限流时段	限流时间	最大限流人数
6号线	12	朝阳门	站内	晚高峰	17:00—19:00	约390人
		呼家楼	站内	晚高峰	17:30—19:30	约260人
		金台路	站内	晚高峰	18:00—19:30	约460人
		北运河西	站外	早高峰	7:00—8:40	约280人
		通州北关	站内	早高峰	7:00—9:00	—
		常营	站外	早高峰	7:20—8:40	约190人
		褡裢坡	站外	早高峰	7:20—8:40	约80人
		黄渠	站外	早高峰	7:20—8:40	约210人
		青年路	站外	早高峰	7:20—8:40	约40人
		十里堡	站外	早高峰	7:20—8:40	约60人
		草房	站外	早高峰	7:30—9:00	约900人
		物资学院	站外	早高峰	7:30—9:00	约400人
7号线	2	磁器口	站内	早高峰	7:30—9:00	约190人
		菜市口	站内	早高峰	7:40—9:00	约290人
8号线	1	回龙观东大街	站外	早高峰	7:20—8:30	约300人
9号线	3	北京西站	站内	早高峰	7:00—9:00	约310人
		六里桥东	站外	早高峰	7:00—9:00	约670人
		丰台科技园	站外	晚高峰	17:15—18:45	约310人
10号线	10	双井	站外	早高峰	7:40—8:55	约350人
				晚高峰	17:40—19:10	约30人
		劲松	站外	早高峰	7:45—8:55	约190人
		亮马桥	站外	晚高峰	17:40—19:10	约470人
		三元桥	站外	晚高峰	17:30—19:15	约50人
		国贸	站外	早高峰	7:40—8:55	—
			站外	晚高峰	18:00—19:00	约240人
		北土城	站内	晚高峰	18:30—19:30	约310人
		团结湖	站外	晚高峰	18:00—19:00	约290人
		十里河	站内	早高峰	7:35—8:50	约120人
		潘家园	站外	早高峰	7:45—8:50	约30人
		金台夕照	站外	晚高峰	17:20—19:00	约440人
13号线	6	上地	站外	早高峰	7:00—9:00	约200人
			站外	晚高峰	17:45—19:15	约670人
		五道口	站外	晚高峰	17:30—19:30	约1100人
		龙泽	站外	早高峰	7:30—9:30	约1500人
		回龙观	站外	早高峰	7:00—9:30	约2100人
		霍营	站外	早高峰	7:30—9:30	约930人
		知春路	站外	晚高峰	18:00—19:30	约150人
八通线	9	传媒大学	站外	早高峰	7:30—9:00	约220人
		双桥	站外	早高峰	7:30—9:30	约750人
		管庄	站内/外	早高峰	7:30—9:00	约700人
		八里桥	站内/外	早高峰	7:30—9:00	约220人

续上表

线路	车站个数	限流车站	限流地点	限流时段	限流时间	最大限流人数
八通线	9	临河里	站外	早高峰	7:00—9:00	约170人
		通州北苑	站外	早高峰	7:00—9:00	约550人
		果园	站外	早高峰	7:00—9:00	约430人
		九棵树	站外	早高峰	7:10—8:40	约310人
		梨园	站外	早高峰	7:00—9:00	约1500人
昌平线	5	西二旗	站外	早高峰	7:00—9:00	约100人
				晚高峰	17:00—19:30	约2100人
		生命科学园	站外	早高峰	6:40—9:00	约1300人
		沙河	站外	早高峰	6:40—9:30	约1900人
		沙河高教园	站外	早高峰	6:30—9:00	约1400人
		朱辛庄	站外	早高峰	7:00—9:00	约1300人
亦庄线	1	旧宫	站外	早高峰	6:40—9:00	约240人
14号线	3	金台路	站内	早高峰	7:40—9:00	约560人
			站内	晚高峰	18:00—19:30	约560人
		望京	站内	晚高峰	18:00—19:30	约250人
		将台	站内	早高峰	8:30—9:30	约270人

　　站点拥堵中，由于周围存在大型居住区导致早高峰进站拥堵的车站中，最具代表性之一的非龙泽站莫属。13号线龙泽站位于京藏高速以东，回龙观地区的西部，是北京市轨道交通路网中众所周知的拥堵站点，因为临近回龙观大型居住区，所以高峰时段进站客流主要来源于回龙观的通勤居民，早高峰时段1h进站量超过10000人，为避免客流大规模涌入站台，该站在站外入口处特别增设了排队铁马护栏，一般需要15min左右的时间才能到达站台，如图3-103所示。

　　北京西站在北京市轨道交通路网中是一个性质较为特殊的站点，其不仅为7号线与9号线的换乘站，更是一个北京大型铁路枢纽与北京市轨道交通路网进行衔接的轨道站点。在早高峰时段，北京西站实行限流措施，其客流来源不仅包括7号线与9号线的通勤客流，还有目的地为北京西站铁路枢纽的清晨进出京旅客，大客流的乘客类型存在多样性，如图3-104所示。

图3-103　13号线龙泽站站外限流　　　　图3-104　9号线北京西站早高峰站外排队安检实景

　　北京西站轨道站点与铁路枢纽可实现不出站换乘，极大缩短了换乘距离，且轨道站点外即铁路枢纽大站厅，站外排队安全风险较低，但并未实现安检互通，铁路乘客如果想要乘坐北京市轨道交通还需二次安检，且铁路乘客通常携带有大件行李，通过二次安检较为不便，排队时间长。此外，北京西站站台换乘通道较为狭窄，站台共4个通道，大部分为单一步梯或滚梯，较多旅客携带大件行李，通过速度较慢，在客流量较大的高峰时段会加重站点拥堵。

此外北京西站是北京市轨道交通路网中为数不多的同台换乘车站，提高了换乘的便捷性，但同台换乘承受客流冲击的能力较小，在高峰时段站台要同时承接来自铁路的进站客流以及来自7号线和9号线的换乘客流，站台拥堵情况突出，运营压力较大，如图3-105所示。

北京市轨道交通网络中站点拥堵问题大部分由于前期规划预留条件不足，导致现状站内空间设施无法满足高峰时段大量的客流需求，如既有线路站台面积较小，在高峰时段无法承接大量候车客流及换乘客流。

图3-105 北京西站高峰时段站台拥堵实景

六、地面公交拥堵概述

1. 地面公交发展现状

1）设施供给情况

从线路规模和车辆发展来看，2017年北京市公共汽（电）车运营线路886条，运营车辆25624辆，运营里程19289.8km。从近几年发展来看，地面公交运营车辆、线路规模基本保持平稳，并略有下降趋势，如图3-106所示。

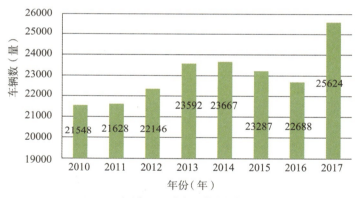

a) 近几年地面公交运营车辆情况

b) 近几年地面公交运营线路情况

图3-106 近几年地面公交运营车辆及线路情况

从地面公交站点500m覆盖率来看，2014年六环内500m地面公交覆盖率达68.9%，其中四环至六环覆盖率较2010年提高10%。地面公交站点覆盖率逐年增长，见表3-36。

近几年公交站点覆盖率变化情况　　　　　　　　　　　　　表3-36

范　围	公交站点面积覆盖率（500m 半径）	
	2014 年	2010 年
二环	98.4%	98.2%
二环—三环	98.6%	97.2%
三环—四环	97.3%	95.9%
四环—五环	79.1%	75.5%
五环—六环	60.3%	50.3%

从线路布局和服务上来看，现状地面公交提供快速公交（BRT）、公交快线、公交普线、社区支线、定制班车等多种服务形式。同时，多样化线路发展近年来取得了显著的成效。目前北京市定制公交线路共有352条，其中商务班车163条，快速直达专线148条，节假日专线36条，高铁快巴4条，日客运量达到2.4万余人次，如图3-107所示。

图 3-107　定制班车线路分布示意图

2）运营服务情况

随着轨道交通成网运营，网约车、共享单车、分时租赁等交通新业态的发展，地面公交客运量呈现下降趋势，降幅显著。2017年公共汽（电）车完成客运量33.56亿人次，日均客运量919万人次。分析2013—2017年月均地面公交客运量变化情况（图3-108），可以看出，2013年以来，地面公交客运量一直呈下降走势，同时，其客流变化规律呈现一定的季节性。

从具体客运量变化来看，2017年较2013年地面公交日均客运量减少408万人次，下降30.7%。轨道交通日均客运量超过地面公交（图3-109）。

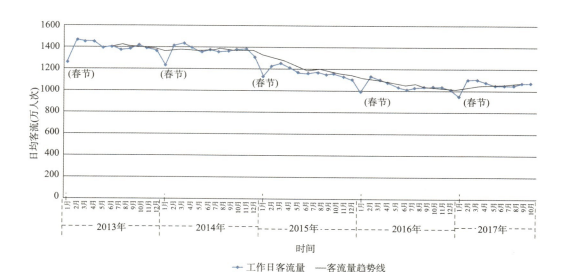

图3-108 近几年地面公交客运量变化情况

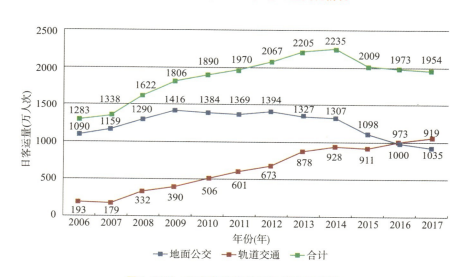

图3-109 北京市公共交通日刷卡量变化

从运营里程来看，2016年较2013年地面公交运营里程减少2039万km，而轨道交通运营里程增加12325万车·km，由表3-37可以看出，轨道交通的车辆利用率要远高于地面公交。

地面公交及轨道交通运营里程和日客运量变化   表3-37

交通方式		2011年	2012年	2013年	2014年	2015年	2016年
地面公交	日均客运量（万人次）	1369	1394	1327	1307	1098	973
	运营里程（万km）	134271	133999	135669	138540	135411	133630
轨道交通	运营里程（万车·km）	28424	31881	42123	43998	51117	54448
	日均客运量（万人次）	601	673	878	928	911	999.8

2. 地面公交线网拥堵

地面公交线网的拥堵时间主要集中在早晚高峰通勤时段，基于统计调查数据分析，地面公交出行量早高峰（7:00—9:00）占全天出行量20.7%，晚高峰（17:00—19:00）占全天出行量18.7%。早晚高峰4h占到全天出行量的40%以上，在出行时间上高度集中，如图3-110所示。

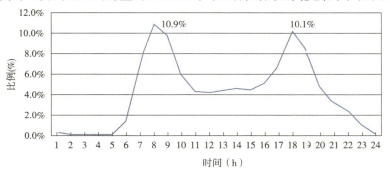

图3-110　地面公交出行时间分布

从空间上来看，运行速度低是地面公交线网拥堵的直接体现，地面公交线网拥堵集中在主要的环路，以及连接进出城的主要通道上（图3-111）。一是从北京市全日地面公交运行情况来看，现状地面公交全过程平均出行速度为9.3km/h，与自行车出行速度相当，分别为小汽车、轨道交通出行速度的54%、83%，如表3-38和图3-112所示；二是从高峰时段地面公交线网总体运行情况来看，高峰时段公交运行速度低，相当多路段速度低于15km/h，有些路段速度低于10km/h，尤其是二环路以内，公交优先保障差，西单大街、东单大街、景山前街等路段公交运行速度较低。

图3-111　早高峰时段地面公交运行速度分布

六环内全天主要交通方式全运行速度　　　　　　　　　　表3-38

交通方式	2005年全行程速度(km/h)	2010年全行程速度(km/h)	2014年全行程速度(km/h)
小汽车	16.0	17.8	17.3
轨道交通	12.9	14.0	14.3
常规公交	9.1	9.9	9.3

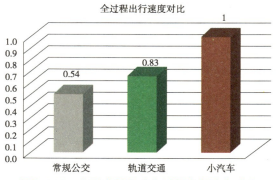

图3-112　主要交通方式全过程出行速度对比

从线网拥挤程度来看，北京市地面公交高峰时段平均满载率60%。根据满载率8人/m²的计算方法来看，60%的满载率（单机车额定载客量=座席数量+站位数量，站位数量计算按照8人/m²×站立空间面积）实际上已经相当于85%以上的满载，拥堵情况较为严重。这些公交线路遍及五环内的诸多快速路、主干路（快速路辅路）、次干路走廊（图3-113）。由于外围需求总量极为旺盛、潮汐特征明显，客运通道有限，部分轨道交通站点限流等原因，地面公交运能仍然极为紧张。

图3-113　高峰时段地面公交断面满载率分布

公交线网拥堵也导致了乘客出行时间长、不可靠等问题。一方面，在地面公交全过程出行中，接驳、换乘等车外时间占到总出行时间的35%（图3-114）。而车内时间中，拥堵延误占比较高。以早高峰BRT2为例，车内时间中仅有54%为实际行驶时间，另外46%的时间公交车都处于静止状态，其中拥堵延误占到了17%。如果可以通过交通管控、设施改造等相关措施，尽可能地减少拥堵延误，那么公交车的实际行驶时间可以增加至71%（图3-115）。另一方面，路权保障不足、节点拥堵等导致了公交车到站时间不稳定，可靠性差。以300路内环早高峰到站时间间隔为例，对比施划公交车专用车道前后早高峰的到站时间运行图可发现：相比于施划专用车道后，施划前的300路内环到站时间十分不稳定，同时可以看出公交车专用车道的连续保障对于到站时间的稳定性具有重要作用（图3-116）。

图3-114　2014年地面公交出行时耗分布

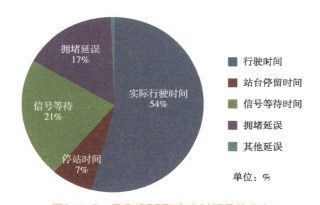

图3-115　早高峰BRT2车内时间具体分布

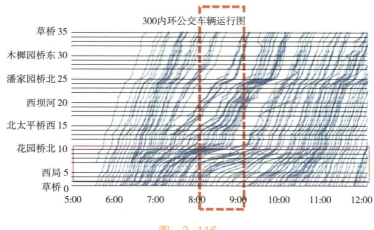

图 3-116

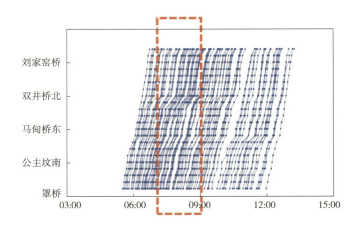

图3-116　早高峰300路内环施划公交专用道前后到站时间间隔对比

3. 主要公交走廊拥堵

公交走廊为承载公共交通客流主流向的交通走廊。由于城市交通走廊上的客流具有流量大、距离长等特点，其交通供给也综合了多种交通方式，同时存在高架、地面、地下等不同层次的立体交通方式，对于大城市和特大城市而言，不同等级的交通走廊通常应具有公共交通的支持。

公交走廊一般又可细分成重要公交走廊、一般公交走廊和旅游公交走廊，三者在各项内容上又有所差别：

重要公交走廊客流量高（>3万人次/天），一般布设有快速公交线路，设置有快速公交专用车道，交叉口基本实现公交优先，且沿线开发强度高；一般公交走廊客流量较高（1万~3万人次/天），通过的公交线路条数较多，一般设置常规公交车专用车道，部分交叉口实现公交优先，且沿线开发强度较高；旅游公交走廊客流量中等，公交线路品质较高，可部分设置公交车专用车道，部分交叉口实现公交优先，其沿线开发强度中等。

基于对公交走廊的定义，结合相关数据分析，北京市主要的地面公交走廊为以环路为主的快速路，包括二环、三环和四环路，以及与之相交的进出城放射线道路，包括京通快速路、京藏高速、京开高速、京港澳高速等（图3-117）。

公交走廊、通道的拥堵从时间上主要集中在早晚高峰通勤时段，空间上主要集中在环路以及与环路连接的主要放射线道路上，具体体现为以潮汐式交通为主的拥堵特征。

1）进出环路的交通不均衡

由于城市功能布局调整、职住不平衡等问题，导致居民出行潮汐现象严重。从北京市职住比来看，2014年平均职住比为55%，但是二环内达到90%，二环—三环为82%，较全市职住比非常高，这表明城市的就业岗位大部分集中在三环以内区域，而居住地正向外围地区不断扩展，造成城市通勤潮汐现象严重，加剧出行时效损耗和拥堵，如图3-118所示。

潮汐现象等交通出行方向不均衡问题导致公共汽（电）车早高峰进城需求和晚高峰出城需求要超出其负载能力（图3-119）。从高峰时段进出各环路公共汽（电）车客流进出比来看（图3-120），公共汽（电）车出行量在早高峰进出四环和五环的比值达2倍以上，其中东四环、东五环进出城之比超过5。

图3-117　北京市地面公交快速通勤走廊规划

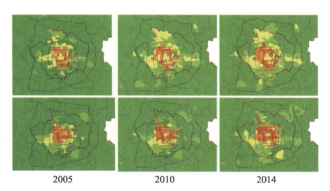

图3-118　北京城市职住情况变化（上三张为住，下三张为职）

2）进出城主要放射线拥堵

（1）京开高速。

进出城主要的放射线拥堵也集中在高峰时段。以京开高速和西南三环为例，公交车专用车道施化前，早高峰时段，西南三环和京开高速局部路段严重拥堵，京开高速双营路、西红门收费站常年拥堵，最低速度5km/h以下；西南三环六里桥至公主坟也常年拥堵，最低速度5km/h以下；同时部分共走廊的地铁大兴线高峰时段满载率高达119%，拥挤也非常严重（图3-121）。地面公交运行速度缓慢、可靠性差、吸引力不足。

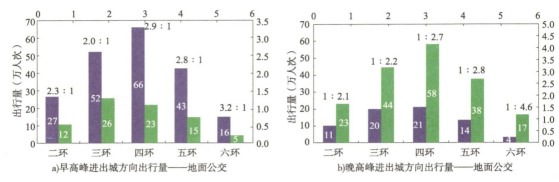

图3-119 常规公交早晚高峰进出城出行量比例

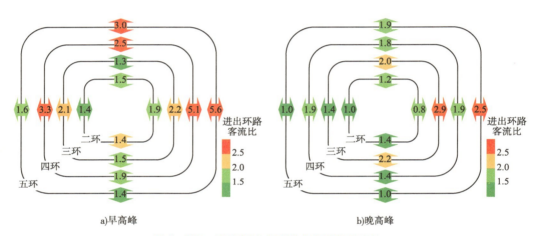

图3-120 早晚高峰各环路公交客流进出比

图3-121 高峰时段京开高速（左）、西南三环（中）和地铁大兴线拥堵（右）情况

2014年底，京开高速西南三环公交车专用车道开通，其中京开高速路段全长7.1km，西南三环段全长8.6km，早晚高峰时段运行（图3-122）。京开高速公交车专用车道开通后，公交车运行速度显著提升。开通前京开高速早高峰进城方向以及晚高峰出城方向需要用时20~40min，开通首日进城方向用时即缩减为18~19min，出城方向缩减为19~32min，京开高速最高运送速度能达到52km/h；西南三环公交车专用车道开通后，双方向早晚高峰的

平均速度超过26km/h，早高峰内环方向及晚高峰外环方向（流量较大的方向），公交车运行速度最快能达到28km/h。

图3-122　京开西南三环公交专用道施化示意图

（2）京通快速路。

京通快速路是中心城与通州区之间一条重要的联络通道，早晚高峰期间承担大量的通勤交通出行。随着社会经济的不断快速发展，东部燕郊地区进城的需求越来越大，基于大数据分析，早高峰时段燕郊地区通勤需求约10万人次，主要依靠的通道为通燕高速公路+京通快速路。

从公交线路供给来看，通燕高速公路+京通快速路共计13条公交线路（图3-123），平均发车间隔15~20min，最大供给约5200人次/h，难以满足10万人次的通勤出行需求，庞大的过境交通出行量导致了通勤时段通道的交通拥挤。

图3-123　通燕高速公路+京通快速路公交线路分布情况

从主要线路的早高峰登降量分布来看，高峰最大登降量达到111人次/h，50人次/h以上的站点达到10个，同时从主要线路的满载率情况来看，均超过100%，如图3-124和图3-125所示。

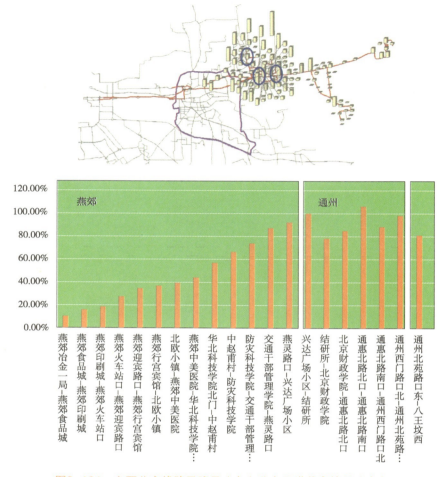

图3-124 主要公交线路登降量(左)分布及满载率情况(右)

图3-125 燕郊至北京辛苦的公交通勤客

另外从高峰时段主要通道运行速度来看,北部地区和西部地区拥堵情况最为突出,东部次之。高峰时段地面公交运行速度在20km/h以下的主要通道有西北二环、三环路、西北四环、京通快速路、西长安街、阜石路以及主要的进出城放射性通道等(图3-126)。

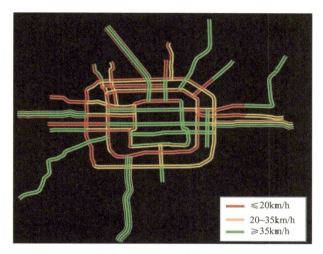

图3-126 高峰时段主要道路地面公交运行速度

从主要的公共汽（电）车大客流走廊分布来看，以三环为中心，呈放射形分布，包括三环、京藏高速、京港澳高速、长安街、中关村大街、京通快速路、广安门外大街、阜成路、农展馆南路、莲花池东路、安立路、学院路等（图3-127）。这一格局的形成与北京市的路网结构有一定关系。北京市具有发达的快速路和主干路网络，但次干路和支路密度低，且受快速路影响道路网络连通性差，公交线路在快速路和主干路上具有较高的重复系数（图3-128），导致客流集中在快速路和主干路上。

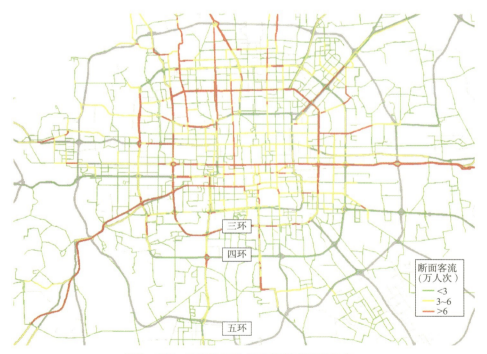

图3-127 北京市工作日公交断面客流分布

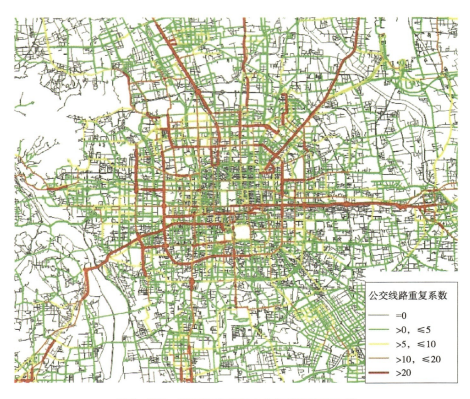

图 3-128　主要交通走廊上公交线路重复系数

由于公交线路重复系数高、道路交通潮汐拥堵等，导致大客流走廊的公共汽（电）车运行速度并没有优势。以学院路为例，如图3-129所示，从早高峰时段地面公交客流量分布来看，学院路公交客流量大于6000人次/h，但从地面公交运行速度来看，多数路段处于15~18km/h，局部路段低于10km/h，拥堵较为严重，地面公交出行吸引力差。

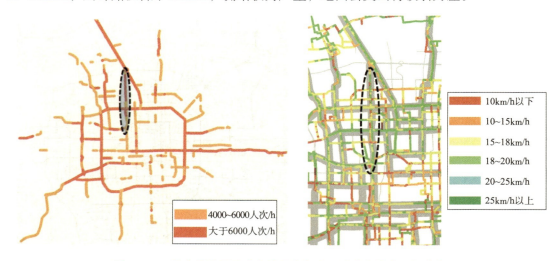

图3-129　早高峰地面公交客流量（左）及公共汽电车运行速度

另一方面，有公交车专用车道保障的通道，由于专用车道连续性不足、管理力度不强等问题，也存在较为拥堵的现象。以中关村大街为例，如图3-130所示，高峰时段地面公交流量在6000人次/h左右，同时基于公共交通模型预测的出行分布来看，出行需求也相对较高。

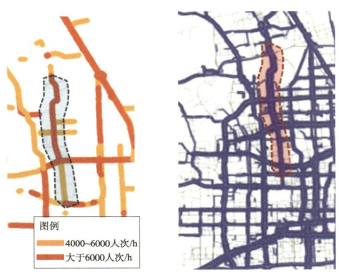

图3-130　中关村大街现状早高峰时段地面公交客流量（左）以及基于公共交通模型预测需求情况（右）

但从公交车运行速度来看，早高峰时段北向南方向五环至四环（厢白旗桥—中关村一桥）大部分路段运行速度在18km/h以下，公交车专用车道作用未得到充分发挥。同时这一路段公交车满载率相对较高，基本都在70%以上，部分客流在4号线北京大学东门站下车换乘地铁，进城方向满载率有所下降，但仍然位于56%以上，如图3-131所示。

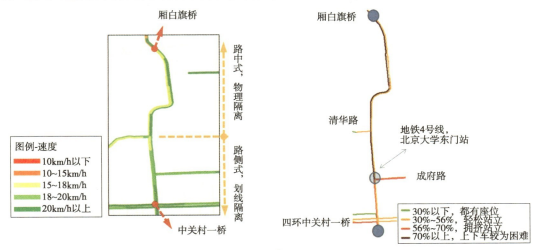

图3-131　中关村大街早高峰时段运行速度情况（左）及公交运行满载率分布（右）

4. 主要站点、换乘枢纽节点拥堵

1）公交站点拥堵

公交站点是指设置在公交线路沿途经过的路段上，供公交车辆中途停靠和旅客上下服务的设施。作为公共交通系统的子系统，公交站点的功能是集散客流，虽然在城市道路上只占很小的一部分，却是公共交通系统和道路通行能力的重要影响因素。

在高峰时段，由于现有公交站点分布不均、站台数量不足，公交线路扎堆停靠、部分大客流集散点缺乏衔接换乘设施等，导致公交站台人满为患，候车和上下车时间较长，公交站台列车化现象严重，同时因为公共汽（电）车长时间的延误，大量乘客扎堆上车，导致车厢内人群拥挤（图3-132）。

图 3-132　公共汽（电）车站台及车厢拥堵

从北京市地面公交首末站集中点分布情况来看（图3-133），地面公交首末站数量超过20的主要集中在中心城区，以三环以内为主，四环及以外区域相对较少。首末站分布不均匀性明显，高峰时段中心城区局部公交站点/首末站的拥堵情况更为显著。

以北京市朝阳路为例，朝阳路是北京市东西走向的主要城市道路之一，位于北京城区的东面，与京通快速路平行。自古朝阳路就是一条繁华的商业街，连接很多城市主要功能区和大型居住社区，是市民通勤出行的主要通道。基于朝阳路潮汐交通明显的特点，北京市在朝阳路（京广桥至慈云寺桥）段开通了潮汐车道，来缓解朝阳路出城方向的交通压力。同时，朝阳路主路设置了BRT2线，享受专有路权。

基于对潮汐车道开通前后的调查分析，发现BRT2专用车道利用率较低，公交车数量约20辆/h，但由于晚高峰潮汐车道的开通，主路进城方向少了一条社会车道，以及相关公交线路的调整等原因，导致出现朝阳路辅路公交车流量大，车辆进站排队时间长，站台容纳能力不足等问题。具体如图3-134所示，应当优化主辅路公交资源，提升BRT2利用效率。

图3-133　地面公交首末站集中点分布

图3-134　朝阳路晚高峰运行情况（辅路拥堵严重，公交车进出站交织严重，站台容纳能力受限）

2）主要枢纽节点拥堵

在城市公共交通及综合交通体系中，换乘衔接起着关键性的作用。公交换乘枢纽作为城市客运换乘枢纽的一种重要形式，是指集不同交通方式、多条公交线路、具有必要服务功能及控制设备，为城市对内与对外交通、私人交通与公共交通及公共交通内部转换提供场所的综合性市政服务设施。

城市常规公共交通系统是指在城市道路上运行的公共汽（电）车组成的交通系统，不包括轨道交通、出租汽车交通等非常规公共交通形式。大多数常规公交换乘枢纽属于市域级公交换乘枢纽，是市内公共交通客流重要的集散地。

常规公交换乘枢纽可分为两类:首末站换乘枢纽和中途站换乘枢纽。

（1）首末站换乘枢纽。

首末站换乘枢纽是常规公交运营线路的起讫点,多条常规公交线路共用的首末站设为首末站换乘枢纽。作为换乘枢纽的首末站一般应设置停车坪、回车道、候车廊、运营调度、驾驶员休息用餐、卫生间及站房等设施及换乘指引标志、乘客信息系统等。

（2）中途站换乘枢纽。

中途站是指常规公交运营线路的中间站点,一般沿线路运行的一侧设置。多条公交线路的交会点集中设置时为中途站换乘枢纽,各线路站点设置应充分考虑乘客换乘方便,根据交会线路的条数及走向或适当地分组设置。

随着城市化进程的加快,公交枢纽作为城市客运交通体系关键节点,在满足市民出行特征多样化、城市多模式交通方式整合、构建高效率多层次公交网络、常规公交网络调整优化及城乡公交一体化等需要中的地位及作用越来越重要。

枢纽换乘点拥堵概况如下所述。

北京市公交客流点的拥堵特征受居住和就业分布特点以及公交网络结构双重作用形成。由于公交线网布设与客流需求分布存在一定偏差,部分大客流集散点与人口、就业分布背离,导致一些大客流换乘节点自发形成,同时并未配备与之匹配的设施,导致换乘节点拥堵情况严重。

北京市公交主要客流点集中在四环内,沿快速路、主干路分布在西三环、中关村、西直门、德胜门、CBD、南中轴、东直门和金融街七大片区,如图3-135所示。把主要客流集中点和公交首末站集中点对比分析,可以发现一部分客流点与公交线路首末站集中点高度重合,且这些客流点(例如六里桥和德胜门)具有较高换乘比例,这是由于大量首末站设置在居住、就业不集中区域,此类客流点不是乘客出行的起讫点,导致乘客被动换乘。相反,中关村等居住、就业集中区域的客流点具有较低换乘比例。

以西三环六里桥区域六里桥北里站点为例,从站点公交线路分布来看（图3-136）,聚集了大量连接西部和南部近郊新城进入中心的线路,高峰时段大量乘客由近郊新城乘坐公共汽（电）车到达六里桥区域,再由六里桥换乘中心城内的公交线路,六里桥北里自发形成了换乘节点,同时站台设施能力不足,导致高峰时段换乘拥挤情况严重,对三环路交通运行也产生一定影响,如图3-137所示。

通过分析地面公交线网、走廊以及主要站点和换乘节点拥堵情况可知,地面公交运行缓慢及拥堵的主要为公共汽（电）车到站时间间隔不稳定、正点率低等引起的,尤其是高峰时段,受制于道路交通运行影响,同时公交车专用车道又不能发挥其效益,导致地面公交到站时间间隔极其不稳定,造成公交大间隔、"串车"等现象频繁发生,"串车"等现象在某一站点的堆积,进一步又造成线路及地面公交网络系统的拥堵。

与地面公交相比,轨道交通由于享有专有路权、换乘不受天气影响等优点,全日发车正点率高达99.99%,尤其高峰时段,在出行稳定性方面有着地面公交不可比拟的优点。今后,应当更加关注如何提高地面公交乘客全过程出行的效率,从公交车专用车道全过程保障、无缝衔接换乘、提高舒适度等方面进一步提升地面公交吸引力,提升地面公交全网运行效率,以充分发挥公共交通总体作用。

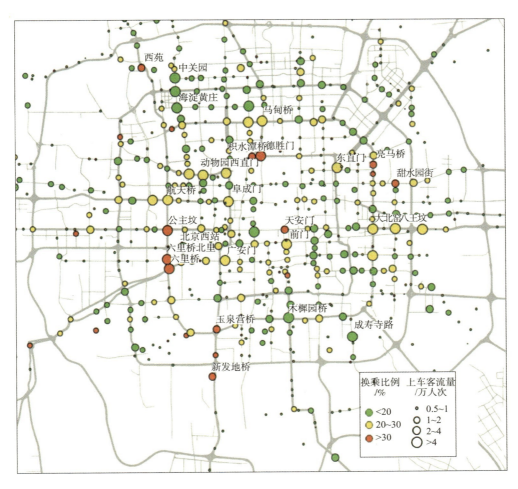

图3-135　北京市主要公交客流点分布

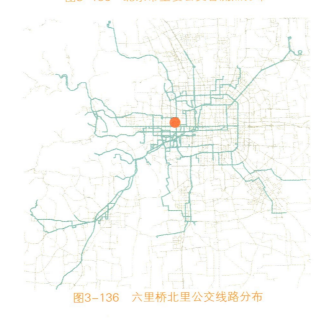

图3-136　六里桥北里公交线路分布

图3-137　六里桥北里早高峰换乘拥挤情况

七、静态交通（停车）问题

按照停车的目的，可以把停车需求分为两大类，即基本停车需求和出行停车需求。基本停车需求是指居民拥有车辆、单位公车以及运营企业车辆等的夜间停放需求，上述各类需求中，以居住区停车需求为主；出行停车需求指人们在日常生活中基于各类目的的出行带来的停车需求，包括办公、休闲娱乐、商务以及其他各种出行而带来的停车需求。停车需求分类如图3-138所示。

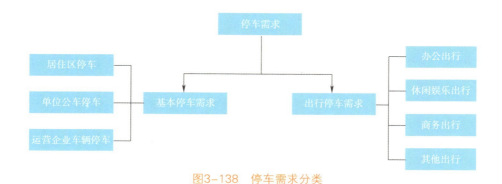

图3-138　停车需求分类

与停车需求相对应，停车位也可以根据需求的类型分为两大类，即基本车位与出行车位，基本车位即指居民车辆、单位公车以及运营车辆等的夜间停车位；出行车位即指人们在出行活动中停放车辆的车位，主要包括公共建筑配建停车位、公共停车场的车位以及路侧占道停车位，一般而言，出行车位的结构是以公建配建车位为主、公共停车场为辅、路侧停车位为补充。车位分类如图3-139所示。

停车作为小汽车出行的端点，是整个出行链的重要环节，车辆的更多时间是处于静态停放的状态，占用大量土地资源。从停车需求的角度看，停车需求并非像出行行为一样是人的基本需求，出行是政府必须进行保障的，但是出行方式有很多种，小汽车出行并非人的基本权利，停车需求也不是刚性需求。

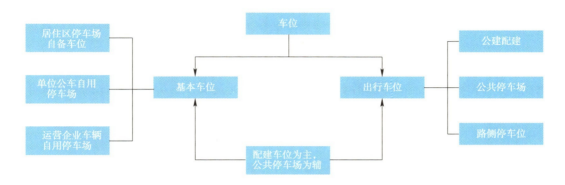

图3-139 基本车位与出行车位

1. 停车总体供需

1）停车供需平衡情况

北京市1994年前建设的居住小区未对停车位的配建提出要求，1994年开始设置居住区配建停车位指标并不断提高，但2015年之前普通居住区配建指标也仅为0.3~0.5个/户，难以匹配当前0.7辆/户的户均拥车率；社会公共停车场虽有规划但是落地比较难，加之欠缺有效的规划验收机制，停车场被挪作他用的现象屡见不鲜。

以北京为例，根据停车普查的结果，由图3-140可知，需求大于供给的主要停车场类别包括：居住小区、占道、单位大院、胡同区。因此供需的主要矛盾为居住端。

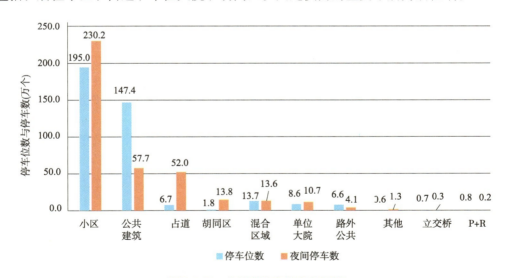

图3-140 各类型停车场供需情况

根据2016年停车普查结果，北京市城镇地区夜间停车缺口达到129万个，供需矛盾十分严重。居住停车问题主要体现在以下方面：

一是停车侵占居住区公共空间，影响消防和救护。据统计，北京市每年发生因乱停车占压消防设施影响灭火的事件几百起，由于占压生命通道造成的救援不及时现象时有发生。另外，停车占用公共空间和绿地，宜居环境遭到破坏。越来越多的公共活动空间、绿地被停车占据，严重侵占了社区居民特别是老年人、小孩活动的场所，影响了社区的活力，引发居民的不满。

二是停车占用步道和自行车道，导致交通体系恶性循环。大量新建设的微循环道路很快沦为"停车场"，制约了路网功能和整体效率的发挥；自行车出行比例从2000年的38.5%降至2013年的12.1%，违法停车挤占自行车路权是造成这种局面的重要影响因素，如图3-141所示。

a）新修好的道路"停车场"

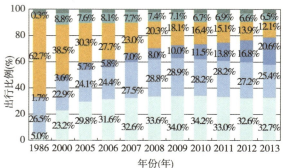

b）自行车出行比例逐年下降

图3-141 占道违法停车与自行车出行比例

将北京市按照车位供需情况划分为五种类型，分别为车位充足区、基本平衡区、缺位区、严重缺位区和非居住区域，各区的概念界定如下：

（1）车位充足区：居住本身（含周边道路）可以自平衡；

（2）基本平衡区：居住本身（含周边道路）不能自平衡，且每平方公里缺口在200个以下；

（3）缺位区：居住本身（含周边道路）不能自平衡，且每平方公里缺口在200~600个之间；

（4）严重缺位区：居住本身（含周边道路）不能自平衡，且每平方公里缺口在600个以上。

（5）非居住区域：区域内主要为绿化，水系，公共建筑等不含居住功能用地的交通小区。

根据平衡算法，北京市4.6%的交通小区为车位充足区，21.0%的交通小区为基本平衡区，16.6%的交通小区为缺位区，41.0%的交通小区为严重缺位区，16.9%的交通小区为非居住。北京市按交通小区供需平衡情况如表3-39和图3-142所示。

城六区内，3.5%的交通小区为车位充足区，16.8%的交通小区为基本平衡区，17.1%的交通小区为缺位区，52.6%的交通小区为严重缺位区，10.0%的交通小区为非居住区。城六区按交通小区居住区缺位情况如表3-40和图3-143所示。

北京市交通小区供需平衡情况 　　　　表3-39

区　域	交通小区供需情况	数量（个）	比　例
城镇地区	车位充足区	70	4.6%
	基本平衡区	320	21.0%
	缺位区	253	16.6%
	严重缺位区	625	41.0%
	非居住区	257	16.9%

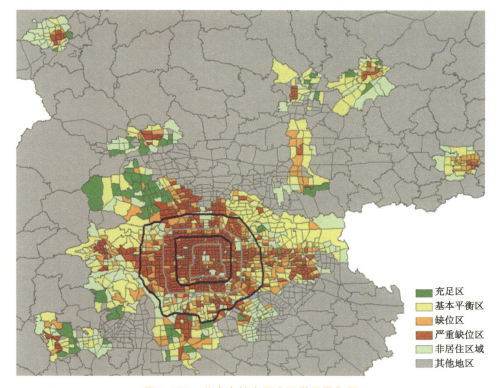

图3-142　北京市按交通小区供需平衡图

城六区交通小区供需平衡情况 　　　　表3-40

区　域	交通小区供需情况	数量（个）	比　例
城六区建成地区	车位充足区	33	3.5%
	基本平衡区	157	16.8%
	缺位区	160	17.1%
	严重缺位区	493	52.6%
	非居住区	94	10.0%

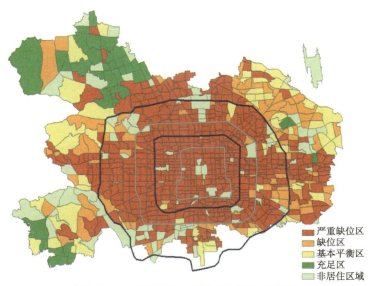

图3-143　城六区按交通小区居住区缺位图

城六区各区供需平衡情况如图3-144和图3-145所示。西城区、东城区严重缺位的交通小区比例较高，均为90%以上。

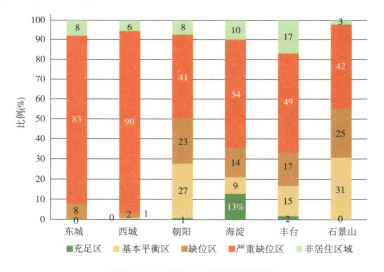

图3-144　城六区供需平衡情况

2）居住车位与出行车位比例失衡

尽管停车位与停车需求在总量上相当，而实际情况是基本停车位与出行停车位总比例失衡，且居住类、公建类以及路侧占道三种主要类型的供需关系各异。

居住停车需求与居住停车位比例为1∶0.63（应为1∶1），出行停车需求与出行停车位比例为1∶0.42（应为1∶0.2）。可以看出，虽然停车需求与车位供给大体相当，但居住停车位与出行停车位的比例严重失衡，出行停车位比例偏高，居住停车位总量明显不足，夜间居住停车矛盾突出，如图3-146和图3-147所示。

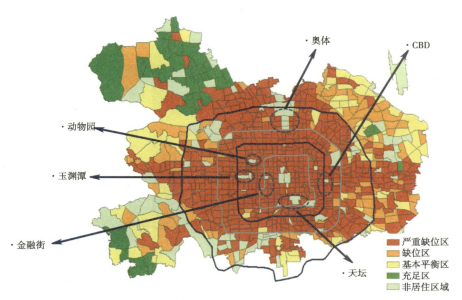

图3-145　城六区按交通小区供需平衡情况

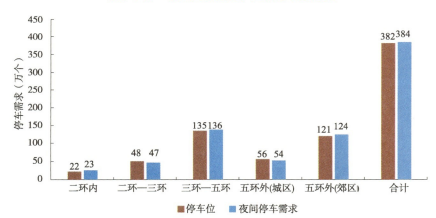

图3-146　不同环路停车位与夜间停车需求

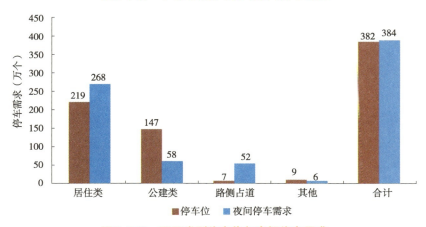

图3-147　不同类型停车位与夜间停车需求

除了北京，国内其他一线城市也存在类似的问题，停车供需矛盾极为突出，停车难、停车乱的现象非常严重（图3-148）。

图3-148 其他一线城市的停车现状

2. 车位利用率

根据停车普查数据，北京市夜间所有类型的停车场均未停满。其中小区停车场的夜间车位利用率最高，为82%，其次为胡同区、单位大院停车场和占道停车场，夜间车位利用率分别为78%、72%和70%，公共建筑夜间车位利用率不足一半，为39%，如图3-149所示。

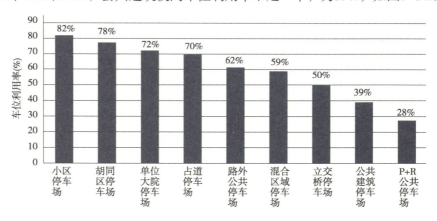

图3-149 各类型停车场夜间车位利用率

公共建筑停车场的几种主要类型中，车位利用率普遍较低，其中商场、超市类别夜间利用率最低，仅为24%，如图3-150所示。

图3-151为日间北京市范围内公共建筑车位利用率分布情况，其中浅色圆点表示日间车位利用率低于60%的公共建筑，深色圆点表示日间车位利用率高于60%的公共建筑。图3-152为局部放大图，从小范围来看，公共建筑存在利用率高低不均的现象，这可能是

信息不对等或部分公共建筑开放度不高的原因，导致在小区域里部分建筑停车位不足，但仍有部分建筑有大量停车位闲置。

图3-150　公共建筑各类型夜间车位利用率

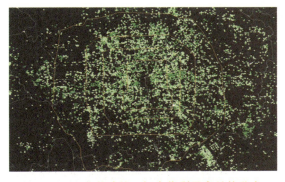

图3-151　公共建筑日间车位利用率总体分布　　图3-152　公共建筑日间车位利用率分布不均衡

3. 车辆实际停放位置

在当前存在巨大的停车缺口情况下，车辆也被"消化"在各种空间中，其中最大的空间就是小区内部及其周边道路。从图3-153可以看出，夜间主要停车类型的停车场均未停满，存在随意停放的现象，夜间随意停车数占停车总量的36.1%。其中居住区随意停放比例最高，随意停车数为78.3万，其次为居住区周边道路，夜间随意停车数为47.3万。

图3-153　夜间车辆停放情况

夜间居住区内随意停放车辆主要是在空地，为54.1万，占居住区随意停放车辆总量的69.1%。其次为在居住区内部道路停放，不影响消防车辆、影响消防车辆的停放车辆依次为15.6万、8.6万，如图3-154和图3-155所示。

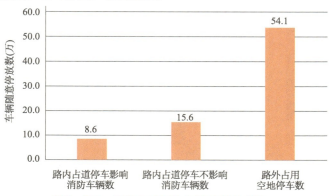

图3-154　居住区夜间车辆随意停放情况

图3-155　居住区及周边道路车辆随意停放情况

4. 停车收费

从对北京市停车位收费管理情况的调查可知，出行车位大量免费。公共建筑车位中，免费车位的比例占57.8%，其中以大专院校和行政办公的免费比例最高，分别占87.2%和89.0%，商场的免费比例最低，仅占28.1%，如图3-156所示。

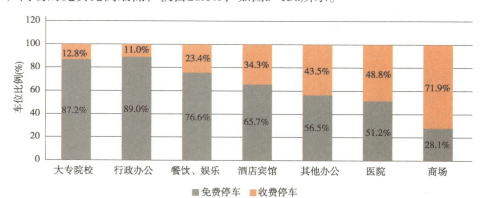

图3-156　公共建筑车位收费情况

居住小区免费车位占居住小区总体车位的42.1%，如图3-157所示。

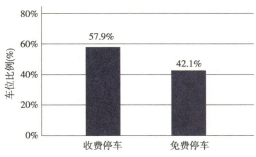

图3-157　居住小区免费车位比例

从图3-158中可以看出，居住区地面车位均价为1790元/年，地下车位均价为4379元/年，存在地上、地下车位价格倒挂现象。

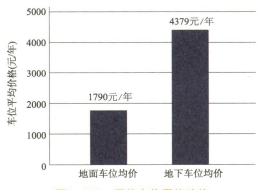

图3-158　居住车位平均价格

早期规划建设不足，历史欠账；免费停车大量存在，刺激小客车需求过度增长；执法不到位，政策效果未得到有效保障；市民停车付费、停车入位的规则意识尚未形成。这是当前静态交通问题的现状。

八、出租汽车问题

出租汽车拥堵主要体现在乘客"打车"难上。自20世纪90年代以来，北京的城市规模、人口出行量持续攀升，出租汽车的总量一直维持在6.6万辆左右。根据《城市道路交通规划设计规范》（GB 50220—1995）规定的"城市出租汽车规划拥有量根据实际情况确定，大城市每千人不宜少于2辆；小城市每千人不宜少于0.5辆；中等城市可在其间取值"计算，北京市的出租汽车数量并不算少。

尽管如此，仍然有乘客反映北京乘坐出租汽车很困难。北京"打车"不方便主要发生在首都机场、火车站等客流量较大的区域，在这些地区需要排队"打车"，甚至晚上11时在机场"打车"仍需要等待1h以上。而在地铁站附近等车流比较大的地方，例如长安街、国贸一带，也会因为出租汽车堵车而造成等车时间较长的情况（图3-159）。

图3-159　出租车打车排队

同时，因为有太多的因素影响着人们的行为选择，出租汽车的需求总是处于不断的波动之中。如上下班高峰期的时候、天气不好的时候、有重要的文体活动或者旅游旺季的时候，选择"打车"的人数就会激增，造成出租汽车供不应求，此时大概只有20%的乘客会被满足需求。

此外，互联网新业态、"互联网+"、网约车的出现，对公共交通、自行车和步行造成冲击，加剧城市的拥堵。美国加利福尼亚大学戴维斯分校交通研究所的一份最新报告显示，大部分乘客会用网约车替代公共交通、自行车和步行，但当网约车不可用时，他们就会选择不出行，这种情况下，网约车存在会增加城市中心区车流，而网约车数量的增加，会加大城市交通的拥堵。

第三节　新特征下北京市交通拥堵内涵及评价

一、新特征下北京市交通拥堵定义

"十三五"时期是北京市交通扩展服务范围、提升服务品质、转变发展模式的重要转折期，通过上述梳理，这一时期北京市交通发展总体呈现出新的趋势与特征：交通服务的范围由市域向都市圈、城市群扩展，一体化运输效率和水平将加快提升；客运服务多样化和货物专业化需求凸显，客货运输结构、服务模式将发生明显变化；交通服务和管理模式由粗放向精细化转变，从"关注车辆畅通"向"关注人和物的畅通"转变；"互联网+"促使交通运输行业转型升级，成为交通运输产业重构的重要驱动；改革创新成为重要的发展动力，交通发展将更多依靠深化管理体制改革、加快推进法治和标准建设、完善交通运输市场体系等制度创新。

面对北京这一类特大城市交通拥堵发展的新形势，交通供需间的矛盾不仅仅体现在道路拥堵这单一方面，已从传统的道路拥堵扩展至其他各交通子系统，公共交通、停车等方面也出现了比较严重的交通拥堵现象，同时这些子系统的交通拥堵也与传统的道路拥堵相互影响。

因此，根据城市交通拥堵演变的新特征，综合考虑轨道交通、公共汽（电）车、停车等交通子系统的需求，与传统对于交通拥堵的定义相比，新时期下交通拥堵的定义为整个城市交通系统中出行者的交通需求与各子系统供给能力，在一定的管理水平下所呈现出的系统综合运行状态，当这一状态未达预期标准时，即为交通拥堵。

二、新特征下北京市交通拥堵内涵

快速工业化、城镇化和机动化进程促进了交通运输持续快速发展，环境保护、资源能源节约和污染物治理等任务对交通节能减排提出更高的要求。交通能源结构调整、车辆结构的优化、行业转型升级的新发展形势下，交通拥堵涌现新的问题，新的拥堵表现形式对交通拥堵的内涵提出新的要求。与传统对于交通拥堵的定义相比，新时期下交通拥堵的内涵核心是从以车为关注点向以人为关注点转变的一个过程，是从以道路交通供需关系的紧张状态为关注点向更关注出行者整个出行过程的一个转变。出行全过程涵盖道路、地面公交、轨道交通、自行车、步行等各交通子系统，并且与以往相比更关注于各子系统之间的衔接过程。简而言之，新时期下交通拥堵的深层次内涵是基于出行者角度，以综合交通体系为切入视角，对于综合交通体系运行供需关系状态的全面化、系统化评估，全社会对于交通拥堵治理目标的重新评估。交通拥堵治理目标不再仅仅是改善道路交通的运行状况，而是站在城市可持续发展的角度，提升全社会出行者的出行效率和出行体验，使得交通治理工作能够让人民真正获得更大的满足感和幸福感。

三、综合交通拥堵评价框架

与传统城市交通拥堵评价类似，新的综合交通拥堵评价也同样包括评价方法和评价指标。面向新阶段的城市交通拥堵评价，并未在评价方法方面产生实质性的差异，因此，国内外研究中成熟的评价理论和方法可以为综合交通拥堵评价体系提供理论支持。但随着交通拥堵内容向各交通子系统的延伸，评价指标体系需要在涵盖范围和核心策略两方面实现突破。

从涵盖范围来看，应当实现"单方式"向"多方式"的转移。目前正在使用的各类指数均只关注道路交通，如企业使用的拥堵延时指数，百度地图、高德地图和滴滴出行使用的高峰期间拥堵延时指数等。其不能反映出区域整体拥堵问题，也不能反映出居民遇到的特定拥堵问题。如今，在大城市综合交通体系日益完善的新形势下，交通拥堵已从传统的道路拥堵扩展至其他各交通子系统，传统单一的交通拥堵管理方式已无法满足城市交通管理者和出行者对于城市交通运行的需求。交通拥堵的治理需要更多样、更有效的方式，以帮助引导居民出行向绿色出行方式转移，而非单纯地抑制小汽车的使用。因此，新的评价体系应针对公交、地铁、自行车、步行、道路、停车和出租汽车各子系统特点，分别设立不同的评价指标，以实现全方式的拥堵评价，各子系统指标体系如图3-160所示。

从核心策略来看，应实现"以车为本"到"以人为本"的变化。传统的评价指标多是从车辆移动性出发，选取速度、流量等作为评价指标，新形势下的交通拥堵评价应重点考虑城市交通网络整体运营效率，遵循以使用者为本（即"以人为本"）的原则，从"出行"角度出发，选取交通可达性、出行时间、平均出行速度等可以反映城市总体出行效率的指标，也实现拥堵治理从传统向新形式过渡（图3-161）。如增加反映公共交通运输能力和通达性的指标，督促公共交通的改进，吸引居民出行向公共交通转移，增加全方式出行时耗指标，促进多方式衔接效率的提升等。

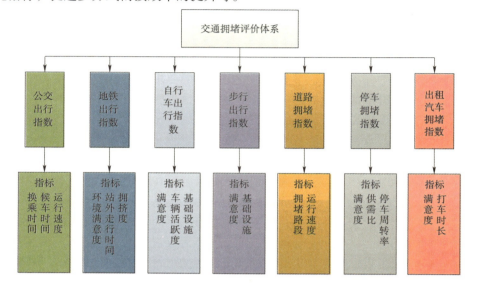

图3-160　交通拥堵评价从"单方式"到"多方式"的转变

*出行五感指：获得感、满足感、安全感、满意感和出行体验感
*全方式出行指：小汽车、公交车、地铁、步行和自行车

图3-161　交通拥堵评价从以车为本到以人为本的转变

结合新特征下的北京交通拥堵内涵，初步设定交通拥堵评价指标体系见表3-41。

（1）评价对象方面。不再以传统的单一道路作为评价对象，而是又增加了综合交通系统、道路、停车、公交、地铁、自行车和其他等对象。

（2）评价指标方面。因为现如今人们在众多的出行途径中，更偏向于选择出行时间最短的方式。而市面上的导航软件会科学地规划路线，提示车主道路拥堵情况，帮助车主最大化地节省时间。因此，节省时间成了这些软件的最大卖点和价值。这也揭示了人们出行的最基本需求和心理，即：以最短时间出行。因此，出行时耗评估依然是衡量交通拥堵的主要指标，但随着居民生活品质的提高，安全、便捷、舒适度、可靠性等指标也是评估交通拥堵的重要指标。

交通拥堵评价指标体系 表3-41

一级指标	二级指标	目标（系统、工作）							频度					范围		
		综合	道路	停车	公交	地铁	自行车	步行	其他	实时	日	周	月	年	点	线	区
安全	事故率																
	……																
便捷	出行时耗																
	出行距离																
	出行速度																
	换乘时间																
	自行车、步行非直线系数																
	……																
舒适	拥挤度																
	满意度																
	……																
可靠	准点率																
	延误时长																
	排除等待时间																
	……																
……																	

（3）评价时间方面。一方面，要有总体评价和趋势分析，由于交通拥堵的成因多种多样且错综复杂，并随城市发展和一些特殊发展时期而改变。因此，对于城市交通管理者而言，对道路交通的数据变化、居民流动规律和交通运行状况等有整体的了解并对交通发展趋势有合理的预判，对于整改城市路网规划是必要的。另一方面，在一些特殊时段下如节假日、大型活动等，其交通运行会有特殊表现，因此指标的评估频度从实时、日、周、月到年，对交通拥堵治理的精细化有很大帮助。

（4）评价范围方面。指标的计算范围包括点（交叉口、换乘节点等），线（街道、主干道、公交线、轨道线等），区（行政区、六环内、全市等）。可以让管理者对区域未来发展、道路规划、路线设计有更合理的计划，从而避免因路网规划不合理而带来的交通迟滞和拥堵。

总而言之，交通拥堵评价体系是一项有技术要求的公共政策，本质是服务社会。而社会是以人为本，那么拥堵评价也应该以人为本，采用大量的评估指标，以尽可能多地反映出特定时段、特定路段、特定交通方式的问题，从而促进公共交通的改进，实现更节约高效的交通体系,增加城市居民的福利供给。

值得一提的是,拥堵评价体系具有一定的主观特性和负向效应,是进行深入研究、挖掘治堵策略的重要切入点,由于并非本书的重点,在此只做简要分析。

1. 主观特性

交通拥堵从实质上来说是出行者在具体参与过程中的一种感受,因此其产生也受到主观意识的影响。行为经济学将此类现象总结为参照点效应,又叫沉锚效应、锚定效应、固锚效应,其具体指的是人们每次决策的得失评价都是根据一定的参照点(中点)而进行的,人们可以将现状视为参照点,也可以把过去的经验作为参照点,或者以头脑中某个期望值为参照点,参照点的变化影响人们对同一个结果的行为选择,如图3-162所示。

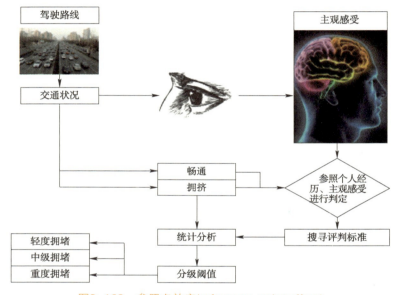

图3-162　参照点效应(reference-point effect)

美国著名心理学家,诺贝尔经济学奖获得者卡尼曼曾经做一个试验来证实锚定效应。他招募了一群志愿者,将他们分为两组,分别问了这些人两个问题。第一组人问的问题是:"圣雄甘地是在9岁之前还是之后过世的?""甘地是多大年龄过世的?"另一组人问的问题是:"圣雄甘地是在140岁之前还是在之后过世的?""甘地是多大年龄过世的?"

这问题看起来好像很奇怪。因为但凡对甘地稍有了解的人都知道,他绝对超过9岁,也远不会到140岁才去世。这些最初的问题,尽管没有多大意义,却能影响人们作出的判断。在上述试验中,第一组猜测甘地去世时的平均年龄为50岁,而第二组为67岁。

同样,交通参与者对于交通拥堵与否进行主观判断时存在参照点效应(reference-point effect)。交通拥堵是一个相对概念,因不同出行者的主观感受而异,每个人评判时都是以自身的经历和认知为参照点,来判断出行期望与实际情况的偏差。以北京市为例,北京市快速路里程多、系统性强,机动车出行基本离不开快速路。同样的出行起讫点和走形路径,机动车驾驶者在非拥堵时段的快速通行感受和高峰时段拥堵感受差异极其明显,由此导致的参照点差异,使得人们对于道路拥堵的主观评判标准更低。

2. 负向效应

普林斯顿大学的社会心理学博士Susan T. Fiske在1980年提出了负向效应（The Negativity Effect），指人们在形成整体印象时，对负向信息比对正性信息给予较大的权重，即在其他条件相同的情况下，负向特质对印象形成的影响比正性特质大。例如一个人在等红灯的时候，突然随地吐了一口痰。那么，你会对他留下什么印象呢？相信大多数人对他吐痰印象很深，却不记得他遵守了交通规则。人们常常总是把别人偶尔的"坏"记得很牢，却把他一以贯之的"好"抛之脑后。当别人布下"好"的时候，你觉得那不过是理所应当的事，"我对他也不差啊！"在别人偶尔出现"坏"的时候，你却不平了，"他怎么能这样对我！" 记恨通常就是这样产生的。

交通拥堵的评判和社会影响也具有负向效应的特点。负向效应在人们对于交通拥堵感知上体现得尤其突出，人们往往会对道路拥堵状况印象深刻，而轻易地忽略掉道路顺畅状况。并且在当前社会，以微博、微信等为代表的自媒体无处不在，互联网作为公众表达自身利益诉求和对社会关切的重要平台，大范围的网络舆情日渐形成的条件下，人们对于交通拥堵的感知不再停留于个人层面，而是会通过网络平台将其快速地传播出去。传播出来的拥堵感受又会在接收到这类网络信息的人群中产生新的负向效应，网络成为扩大负向消息的传播渠道。由于网络传播的不可控性，当某一话题聚集了相当多关注的时候，会出现"舆论爆炸"，话题涉及的问题就会被放大，如图3-163所示。交通就是一个全民关注的话题。在负向效应和互联网的双重作用下，北京市的交通拥堵在一定程度上处于风口浪尖的状况。

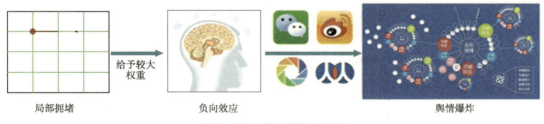

图3-163　负向效应示意图

一些以拥堵延时指数为依据的城市拥堵排名，看似公允，但恰恰忽略了北京市拥有近400km的城市快速路网（世界首都之最），在非高峰期带来的快速畅通效应，在拥堵延时指数计算中，由于北京畅通时速度快、时间短，导致出现分母相对其他城市小，延时指数反而高的情况，使北京背负"首堵"之恶名，这是负向效应被放大的最典型例证。

四、交通子系统评价方法

城市交通拥堵不仅影响了人们的生产生活，还影响了整个社会的经济发展，交通拥堵引发的交通运输效率下降阻滞了国民经济的发展，也造成了城市资源的严重浪费。目前有大量的学者针对城市的交通拥堵进行研究，本书第三章第一节第三小节针对城市交通拥堵的评价方法已经进行研究，根据新定义，交通拥堵评价还应该涉及公共交通（地面公交和轨道交通）拥堵评价、慢行交通评价以及静态交通评价等领域，因此本小节重点对公共交通、慢行交通和静态交通三方面的评价方法进行介绍，以适应新特征下的交通拥堵特点。

1. 公共交通评价

随着公共交通在城市交通系统中地位的提高，越来越多学者对其进行研究，如通过使用专家打分法和层次分析法对公共交通分析，得出我国目前公共交通服务水平评价体系问题和较为准确的城市公共交通服务水平实际得分。还有专家用打分法对城市轨道交通通道（以北京市轨道交通站为例），提出了适合北京市的轨道交通通道服务水平划分依据，得出了北京市轨道交通畅通的相关建议。

公共交通的拥堵除了地面公交在道路运输过程中体现的拥堵延误外，公共交通（轨道交通及地面公交）供给能力与需求的不匹配还表现在乘客拥挤。根据拥堵发生的地点，可以分为进站拥堵、通道拥堵、站台拥堵和车厢拥挤四类。

车厢内的拥挤评价指标主要有：车厢内单位面积站立人数、满载率、乘客感知、站点等。进站拥堵、通道拥堵和站台拥堵则大多用排队论来对其状态进行评价，具体的评价指标可包括排队长度、滞留时间、站台或通道聚集人数、通道拥挤度、二次上车率、平均走行时间等。

案例：北京市地铁拥挤度

2018年2月1日，北京地铁线路正式推出手机拥挤度查询功能（图3-164）。目前，北京地铁将拥挤度分为4级。

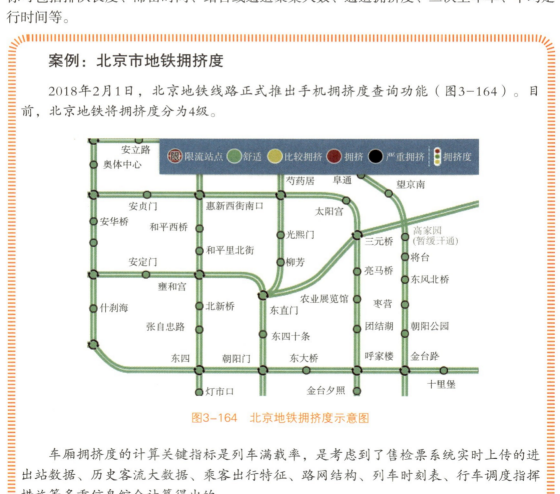

图3-164　北京地铁拥挤度示意图

车厢拥挤度的计算关键指标是列车满载率，是考虑到了售检票系统实时上传的进出站数据、历史客流大数据、乘客出行特征、路网结构、列车时刻表、行车调度指挥措施等多重信息综合计算得出的。

2. 慢行交通评价

慢行交通，是相对于快速和高速交通而言的，有时亦可称为非机动化交通(non-motorized transportation)，一般情况，慢行交通是出行速度不大于15km/h的交通方式。慢行交通包括步行及非机动车交通，由于许多大城市的非机动车交通主要是自行车交通，慢行交通的主体就成为步行及自行车交通。慢行交通拥堵本质上与道路交通拥堵相同，均是由于道路交通供给无法满足交通需求导致交通流出现滞后或停留等现象。但是现阶段关于慢行交通的交通数据采集方面还较为薄弱，也制约了拥堵评价指标的选取。目前，能够作为评价慢行交通拥堵的指标主要包括断面流量、密度和平均速度等。学者Dixon用打分法对自行车交通分析，得到A到F的LOS评分系统，为项目制定和优化提供建议。学者林建新等使用打分法对北京市CBD地区路段自行车道路分析，得到该地区自行车道服务水平并提出改善方案。学者Jensen用多元逻辑回归分析法对自行车交通分析，得到丹麦居民对自行车道路的满意程度和改善意见。学者Landis运用线性回归分析方法对自行车（以伦敦地区为例）交通分析，得到路面状况和行车道标线是影响服务质量的重要因素。

3. 静态交通评价

静态交通是由公共交通车辆为等候乘客上下车的停车、货运车辆为装卸货物的停车、小客车和自行车等在交通出行中的停车等行为构成的一个总的概念。虽然停车目的各异、时间长短不同，但它们都是静态交通，是动态交通的继续。另外各种停车场也是静态交通的组成部分。由于城市静态交通的组成较为驳杂，因此在评价静态交通拥堵时需根据不同的对象选择指标。其中，公交站点的交通拥堵评价指标可包括公交车排队长度、公交车停留时间等；而对于停车场而言，交通拥堵评价指标又可包括高峰驻放指数、入口流率、出口流率等。学者张秀媛和白夜运用统计频率分析方法对停车场（以中关村地区停车设施为例）分析，得到中关村地区停车服务水平，并提出相关改善建议和措施。学者王维民提出可拓层次分析法和模糊数学为基础的评价方法（以滨海新区停车规划专项为例），得出停车预测结果的首选方案。学者董红彦和王秋平使用基于层次分析法建立的停车场服务水平模糊评价模型，以3个规划方案为例，得出最佳服务水平停车场方案。

第四节 本章小结

北京市交通拥堵的发展经历了非机动车为主的交通拥堵阶段（中华人民共和国成立初期—1980年），从非机动化向机动化过渡时期的交通拥堵阶段（1980—1995年），城市道路基础设施大规模建设时期的机动车交通拥堵阶段（1995—2005年），小汽车加速进入家庭时期的机动车交通拥堵阶段（2005—2015年），道路、轨道、公共汽（电）车拥堵及停车供需矛盾为表征的综合性交通拥堵阶段（2015年后）。目前交通拥堵整体表现出城市道路交通拥堵、城市轨道交通拥堵、公共汽（电）车交通拥堵和静态交通（停车）拥堵等现象，具体特征体现在：

（1）交通拥堵的混合交通方式特征，包括人的拥挤，交通工具的拥堵，交通工具的静态停放及慢行交通路权被挤占，公共交通换乘不便，出租汽车与网约车发展的错位与融合，汽车分享与互联网新业态等。

（2）交通拥堵的总体数量特征，表现在中心城区工作日出行总量及中心城区绿色出行比例等数量特征指标等。

（3）交通拥堵的时间分布特征，主要包括早晚高峰明显、周期性变化等特征。

（4）交通拥堵的空间特征，主要包括拥堵呈区域蔓延态势、交叉路口拥堵严重及不同类型道路拥堵情况不同等特点。

结合北京市交通拥堵的新特征，新时期下交通拥堵的内涵核心是专注于人，其含义不仅仅是道路交通供需关系的紧张状态，而是更关注出行者的整个出行过程，涵盖各交通子系统，并且与以往相比更关注于各子系统之间的衔接过程。而对交通拥堵的新评价主要转向城市交通网络的运营效率评价，从单一交通方式的移动性（Mobility）评价出发，转向为表征综合交通网络的运营效率评价，即从"出行"角度出发，可采用可达性（Accessibility）、出行链等指标，以反映城市总体出行效率。

第四章
北京市交通拥堵成因解析

大城市交通拥堵产生的成因有很多,但总体而言还是由于交通基础设施供给和服务水平,与人民日益增长和提升的交通出行需求之间不均衡不匹配所产生的矛盾。近年来,北京市交通事业持续不断发展,为首都经济社会发展提供了有力保障,但由于交通需求总量的急剧增长及需求构成的复杂多样,城市交通总体形势依然非常严峻。交通拥堵是一项系统、复杂的"城市病",其"病灶"表象及内在机理随着城市总体发展不断演进变化,医病还需明确病症类型,才能对症下药、因病施治。本章将在前述章节的基础上,进一步分析城市交通系统的特点及拥堵形成机理,识别北京市交通拥堵成因并建立成因体系,综合分析城市交通系统各参与要素的影响关系和变化规律,并对北京市特有的成因特点加以分析讨论,为缓堵措施决策提供依据。

第一节 城市交通拥堵的特点和形成机理

城市交通具有巨系统性、自组织适应、开放随机、供需困局、交织叠加、刚弹相济、动态集聚、相对稳定的特点。城市交通拥堵的形成是众多交通参与要素综合作用的结果。交通供给、交通需求、交通组织管理等各交通参与要素都在交通系统中发生作用,这些影响相互关系复杂,需要通过对城市交通系统进行剖析,发掘其系统特点,并分析交通系统各影响因素对拥堵形成的影响,从而发现城市交通拥堵的形成原因。

一、城市交通系统特点

城市交通拥堵机理的分析要基于对城市交通系统特点的掌握所开展,城市交通系统参与要素众多,拥堵产生机理复杂,主要体现为八大特征(表4-1)。

交通系统特征　　　　　　　表4-1

序号	特征	具体描述
1	巨系统性	系统参与要素众多,包括实物(出行者、运输工具、道路、土地等)与非实物(法规、标准、管理、行为等)
2	自组织适应	出行者在进入系统满足自身服务需求的过程中,通过自身对外界环境和状态的感知,自行组织其出行行为,不同于铁路、航空系统的计划约束
3	开放随机	任一用户通可不经事先申请或约定,随时随地进入系统
4	供需困局	出行需求多样化和对质量的要求,与受土地空间、资金、环境承载力、能源等方面约束的出行服务水平之间的矛盾关系
5	交织叠加	内部众多参与要素在相互依存的同时又存在相互制约,任一参与要素的改变都会对其他参与要素甚至整个交通系统产生不同程度的影响

续上表

序号	特 征	具体描述
6	刚弹相济	交通需求和交通供给均呈现一定程度的刚性与弹性
7	动态集聚	交通拥堵因素在时间和空间层面聚集,具有时间性和空间性,且其时间性和空间性不是固定和一成不变的
8	相对稳定	在一定时期内处于相对稳定的均衡状态,对于确定的交通环境,出行需求特征具有一定的稳定性和规律性

1. 巨系统性

巨系统之所以称其为"巨",是指构成系统的子系统(或称之为元素)数量非常庞大,系统内子系统非常多,系统演化及系统行为都呈现出复杂性。交通运输系统是一个复杂的巨系统,从不同的角度来分析,系统具有不同的层次和结构。构成交通运输系统的要素中包含实物要素与非实物要素(图4-1)。其中,实物要素包括出行者、运输工具、道路、土地等;非实物要素包括交通运输法规、相关行业标准、管理规范等。

以运输工具为例,北京市目前已经拥有超过600万辆的机动车,而这个统计口径中还不包含城市内运行的自行车、三轮车等车辆(北京城市交通中运输工具的分类如图4-2所示)。这些运输工具根据从事运输活动的独立程度,可以分为三类:没有装载可获容器,只提供原动力的运输工具,如机车、推车(拖船)、牵引车等;没有原动力,只有装载可获容器的从动运输工具,如车辆、挂车等;既有装载客货容器,又拥有原动力的独立式运输工具,如汽车、电动自行车等。同时,任何运输方式的运输工具又都可以按用途分为旅客运输工具和货物运输工具两类。

交通基础设施是为货物运送和旅客出行、为物质生产和人民生活提供一般条件的物质载体和公共设施,是一个复杂的、开放的系统,是保证整个社会活动正常运行的基础。从广义上讲,城市交通基础设施应包括所有为城市交通活动提供支持的设施和设备,其中有城市道路桥梁、轨道线路、停车场、各种车辆、交通服务设施,还有交通管理设施及交通通信设施等。

此外,非实物的法规、标准、管理、行为,例如《中华人民共和国道路交通安全法》《道路交通行为与交通安全》、道路交通标志以及北京市公安局公安交通管理局等维护道路交通秩序的法规或机构,也同样是城市交通这一"巨系统"的组成部分。

2. 自组织适应

城市交通系统也是一个自组织系统,作为具体的交通参与个体,个人在出行决策的各个环节都可以根据具体情况随时调整和变更交通行为,个体出行者作为最基本的出行自组织适应单元,与其他个体自组织单元系统相互作用,适应系统外部因素的变化,最终达到系统整体的一个均衡状态。

例如个体出行者在日常出行过程中,自行决策出发时间、出行方式、出行路径等,当一种出行方式无法满足现实需要时,可以通过其他的方式出行;同样当预先设定的某条路径或出行方式状况不理想,效率和体验较差时,出行者可随时根据自身情况变更出行方式

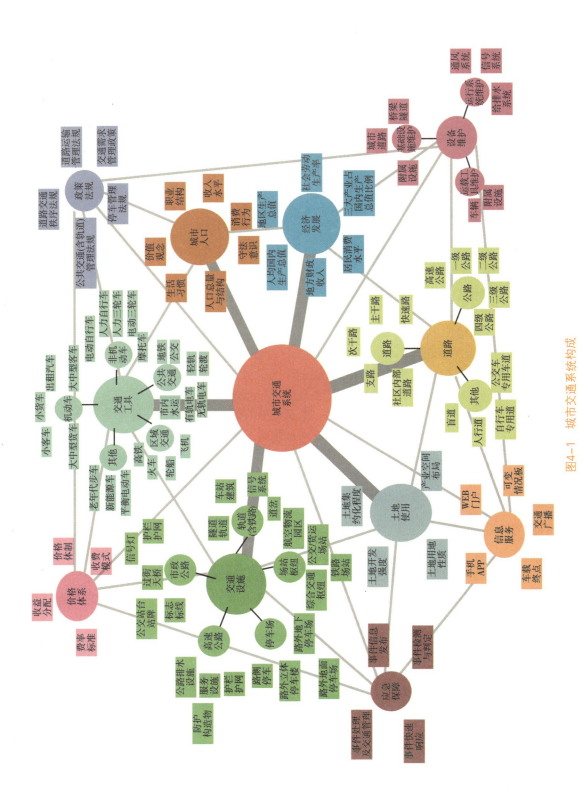

图4-1 城市交通系统构成

或出行路径。与城市交通系统形成鲜明对比的是航空、铁路、公路运输，这些运输方式具有典型的计划约束性，航班列车的班次是固定的，事先计划好的，不以个体出行者的意志为转移，因此个体出行者必须根据既有的班次计划为外部约束，来合理调整安排自己的行程。

图4-2 城市交通中运输工具的分类组成——以北京市为例

交通自组织适应的另一个重要特征，是指各种交通运输方式在自身或与其他交通运输方式不可避免地相遇并发生交会、交错、交织、交叉等种种情况时，其临场判断、避让礼让、交错通过、互为安全的行为均为交通出行者个体随时随地自行调节完成，且其发生量也远远大于交通设施（如信号灯）的强制发生量，可以说日常交通秩序的主体是由交通自组织适应系统构成的。图4-3就是一个关于城市交通自组织适应性的一个案例示意图。

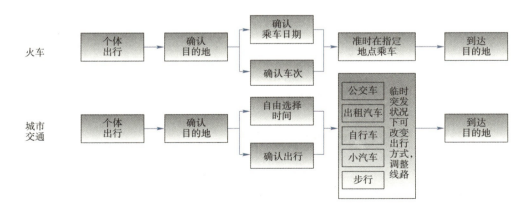

图4-3 城市交通中自组织适应性的某个案例示意图

3. 开放随机

开放随机性是指使用城市交通系统的任何一个用户通常都可以不经事先申请或约定，随时随地进入系统，满足自身服务需求，这与其他的城市公共服务系统具有较大的差别（图4-4）。从宏观上看，城市交通的服务对象介入系统的时间、地点、方式以及介入系统的持续时间都具有随机性。例如交通个体参与者日常的交通出行活动，具有一定的随机性，他可以随时随地以任何方式开始出行需求，也会因为临时有事而取消原本计划的出行需求。另一方面，影响系统自身运行的某些外部因素也是随机介入，如天气变化、事故、设备故障等。总的来说，开放随机主要表现为参与时间、参与地点、参与方式、参与身份等方面的开放随机。

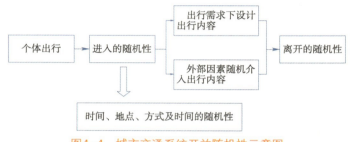

图4-4 城市交通系统开放随机性示意图

4. 供需困局

美国著名社会心理学家亚伯拉罕·马斯洛提出人有一系列复杂的需求，包括了生理需求、安全保障需求、社交归属需求、尊重需求和自我实现需求。这五个层次的需求，是由低到高逐级形成并逐级得以满足的（图4-5）。人类不断追求更高的生活质量，而这种追求本身会遇到时间、空间和各种资源的限制，于是人们也就不断为自己制造出了更多的难题和更大的麻烦，又要花力气发展自己以解决这些问题，克服这些难题。马斯洛将人类发展的需求分为五层次，重要性和层级逐级提升，当某一层次的需求通过外界环境得到满足后，其需求会进化演变至更高层级。

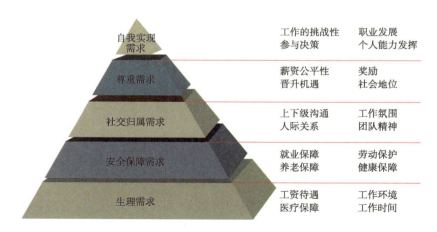

图4-5 马斯洛需求理论的五层次需求图

马斯洛提出的三个假设为：一是需求影响行为；二是人的需求按重要性和层次性排成一定的次序；三是低一级的需求得到最低限度的满足后，才会开始追求高一级的需求，如此逐级上升。需求是有层次的，逐级递升，高一级的需求开始必然是低级需求已经得到一定的满足。这三个假设在交通行业有异曲同工的表现：一是需求影响出行，活动需求很大程度上决定了交通出行的若干要素；二是城市交通需求按交通工具、速度、舒适性有着不同的层次；三是对于任何居民个体来说，其交通需求层次水平也是逐步上升的，只有在通达等低层次需求得到基本满足的条件下，才会开始追求快速、舒适等高层次需求，并且这种需求升级的演变是始终存在的。

如果将城市交通需求按照层次划分，那么按速度要求划分，城市交通需求可分为高速交通需求、中速交通需求和低速交通需求。不同交通方式自然有不同的速度，而同种交通方式也会因为交通服务水平的不同而表现出速度差异。

按舒适性要求划分，城市交通需求可分为舒适性交通需求和一般交通需求。其中舒适性交通需求主要是指门到门的小汽车交通（包括私人小汽车、单位公车、出租汽车等）。

不同分类方法虽然有其不同规律，但共同的特征是可以将城市交通需求通俗地划分为高级、中级（普通）和初级需求。对于这些不同层次的需求，其对公共资源（空间、能源等）的利用效率存在很大的差异性，对城市和社会总体带来的外部成本也不一样。

对于城市而言，资源的有限性是不争的事实，具体体现在交通领域、道路空间、环境和能源的有限性与个体出行者对于出行需求升级无限性的矛盾是始终存在的（图4-6）。交通不是无限扩大的，城市的面积相对固定，而随着居民收入和社会发展，人们对交通出行的质量要求也逐渐提高，随之而来的就是需求和资源相互间的矛盾。

图4-6 城市交通系统的资源示意图

5. 交织叠加

基于前述内容，交通系统具有巨系统性，内部众多参与要素在相互依存的同时又存在相互制约，各参与要素对交通系统运行的影响相互交织、相互叠加（某一个系统是否完备受制于另一个系统是否完备），任一参与要素的改变都会对其他参与要素甚至整个交通系统产生不同程度的影响。例如，公共交通网络要依附于道路交通网络存在，道路交通网络的通达性和路网密度对公共交通系统的可达性具有重要的影响。又例如居民选择居住地和日常通勤交通方式时，往往是联合考虑做出的最后选择，经济学中区位选择的经典理论认为，居民将会在收入约束条件下，在通勤成本和住房成本之间进行权衡，并最终做出居住地选择和通勤模式选择的决策。因此，居民往往对于那些离工作地比较近的房屋具有较高的支付意愿，同时也倾向于选择那些周边交通设施（如轨道交通站点）较为便利的房屋，并且一旦选择后将会更多地采用轨道交通作为日常的出行方式。

6. 刚弹相济

城市交通系统的另一特征为刚弹相济，这一点源于交通需求和供给侧的刚性和弹性

（交通需求的类型如图4-7所示）。相对而言，刚性特征较难改变或通融，弹性特征可以依据实际情况发生改变。从需求侧来说，刚性需求是满足个体或团体实现某个必要目的的最基本出行需求（如通勤需求），特点是在一定时间内，受城市人口规模、功能布局、交通系统等宏观层面相对稳定的影响，刚性需求在时间与空间层面相对固定，表现为出行的总量、起讫点、时间、方式、路线等相对固定。弹性需求则是满足居民其他生活性目的的出行需求（如休闲娱乐的需求），弹性出行表现为出行总量、出行目的、起讫点、时间、方式、路线等相对不固定，导致其在时间与空间层面不十分固定。随着经济水平的提高，北京市出行的弹性需求也在逐年升高。

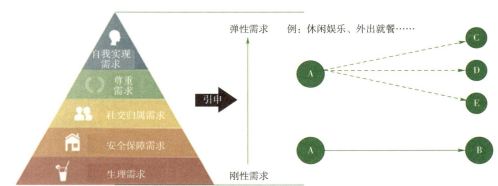

图4-7 交通的需求类型

从供给侧来讲，交通供给侧也存在刚性和弹性的特点，其中刚性源于外部资源约束，例如土地、能源的刚性约束。此外，能源和环境承载力的限制也对交通供给侧的供给模式产生一定的限制。外部资源的约束决定了理论上供给能力能够达到的最高值，而供给侧的弹性主要源于两方面：一是从结构层面，不同的供给侧基础设施结构导致实际的供给能力差异；二是从管理层面，在同等结构的基础设施下，管理水平差异决定了对既有资源分配和利用的效率。

7. 动态集聚

城市交通系统具有动态集聚的特性，这种集聚主要来源于交通需求侧，不仅体现在时间和空间层面，也体现在交通方式方面。一般情况而言，工作日早晚高峰通勤需求在时间层面高度集聚，易出现交通拥堵（图4-8），节假日、旅游季休闲旅游需求集中爆发，也易导致交通拥堵；而在工作日的平峰时段，非节假日或旅游季则交通系统运行良好。从空间层面看，在城市中心区，局部热点区域如景区、医院、学校等，更易出现交通拥堵；而在城市中心区外围或非热点区域则交通系统运行良好。

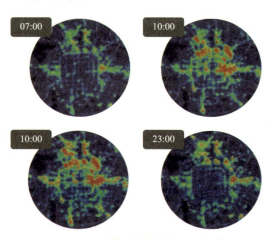

图4-8 不同时间段的北京人口热力图

此外，出行需求在方式层面的集聚主要体现于资源占用高的小汽车出行增长、资源占用低的自行车出行和公共交通出行减少，并且这类集聚还是在不断演化发展的。

8. 相对稳定

从科学推理上来看，越简单的系统效率越高，越复杂的系统越稳定。城市是个复杂系统，城市的稳定性正是由自身的多样性和复杂性带来的，城市之所以在完全没有或者很弱的人工干预情况下，历经千百年战乱、天灾人祸等各种各样的摧残总能自愈，总能重新聚集起来，其实跟它的系统复杂性有很大关系。

相对稳定可控是指城市交通系统在一定时期内处于相对稳定的均衡状态，对于确定的交通环境，出行需求特征具有一定的稳定性和规律性。从长期来看，如果可以把握这种规律性的变化，即可通过控制相关影响要素来调整城市交通系统的运行状态。从运行角度看，城市运行状况在一定时间、一定空间下是相对稳定可控的，这个是交通系统的特征，以交通指数为例说明，交通指数是城市为了反映全市域路网运行状况的一个指标，可以使用车辆运行速度或者延误时间等参数进行转换，如北京使用的是出租汽车浮动车系统作为底层测算数据，通过对历年的不同时段、不同空间的交通指数监测可以发现，在早晚高峰、平峰以及典型区域下的交通运行状况极具特征，这一点也可以从交通指数指标中反映出来（图4-9），即说明城市交通运行指数在一定时期的形态是比较稳定的。

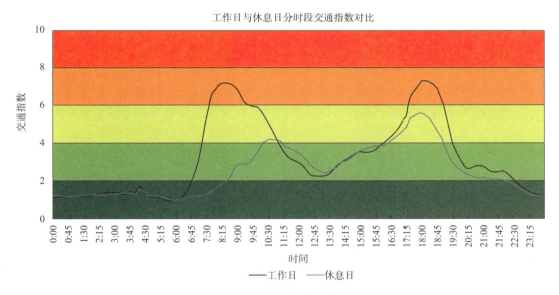

图4-9　北京市交通拥堵指数变化图

二、城市交通拥堵的影响因素及作用关系

交通拥堵产生是基于外部资源约束下，城市交通需求、供给、管理三方面经系统闭合反馈所呈现出来的最终运行状态。该过程涉及城市发展、人口、土地、交通设施、组织管理、社会文化等方方面面，其内在关系和互动规律错综复杂，但总的来看可以将这些要素分为交通供给、交通需求、交通组织管理三大类别。

1. 交通供给

交通供给体现在道路系统、轨道交通、公共汽（电）车、停车系统、自行车和步行等各个交通方面的基础设施状况和出行环境上，受土地空间资源和环境资源的限制，而供给在时间和空间上的聚合又可以称之为交通承载力，其反映的是社会中各种资源承载力的一种。交通承载力具体指整个交通系统在一定的时间空间范围和特定运行标准范围之内，能够服务承受的人或物的最大的空间移动需求量，其内涵是指在一定社会经济发展条件和时空范围内，城市交通基础设施在特定服务水平下所能承受交通需求的极限，表征了交通系统承受能力的边界，反映了交通系统对城市社会经济发展的支撑能力。

通常，交通承载力有四个外部限定条件（图4-10）：

（1）时空范围的资源约束。

交通承载力必须放在特定的时空范围下进行讨论，剥离其时间和空间的外部约束是没有意义的。交通承载力本质是交通供给资源在时间和空间两个维度上，对于交通需求承受能力的具体体现，一方面这是由空间和时间两类外部约束的有

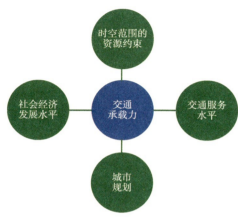

图4-10　交通承载力的限定条件

限性导致，另一方面也是由交通需求的时空维度特性所决定的。具体举例来说，交通基础设施的建设需要土地资源，但我们不可能把城市中所有土地都用于道路建设。

（2）交通服务水平。

交通承载力的高低与判定系统运行状态的标准密切相关，即受交通服务水平的影响。交通系统服务水平的标准越高，对空间和时间资源的需求程度越高，交通承载能力会相应降低，反之亦然。如公共交通服务标准要求为每位乘客提供舒适座位，则单位车辆运载的乘客数量会减少，同等车辆规模的情况，特定时间内运输的乘客数量也会相应降低。

（3）社会经济发展水平

交通承载力也受到社会经济发展水平的影响，这个影响是宏观上的影响，城市总体的社会经济发展水平会对城市交通基础设施投资建设水平，强度以及投资结构等产生一系列的作用，最终导致交通系统综合承载力的差异。

（4）城市规划

交通承载力还受到城市规划的影响，这个影响是在顶层上对城市未来发展的目标要求和期望，城市规划将保证城市功能发展和空间布局的一致性，也是预测未来交通承载力的关键因素。

交通供给（即城市交通基础设施）作为交通承载力的具体载体，又可分为道路基础设施、轨道交通设施设备、停车基础设施、公共汽（电）车设施设备、自行车出行环境、步行出行环境等方面，上述各类载体综合形成了城市交通供给系统。

2. 交通需求

交通需求侧的要素主要包括交通参与者的总量、交通参与者的人员结构、城市产业空

间布局、土地利用集约化、土地开发强度、城市经济发展水平、城市居民收入水平、居民的消费和生活习性、机动车保有量及交通守法意识等方面。

（1）人口总量与结构。

人口总量与人口结构影响着交通参与者的需求总量和需求特征，近年来，北京市人口不断增长，且就业岗位大量增加。2017年底北京市登记常住人口（在京居住半年以上人口）已达到2170.7万人。巨大人口数量引发的大量交通需求必然会给交通系统造成巨大压力（近十几年人口总量与出行总量的变化见表4-2）。

北京市历年人口总量与出行总量变化情况　　　　表4-2

年份（年）	2001	2004	2007	2010	2013	2017
常住人口（万人）	1383	1493	1633	1961	2115	2171
出行总量（万人次）	1605	1901	2275	2904	2779	2765
出行频次（次/人日）	1.16	1.27	1.39	1.48	1.31	1.27

常住人口的增加主要是由就业人口拉动造成，首都功能核心区就业人口与新增常住人口比高达225.9%，说明核心功能区就业人口的增长速度远远超过居住人口的增长速度，核心功能区就业功能在加强，大量人口居住在外围地区，产生大量长距离跨区通勤需求，同样一次出行距离更长，为交通系统带来了更大的压力。

（2）城市空间布局。

城市空间布局是在地域空间上的包括产业、居住、商业、教育、医疗、休闲旅游等的投影，对城市空间结构调整具有重要支撑作用，各种外部因素会通过影响交通需求来对城市交通供给系统产生压力。城市空间布局既对城市交通系统产生直接影响，也通过对城市空间结构的支撑作用来间接地影响城市交通系统，城市交通系统对城市空间布局具有明显的引导带动作用，城市空间布局与城市交通系统二者之间是相互影响的。

城市空间布局的调整直接影响城市交通需求的变化。城市空间是就业的载体，城市空间布局影响着就业人口的分布，就业人口在居住地与就业地之间位移，不可避免地产生交通流，从而影响交通流的分布。而城市空间集聚作为产业发展的必然趋势，大量产业高密度的集聚，吸引了大量人口来此就业，就业人口密度持续增加，必然增加交通需求。

（3）土地利用集约化与开发强度。

土地利用的集约化和土地开发强度影响着城市居民的日常出行需求。城市土地利用是交通需求产生的源头，主要体现在用地集约化和开发强度两个方面，用地集约程度和开发强度差异决定了区域的居民出行特征，包括出行强度、出行距离等，生成的交通需求特征也各有不同。居住用地早高峰期以产生为主，商业办公用地早高峰以吸引为主。而同种用地性质下开发强度不同，产生的交通需求差异也很大。开发强度越大，地块能够容纳的居住人口或提供的就业岗位也就越多，使得地块产生或吸引的交通量也越大。

（4）经济发展与收入水平。

城市经济发展和居民收入水平对交通需求的主要影响体现在不同层面，宏观层面城市经济发展使得各类经济活动强度增加，相应的通勤和商务出行需求强度加强，同时对需求方式和服务水平也提出了更高的标准要求，微观层面居民收入水平的提升使得居民日常生活类出行的比重明显增加，居民的出行目的已经不仅仅是通勤需要，生活类其他需求逐渐增加，特别是文化娱乐和购物等活动逐步增多，反映了居民出行的多元化。同时收入增长后居民对出行体验的私密性、舒适性、时效性等方面的需求升级。此外，城市旅游出行的需求也会大幅增长，一方面外来旅游出行对于城市交通带来部分压力，另一方面城市居民外出旅游，尤其是自驾出游对于区域交通系统也提出了更大的挑战。

（5）居民消费观念与生活习惯。

居民消费观念和生活习惯决定了消费行为和生活行为，进而又会对与这些行为相关的出行特征产生影响，这些影响包括消费模式、消费场所、付费理念、生活出行强度等。例如目前广泛流行的电商模式和送餐外卖模式，很多年轻人的消费和日常饮食都通过互联网平台完成，从而使得传统的商场和餐饮店面吸引强度降低，但城市配送和快递物流的需求快速增长。此外，居民付费观念程度高低也会对交通需求侧产生影响，以停车为例，很多地方管理机构和城市居民仍然把停车作为政府应当提供的公共服务，没有意识到停车和住房一样都是具私人物品属性的商品，从而导致大量无序免费的停车需求，一定程度上也刺激了机动车保有量的增加。

（6）机动车保有量及使用。

交通需求中最为重要的组成部分之一是机动车出行交通需求，机动车保有量及使用行为是影响机动车出行交通需求的两大核心因素，既影响着动态交通需求，也决定着静态交通需求。一方面机动车保有量直接决定整个城市机动车规模水平，既影响着机动车总体出行需求，又直接决定着基本停车位的停车需求；另一方面，机动车的使用特征会决定机动车使用强度，直接可体现为单车日均行驶里程，结合机动车保有量综合决定了机动车需求周转量，该指标是机动车需求最直观的反映。同时机动车的使用特征也决定出行停车位的停车需求。

（7）交通文明与守法意识。

个体出行者的交通文明与守法意识也同样会对交通需求产生影响，例如驾驶员在遇到导向车道通行不畅时，有可能会越过前方排队等候车辆，强行插入相邻车道行驶，导致道路交通流的紊乱，形成人为的通行"瓶颈"，影响道路的通行效率。各种违法驾驶行为，例如强行变道，也极易引发剐蹭事故，造成更严重的拥堵。

此外，商圈区域最易发生机动车违停占道等违法行为，当停车位饱和后，一些机动车在行车道或人行道违法停放，违法停车需求又会对道路交通运行造成影响。

3. 交通组织管理

交通组织管理是指利用工程技术、法制、教育等手段，正确处理道路交通中人、车、路之间的关系，使交通尽可能安全、通畅、公害小和能耗少。交通管理中交通需求和供给水平对交通系统的运行状态可能达到的边界水平和可能的范围，组织管理侧的组成要素对于系统最终实际的运行状态具有重要的作用，交通系统若不能够达到有效组织管理，将严重影响其安全、通畅并且产生不必要的能耗污染。做个比喻，城市交通系统的交通需求和交通供给两方面组成部分就好比一个运动员的身体天赋，组织管理侧就好比对于这个运动员后天的训练培养，两者最终决定了这个运动员能够达到的竞技水平。具体来说，一方面，通过法规政策的制定、交通组织设计、交通设施的维护、资源的挖潜改造来调控、改善交通供给；另一方面，通过交通执法、交通秩序的管理，交通信息服务的提供，价格体系的杠杆调节来调节交通需求，从而平衡交通需求与交通供给间的矛盾。

（1）交通运输组织。

交通运输组织包括交通组织和运输组织。

交通组织从广义上是指为解决交通问题所采取的各种软措施的总和。所谓软措施是指除了大规模道路建设项目（如新建、改扩建道路及交通枢纽）以外的各种措施。或者说，在道路的主体结构状态（含停车设施状态）不发生变化的情形下，为提高道路交通运输效率和确保道路交通安全所采取的各种工程技术措施、数学方法、经济方法、交通政策和法规。

交通组织类型包括了微观交通组织、区域交通组织、宏观交通组织、静态交通组织和动态交通组织。微观交通组织的主要任务是冲突点分离或冲突点控制，信号配时上要分秒必争，在车道渠化上要寸土必争，体现出在冲突分离基础上充分利用空闲时间和空闲面积；区域交通组织的主要任务是路网交通压力均分，在时间上要削峰填谷，在空间上要控密补稀，体现出矛盾分散时空均分的原则；宏观交通组织的主要任务是通过政策、法规来引导交通发展，以扩大交通供给和控制交通需求为手段，平衡交通供需关系，避免发生交通供需倒置；静态交通组织主要解决交通资源配置问题，主要任务是路网各节点不同流向通行能力分配和路权分配；动态交通组织的主要任务是交通流分配（或者说是路网各节点的交通负荷分配）。

运输组织是研究交通工具在城市交通运输网络上的流动，实现人和物的迅速、安全、经济、方便和准时运输，创造空间效用和时间效用的科学，是现代交通运输组织管理理论和科学。

对于城市而言，运输组织包括城市对外运输组织、城市内部客运运输组织和城市货运运输组织。其中，城市对外运输组织包括对外客运组织、对外货运组织；城市内部客运运输组织包括了公共交通运输组织（如公交车、轨道交通、出租汽车等公共交通方式的运输组织）和非公共交通运输组织（如社会车辆、自行车等交通方式的运输组织）；城市内部货运运输组织包括专业货运组织、单位货运组织、出租货运组织。

（2）疏堵挖潜完善。

经过几十年的不断扩建、发展，目前北京市道路结构及交通网络布局已逐渐趋于成熟，在当前拆迁不易，路网扩建可能性小的情况下，治堵需要在挖潜改造上下功夫。要进行挖潜改造，首先要深入推进交通堵点排查治理，以繁华商业路段及学校、医院周边主要道路为重点，开展城区交通堵点排查，经过筛选后，针对现状道路存在的交通拥堵点进行挖潜改造。重点对医院、广场、政府、商城以及相关学校周边路段按要求制订治堵方案，综合采取工程性改造、交通设施完善、勤务管控强化等措施治理，并建立长效管理机制，防止出现反弹。

（3）设施设备维护。

为保证城市交通持续稳定运转，交通设施设备的管理维护是其中很重要的一环。设施设备维护是为了解决交通设备在损害后能及时处理，确保各类交通设施设备能正常运转。

在城市道路中，维护的对象主要有信号灯、监控、标线、标牌等。通常情况下，道路监控中心会通过监控显示设备观察各条街道摄像头是否正常工作。

（4）交通信息服务。

交通信息服务是指为驾车出行者提供路况、突发事件、施工、沿途、气象、环境等信息，以及为采用公共交通方式的出行者提供票务、营运、站务、换乘、沿途路况等信息。交通信息服务主要包括：出行前信息、出行途中信息、公共交通运营信息、停车信息、交通事件信息、紧急事件信息、道路条件信息、交通气象信息、道路交通事故信息、道路异常信息和交通管制信息等。

随着公众对出行信息服务需求的日益旺盛，以及移动互联网和智能手机的普及，各种"互联网+"出行信息服务产品迅速涌现，出行信息服务市场蓬勃发展。从提供主体角度可划分为两大类产品：一是由各交通运输服务供应商提供的出行信息服务产品，如高速公路运营企业提供的路况信息、应急救援服务，铁路、航空公司提供的票务预订及乘车/机服务办理，公交、轨道交通运营企业提供的实时公交、购票检票服务等；二是由互联网企业、汽车厂商等提供的出行信息服务产品，如高德、百度等提供的地图导航及实时路况服务，滴滴等提供的网约车、共享单车服务，携程、美团等提供的飞机票、火车票、汽车票预订服务，EV-CARD、Gofun等提供的共享汽车服务，掌上公交、车来了等提供的实时公交查询服务以及停车、代驾、汽车后服务等信息服务产品。

为交通出行提供的交通信息服务，能够使出行者提前掌握相关道路的交通信息，诱导出行者选择效用最大（基于实时的效用最大，而不是理论上和经验上）的出发时间、出行方式和出行路径，降低了出行过程中的花费（时间、金钱和体力），使得现有的道路网络资源得以充分利用，提高了交通运输系统的功效，缓解了交通拥堵以及由此引发的环境、社会问题。交通信息服务的实质即是通过提供合适的交通信息来指导出行行为，使人们的出行选择与交通管理者的预期目标一致。交通信息系统的作用效果在很大程度上取决于所提供信息对出行行为诱导的有效性，及其对相关交通管理政策的支持程度。

（5）交通法规政策。

交通法律是我国法律体系中行政法部门中的一个分类。交通相关法律主要有：《中华人民共和国道路交通安全法》《中华人民共和国公路法》《中华人民共和国海上交通安全法》《中华人民共和国航空法》《中华人民共和国铁路法》《中华人民共和国港口法》等。道路交通秩序管理的法律体系是以《中华人民共和国道路交通安全法》为主体，以机动车和驾驶人管理法规、道路通行法规、交通事故处理法规、执法监督法规、法律责任和相关强制措施法规以及相关的技术性法律规范为主要内容，由道路交通安全法律、行政法规、规章和地方性法规、规章组成的道路交通安全法律体系。

解决城市交通拥堵问题必须依赖法律规范构建出常态化的、合理的、具有可操作性的治理制度，通过制度对权利、义务的合理分配实现缓解拥堵的目标。道路交通管理的办法和规则主要有：《汽车管理暂行办法》《城市陆上交通管理暂行规则》《城市交通规则》《机动车驾驶员安全组织规程》《城市交通规则补充规定》《机动车管理办法》《公路交通规则》和《关于加强和改革城市交通管理工作的请示》等。

（6）交通秩序管理。

交通秩序是人们维护交通安全和畅通而必须遵守的行为规范，是依照国家的有关法律、法规及技术标准对交通参与者及车辆进行行驶规范化管理。交通秩序管理是道路交通管理工作的重要组成部分，也是一项重要的国家行政管理活动，其管理目的主要通过交通执法的手段实现。交通秩序管理对确保交通安全、通畅、有序，维护广大交通参与者的合法权益，保障社会治安稳定都具有重要作用。道路交通秩序管理主要包括交通事故预防、交通事故处理、车辆及驾驶员管理、交通执法、交通安全宣传教育、交通信息化。

道路交通秩序管理方法可分为三大类：法规管理方法、行政管理方法和科技管理方法。法规管理方法主要包括行政处罚、行政强制措施和刑事强制措施。行政管理方法主要包括赋予、剥夺、注销、禁止、管制、登记、取缔、许可、命令、批准、受理、拒绝、免除、委托和监督检查。科技管理是指公安交通管理部门采用先进的管理方法和技术手段，对道路交通进行有效管理活动，包括交通管理科学理念的研究和新技术监督，开发先进的技术装备和交通安全措施等。

（7）交通应急保障。

交通应急保障的主要任务是在各类应急情况下，通过快速抢修和维护，确保交通设施的组成部分在承载能力、通行能力方面保持良好状态，确保各类交通运输工具的顺畅通行。交通应急保障主要包括道路、轨道、公交等方面，其中道路交通应急保障又可分为四个方向：道路交通自然灾害应急保障、道路交通重大事件应急保障、道路交通突发事件应急保障和道路交通事故应急保障。

北京是特大型城市，人口稠密、经济要素高度积聚，政治、文化及国际交往活动频繁。多条高速公路、国道贯穿境内，城市道路路网密集，机动车快速增长，存在诸多诱发道路突发事件的因素。其中，引发道路应急事件因素大致分为内部因素和外部因素，内部因素包括：道路地下管线渗漏、排水不畅、二次开挖回填、地下构筑物施工及采空区等引发的道路突发事件。外部因素包括：地震、暴雨、山洪、泥石流、山体滑坡等自然灾害，车辆超载、外部撞击、恐怖袭击等人为破坏引发的道路突发事件，以及重大活动或政治事件等。

（8）价格体系。

在交通拥堵的影响因素中，价格因素是其中不可或缺的一环。交通系统的价格体系主要包括公共交通票价、出租汽车价格、停车价格、道路通行费价格、燃油价格等。例如，公共交通价格的低廉有利用吸引更多的出行者使用公共交通方式，合理的停车收费价格能够抑制机动车的保有和使用需求，尤其是一些热点商区、办公区，通过提高出行车位的停车价格，同时加大这些区域的公共交通服务水平，并辅以较低的公交票价，能够大大缓解这些区域的交通运行压力。此外，在公共交通票价的定价水平上，也要遵循相应的原则。例如，票价不能过低。票价过低至少有两个弊端：一是运营企业总体收入及现金流受影响，对企业发展和财政都是很大负担，现在北京就陷入这样的窘境；二是要注意和其他方式的合理比价关系，单纯过低的票价会丧失价格引导功能。例如在地面公交、地铁等交通方式的选择中，北京市民首要选择的是地铁，因为快捷和舒适程度高，票价低，造成北京的地铁客流连续高位增长,而地面公交连续5年客流下降,虽然缓解了地面交通的压力,但是造成了资源和运力的浪费。

三、城市交通拥堵的形成机理

通过前文对于城市交通系统组成部分和其特点的分析,可以看出城市交通系统的组成要素可以划分为交通供给、交通需求、交通组织管理三个部分(图4-11),其中交通供给侧泛指各类交通基础设施的供给能力,具体又受到城市土地空间资源和环境资源的限制,又可以细化分为道路、轨道交通、地面公交、自行车、步行、停车等子系统,城市发展和建设过程中对于不同子系统公共资源的投入比例(如投资、用地等)直接决定了该城市的交通供给侧的供给机构。交通需求侧指人或物的流动需求,这里既包括需求总量、需求的时空分布、需求结构等宏观特征,也包含用车习惯、交通行为规范等微观特征,具体的影响因素包括城市人口情况、产业空间布局、土地利用集约化和开发强度、居民经济收入水平和生活习惯以及日常交通文明意识等。

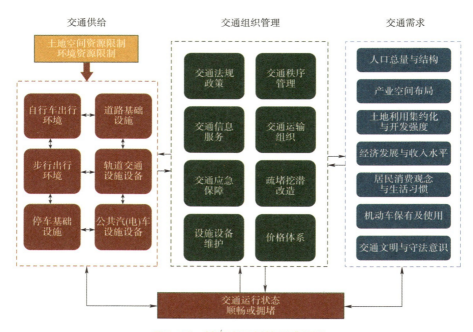

图4-11 城市交通拥堵形成机理

交通供给和交通需求的基本情况决定了交通系统能够达到的可能状态或范围,现实中系统最终的均衡状态还同时取决于系统组织管理方面的因素,这里既包括相关的法律法规、标准规范、价格体系,也包括管理水平、执法严格程度和科技应用水平等。例如,同等的道路建设水平下,通过优化信号灯配时和区域联动,优化交叉口的交通组织设计可以大大提高道路通行能力,提升交通运行水平。此外,交通需求管理政策如通过价格手段调整城市核心热点区域的机动车使用需求,从而缓解该区域的道路交通压力。

需要说明的是,上述三方面的因素是相互交叉、相互影响的,其综合作用最终会使交通系统的运行水平呈现出一个相对均衡的状态，根据评判交通运行水平的相关标准，来判定系统状态是出于何种程度的顺畅或拥堵。当交通供给、交通需求、交通组织管理方面的要素发生重大变化后，交通系统又会发生重构，由原有的稳定状态走向调整期，再走向另一个新的稳定均衡状态。

这里想额外讨论的是，在经济发展和社会进步的大背景下，交通拥堵是否可以彻底解决。美国哈佛大学运输与经济学教授J. R. Meyer教授曾经指出："完全排除拥堵并非是最优的，要排除所有的交通拥堵（使之不再出现）就要无休止地建设道路，费用极其昂贵，远远超出其带来的效益。"相对而言，本书比较赞同Meyer教授的观点，在社会经济发展水平推动下，一旦在某个城市出现交通拥堵，只要不出现社会经济意外倒退，就不可能再回复到终年不见拥堵的那种交通环境。

第二节　北京市交通拥堵成因体系

交通拥堵是基于外部资源约束下，城市交通需求、供给、管理三方面经系统闭合反馈所呈现出来的最终交通运行状态。影响交通拥堵的因素众多，其成因涉及城市发展、人口、土地、交通设施、组织管理、社会文化等方方面面，各因素间的内在关系和互动规律错综复杂。结合北京城市特点，本节构建了北京市交通拥堵成因体系，将交通拥堵成因划分为四个层级，其中一级成因6类，具体包括城市发展要素，交通设施要素，组织管理要素，行为理念要素，体制机制要素和其他影响要素，二级成因30类，三级成因71类，四级成因213类（图4-12）。

一、城市发展要素构成及典型案例

1. 人口要素

人口及其活动状况是城市交通的重要影响因素，主要包括人口规模、人口结构、人口分布等。当人口总量规模过大、人口增速过快所带来的交通需求远远超过交通承受能力及人口空间分布不合理导致交通需求分布不均都将引发交通拥堵，人口结构尤其是老龄化人口比例增长也会影响城市交通需求进而导致交通运行状态的变化。

（1）人口规模。

北京市作为特大城市，居住着巨量规模的人口。密集的人口带来了巨大的交通需求，给城市交通带来很大压力。2017年末全市常住人口2170.7万人，其中，常住外来人口794.3万人，常住人口密度为每平方公里1323人（图4-13）。

人口总量提前十年突破《北京城市总体规划（2004年—2020年）》确定的2020年人口规模1800万人的目标，为解决巨量人口的出行需求，北京市背负了巨大的交通负担。

对比节假日或重大活动前后，即可看出：在十一假期或APEC期间（市民放假）前后，在京人口出现明显的下降，交通出行量也出现了明显的回落，从侧面反映出人口与交通需求呈正相关性（图4-14）。

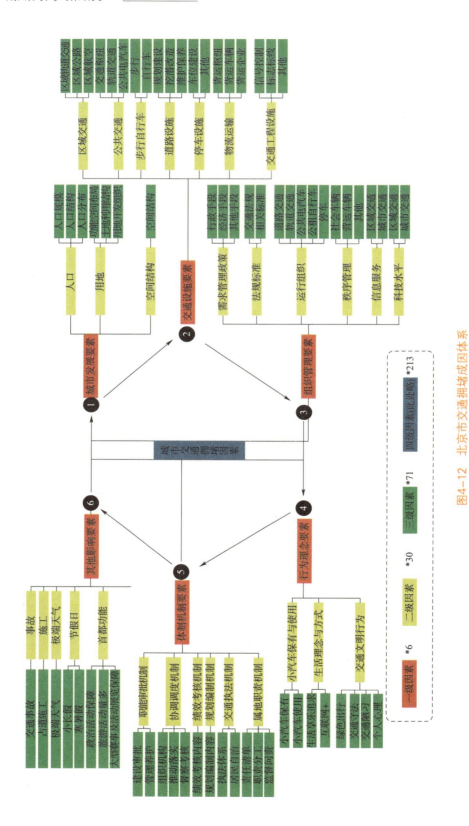

图4-12 北京市交通拥堵成因体系

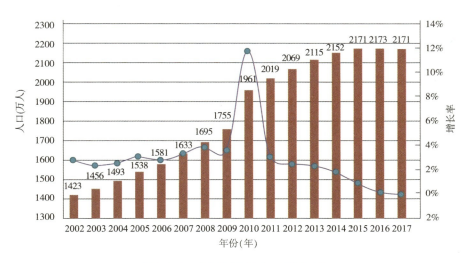

图4-13 北京市历年人口发展历程

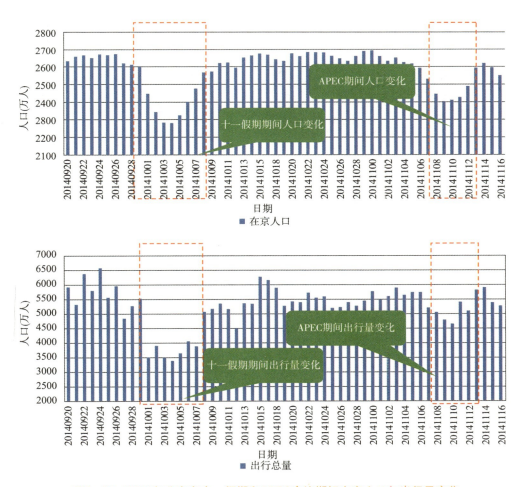

图4-14 2014年北京市十一假期和APEC会议期间在京人口与出行量变化

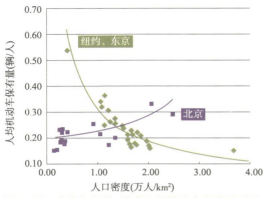

图4-15 北京与纽约、东京人均机动车保有量对比

（2）人口分布。

城市人口高密度聚集特点是导致交通需求较为集中的一个重要因素，人口分布尤其是人口密度分布直接决定了交通需求的分布。如果在交通发展模式的选择上处理不当，就会在人口高密度聚集区导致严重交通拥堵。以北京市为例，在寸土寸金的核心区人口高度集聚，同时人均小汽车保有量过高一直是困扰北京交通良性发展的一大难题，这也是目前，北京交通与世界城市相比最大的差距之一（图4-15）。

随机调查的北京市部分街道，社区人口密度（人/km²）为：西城区月坛街道29782人/km²、椿树街道34862人/km²、白纸坊街道40000人/km²。双槐里人口密度为137595人/km²，菜园街更是高达199050人/km²。北京市城区人口密度非常高，导致在区域范围内城市出行分布不均衡，进而会导致拥堵产生（图4-16）。

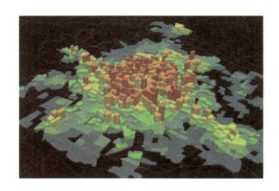 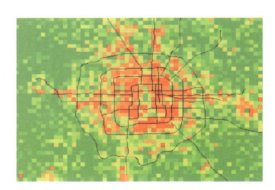

图4-16 北京市居住人口分布

2. 用地布局

城市用地功能布局是影响城市出行需求的决定性因素。公共服务资源集聚情况、就业居住分布（职住平衡）情况功能布局、用地开发基础配套设施及公共交通引导城市空间拓展与土地开发情况都将影响居民交通出行。

职住不平衡使得早晚高峰期间通勤者花费更多时间在交通设施上，使得交通设施长时间面临巨大的客流压力。据2016年百度发布的北京市居民出行大数据报告显示：2016年北京市居民平均单次出行距离约为12.2km，耗时54min，且工作日与休息日趋同。

从空间上看，北京市约68%的常住人口分布在四环以外。由于职住分布的地区差异，四环内的吸引强度均大于发生强度，发生强度均小于吸引强度。在百度地图随机截取的工作日四环外常驻人口热力变化分布图可以看出：在工作日09:00至18:00，人口向四环内聚集，而在23:00至次日07:00的非工作时间，人口向四环外流出。四环外北部和东部的住宅区要多于南部和西部。其中，早晚通勤高峰期，高热力出行需求主要集中的区域有西北四环（海淀区中关村等）、西二环（西城区金融街等）、东三环（朝阳区国贸等），如图4-17所示。

图4-17　北京四环外常驻人口热力变化分布图

从时间上看，职住不平衡直接导致跨区域交通出行所引起的潮汐现象，"睡城"天通苑、回龙观、龙泽等地居民，工作地点主要集中在西二旗、上地、中关村附近，出行趋势以"钟摆形"为主，早晚高峰时段均出现明显的潮汐现象（图4-18）。

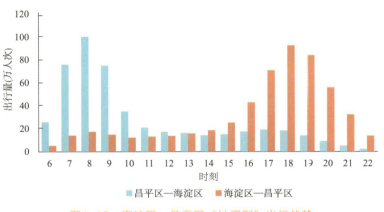

图4-18　海淀区—昌平区"钟摆型"出行趋势

3. 空间结构

随着城市化进程的不断加快，城市人口和城市空间规模不断扩张，不仅城市出行总量急剧增长，而且居民平均出行距离增长迅速，这种"双增长"无疑增加了城市交通的压力，交通系统承载能力面临严重挑战。城市空间结构是决定交通出行需求空间分布的重要因素，一般包括：

（1）单中心结构；

（2）多中心结构；

（3）单中心、多中心混合结构。

不同的城市空间结构将会对城市居民的出行需求分布和出行模式造成不同的影响。

以北京市为例，旧城功能过于强大，多中心的格局尚未形成，导致北京城市就业过度集中于以旧城为核心的中心区域，大量工作人口在郊区居住，引发城郊之间大规模的通勤潮汐交通，导致严重的交通拥堵。2017年国务院批复的《北京城市总体规划（2016年—2035年）》，已认识到单中心城市结构之弊，统筹考虑首都功能疏解与整治、疏解与提升、疏解与发展、疏解与协同的关系，大力调整城市功能和空间布局，从而优化提升首都功能，提出了"一核，一主，一副；两轴，多点，一区"的新城市空间结构蓝图，即：一个首都核心功能区、一个中心城区、一个北京城市副中心；中轴线及其延长线、长安街及其延长线，多个位于平原地区的新城，一个生态涵养区。其中，核心区功能将进行重组；中心城区进行疏解提升；北京城市副中心、河北雄安新区，形成北京新的两翼；平原地区疏解承接、新城多点支撑、山区生态涵养（图4-19）。

二、交通设施要素构成及典型案例

1. 区域交通

区域交通主要指区域层面对外交通，包括航空、铁路、公路。从区域网络的层面上看，区域铁路、公路网仍以北京为中心，大量的过境交通在北京中转，区域交通网络化规模及线网功能（公路、铁路及航空）缺乏合理分工与组织，配比结构有待进一步优化，围绕首都的"单中心、放射状、非均衡"的网络格局与实际需求不相匹配。

货运方面：日均外埠过境货车2.9万辆次，占进入北京的外埠货车总量的41%，过境货车里程占北京市货车总里程约32%，显著高于欧洲15%~20%的平均水平。铁路双桥、丰台西编组站货运量的90%为过境交通，2013年内蒙古、山西有超过2000万t煤炭通过公路过境北京运抵天津港。

客运方面：铁路设施功能过度集中在北京，过境客流等中转组织功能仍主要由北京枢纽承担，天津、石家庄等枢纽对于区域交通组织的功能没有得到发挥，加重了北京地区的交通压力，如图4-20所示。

京津冀区域内，河北与天津之间的物流运输，多需绕经北京五环、六环路，交通直达性不高；外围地区发展过分依赖于北京的放射性轴线，与北京的联系较为方便；京石高速、京张高速等主要放射通道运力不足，拥堵问题严重，供需矛盾突出，2010年6月2日开始，京张高速爆发了持续20天的大堵车事件，最严重的时候，数千辆大货车首尾相接，车龙绵延数十公里，河北宣化到北京北六环一百多公里的路，要走上整整两天（图4-21）。

此外，公路配套设施完善程度较低，公路综检站、收费站效率低，收费站ETC收费口设置少。来自北京市首都公路发展集团有限公司的数据显示，2017年北京市高速公路ETC车道交易占比仅为40%，高峰时段ETC车道交易占比不足50%。

2. 公共交通

在公共交通方面，枢纽站点的接驳、轨道交通网络密度、公交线网布局是影响交通的重要因素。

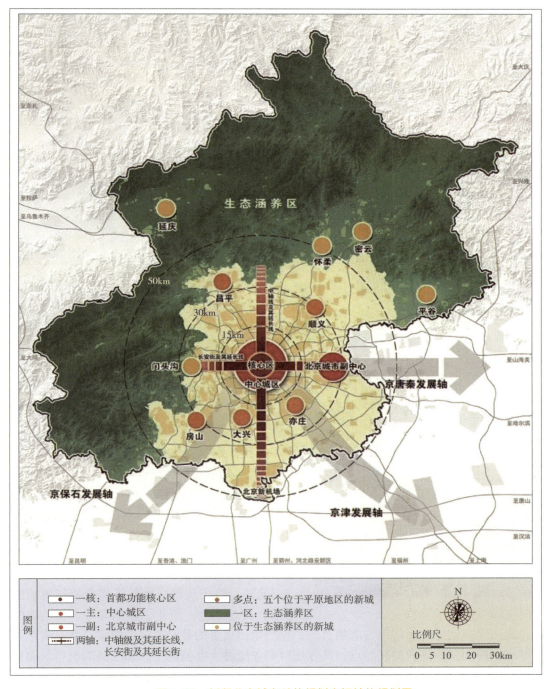

图4-19 新版北京城市总体规划空间结构规划图

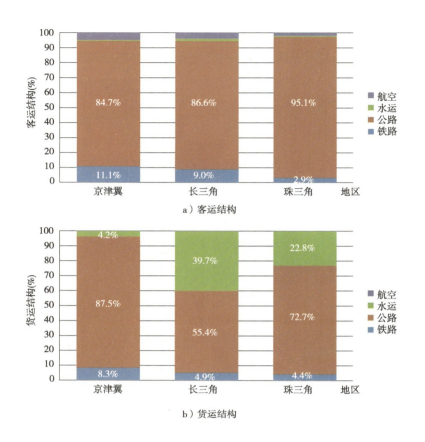

图4-20 客货运结构对比

（1）枢纽站点。

目前，北京市交通枢纽出行方式较为单一，周边公共交通可达性低，无法快速疏解大客流量，成为导致交通拥堵的重要因素。北京市大型综合枢纽如机场、火车站等集疏散方式依然以小汽车为主（图4-22）：2016年首都国际机场航班起降606086架次，进出港旅客9439万人，较2015年增加446万人，有70%的客流通过小汽车方式疏解；北京南站2016年底旅客发送量达到4090.4万人，地面出站客流中75%通过小汽车方式疏解。

此外，对于高铁、地铁等综合枢纽周边的用地，缺乏办公、商业、娱乐等综合型功能的

图4-21 在京张高速等待通行的大型货车

开发，无法实现就近解决居民需求的目的，也产生出大量的非必要交通需求。北京南站是京津城际铁路和京沪高铁的起始点，其客流以商务旅游、办公为主，属于高端出行。而目前，北京南站周边用地主要以居住用地为主（图4-23），商业办公及休闲娱乐用地较少，与北京南站的功能定位还有很大差距。可以看出北京铁路枢纽周边特点：①主要以居住用

地为主，缺乏商业、商务办公、休闲娱乐等功能的开发；②枢纽周边现有的土地开发模式已难以满足旅客多样化的出行需求。

图4-22　首都机场等待打车的人流以及2017年1月北京南站排队等待打车的人流

在综合交通枢纽出入口与周边建筑有效衔接上，北京与东京等大城市也有很大的差距。东京新宿站充分利用地下空间，结合大型商场与购物中心，实现了交通与建筑群体的一体化，在超过2km²面积内分布了100个以上的出入口。新宿站汇集15条轨道，日均进出站量364万人（图4-24）。北京南站对综合交通枢纽与周边建筑的出入口精细化设计重视不足，易忽视与周边建筑的联系，地铁站和铁路车站出入口加起来仅有6个，且与枢纽周边建筑没有通道联系（图4-25）。

图4-23　北京南站周边用地现状

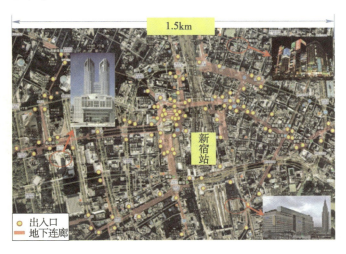

图4-24　东京新宿站出入口示意

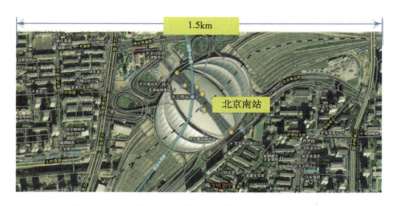

图4-25 北京南站地铁站及铁路车站出入口分布

此外,公共交通站点建设与周边用地综合开发强度低,且随到站点距离变化的开发强度梯次层级差异不明显,站点或出入口设置与周边建筑的融合程度较低,使得部分大容量公共交通走廊难以发挥效益。如规划的红莲南路站、角门车站、星火路站、西三旗站等,地铁站周边开发容积率基本在3以下、甚至不足2(图4-26)。

(2)轨道交通。

与国际城市相比,北京缺少大容量快速市郊轨道支撑。轨道交通主要集中在六环内,服务半径约30km范围(图4-27),导致六环外新增建设项目沿公路走廊拓展,加剧各主要走廊通勤压力。与此同时,轨道交通需求却在不断增加,2009—2013年,工作日日均客运量都是以百万人次的速度在增长;2014年开始工作日日均客流突破千万;至2017年不断攀升,工作日日均客流达1169万人次,最高达1294万人次,每日千万客流已成常态。

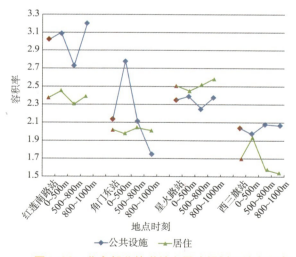

图4-26 北京部分轨道站点周边规划用地容积率

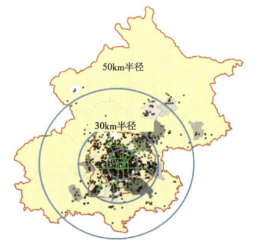

图4-27 北京轨道网络层级与服务半径

截至2017年底,北京市共有22条地铁线路,总长度608km,2017年线路高峰小时最大断面满载率超过100%(含)的线路14条,超过120%的线路9条(图4-28)。拥挤的城市轨道交通站点如图4-29和图4-30所示。

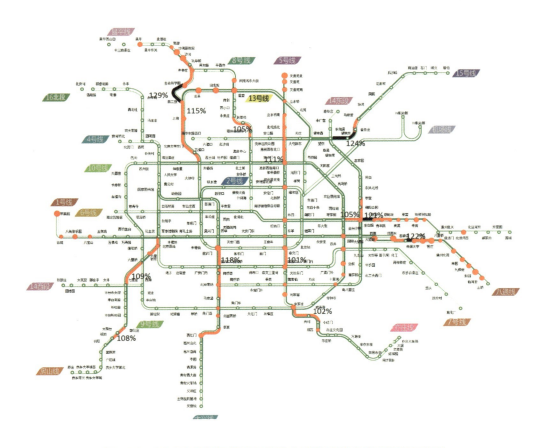

图4-28　2017年客运量最高日轨道交通路网早高峰拥挤度示意图

图4-29　地铁10号线团结湖站换乘

图4-30　地铁6号金台路站站台候车

（3）地面公交。

2017年底北京市地面公交形成了"快、普、支、微"四级线网结构，定制公交、旅游专线、快速直达专线等多样化公交线路达到318条，500m公共交通站点覆盖率达99%，公共交通服务范围及通达深度逐年扩大。

公交车专用车道的开通大大提高了公交运行效率,吸引更多个人出行需求转变为公共出行需求。2016年10月10日北京市在三环路内外环、京藏高速(北郊农场桥—马甸桥)和京港澳高速(宛平桥—六里桥)正式启用了公交车专用车道,总长95.2km,加快了地面公交的运行速度和效率。京通快速路公交车专用车道开通首日(图4-31),专用车道内公交车运行速度达到45km/h,比开通前(25km)提高80%;专用车道东延后,公交车运行效率进一步提高,专用车道内运行速度达到52km/h。公交车专用车道使得公交车出行时间明显缩短。开通初期,通州北苑—八王坟全程用时由开通前36min缩短至22min;专用道东延后,通州北苑—八王坟全程用时缩短至12min。

图4-31　300路公交车行驶在公交车专用车道上以及京通快速路公交车专用车道

此外,公共交通出行也存在效率低、换乘不便、线路重复等问题,完成一次公交出行需66min,其中64%为车上时间,23%为步行时间,13%为等车换乘时间。对此,合理的公交线路优化可以有效地降低上诉问题(图4-32)。

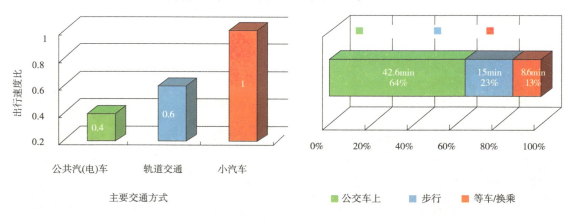

图4-32　主要交通方式出行速度比和出行时间

2017年7月底,北京公交集团首轮调整便一次性撤销8条低效重复线路,重点围绕北苑路、京藏高速辅路、京顺路等线路重复程度较高的交通走廊开展线路优化整合。此后,长安街骨干线路也进一步优化整合,撤销99路,原线路与52路整合,形成长安街1

路、52路两条骨干线路的格局。据统计，2017年7月至2018年7月，北京公交集团一年累计优化线路225条，减少重复线路长度1075.5km，解决89.7km²有路无车问题，方便了427个小区居民出行。

3. 步行自行车

步行自行车是解决"最后一公里"问题的有效办法，但目前北京市自行车路权被侵害、自行车空间被占用等现象较为严重，限制了自行车出行的发展。北京市各种交通方式中，受访者对自行车出行环境满意度最差，不满意率达到40%（图4-33）。

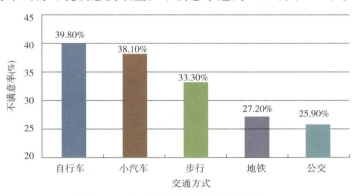

图4-33　各种交通方式的不满意率

北京市目前步行与自行车尚未形成健全网络，自行车路网尺度及连通度不足，步行道及自行车道连续性差，过街设施不完善。过街设施布局和过街方式不合理，部分过街设施间距较大，平面过街缺乏安全保障，立体过街设施缺乏机械升降装置。通过调查显示34%的行人认为过街绕行太远。另外，自行车停车设施严重不足，北京市西城区次干道及以上道路，仅有24%的路段设有自行车停车设施；支路和胡同情况更差，96%的路段没有自行车停车设施；约90%的公交车站，70%的公建、商店门前未设自行车停车设施。同时，机动车肆意违规借道行驶或占道停车现象普遍，步行及自行车配套附属设施（过街设施、停车设施）建设、管理及维护不到位，导致慢行交通路权被严重侵害（图4-34）。

图4-34　自行车道、步行道缺失被占用

广安门内大街一些路段存在步行道宽度不足、设施占道、无障碍水平低等情况，导致了步行出行比例的下降，如图4-35、图4-36所示。

a)南线阁街口西侧　　　　　　　　　b)长椿街西侧

图4-35　人行道宽度不足

a)教子胡同西侧　　　　b)菜市口东北角　　　　c)北线阁街南口

图4-36　设施占用人行道

自行车停车设施不足导致自行车乱停放，也是产生交通拥堵的重要原因之一。广安门内大街沿线虽设置有自行车停车位，但大多缺乏自行车停车架，同时，在公交站点周边自行车停车位不足，导致自行车换乘公交车的乘客停车不便。

例如广内大街菜市口附近有多个公交站点（图4-37），上下车及换行的行人流量较大，自行车使用频率较高，但公交站周边未配套足量的自行车停车位，导致自行车随意乱放，出现自行车挤占行人通道的现象，如图4-38，图4-39所示。

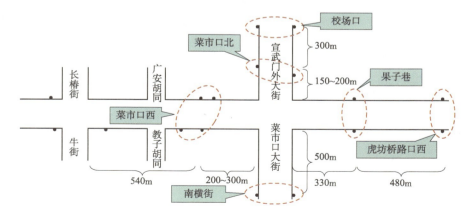

图4-37　菜市口公交车站位置布局

图4-38　广安门内大街牛街路口西侧非机动车道停车和广安门内大街广义街南口

a)没有自行车停车架（牛街）　　　　　　　b)自行车停车挤占步行道（长椿街）

图4-39　自行车停车设施存在问题

4. 道路设施

在城市道路设施方面，路网规模、密度、级配（尺度大、密度低、微循环差）会从宏观层面影响区域交通运行状态，道路上下游通行能力匹配、出入口设置从微观层面影响区域交通运行状态。

截至2017年底，北京市城区道路里程共计6359km，其中，城市快速路390km，城市主干道984km，城市次干道653km，支路及以下4332km；道路总面积达10347万m^2。

交通基础设施规划实施率距目标仍有较大差距，在各类道路交通中，支路的规划实施率仅为43%，交通供需矛盾仍是未来相当长一段时期北京交通面临的主要矛盾。以六里桥区域为例，已按规划建成的城市次干路比例为44%，即使全部实现规划，次干路网密度仅为0.85km/km^2，仍旧未达到指标1.2～1.4km/km^2要求。

对区域交通来说，提高道路的微循环系统，可以有效改善交通拥堵状况。以化工设备厂东路为例，化工设备厂东路起点为百子湾路，终点为广渠路，长772m，通过打通了百子湾路与广渠路，大大缓解了三环辅路交通压力（图4-40）。

此外，在一定区域内，城市道路中主路、次干路和支路相互交叉，产生较多的冲突点，降低道路通行能力，导致拥堵的产生。以北京市交道口—地安门东大街区域为例，交道口—地安门东大街区域北至北二环，南至张自忠路（东四十条路），西至安定门内大街,东至东直门北(南)小街,面积约2.7km²,如图4-41和图4-42所示。该区域内,与东西向相比,南北向道路等级普遍偏低;东西向大量的胡同毛细路行人过街需求高,加重了南北向路段的交通拥堵,尤其以交道口南大街为代表;区域路网胡同比重较高,因建筑距红线距离较近,南北向道路扩宽可能性较低,难以增加南北向通行能力。

图4-40 化工设备厂东路改造前(左)、改造后(右)

图4-41 交道口—地安门东大街区域范围

5. 停车设施

停车设施不足引起的机动车乱停乱放是引起交通拥堵的另一大诱因。截至2017年底,北京市停车位总数为427万个。其中城镇地区停车位382万个(其中居住类停车位219万个);农村地区,按照"有车即有位"的原则,共计45万个车位。从空间分布看,城镇地区382万停车位,主要集中在五环内,停车位205万个,约占全市停车位总数的54%(图4-43)。

从类型来看,停车位主要集中在居住区,停车位219万个,占全市停车位总量的

57%；公建类停车位147万个，占全市停车位总量的39%；居住类、公建类停车位之和占比超过总量的95%。路侧占道停车位7万个，占全市停车位总量的2%；立交桥下、P+R等其他类型停车位9万个，占全市停车位总量的2%（如图4-44所示）。

图4-42　交道口—地安门东大街区域路网结构

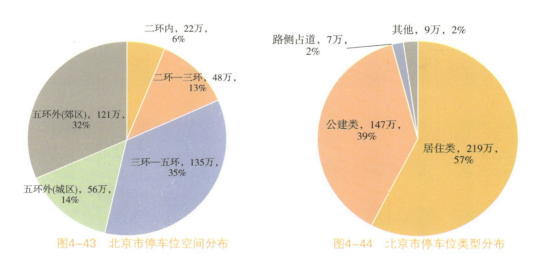

图4-43　北京市停车位空间分布　　　　图4-44　北京市停车位类型分布

北京市城镇地区夜间停车需求总数为384万辆（其中居住区及周边道路停车总数为320万辆），与停车位总量382万相比，停车供需总量相当，但城镇地区居住停车位缺口总量达129万，城镇地区停车供需矛盾主要集中在居住区域，夜间停车供需矛盾突出，尤其是夜间小区停车数超过小区停车位数承载能力约20%，占道停车数超过路侧停车位承载能力约6倍多。

热点区域如居住区、学校周边、医院及商业区等都是城市主要客流吸引点，停车位极其紧缺，因此大量机动车违规停在自行车道路侧或步行道上，不仅影响其他过往机动车辆，还会影响自行车及行人，造成三者混行，极易发生交通拥堵。

例如，香山地区是北京主要的旅游目的地，现有香山公园、北京植物园等主要景点，尤其香山红叶是北京八大景观之一，每年红叶节期间都会吸引国内外大量游客前往。同时，该地区也是北京本地市民主要的郊游、健身、娱乐热点。红叶节期间，国内外游客到访与本地市民出游高峰叠加，参观人流量巨大。

香山区域停车场共占地约43420m²，停车位约3212个，其中有563个不对外开放（表4-3）。香山红叶节期间全天最高停车3880辆，总体停车周转率仅为1.2，停车周转率偏低。另外，9个停车场分布在中心区内侧香山周围（图4-45），极易受道路拥堵影响，车辆无法进入，导致停车位结构性缺口。

香山区域各停车场车位及占地面积汇总表　　　　表4-3

序号	停车场编号	停车位（个）	场地面积（m²）	备注
1	1号	316		
2	2号	200		
3	3号	160	2100	
4	4号	200	2700	内部专用
5	5号	950	11250	
6	6号	200	2300	
7	7号	300	3850	
8	8号	200		
9	9号	233		
10	10号	263		已经作为餐馆专用
11	北门停车场	90		
12	香山会议停车场	100		不对外开放
共计		3212		

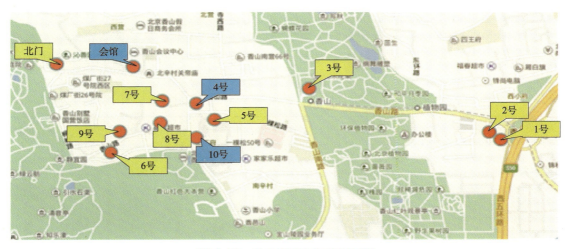

图 4-45　香山区域停车场分布图

6. 物流运输

北京市作为国家物流通道主要节点所带来的大量过境货车流对北京交通的影响不容小视。北京市作为华北地区主要的货运物流通道，是连接天津及河北的关键节点，大流量的过路公路运输通常由北京市西北方向进入，经过五环、六环，从东南方向驶出北京，对北京市的公路运输造成了强干扰（图4-46）。

图4-46　北京市从西北方向驶入从东南方向驶离的货车流量

北京市日均外埠过境货车2.9万辆次，占进入北京的外埠货车总量的41%，过境货车里程占北京市货车总里程约32%，显著高于欧洲15%~20%的平均水平。此外，城市货运呈现明显的"输入型"货运特征，北京市货物运输量连年增长，2017年，全市货物运输总量达29093.5万t，同比增长3.7%。（表4-4），主要的货运运输集散地为进出运输方便，物流基地、物流园区位置多选择在靠近交通主干道附近（图4-47）。多年来，北京市规划和自发形成了大量物流设施，基本围绕高速公路、国道等干线公路通道布局，还有部分货运场站位于城市核心区域，导致大量货车聚集在交通主干道和热点区域附近，对正常的交通流造成影响，若部分物流集散地相关出入设施设计不合理，则极易造成这些区域交通拥堵。

北京市货物运输综合状况（单位：万t） 表4-4

指标	2010年	2011年	2012年	2013年	2014年	2015年	2016年	2017年
货物运输总量	25978	27763.2	29371.3	28967.3	30941.4	25937.5	28042.4	29093.5

图4-47 货运车辆、快递车辆对道路的影响

7. 交通工程设施

本小节所述的交通工程设施主要包括出入口、交通信号灯、交通标志标线、道路隔离设施等。在这方面，信号控制设施、交叉口渠化设施、道路隔离装置、道路标线以及标识标牌等设施的缺失及设置不当都会降低道路通行能力，从而引发拥堵。

随着城市发展人口增加，出行活动强度增大，部分区域道路交叉口流量增长，若不及时设置信号灯设施，合理组织路口的通行秩序，极易导致这些路口拥堵。道路渠化可以合理引导道路交通流，并使交通流畅，从而提高道路和交叉口通行能力和交通安全。此外，道路隔离设施可以有效隔离不通方向和不同方式交通流，减少各类交通间的相互干扰，提高道路通行效率，同时一定程度上保证了非机动车和行人的交通安全；但道路隔离设施是以牺牲道路两侧对于非机动车方式的可达性为代价的，比较适用于交通属性较强的干道，而对于那些生活属性较强的支路需谨慎布设。

以北京市长椿街—宣武门—菜市口区域为例，长椿街—宣武门—菜市口区域北至宣武门西（东）大街、南至南横西（东）街、西至长椿街、东至南新华街，面积约3.2km²。在该区域内，快速路莲花池东路向东汇入宣武门大街，汇入处距离宣武门大街上的公交车站不足70m，莲花池东路上行驶来的公交车进站停靠与宣武门西大街上的社会车辆形成交织（图4-48）。交织区交通组织不合理易导致拥堵，宣武门西大街双侧非机动车道交通组织不合理，路权受机动车影响显著。

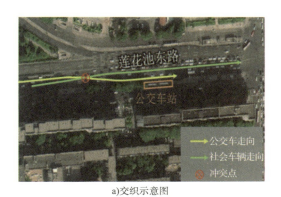
a) 交织示意图

b) 交织现状图

图4-48　莲花池东路公交车与社会车辆交织

三、组织管理要素构成及典型案例

1. 需求管理政策

交通需求管理政策作为一种改善交通拥堵状况、提高交通系统运行效率、实现交通可持续发展的公共政策，是缓解城市交通拥堵的重大战略措施和系统性政策，是城市机动化发展到一定阶段后缓解交通拥堵的必然选择。同时在节能减排的目标要求下，交通需求管理政策是实现交通系统绿色、可持续发展的重要保障。

通常情况下，交通需求管理政策是指在不增加交通设施供给的前提下，通过交通政策的引导，促进交通参与者交通选择行为的变更，以减少机动车出行量，减轻或消除交通拥堵而采取的综合交通政策。根据以上定义，交通需求管理政策可分为"调节机动车保有""调节机动车使用"和"调节出行需求"三类（图4-49），其中调节保有的政策包括机动车总量控制政策、停车泊位证政策、购车首次登记税政策等，调节使用的政策则包括差别化停车收费、区域拥堵收费、区域限行等，调节需求的政策则包括错时上下班、电话会议、鼓励其他交通方式等。

根据上述定义不难看出，交通需求管理政策对于交通需求总量、时空分布、结构比例，尤其是对于小汽车出行需求重要的影响作用，是城市交通系统组织管理众多要素中，对交通需求调控管理的重要抓手。需求管理政策的有无，以及是否合理，都会深刻影响着交通供给与需求的相互均衡关系，从而影响城市交通系统运行的最终状态。

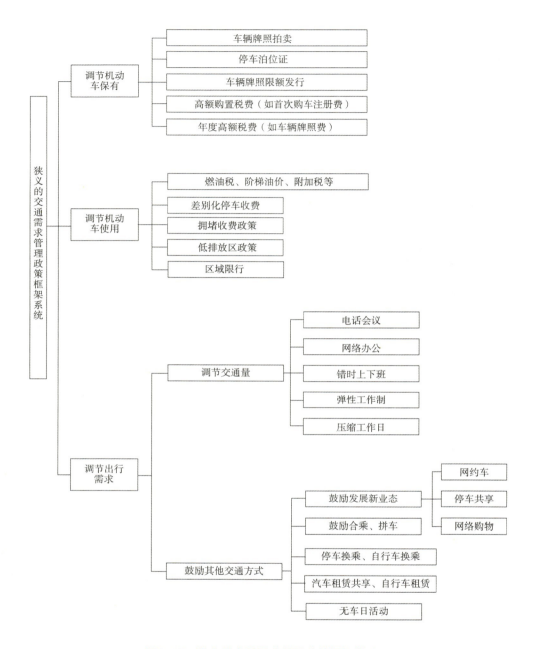

图4-49 狭义的交通需求管理政策框架体系

北京市相关交通需求管理政策自实施以来（图4-50），有效均衡了交通供给与需求，缓解了北京愈演愈烈的交通拥堵问题，放慢了北京市机动车的增长速度，使机动车无序增长得到有效遏制，较好地维持了一定水平的交通保障和服务能力。但需求管理政策顶层设计缺失，缺乏清晰的考虑和系统性规划，政策设计、实施和配合失当。一方面，交通需求管理政策的实施有时具有随意性，例如机动车尾号限行政策、停车泊位证政策、突发实施的小汽车限购等。另一方面，政策之间缺乏协调和配合，导致政策实施效率和效果有所折扣。而且，政策的制定、管理和保障制度尚未建立，目前实施的交通需求管理政策多以政府令的形式实施，缺乏明确的法律文件支持，法律效力受到质疑且长期执行难以保障；政策的制度设计缺乏，涉及的政策、管理规定等文件较为零散，多针对单独政策，难成体系，地方缺乏系统性设计和制定方法指导，多跟风实施；政策实施的保障和监督评价机制缺失，导致政策执行的随意性，政策运行效率无法保障，同时政策实施的监督和评价缺失导致政策易进难出，引发市场投机行为和市民质疑。如交通需求管理政策更倾向于以行政手段为主，很少采用经济手段来调控交通需求。从短期时间来看，行政手段（如北京的机动车限购政策）可以减少车辆增长进而缓解交通拥堵，但长期看来，行政手段并不是最有效且可持续发展的解决方案。在各种交通运输方式中，小汽车是最舒适的一种，从舒适性角度其他交通方式难以与之竞争。在北京市实施限购政策后，机动车保有量只增不减，市民对于机动化出行的诉求依然强烈，小汽车摇号中签率不足千分之一。且限购政策无法有效调节机动车保有分布，导致出行分布不合理，造成拥堵的发生。出行总量不仅和机动车保有量有关，出行次数、出行距离、出行时间以及出行地点都会极大影响出行总量。同时尾号限行政策的实施，表面上是减少了小汽车的使用，但从实际情况来看，会刺激居民购买第二辆车，导致机动车保有量的增加。因此，在小汽车总量仍然保持上涨趋势的情况下，如何降低存量机动车的使用强度是不容忽视的问题。仅改变一个参数是不够的，出行总量可以在不同时间、不同空间和不同出行方式之间转换，仍需通过市场化手段，采取经济杠杆调控交通需求，在时间、空间和交通方式之间进行综合统筹考虑。

图4-50　北京交通需求管理政策发展历程

研究表明，停车收费、拥堵收费等需求管理政策，对于缓解小汽车使用相对有效，以此引导用者付费，使得小汽车出行的费用能够反映边际社会成本。但目前差别化停车收费政策实施不足，停车设施市场价格仍未放开，市场调节分配和适应停车需求作用未充分发挥，免费、低价的停车成本诱使小汽车过度使用，加剧交通拥堵。北京市人均居住面积仅为31m^2，车均停车面积30m^2，车位价格没有反映土地的稀缺。同时提高停车收费不可或缺的前提保障是严格的停车秩序管理，北京的多次停车价格调整实践证明，停车管理力度还需要进一步提升。此外，现阶段网约车的大量出现对传统交通管理措施和思路带来相应挑战。网约车已经颠覆了传统需求管理措施，例如在通勤时段上路不需要停车，使用者不需要拥有汽车，针对造成交通拥堵的小汽车使用者的交通需求管理措施全部失效。因此，仍需系统深入研究交通拥堵收费政策，动态调整不同区域的网约车出行强度。

2. 运行组织

运行组织优化是通过科学合理地分时、分路、分车种、分流向使用道路，使道路交通始终处于有序、高效运行状态。通过定义不难看出，合理的交通组织方案会大大提高道路空间的使用效率。本小节所述的运行组织既包括交通管理中常说的交通组织，也包括通过信号配时合理分配道路资源等内容。

交通运行组织的不合理会直接影响车辆驶过交叉口的效率，排队长度过长将会引起道路或区域层面的拥堵。以方庄地区群星路与芳古路交叉口为例，东西相位时间较短，车辆排队现象严重；车辆需第二个信号灯后才能通过。同时西进口一个相位内左转车流为70%，左转车流于过街行人流线交织，造成左转车辆在交叉口内停留，导致东向直行无法完全进入，从而引起交叉口拥堵。又比如阜成路西进口路段上信号交叉口太密集，机动车受到的信号延误较大，车流容易在该路段上聚集（如图4-51所示）。

图4-51　阜成路西进口路段上信号交叉口信号配时不协同导致路段拥堵

在西翠路—五棵松北路交叉口，信号灯控为两相位控制，两相位绿灯时间相差不大，而车流量却相差很大，由此造成南进口的排队等待车辆较多，排队长度较长，高峰期排队约150m，导致交通拥堵。此外，以万寿路—复兴路交叉口西侧信号灯为例，早高峰西向东车流量大，晚高峰双向车流量均较大。由于该交叉口南侧只供军事管理单位的车辆进出，北侧则为联勤加油站车辆单向出口，所以南北车流量较小，但是供南北车流左转的相位时长为40s，东向西左转进入军事管理单位的相位也为40s，现场调研发现，这两个相位时间浪费严重，造成交叉口交通拥堵，配时方案如图4-52所示。

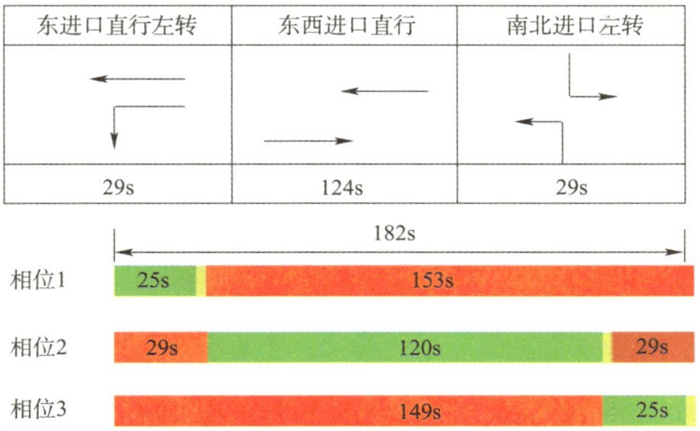

东进口直行左转	东西进口直行	南北进口左转
29s	124s	29s

相位1: 25s / 153s （总182s）
相位2: 29s / 120s / 29s
相位3: 149s / 25s

图4-52　万寿路—复兴路交叉口信号配时方案

3. 法规标准

交通法规及相关标准规范，是交通治理的重要依据。规范道路交通参与者和管理者的相关行为，促使形成良好的交通秩序和运输环境，提升交通系统运行效率，都需要完善的法律法规标准体系和严格的交通执法作为保障。

2003年北京市交通委员会成立以来，制修订现行有效的法规共计12部，包括地方性法规4部、政府规章8部，基本覆盖了所有的交通行业：一是新制定8部，包括地方性法规3部（《北京市公路条例》《北京市轨道交通运营安全条例》《北京市机动车停车管理条例》），政府规章5部（《北京市城市轨道交通安全运营管理办法》《北京市城市道路管理办法》《北京市民用运力国防动员办法》《北京市小客车数量调控暂行规定》《北京市机动车停车管理办法》）；二是修订4部，包括地方性法规1部（《北京市道路运输条例》），政府规章3部（《北京市汽车租赁管理办法》《北京市地下铁道列车车票使用办法》《北京市公共汽车电车车票使用办法》）；三是废除2部，包括地方性法规1部《北京市小公共汽车管理条例》和政府规章1部《北京市维护铁路道口交通安全暂行办法》。

2016年上半年，《北京市机动车停车管理条例》启动立法程序，2017年3月报北京市政府法制办审议。市政府法制办和市人大先后开展了7次调研，9次组织各级各类组织、各行业专家进行论证，通过各类媒体向社会公开征求意见260余条，针对反馈的意见对《北京市机动车停车管理条例（草案）》进行了10余次修改，通过机动车停车管理条例的制定，以统筹规划、政府引导、市场运作、社会参与为管理原则，依靠科学供给、盘活资源、精细管理、有偿使用、合力共治达到加强停车管理、规范停车秩序、提升停车服务水平、促进城市交通环境改善、引导公众绿色出行的目标。此外，交通部门还组织编制了各交通行业相关规范和标准上百部，如《公路工程设计导则》《城市轨道交通工程技术标准》《市政交通一卡通技术规范》《共享自行车系统技术与服务规范》《建设项目交通影响评价报告编制规范》《公共汽电车场站功能设计要求》等。

但现有道路交通法律法规、规范标准等仍不健全，法律法规上缺乏对部分不当行为的相关规定，致使对其无处罚依据，从而影响交通系统运行。例如，随着互联网的普及和共享经济的兴起，网约车、共享单车、分时租赁等交通服务新业态得到了蓬勃发展，在这种新兴模式下，依据现有法规无法对网约车平台企业和共享单车平台企业进行规范管理。当企业出现相关问题时，交通行业管理部门除采取约谈等方法外，无其他有效的管理手段，亟须启动相关立法程序，组织编制相关法律依据。此外，违法成本低、执法成本高，已成为治理交通拥堵的瓶颈，加重路面交通的混乱现象，交通拥堵现象与日俱增，必须通过采取完善立法，增强市民守法理念、宣传引导等多种综合措施，改善内外部环境、提振信心和工作力度。

4. 秩序管理

现阶段，占道停车、占道经营、违章驾驶、危险驾驶、不遵守交通秩序等不良交通行为严重影响交通秩序，降低了交通效率，也是影响城市交通正常运行的重要因素之一，"因乱致堵"现象十分突出。

中心城居住小区周边的生活空间、胡同、便道、辅路基本被用于停放车辆，部分地区已开始占用主路空间。但违章停车的违法成本依然较低，处罚方式单一且力度不够，停车不缴费行为缺乏法律约束，私划占道车位缺乏制裁依据，导致乱停车现象突出，严重影响正常交通秩序。

以万寿庄路区域为例，区域由朱各庄路、复兴路、西翠路和万寿路组成，区域内主要为老街区，且居民小区较多，同时也是社区、大型写字楼和学校的集聚地，例如万寿路甲2号院、中铁六局大厦、北京育英学校等（图4-53）。万寿庄路东西两侧，以及玉渊潭南

机动车占用行车道

停车占满通行通道

占用非机动车道

占用行车道

占用行人通道

图4-53　中心城居住小区周边停放车辆

路南北两侧都是居民社区,北京育英学校和北京育英中学分别位于万寿路西街西段的南北两侧。随着机动化时代的到来,老街区中各项交通问题也日益突出,例如万寿庄路的占道停车问题、玉渊潭南路和万寿路西街早晚高峰行车拥堵问题,给居民出行带来不便,且影响到万寿路、西翠路甚至是复兴路的交通运行,使得本区域成为拥堵常发区域。

2011年4月停车价格调整初期,路边停车数量减少,路网运行速度提升,交通指数下降;随着时间的推移,违章停车执法力度减小,违章停车增加,路网运行速度响应降低,交通指数回升(图4-54)。针对这些现象,只有通过建立秩序管理机制,严格执行才能有效地遏制交通拥堵的发生。

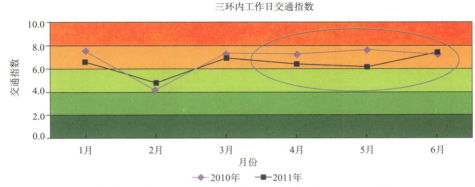

图4-54 2011年4月停车价格调整后交通指数变化情况

此外,社会车辆违规占用公交车道行驶,会影响公交车辆的运行效率和准点性,从而导致公交站台乘客堆积和串车到达等现象,降低公交车和道路运行效率;行人、非机动车闯红灯、乱穿马路、不按顺序排队乘坐公共交通工具等不良行为,也都影响着各交通子系统的正常运行。

5. 信息服务

随着智能交通运输系统的发展,通过发布交通信息已成为缓解交通拥堵、实现交通需求管理的有效措施之一,提供实时交通信息对交通状况的改善是非常可观的。城市道路交通拥堵最初产生的原因是在瓶颈路段上,并非整个交叉点各个方向都会产生拥堵,一方面,当路网中某一路段产生交通拥堵后,由于道路网络的空间结构和交通流动不可逆性,交通拥堵从最初拥堵路段向与之相邻的路段上扩展;另一方面,由于个人驾驶经验、交通信息影响和个人出行目的及成本等因素,部分驾驶员会改变出行路径避免拥堵路段,增大了替代路段的交通符合,产生了交通拥堵转移的现象。在这种情况,通过交通拥堵信息实时播报,合理的导流,降低瓶颈路段交通拥堵扩散的速度,进而避免大面积交通拥堵的出现。

北京市交通委员会通过网站实时路况页面向公众发布实时路况查询服务,同时通过发布交通指数,综合反映道路网畅通或拥堵状况,有效地引导车辆避开交通拥堵路段。此外,北京市交通委员会还推出"北京实时公交"和北京"e路通"公交信息服务,覆盖线路583条，手机软件累计下载量250余万。推出北京交通官方微信服务，提供一站式的综合信息服务，实施发布交通信息，以引导交通（如图4-55所示）。

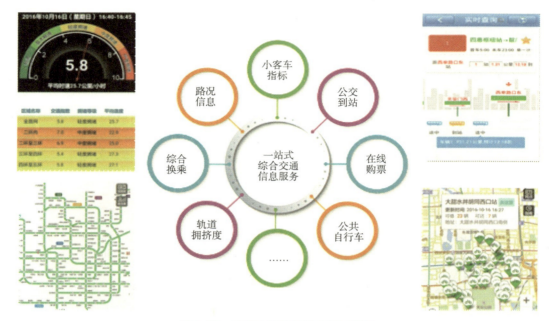

图4-55　北京交通综合信息出行服务

自2015年上半年开始，北京市交通委员会（市交通委）和北京市公安局公安交通管理局（市交管局）制定了《交通路况信息统一发布工作方案》。通过搭建共享环境，交换历史数据，实时系统接入和实时数据共享交换，系统差异性分析和评估等几个阶段工作，提升了路况信息服务质量，优化了路况发布实时性，实现2min路况信息更新发布；在原系统的基础上扩大了高速公路和郊区公路的覆盖范围，扩大了路况信息服务范围，六环内县道以上级别道路覆盖率从87%提升至93%。新的路况信息将通过市交通委和市交管局官方网站统一对外发布，供市民随时查询，合理安排出行。新的路况信息页面，将提供路况信息、拥堵路段播报、交通事件播报等信息。

在主要道路上，北京市通过提供实时的交通电子信息发布屏，提前告知驾驶人员前方交通状况，让驾驶员提前选取行驶路径，有效地避免交通拥堵的发生（图4-56）。

但区域交通及城市交通的出行信息服务、路况实时发布、停车诱导信息服务等仍未全面覆盖，综合智慧交通信息服务体系不完善，交通信息获取不及时。

在区域交通方面，航空、铁路、公路的出行信息服务缺失导致出行不便，无法及时做出适当规划与调整，造成大面积集中出行。例如，北京市电子车牌ETC车辆覆盖率仍然较低。截至2015年9月，北京市ETC速通卡用户为186万个，占北京市总机动车数量的不到40%。

在城市交通方面，交通信息无法及时获取是造成城市交通拥堵的一个重要原因。虽然现阶段有多种渠道能够获知路况信息，但交通流量数据密度较低，精度、准确度和实时性也不能满足需求，导致驾驶员无法及时预知前方道路的拥堵情况而驶入拥堵路段，增加拥堵的严重程度。同时，交通突发事件信息无法及时获知，获知的信息不够全面也是突出问题。例如事故信息、封路、道路状况、施工等交通信息全面性不足，使得出行前无法做出适当的规划，导致拥堵的发生以及加重。目前的信息平台收集的数据类型有限，例如感应线圈只能采集到交通流量、占有率、速度等固定地点的截面交通参数，视频监测器只能采集到交通流量、速度、占有率、排队长度等固定地点的交通参数。如果驾驶员能够提前获知这类突发事件并做出适当的路线调整，拥堵就可以得到有效缓解。

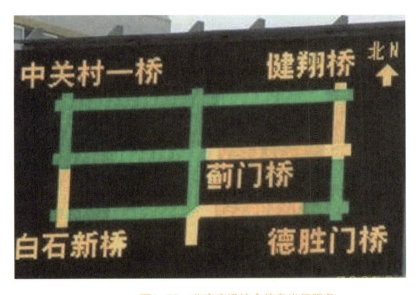

图4-56　北京交通综合信息出行服务

此外，公共交通信息对出行规划也有着至关重要的作用。公交信息的实时性可以提供给用户出行的另一种选择，从而缓解道路上车辆的数量，减少拥堵的发生。目前公交到站以及到达目的地时间预告并没有大面积铺开，多数交通路线无法获知下一班车辆何时到达，也不知道何时可以到达目的地等，使得出行者选择公交出行的意愿大大降低。

在停车系统方面，停车诱导系统、目的地周边信息等服务的缺失，导致人们无法准确及时找到车辆停放位置，从而造成目的地周围道路的严重拥堵，极大地影响到通过拥堵路段的车辆。同时，为寻找停车位而盲目巡游的车辆也产生许多无效交通流，加剧道路交通压力。

6. 科技水平

伴随科技不断发展更迭，先进技术在交通领域的创新应用，将成为缓解交通拥堵重要手段。现阶段交通智能化管理水平仍然较低，指挥系统以及交通自适用信号灯控制、交叉口可变导向车道、高架上匝道自动控制、闭路电视监控、交通互动信息发布等系统无法得到充分利用，管理力量不足，科技水平较低，无法进行科学的管理，进而加重交通拥堵状况。

以道路系统为例，组织管理基本上还是大量依赖人工、单点信号灯等形式，信号灯无法根据当前道路运行状态做出准确的动态调整，也没有办法准确地预测以后的调整方案，使得部分路口常年固定时间拥堵。

此外，ETC不停车收费建设、公交一卡通区域联网、机动车电子标识加装、交通执法装备科技化建设、停车场电子收费配置等智能化的先进技术建设应用不足，一定程度上难以提高交通各要素的运行效率，加剧交通拥堵。截至2017年2月，北京市ETC用户达280万（增长情况如图4-57所示），仅占北京市总机动车数量的一半，ETC速通卡服务体系建设仍不完善。同时，目前北京市仅有33个大型停车场开通了ETC服务，ETC使用率仍需要进一步提升，特别是对于市内各大停车场，推广使用ETC，将有效缓解停车设施周边的交通拥堵。

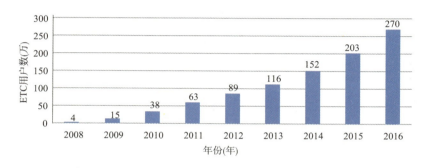

图4-57　北京市ETC用户量增长情况

四、行为理念要素构成及典型案例

交通参与者的交通行为理念是城市交通有序、安全、畅通的重要影响因素。人们对小汽车拥有及使用意愿旺盛，资源付费和绿色交通意识却相对薄弱。公众交通出行守法意识不足，无论是行人、骑行者还是驾驶员对交通法规遵守不到位。

1. 小汽车保有与使用

近年来北京市私人汽车数量大幅增长，现代居民更注重生活享乐，追求舒适宽敞的居住环境与出行环境，对于小汽车的拥有及使用意愿旺盛，而绿色交通意识却相对薄弱。一部分人甚至认为小汽车是家庭的刚需生活用品，政府应无条件满足小汽车出行及停车所需要的服务，却对在使用小汽车的同时如何履行社会责任认识不足。另外，某些片面的观点认为公共交通和绿色交通是落后、低收入群体的出行方式，现代城市富裕生活的标志之一就是拥有及使用小汽车。市民对小汽车出行的资源付费意识淡薄，小汽车使用成本尤其是大量免费停车的存在，使得小汽车使用比例和强度过高。调查结果显示，北京核心区（东城区与西城区）小汽车保有率达到千人310辆，是东京（千人170辆）的近2倍。北京市潜在的购车用户中，将近60%的人不考虑停车问题或者认为停车没有问题。

截至2017年底，北京市机动车保有量达到590.9万辆，较2016年增加3.4%；其中私人机动车保有量达到475.6万辆，比2016年增加3.3%（图4-58）。

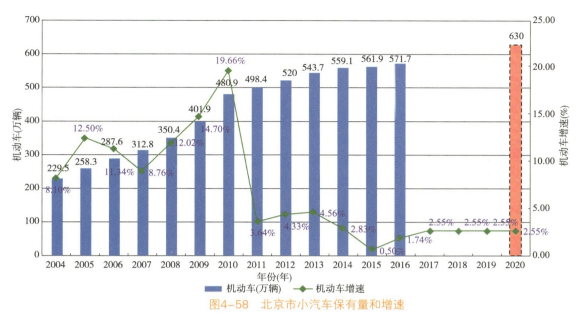
图4-58 北京市小汽车保有量和增速

截至2017年底，机动车登记中绝大部分均为小型客车，首都功能核心区、城市功能拓展区、城市发展新区、生态涵养发展区分别达到91.8%、93.1%、78.7%和71.7%，全市小型客车比例也已高达87.1%（表4-5）。除车辆保有量多以外，北京市小汽车每车年均行驶里程数也十分可观，据统计，北京市小汽车每车年行驶里程数高达15000km，是伦敦的1.5倍、东京的2倍。

近几年机动车及私人机动车净增情况　　　　　　　　　　　表4-5

年份（年）	机动车增量（万辆）	机动车增长率（%）	私人机动车增量（万辆）	私人机动车增长率（%）	私人小微型客车增量（万辆）	私人小微型客车增长率（%）
2008	37.6	12.0	33.5	14.2	36.1	18.7
2009	51.4	14.7	49.3	18.3	52.9	23.1
2010	79.0	19.7	72.3	22.7	74.8	26.5
2011	17.4	3.6	11.9	3	15.1	4.2
2012	21.7	4.4	16.4	4.1	18	4.8
2013	23.7	4.6	19	4.5	19.6	5.0
2014	15.4	2.8	11.7	2.7	10.1	2.5
2015	2.8	0.5	2.4	0.5	4.6	1.1
2016	9.8	1.7	8.3	1.8	11.8	2.8
2017	19.2	3.4	15	3.3	12.7	2.9

2. 生活理念与方式

伴随生活水平的提高，居民追求舒适宽敞的居住环境与出行环境，小汽车拥有及使用意愿更加强烈，新型的生活理念也随之孕育而生，由于市中心房价高昂，越来越多的人选择在郊区购买大户型住宅，随着在郊区购房，还用剩余的钱购置辆新车，既满足了宽敞的居住环境，又解决了出行刚需的问题。如2016年，工薪族小李以22000元/平方米的价格，在北京市顺义区购买了一套120m²住宅，不仅满足了全家人的居住所需，还用在郊区购房省下的钱，购置了辆小汽车备上下班自驾用。现在，这种购房购车理念在青年一代间越来越普遍，成为北京市当下最流行的生活理念。

但伴随着郊区安家的流行，道路资源使用率低的问题也随之而来，如小李这种需要驾车上下班的年轻人不在少数，由于家住郊区，公共交通难以在这些区域实现全面覆盖，自驾车上班就成了最为便捷的上班方式，"单人一辆车"这种出行方式，也成了很多上班族的通勤习惯。

另一方面，假日娱乐、旅游、购物需求显著增加。95%的北京市民希望到郊区旅游、度假、消费，近1/3的被调查者愿意在双休日到郊区旅游。其中，家庭出行成为北京假日旅游的主流，据调查结果显示，选择和家人一起出游的占总受访者的32.3%。出游方式大部分更倾向于选择私人汽车，选择以自驾车出游的被调查者占总数的55.1%。由此可见，周末自驾带一家人去旅游的出行娱乐方式，在北京非常流行。调查总体数据显示：2016年北京市生活类出行较2015年增长8.4个百分点，反映北京生活类出行对交通的影响越来越大（图4-59）。

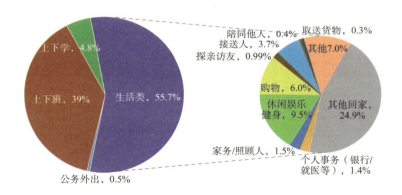

图4-59 2016年居民出行目的构成图

此外，"互联网+交通"转变交通管理模式，互联网技术和商业模式与交通行业各领域的深度融合，将极大推动交通行业技术进步、模式转变、组织变革、效率提升，促进交通新业态的发展。网约车、公共自行车、共享自行车、分时租赁、网络购物、网络平台、无人送货等交通新业态以及新技术的不断应用，转变上班与通勤的工作方式、错峰出行，推行网络办公、网络会议、网络教学、远程诊疗，从根本上减少交通出行量，如图4-60~图4-62所示。

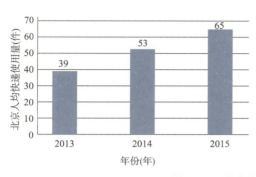
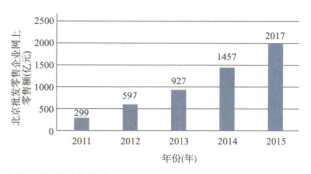

图4-60 北京市快递及批发零食快速发展

图4-61 网约车及共享自行车

3. 交通文明行为

快速机动化进程，需要高度的现代交通文明与之匹配，北京市在全社会大力倡导绿色出行理念，提高文明交通意识。然而，目前通勤出行小汽车比例偏高，绿色出行比例提升空间很大，绿色出行、文明出行的自觉性不充分，公众出行的文明交通意识需进一步提升，过于以自我为中心，忽略社会责任和义务，不考虑他人的权益。无论是行人、骑行者还是驾驶员对交通法规遵守不到位，出现各种违反交通法规的不文明交通行为，如不按信号灯规则通行、违章变道、超速超载，违法鸣笛，驾车时使用手机，车辆乱停乱放、行人自行车闯红灯、乱穿马路等违法行为和交通陋习，导致交通秩序混乱，造成交通拥堵。

图4-62　强行并道引发事故

五、体制机制要素构成及典型案例

1. 规划编制机制

在城市的规划编制机制上，现有各类规划编制技术以及相关规划规范不完善。城市规划与交通规划衔接不到位，联系不紧密，二者很难有效衔接、互动、协作、反馈。同时交通设施承载能力也没有成为城市规划阶段性的有效约束条件，也会造成交通拥堵。仅针对交通规划而言，"纵向"部门垂直管理，"横向"多规并行，城市内部部门分割、多头管理现象突出。城市综合交通体系规划的地位和作用十分明确，应该是战略性，指导性，综合性的规划，应当与城市总规同步编制。

城市规划和交通规划以及城市规划实施和交通建设时序"两张皮"，导致"回龙观、天通苑现象""上地软件园现象"和"国贸桥现象"频频出现。规划方案早期，交通没有介入城市用地布局规划，无法实现交通与土地结合的充分互动方案，后期亦很难做出大调整。城市规划与交通规划的脱节，从源头上留下了城市发展与交通发展不和谐，留下了产生交通拥堵的隐患，再加上土地开发与交通建设的脱节，更导致城市拥堵点段增加及交通结构的进一步恶化。

2. 属地职责机制

在2016年2月，北京市政府发布了《2016年北京市缓解交通拥堵行动计划》，分6个方面、46项打出一套缓堵"组合拳"。与往年相比，此次市政府创新性地组建缓堵专项督查组，建立任务落实清单，切实将区级属地职责进一步落实。承担46项工作任务的24家市级责任单位和区政府有了"监督员",随时有可能被亮黄牌。督查组实行"按月报送信息、双月报告进度、每季度常务会讨论"的制度,对24家市级责任单位和区政府进行督查,采取下发"督办通知单"的形式催办。任务落实不力的,要进行通报批评,对不作为的提出建议并报市监察局依法追究责任。

任务落实清单也成为全国首份缓堵专项责任清单,包括7份子清单,涉及区域综合交通治理、区级次干路支路建设、停车设施建设、停车秩序、市级交通基础设施征地拆迁、代征代建城市道路移交管理、公共自行车站点建设7个管理领域,每个领域分别明确各级各部门职责任务,一共涉及10余个部门和属地政府140余项责任。

例如区域交通综合治理领域,明确北京市交通委员会负责指导区政府开展综合治理、北京市城市管理委员会负责指导城市道路公共服务设施规范设置和日常维护等职责,明确区政府负责统筹开展区域交通秩序管理和环境综合治理等职责,明确街道乡镇承担属地责任、推动落实"门前三包"等职责。停车设施建设管理划分为提出目标任务、规划落地、选址、建设、验收、登记、考核等多个环节,每个环节均明确相关部门职责任务。

此外,专项责任清单还首次明确问责机制,明确将停车设施建设、停车秩序管理、代征代建道路移交管理等各项工作纳入本市绩效考评体系,并建立监督问责机制。北京市交通部门在编制年度缓堵行动计划、下达年度工作任务时,细化任务指标和完成时限,由市政府缓堵专项督查组督查。同时,建立牵头部门负责制,要求牵头部门定期召开项目协调推进会,通报问题情况并形成会议纪要,抄送受通报部门,同时由市交通部门梳理汇总存在的突出问题,向市政府作专题汇报。

在2017年,市政府发布《2017年北京市缓解交通拥堵行动计划》,与16个区政府签订了《缓解交通拥堵目标责任书》,市区两级联动推动任务落实。继续保留市政府缓解交通拥堵专项督查组,通过督查信息系统联网及时更新进展。

3. 职能审批机制

在职能机制方面,交通设施建设审批及管理养护职能统筹尚不完善,城市道路多头审批、流转时间冗长,削弱了道路建设及养护效率。统筹道路建设、养护的职能,缩短道路建设、养护的审批流程,能够提高道路建设、养护效率,尽可能减少对交通的影响。

特别是对于交通基础设施的新建审批过程,涉及市规划部门、国土部门、发改部门、住建部门等多个部门(图4-63),审批周期长,间接增加了工程的开工周期,减缓了路网的形成。

4. 协调调度机制

针对交通缓堵问题,可以通过沟通协调机制的建立,充分发挥各级部门的优势,长短互补,稳步推动交通缓堵工作的实施。

在协调调度机制中,组织构建、工作任务的推动落实是重中之重,如何充分发挥市级政府层面的引导、指导作用,发挥区级政府层面在执行、协调方面的优势,是疏堵工程工作机制设计的一个重点。如对疏堵工程工作机制进行梳理,明确责任分工,合理设计两级项目的工作流程,形成有效对接,才能发挥各级政府自身优势。

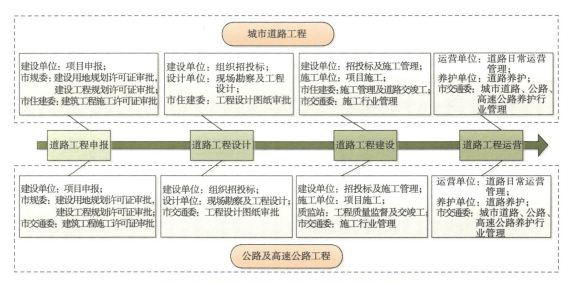

图4-63 城镇道路及公路建设养护审批职责统筹

5. 绩效考核机制

在协调机制的基础上，绩效考核机制是切实落实各项交通缓堵实施计划的重要保障措施。目前，针对北京市交通拥堵大城市病建立的市区两级疏堵工程工作机制日趋完善。一方面落实区政府治理交通拥堵主体责任。为提升市区合力治理力度，完善市区两级交通管理职能和工作机制，强化市缓解交通拥堵工作推进小组职能，落实区政府的治理交通拥堵主体责任，将交通拥堵治理列为区级重点工作。同时改进考核指标，不再单一采用拥堵指数作为区级缓解交通拥堵工作的考核指标，采用综合考核体系评价区里的缓堵成果和工作，提升区缓堵工作积极性。此外，通过建立疏堵资金管理办法支持各区治理缓解交通拥堵工作，充分调动各区工作积极性，将疏堵工程工作资金管理纳入《治理大城市病一般性转移支付资金管理办法》。

6. 交通执法机制

非法营运、随意停放车辆、危险驾驶等行为都会成为引发交通拥堵的原因，针对这些现象，只有通过建立交通执法机制，严格执行才能有效地遏制交通拥堵的发生。2018年3月21日，《2018年北京市缓解交通拥堵行动计划》正式发布，该计划中就明确将"加强区域交通治理，改善交通运行环境"作为缓解拥堵的重要举措，通过规范核心区旅游客运秩序，对新城、重点商圈、旅游景区周边道路开展区域交通综合整治，改善交通环境，持续开展常态化交通违法整治，加强对学校、医院周边地区的交通秩序管理等措施有效地降低了区域交通拥堵现象的发生。

2017年9月，北京交通管理部门在市缓堵办的牵头指导下，以"三整顿两提升"专项行动为载体，以"两区、一线、三条环路"重点区域和"203+N"堵点乱点为重点，坚持治堵、治乱、治祸相结合，保持严管、严查、严防不放松，先后推行了区域单停单行、设置潮汐车道、调整导向车道等多项优化渠化措施，有效提升了交通缓堵"精治、共治、法治"水平。在此基础上，针对进入2017年9月北京市交通流量刚性需求大幅增加、拥堵指数持续高位的情况，交通管理部门将9月作为全年交通缓堵工作的重中之重，从提升城市管理水平、提高群众安全感满意度的高度出发，针对性细化强化了全市缓堵硬性措施。据统计，2017年9月1日至15日，北京市全路网交通拥堵指数峰值均值为7.2，处于"中度拥堵"等级，同比2016年（7.4）下降3%。期间，北京市共接拥堵报警3670起，同比2016年下降17.1%；共接事故报警39617起，同比2016年下降5.9%。据高德公司监测数据显示，2017年9月北京市路网交通延迟指数1.47，同比2016年（1.73）下降18.9%，全市整体交通运行平稳。

六、其他影响要素

影响交通拥堵还有其他很多因素，例如事故因素、节假日因素、天气因素、施工因素、首都功能等，亦会对道路交通运行状态造成影响。

1. 事故因素

交通事故是日常交通活动中最常见的致堵要素。机动车保有量过高导致交通基础设施的车流量非常饱和，当发生交通小事故时，往往会造成大规模的交通拥堵现象。特别是在早晚高峰时期，市民对正点到达的需求较高，高峰期间车速较慢，导致出行心理焦虑，反而更易引发车辆间摩擦的交通事故，而且在高峰出行时段，道路救援工作更加不易展开，交通拥堵会更加严重。

2018年9月20日早上6时多，京通快速路进京方向高碑店出口一辆水泥运输车撞上隔离带，导致该路段拥堵超过5h，17条公交线路受到影响。受事故影响，有市民表示平常20~30min的路程当天行驶了3h（图4-64）。

图4-64　京通快速路由于事故导致的交通拥堵

据统计，2015年北京市交通事故发生2639起，其中机动车事故达到2187起。这些交通事故中有80%是轻微道路交通事故。轻微交通事故看似不起眼，但只需要1min就可以造成高架路500m路段上的100辆车被堵，3~5min产生大面积交通拥堵，10~15min就能够造成整条高架路交通瘫痪。

特大事故的发生，往往导致更大面积的拥堵。2017年11月14日早间北五环肖家河桥发生货车撞中心护栏的严重事故，事故清理近9h，对双向交通都有较大影响，拥堵情况在早高峰持续加剧，拥堵长度近30km，造成北五环全面"沦陷"，而且造成多起二次事故（图4-65）。

图4-65　大货车事故造成的严重交通拥堵

自2018年8月15日起，北京市将执行新修订的《北京市道路交通事故简易程序处理规定》，旧版本相关规定同时废止。根据新修订的规定，驾驶人有从事校车业务或者旅客运输，严重超过额定乘员载客，或者严重超过规定时速行驶嫌疑的，当事人应当保护现场并立即报警，不能"私了"。同时，发生交通事故后应当自行撤离现场而未撤离，造成交通堵塞的，对驾驶人处以200元罚款。

2. 节假日要素

随着居民生活水平的提高，很多家庭都会在周末假日选择驾车出游，导致节假日进出城拥堵已成常态（图4-66、图4-67），突出体现在假日第一天的出城高峰及假期最后一天的进城高峰。在这些时段，连接北京与外埠的所有主要高速公路的行驶速度都极其缓慢，全路网交通指数经常达到8左右，形成严重交通拥堵，尤其在假期最后一天迎来的返程高峰，往往使很多人非常晚才能到家，而大部分人在第二天要面临工作，严重拥堵给人们的生活带来极大的不便。

图4-66　清明小长假交通拥堵　　　　图4-67　高速公路交通拥堵

节假日、旅游季，由于大量交通需求集中产生，极容易形成交通拥堵，对某些景点和主要交通干道造成了巨大的压力。造成北京节假日期间形成严重拥堵的原因，除了居民节假日期间的集中大量出行外，还和现行的交通制度有关，据北京市相关规定，在休息日期间，北京市和外地机动车皆不限行，在重大节假日还免收小型客车高速公路通行费，因此，在节假日期间，交通需求会得到全面释放，路上行驶车辆相比于往常工作日大幅增加，导致路网运行车速显著下降，特别是长假期间，旅游景点周边道路和高速公路拥堵问题尤其突出。

根据往年经验，由于受到中小学秋季开学，中秋节、国庆节前市民出行需求增加等因素影响，9月会是全年交通拥堵的集中时期，道路交通整体运行面临巨大压力，交通拥堵形势极为严峻，如遇降雨，还将会产生严重拥堵的现象。根据对2017年9月1日、8日、9日、13日、14日、18日、29日、30日等8个重点日的密切关注，相关统计数据显示，以上重点日的高峰交通指数已达到8，严重拥堵等级以上。9月中下旬，由于中秋节和国庆十一黄金周，双节临近，导致从中秋节前夕开始一直到十一，成为9月最拥堵的时段。整体来看，从9月初开始，由于面临新学年开学、早高峰上学和上班出行需求三方面出行需求叠加，将导致路网拥堵程度较暑期明显增加。2018年开学日是9月1日（周六），恰逢周末，车辆不限行，拥堵情况将进一步加剧，全市早高峰交通指数达到8.8的严重拥堵水平。而到了9月中下旬，受到中秋节（9月24日）前购物、聚会等因素影响，交通出行需求明显增长，9月18日开始北京市出现明显的节前出行特征，持续至21日，弹性出行与通勤出行相互叠加，除了高峰期间拥堵情况突出，非高峰时段拥堵时间也会延长。9月24日（周一）为工作日，作为工作日第一天，交通量相对其他工作日更高，特别是早、晚高峰通勤时段，路网出现严重拥堵。到月末，随着国庆节的临近，北京市道路交通将再次出现节前拥堵特征，部分市民可能选择"拼假"出游，9月29日、30日进出京客流量将持续走高，道路拥堵分布将集中在交通枢纽周边，如北京西站、北京站、北京南站、北京北站以及机场周边道路，全天拥堵情况均较为突出。

节假日交通拥堵是一种短期内的峰值性拥堵。这需要交通管理部门加大疏导力度，利用技术手段进行流量监测和预警，在现场进行分流疏导，提前发布信息。但是仅仅依靠行政疏导手段，难以从根本上解决城市的交通拥堵问题，只有多管齐下才能解决。

3. 天气因素

城市交通极易受到天气的影响。城市居民对于天气带给城市道路交通的影响深有感触，很多专家学者也针对复杂天气对城市交通的影响做过一些研究，结果表明雨、雪、冰冻等天气对城市交通影响最为严重。雨雪天气出现时，大多数会引起城市道路交通拥堵。雨雪天气会使道路湿滑，轮胎与路面的摩擦系数降低，车辆制动距离增大，所以为了行车安全，驾驶员会降低行车速度，增大车辆间距，因此造成道路通过交通量减小、车辆阻滞，形成拥堵。

天气因素中，特别需要注意的是雨对道路的影响，特别是小雨。在大暴雨、雾霾、雪等强气候条件下，驾驶员会有较高的警惕性，会采取减少出行、主动降低车速、采用公共交通出行等行为以保证出行安全。而对于小雨，驾驶员往往没有较强的警惕性，但小雨导致路面湿滑，非常容易导致交通事故的发生。

雨天的交通量降低率与各小时降雨量见表4-6。相关研究表明，用SPSS软件对交通量降低率与本时刻降雨量做相关性分析，二者相关性为0.905，显著性系数极小，在0.01水平上显著相关。同理分析交通量降低率与更多时间降雨量之间的关系。用SPSS软件对交通量降低率与其他小时降水量做相关性分析，得到的结果如表4-7所示。

雨天的交通量降低率与小时降水量 表4-6

时间	交通量降低率（%）	1h降水量（mm）	2h降水量（mm）	3h降水量（mm）	4h降水量（mm）	12h降水量（mm）
7:00—8:00	26%	0.5	1	1	1	1
8:00—9:00	21%	0.1	0.6	1.1	1.1	1.1
9:00—10:00	24%	0.1	0.2	0.7	1.2	1.2
10:00—11:00	26%	0.7	0.8	0.9	1.4	1.9
11:00—12:00	27%	0.7	1.4	1.5	1.6	2.6
12:00—13:00	28%	0.7	1.4	2.1	2.2	3.3
13:00—14:00	29%	0.7	1.4	2.1	2.8	4
14:00—15:00	12%	0.2	0.9	1.5	2.3	4.2
15:00—16:00	32%	0.9	1.1	1.8	2.5	5.1
16:00—17:00	35%	1.2	2.1	2.3	3	6.3
17:00—18:00	18%	0.2	1.4	2.3	2.5	6.5
18:00—19:00	13%	0.1	0.3	1.5	2.4	6.1
19:00—20:00	18%	0	0.1	0.3	1.5	5.6

交通量降低率与小时降水量相关性分析 表4-7

小时降水量	相关性分析	交通量降低率	结论
1h降水量	Pearson 相关性	0.869	在0.01水平（双侧）上显示相关
	显著性（双侧）	0.000	
2h降水量	Pearson 相关性	0.629	在0.05水平（双侧）上显示相关
	显著性（双侧）	0.021	
3h降水量	Pearson 相关性	0.320	相关性不显著
	显著性（双侧）	0.287	
4h降水量	Pearson 相关性	0.185	相关性不显著
	显著性（双侧）	0.544	
12h降水量	Pearson 相关性	-0.134	相关性不显著
	显著性（双侧）	0.662	

4. 施工因素

大型活动、交通管制、占道施工等局部区域的外部因素介入也会对区域交通运行带来较大压力，导致交通拥堵。各类道路施工会降低道路通行能力。有的工程项目在规划建设过程中对交通需求、交通衔接论证不足、考虑不周，造成交通堵点、交通乱点。交通管制任务一般会对道路采取暂时封路措施，这样就不可避免地会因封路造成交通拥堵（图4-68）。

例如地铁施工，地铁主体工程土建工期一般需要2年左右时间，加上后期出入口、附属设施施工及道路恢复，期间一般还穿插进行管线拆迁改工程施工等，施工占道时间长达3年多。因此，如何做好拥堵地区施工期间交通拥堵疏解，合理组织各种交通，处理好施工与保障通道通行的矛盾，确保工程建设的同时对城市交通的影响最小，也是一个很重要的问题。

图4-68　施工占道造成交通拥堵

道路的基本通行能力简单来说是指，理想状态下，单位时间内经过道路断面的最大车辆数，其中理想状态是指车辆的技术性能、驾驶性能、车辆间距离都相同的状态。施工工程对交通的影响最主要来源于施工占道。据相关研究表明，当道路通行能力折减率低于20%时，属于第一等级占道。具体表现为：机动车道数量一般不发生变化，车道宽度道路占用距离会有一定程度压缩，非机动车被占用的可能性较大，此时，主要影响行人和非机动车辆的交通出行，对机动车的影响并不明显。

当道路通行能力折减率在 20%~50%之间时，属于第二等级占道。具体表现为：机动车道数量发生变化，减少到原有车道数量的一半以下，原有车道宽度大幅压缩，非机动车道被占用，各类道路交通出行者均受到影响。

当道路通行能力折减率在 50%~100%之间时，属于第三等级占道。具体表现为：一半以上的机动车道和非机动车道均被占用，各类道路交通出行者受到较大影响。

当道路通行折减率达到 100%时，属于第四等级占道。具体表现为：道路上所有车道完全封闭，断绝交通，各类交通出行者须避开占道区域，对出行产生极大影响。所以，可以看出，施工问题尤其是占道施工是引起交通拥堵中比较普遍存在的现象。

5. 首都功能

北京城市功能定位是全国政治中心、文化中心、国际交往中心、科技创新中心。作为全国政治中心和国际交往中心，由于中央党政军领导机关日常工作，国内高级别会议、重大国事外交活动的举办，为保障各项政治活动顺利开展，导致天安门广场、中南海、玉泉山等政治中心周边，三里河、金融街、军队总部机关等地区周边，重要会议场馆周边及连接道路管制封路、禁行现象频发，从而引发区域交通运行不畅。作为全国文化中心，北京是国内主要的旅游城市，北京市名胜古迹众多、核心区吸附力强劲、特色胡同文化，吸引着全国各地的游客。庞大的入京游客数量极大地增加了北京的交通出行需求，对交通基础设施的需求量远高于供给量，如此高强度聚集的出行需求给周边交通造成很大负担，导致北京市大面积的交通拥堵。北京市也是大型赛事及活动展览最多、最密集的城市，万人以上大型活动场次居全国首位，大型活动的成功举办，不仅丰富了市民的精神生活，提高了城市的国际影响力，同时也给城市交通带来挑战。大型活动举行期间，在很短的时间、很小的空间内汇集大量人流、车流，将给活动区域附近的通勤、上学、公务等出行带来极大的影响，特别是随着活动举办频率的不断增加，大型活动对城市交通服务水平提出了更高的要求。

七、交通拥堵成因贡献率分析

针对现阶段交通系统的各项问题，结合北京交通拥堵四类213项成因，进一步梳理影响程度较高的因素，根据"可分解、可量化、可获取、可指派、可落实、可考核"的原则，梳理出当前阶段主要影响因素17项。同时，邀请交通行业、规划行业相关专家，以及相关部门工作人员通过Delphi法进行主观赋权，确定各项成因的权重程度。

从北京交通拥堵主要影响因素贡献率（图4-69）结果来看，供给类影响因素贡献率最高，占比达到32%。其中，轨道交通发展水平、地面公交发展水平、路网结构与密度影响程度较高，分别占12%、9%和8%。自行车与步行系统发展水平对交通拥堵影响程度较低，占3%。

图4-69 北京交通拥堵主要影响因素贡献率

治理类影响因素贡献率达到30%，主要影响因素为停车秩序与道路交通秩序，贡献率分别达到7%和6%。其余影响因素贡献率在4%左右。

需求类影响因素贡献率与治理类基本接近，占29%。其中职住平衡、人口规模、机动车保有和使用影响程度较高，达到9%、8%和8%。15min生活圈覆盖占4%，影响程度较低。

其他影响因素主要包括事故与突发事件、极端天气和交通管制，影响程度最低，贡献率仅为9%。

第三节　北京市交通拥堵成因的特殊性

北京市作为我国首都，同时作为六朝古都，其相对于其他城市有其自身的特点，本节将结合北京市的城市特性，从首都特性、旅游特性、路网特性、文化特性、布局特性等五个方面重点并具体地阐述北京市交通拥堵与其城市特性之间的关联与内在机理。

一、首都特性

北京市是中华人民共和国的首都、直辖市、国家中心城市、超大城市、国际大都市，全国政治中心、文化中心、国际交往中心、科技创新中心，是中共中央委员会、中央人民政府、全国人大、中共中央军委、中部战区司令部等的所在地。作为全国政治中心和国际交往中心，北京市具有浓重的政治和外交色彩，经常性组织国内高级别会议或外事活动，导致重要会议场馆周边及连接道路管制封路、禁行现象频发，从而引发交通拥堵。

统计数字显示，2017年，北京市会议收入达118.7亿元，比2016年增加5.4%；接待会议数量21.5万个，比2016年增加4.7%；接待会议人数1723.8万人次，比2016年增加8.4%；其中高规格国际会议的数量为81个，位居亚太地区城市第六位、中国第一。2017年北京"一带一路"高峰论坛期间，为确保会议顺利进行，自2017年5月7日至5月15日活动期间，怀柔区雁栖湖国际会都和朝阳区国家会议中心周边道路均采取了交通管制措施（图4-70），除持有"高峰论坛"专用证件的车辆外，禁止其他车辆通行，社会车辆和公交车均需绕行。此外，天安门地区周边道路，长安街、东三环、东二环、机场高速等道路都采取了临时交通管制措施。

图4-70　2017年"一带一路"国际合作高峰论坛国家会议中心周边交通管制示意图

由于北京市的首都职能特性，在政策制订过程中对政策的公平性及舆论影响的考虑要重于对效果的考虑，因此诸如提高机动车的使用成本、征收高额的汽车购置税和油品消费税、收取交通拥堵费、提高停车收费标准、提高油品质量标准和汽车污染物排放标准、完善交通拥堵和停车管理相关法律法规等在世界其他各大城市行之有效的交通管理方法在北京市运用难度大，实施也较为谨慎。

此外,北京市是全国的铁路、民航以及京津冀公路的枢纽是首都职能特性的又一体现。

(1) 铁路枢纽。

北京市地处华北平原,是全国最大的铁路枢纽之一,沟通我国东北、西北、华北和中南地区,承担着与全国各地的客货运输和国际交流任务。北京铁路枢纽由京沪、京广、京原、丰沙、京包、京通、京承、京哈、大秦等10条铁路干线及京津城际铁路、京沪高速铁路、京广高速铁路组成,具有内、中、外3重环线,各干线间通过东南、东北、西北等环线相互连接,形成了大型、环形、放射型铁路枢纽(图4-71)。北京铁路营业里程1248km,其中北京、北京西、北京南为主要客运站,担负旅客列车的始发、终到任务。

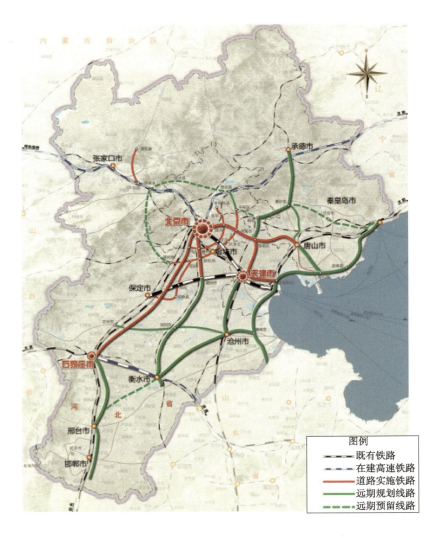

图4-71 京津冀主要铁路网络图

2017年，北京地区日开行旅客列车499对，其中北京站开行120对，北京西站开行179对，北京南站开行200对。2017年北京铁路旅客发送量达到13872.9万人次，旅客周转量达到1537625.3万人·km。其中北京西站的发送量为最高，年发送量达5418.9万人次；北京南站、北京站的发送量依次为4466.6万人次、3525.7万人次。大规模的客运量，导致北京铁路枢纽在客流高峰时期超负荷运转，公共交通运力不足，周围交通秩序混乱且拥堵，图4-72和图4-73为北京站和北京西站高峰时期的客流排队实拍图。

图4-72　北京站进站口客流高峰排队

图4-73　北京西站地铁进站口客流高峰时期

（2）民航枢纽。

北京市目前已建成两个航空运输机场，分别为北京首都国际机场和南苑机场。首都国际机场共有3条跑道，停机位380个，候机楼建筑面积140万m^2，设计旅客吞吐能力为7600万人次/年。2017年，首都国际机场定期通航航点达到292个，其中国内航点161个，国际航点131个；通航航空公司共计103家。

2017年，首都国际机场航班起降597259架次；进出港旅客9578万人次，较2016年增加139万人次，位列世界第二（图4-74）。

图4-74　首都国际机场进出港人数及飞行架次历年变化情况

北京大兴国际机场（新机场）位于北京市大兴区及河北省廊坊市广阳区，规划建设7条跑道（远期9条），飞机起降量年80万架次（远期100万架次），航站楼主体面积103万m^2（远期140万m^2），年旅客吞吐量1亿人次（远期1.3亿人次）。工程于2014年12月开工建设，计划于2019年9月开通运营。

根据调查，目前首都国际机场进场交通中，各交通方式分担率见表4-8。其中小型汽车（私人汽车和出租汽车）分担比例最高，占总量的73%，是首都机场旅客最重要的交通方式。机场快轨分担率最低，只有10%。从东直门到T3航站楼虽然有机场快轨，但其运行方式是每10min发一趟车，每趟4辆编组，日均客运量只有3万~4万人次，峰值日客运量不到5万人次。公共交通有限的客运量导致其余7000多万人次旅客都是以乘坐出租汽车、机场大巴或私人汽车等方式往来机场。

首都国际机场进场交通方式分担率 表4-8

交通方式		分担率	交通方式		分担率
机场快轨		10%	大型巴士	机场大巴	12%
私人汽车		45%		团体巴士	5%
出租汽车		28%	合计		100%

影响机场出行方式选择的因素主要表现为出行时间、等待时间、换乘便利性、乘车距离、携带行李便利性、出行费用、舒适度等7个方面。小汽车作为私人交通方式在舒适度上明显优于其他交通方式。此外，由于机场线班次较少，等待时间较长，导致在高峰时期旅客滞留严重，从而也影响了人们的乘坐舒适度。因此73%的旅客选择乘坐小汽车往返机场，从而加重了机场联络线及其辐射范围地区的交通拥堵。

（3）京津冀区域特性。

在目前的京津冀交通运输网络格局中，交通运输功能过于集聚首都与区域交通运输布局不均衡现象并存，并且二者相辅相成，互相强化。从运输组织模式看，以首都为中心的放射性路网格局强化了运输功能的不均衡分布，使首都过度承担了区域中转和通过的运输功能。相对于北京，天津和其他城市的对外交通通道发展滞后，冀中南与冀东、冀北城市间铁路联系的中转组织功能主要由北京枢纽承担，其他枢纽发挥的运输组织功能不强，导致运输量过度集聚于北京。

从交通基础设施看，京津冀区域的铁路、高速公路均体现以北京为中心的放射式布局（图4-75），而京津冀区域其他中心城市间的通道联络线不足。以北京为中心有6条放射性综合交通运输通道，与天津和河北所有11个地级市建立了直接的交通运输联系。以2018年最新数据为例，北京至石家庄的列车每日有159个车次，而天津至石家庄每日仅有56个车次，大量的津石两市间的人员往来需要通过北京进行中转。北京过度承担中转功能，一方面加重了首都的城市交通拥堵问题，另一方面也大大降低了京津冀区域的运输效率。

二、旅游特性

随着居民收入的增加，我国的旅游需求大幅增长，但北京作为国内主要的旅游城市有其自身的特性。首先是旅游景点多，北京市对外开放的旅游景点达200多处，世界遗产7处，文化古迹7309项，全国重点文物保护单位99处，326处市级文物保护单位，5处国家地质公园，15处国家森林公园，其中热门景点的分布如图4-76所示。八达岭、恭王府、颐和园等名胜古迹，烟袋斜街、大栅栏、国子监街等历史名街，吹糖人、捏泥人、相声、京剧大鼓、快板等老北京特色的文化习俗深深吸引着来自全国各地的游客。此外，我国人民具有浓郁的爱国情结和首都情结，天安门广场、人民大会堂、人民英雄纪念碑、毛主席纪念堂等记载传承着中华人民共和国几十年来发展历程的具有划时代意义里程碑式的建筑，深深吸引着全国各族人民来此观光。

图4-75　京津冀高速公路路网图

图4-76　北京市中心城区热门旅游景点分布图

从总量方面来看，庞大数量的入京游客极大地增加了北京的交通出行需求，据统计，2013—2017年入京游客总量为26725.8万~30401.5万人次，是北京市常住人口的12~14倍。大量的入京游客，每日至少出行两次且大多早出晚归，与上班早晚高峰重叠，极易造成严重的交通拥堵。从时空分布上看，由于北京市中心城区热门旅游景点分布不均，多数集中分布于东城区、西城区及海淀区，南起天坛公园北至圆明园，使各地区的客流量不均衡，局部地区人口数量过于密集，对交通基础设施的需求量远高于供给量，给该地区的交通状况造成很大负担；在时间上，我国的假期政策导致居民喜好在国庆长假及暑期长假出游，导致北京市在暑期长假和国庆长假旅游人数达到高峰，从而在暑期长假和国庆长假期间产生了严重的交通拥堵。根据北京市旅游发展委员会网站数据显示（图4-77），北京市节假日游客数量是平日的1.5~2.7倍。而更为严重的是，暑期高峰时期的交通设施要同时满足本地居民的正常交通出行和旅游出行，导致北京市出现大面积的交通拥堵。

图4-77　2013—2017年每月北京旅游人数分布情况

对此，北京公交集团专门开通了游1、游2等多条旅游专线，其次，在假日期间，北京市采取增开专线（如区间线、假日专线及省际客运专线），增配运力，增发车次等措施满足旅客的出行需求。例如，2017年国庆长假期间，北京公交集团开设10条节假日专线，并增加公交的日均配车至1.64万部，六里桥客运站发往张家口客运站的客车数量也由平日的5~9趟增加为17趟。虽然北京市在公交、省际等多个行业增加交通供给，但也无法满足如此高强度聚集的出行需求，图4-78为假日期间香山景点的拥堵状况。

图4-78　香山旅游拥堵路况

尤其是大批游客中私家车出行的比例较高，更是加剧了景区周边的道路交通拥堵。以香山景区香山路为例,每年的9—11月,香山的红叶会陆续进入最佳观赏期,吸引了北京及周边城市游客纷至沓来。据北京市假日旅游工作小组提供的数据,2017年10月7日香山公园接待游客1.12万人,同比增长1020%。观赏高峰期间,每天早晨7时开始,香山地区就出现车辆排队情况,前往香山的私人汽车与准备返京的私人汽车挤作一团,一些运送旅行团的大型客车在拥挤的车流中寸步难行,交通拥堵状况较严重。

三、路网特性

北京市路网先天不足,路网密度稀疏,路网呈环路状,被人形象地称为"摊大饼"格局。南北向主要干道缺乏,也是北京市道路拥堵的又一原因。并且,北京市道路的拥堵在一定程度上是因为道路设置不合理,其中包括道路过窄、路网密度较低导致的路网可达性差、车道数不满足流量需求等方面,道路不满足交通流量的需求,可能是道路设计本身的问题,也有可能是历史演变的问题(如表4-9、表4-10与国内国外城市路网密度对比所示)。由于历史的原因,存在一些道路建设过早,无法满足现今车流量的需求。

国内超大型城市平均路网密度表　　　　　　　　　　　　　　　　　表4-9

超大型城市	北京	深圳	上海	广州
路网密度（km/km²）	5.6	9.5	7.1	7.0

国际超大型城市平均路网密度表　　　　　　　　　　　　　　　　　表4-10

	国际城市	路网密度（km/km²）	国内城市	路网密度（km/km²）
美国	纽约	13.1	北京	5.6
	芝加哥	18.6	上海	7.1
	旧金山	36.2	广州	7.0
日本	东京	18.4	武汉	5.8
	横滨	19.2	深圳	9.5
	大阪	18.1	大连	6.3
	名古屋	18.1	杭州	6.9
巴塞罗那		11.2	成都	8.0
			昆明	6.7

观察北京,我们会发现这座城市几乎已被大大小小的新旧"大院"挤占殆尽。这些"大院"既有文化遗址,如古代宫城、禁苑,还有散落在核心区的各类中央部委和市级机关大院、部队单位,也有各类大型国有企业驻京单位、在京大专院校、科研机构、大型医院,还有20世纪的工厂生活区、村落,以及新建的大型居住小区。若以自成一体且内部道路不对外开放来定义,它们皆可划入"大院"概念。

大尺度的封闭式大院,导致了北京"宽马路,疏路网"的道路交通特征。北京有大量的道路被封闭在大院的围墙内,城市支血管、毛细血管被人为切断。大院越大越集中,两点之间的实际绕行距离就越长，对道路带来的交通压力就越高，同时也导致了公共交通网络可达性的降低。2018年度《中国主要城市道路网密度监测报告》指出北京市平均路网密度为5.6km/km²（表4-9），在4个超大型城市（深圳，上海，广州，北京）中，其平均路网密度最低。从图4-79不同城市的路网尺度对比图中也可发现，北京市的道路交通网络属于大尺度路网。在稀疏路网条件下，驾驶员在两点之间的备选路径有限，交通流量集中于少量的干道上，再宽的道路也难以支撑快速集聚的交通流从而造成拥堵。同时，由于稀疏路网可供疏散的路径有限，在路段上微小的扰动，都可能导致道路的死锁，甚至使整个路网陷入瘫痪。此外，过宽的道路使得行人在过街时的等待时间更长，而较长的过街距离和有限的绿灯时间，导致"中国式"过马路现象产生：凑齐一小撮人，不管红灯赶快走。因此，不遵守交通规则的过街行为使得车流中断频发，造成交通拥堵。

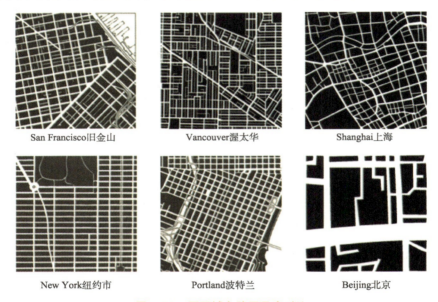

图4-79 不同城市路网尺度对比

四、文化特性

北京的文化特性主要体现在以下三个方面：名胜古迹众多、核心区吸附力强劲、特色胡同文化。

（1）名胜古迹众多。

北京城作为中国的四大古都之一，历史悠久，文化灿烂，是首批国家历史文化名城和世界上拥有世界文化遗产最多的城市，三千多年的历史孕育了北京独特而浓厚的历史文化底蕴和众多精雕细琢的古代建筑群。例如现存的故宫、恭王府、天坛、颐和园及多位名人的故居等古建筑及八达岭长城、八大处等名胜古迹。这些古迹如璀璨的星辰点缀着古老的北京城，使古今文化交汇的北京城在历史的长河里依然熠熠生辉，散发着古老而又绚烂的光芒。

然而，这些古迹建筑也会导致交通拥堵。主要表现在以下几个方面：第一，由于这些古迹占地面积较大且不能受损，因此在交通规划的过程中会充分考虑，从而造成交通路线分隔，使交通的顺畅程度受到影响；第二，旅游高峰期间，古迹周边大量出行人口和出行车辆的汇集导致该地段交通承载力严重超标，从而造成交通拥堵乃至交通瘫痪。例如2017年10月1日，八达岭长城接待游客量约2.6万，约是平时工作日的1.5倍。这就给周边的交通设施带来了很大的压力，从距离八达岭大桥约1km处，开始发生时长从0.5~4h不等的交通拥堵（图4-80）。

图4-80 八达岭长城周边交通拥堵情况

（2）核心区吸附力强劲。

北京的城市文化中素有"东富西贵，南穷北贱"一说，此说法最早可追溯至明朝。明朝北京的大型交通运输主要采用漕运，且主要流通的物资也都集中在京城东部，商人富贾和殷实人家因此渐渐在东城扎根，长此以往，形成了"东富"的说法。北京内城的水域、王府大院都集中在西边（图4-81），北京人喜欢临水而居，青柳垂岸，以此来彰显权势与地位，西城故被人们称作"西贵"。古往今来，在北京一直都持续着这个不成文的传统。直到今日，"东富西贵"也在各方面体现得淋漓尽致，这影响着政府和企业的选址，影响着人们的出行需求，也深深地影响着北京的交通。

作为北京市中心的地理优势，在交通方面却成了"劣势"。一方面，北京市二环内仅有的62km^2，就聚集了中央机关、司法部门和军队部门、金融部门及机构、商业网点中心和旅游文化景点五大功能区。由于这种单一中心的城市空间结构和城市功能在中心区的过度集中，导致交通流在中心区高度聚集，向心型交通所具有的不均衡性加重，并超过同期中心区道路交通可以承受的能力。

另一方面，随着人口和经济的增长，交通的需求也出现迅猛增长，而且大大超出了总体规划的预想。而东城区和西城区作为北京市的两个老城区，由于文化因素、区域因素和其他人为因素，一部分原有的建筑难以拆除并更新扩建，导致其内部道路也难以更新并给予足够的供给。

（3）特色胡同文化。

北京胡同是城市的脉络、交通的衢道，也是北京市普通老百姓生活的场所。北京的胡同大多形成于13世纪的元朝，到现在已经经过了几百年的演变发展。胡同的走向多为正东正西，宽度一般不过9m。胡同串起来，就像一块豆腐，方方正正，不歪不斜。"大胡同有三千六，小胡同多如牛毛数"，说起北京到底有多少条胡同，上了年纪的"老北京"总会对人说起这句民谚。在2010年北京市规划委的一份报告——《北京市历史文化名城保护工作情况汇报》中显示，近年来，北京胡同数量逐年减少，即便如此，到2013年，北京市还有1571条胡同。

图4-81　西城区恭王府部分景观

旧城区胡同的交通特性是在当时以步行、马匹、人力和畜力车为主要交通方式的历史条件下所形成的，但到了如今，随着机动车快速走入家庭，车辆的停放和通行都要占用大量的空间资源，给原有的胡同区域交通运行带来了很大的压力。东城区是北京胡同最多的区，辖区内有胡同458条，宽度一般在5~7m。同时，东城区停车资源非常有限，区内注册的机动车数量就有近30万辆，而全区停车位只有不到10万个。由于用地紧张很难再建地面大型停车场，很多车辆乱停乱放，造成车行不畅，一旦遇上两车会车，必须有一方倒着再从胡同里开出去，错车时间往往超过半个小时。尽管有关的规划和交通部门已经采取了部分措施来缓解胡同内的交通压力，但由于北京的胡同"窄""密""长"，再加上胡同内部分车辆乱停乱放，其交通状况依然堪忧（图4-82）。

图4-82　交通拥挤的北京胡同

五、布局特性

城市布局北重南轻、职住分离、睡城功能突出是北京市布局特性的三大体现。

（1）北重南轻。

基于中国自古以来坐北朝南的文化认知，北京自建都以来一直延续着"重北轻南"的发展格局。从历史基础角度来看，北京城市南部旧城区历史包袱较重，基础条件较差，对开发和发展造成了较大的制约。反而城市北部多为新区，开发和发展条件基础相对优越。从资源条件上来看，在教育、文化、旅游、人力、技术等现代经济发展重要资源方面，北部地区的优势都相对更大。尤其是奥运会之后，随着一座座奥运场馆在北城拔地而起，奥运建设携带着北京经济资源的发展，导致越来越多的大中型企业在北城"扎堆"（从图4-83可看出，互联网企业大多都集中在北城），北京南北城区发展不协调的问题也愈发凸显，城市发展格局不平衡的问题也越来越严重。

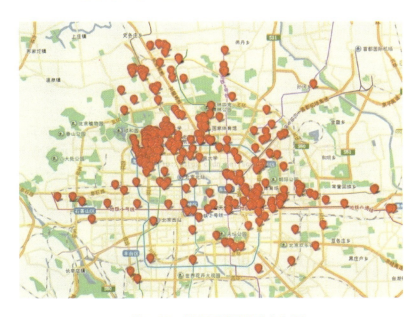

图4-83　北京互联网企业分布图

正是由于南北城发展格局不平衡的现象，导致了交通出行方向和出行需求的不平衡。如图4-84所示，北京地铁4号线在早高峰时期，由南向北的交通需求远远大于由北向南的需求，大量的出行方向聚集在由南向北方向，出行时间也集中在特定时间段。

北京西二旗地区，虽地处北京市西北五环外，但坐拥百度、腾讯、网易、新浪、滴滴等知名互联网公司和众多外企，数十万人聚集于"中国硅谷"，该区域交通状况堪比环路林立的西直门立交桥。从西二旗地铁站到中关村软件园，这段短短1~3km的路程，出行时间需要高达半个小时。相对比之下，在南五环外基本不存在堵车的情况，交通情况都处于非常畅通的状态（图4-85）。

（2）职住分离。

众所周知，北京路网的总体构建形式是环路。随着北京的经济建设发展，城市区域的不断扩大，北京的路网也从过去二、三环的修建，逐渐扩大到现在的六环甚至七环。道路建得多了，为什么每天堵在环路上的车辆还是不计其数呢？

图4-84　北京4号线早高峰

图4-85　北京市南五环公路

北京的环路型建设在城市规划的协调上存在一定的弊端。随着北京的经济发展，这座城市也发生了日新月异的变化，房价飞涨的同时使大多数市民不得不搬出城外，选择价格相对可以接受的处于北京四环以外的居住区。这在一定程度上会使城市的分布形式有所变化，市民上班的地点位于内城，居住地大多位于外城。每天早晨道路较大的流量都由进城大军组成，我们可以听到北京交通广播实时报道中，经常会出现"进城流量大，请大家绕行"等信息。而到了晚高峰时段，则与之相反，变为出城方向车流量大。大多数人的上班地点与居住地距离较远，通勤距离较长，势必会引发较大集中的道路流量，这样就给北京环路造成了严重的负荷，从而引发道路拥堵问题。如图4-86和图4-87所示，在所调查的国内大城市范围内，北京市的通勤路程最长，达到13.2km；且1h以内通勤时间占比最低，为84.3%。

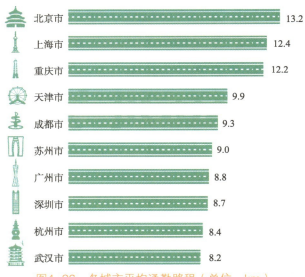
图4-86　各城市平均通勤路程（单位：km）

在北京，上下班出行时间集中，主要原因是因为机关多、学校多、医院多等因素所导致的早晚高峰较为集中。相比于上海、深圳等城市，大政府小社会，以行政办公用地为主的出行特征和以商业为主的出行特征有所不同。导致北京的出行时间弹性更低，出行时间过于集中，从而导致交通拥堵。

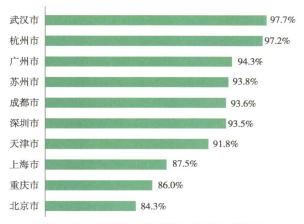

图4-87 各城市通勤时间1h以内人群占比

数据来源：极光大数据，通勤路程仅含同城通勤数据。

数据分析表明，北京市通勤人群平均的通勤路程为13.2km，其中小于5km的人群占比31.8%，5~15km之间的人群占比30.8%，15~25km之间的人群占比20.3%，另外有17.1%的人群通勤路程超过25km；上海市平均通勤路程为12.4km，其中，小于5km通勤路程的通勤人群占比30.6%，35.4%的通勤人群通勤路程在5~15km之间，20.2%的通勤人群通勤路程为15~25km之间（图4-88）。

图4-88 北京和上海街道通勤距离分布

在北京，西城区、东城区和海淀区是北京职住比最高的三个行政区域，西城区的职住比达❶1.19，东城区的职住比达1.15，海淀区的职住比达1.11，朝阳区的职住比达1.08，这是四个职住比大于1的区域；而通州区、门头沟区和昌平区职住比分别为0.87、0.86和0.79，是职住比最低的三个区域。

在上海，黄浦区、徐汇区和静安区为上海职住比最高的三个行政区域。黄浦区职住比为1.32，徐汇区职住比为1.21，静安区职住比为1.20，这三个区域是上海职住比最高的区域；嘉定区职住比为0.93，松江区职住比为0.92，宝山区为0.84，这三个区域是上海职住比最低的区域；而崇明区和奉贤区相对独立，职住比均为1（图4-89、图4-90）。

---

❶ 职住比：即"就业－居住比"，其数值等于指定区域内，就业人口数量与居住人口数量的比值。

图4-89　北京和上海职住分布图特征

行政区	职住比
黄浦区	1.32
徐汇区	1.21
静安区	1.20
长宁区	1.19
虹口区	1.04
崇明区	1.00
奉贤区	1.00
浦东新区	0.99
金山区	0.98
普陀区	0.97
青浦区	0.96
杨浦区	0.95
闵行区	0.94
嘉定区	0.93
松江区	0.92
宝山区	0.84

行政区	职住比
西城区	1.19
东城区	1.15
海淀区	1.11
朝阳区	1.08
怀柔区	0.99
延庆区	0.98
顺义区	0.97
密云区	0.96
平谷区	0.95
大兴区	0.93
丰台区	0.91
石景山区	0.90
房山区	0.89
通州区	0.87
门头沟区	0.86

图4-90　北京和上海区域职住比对比

注：职住比即"就业—居住比"，其数值等于指定区域内，就业人口数量与居住人口数量的比值。

（3）睡城功能突出。

随着城市规模的扩大和经济的快速增长，北京市居民的居住成本越来越高，从而使人们更多地选择居住在距市中心较远的地区，这些地区主要发挥了居住功能，很多生活、服务设施配套功能有所缺失，使得大部分居民不得不白天去中心区里工作，晚上回来居住，因此，这些地区被称为睡城。虽然我国在近期城市化的进程中或多或少都出现了职住不平衡的现象，但北京的睡城现象尤为突出，通州、回龙观、天通苑一直是北京的三大著名睡城，常住人口分别为109万、50万和30万。图4-91为天通苑北站等待地铁的人群。如此大规模的交通迁移更容易爆发短时间交通拥堵的出现。表4-11详细分析了北京市几个居住区的早高峰通勤特征，"热度指数"是指日均早高峰通勤人次。通过表4-11可以发现北京市三大睡城——通州、回龙观、天通苑的热度指数排名前三，分别为1、0.64和0.57。中国社会科学院城市发展与环境研究所所长潘家华认为，生活在睡城里的百万人口每天的两次大迁移，是北京拥堵现状的关键原因之一。为了缓解交通拥堵，北京市出台了一系列措施，例如"限行""限购""拥堵费"等。然而，这些措施并不能打消居民驾车出行的决心，上班、上学、看病等刚性需要，让他们作出了为北京"添堵"的无奈选择。"睡城"已经成为治理交通拥堵不可回避的城市痼疾。

图4-91　天通苑北站等待地铁的人群

北京市几个居住区的早高峰通勤特征　　　　表4-11

出　发　地	热度指数	平均距离（km）	平均耗时（min）
通州	1.00	25.2	83.2
回龙观	0.64	17.8	54.8
天通苑	0.57	18.9	59.3
管庄	0.48	25.2	76.5
大兴黄庄	0.46	24.5	83.0
门头沟	0.39	23.1	56.2
房山	0.35	31.2	98.8
燕郊	0.27	39.2	120.1

（4）燕郊现象。

北京市周围最著名的"睡城"——燕郊就是典型具有居住功能的区域。燕郊西距天安门30km，西北距首都机场25km，南距天津港120km，有着得天独厚的区位优势和发展潜力，现已经成为京津冀一体化合作的前沿和热点。燕郊镇的面积为105.2km²，人口密度约为0.7604万人/km²，而且这个数字仍然在不断增长。随着燕郊经济的快速发展，燕郊的交通问题也日益突出：道路拥挤不堪、机动车乱停乱放、人车混行等现象成为燕郊交通状况的常态。据了解，燕郊的居民在通勤方面有着更严重的问题，如清晨4、5时就要去车站排队，在通勤时间上要更长，单程通勤往往要超过2h甚至3h。

通勤距离是职住分离的主要表现形式，本书将通勤距离粗略计算，即以燕郊为原点，到北京市各个区中心的距离如图4-92所示。

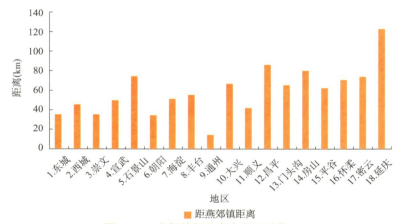

图4-92　燕郊镇距北京市各区的位置

由于居住郊区化过程中居住与就业的数量不相匹配，居住职能区域的配套设施不齐全，就会出现职住分离、空间错位等现象。在经济发展的影响下，城市规模不断扩大，使郊区和城市中心的功能差距明显增加，日益严重的职住分离导致居民通勤距离和时间明显增加，大量居民不得不每天往返于居住地和工作地之间，使居民幸福指数下降，道路交通压力增加。

第四节　北京市交通拥堵成因体系特征

经本章第二节论述，北京市交通拥堵成因分四级，共200余类，形成了一个错综复杂的成因体系。此成因体系呈现出种类多样、层次分明、同中存异、蝴蝶效应、动静相宜、个性突出等特点。本节将针对此成因体系的这6大类特征，重点展开论述，阐明体系特征、体系内各成因之间的内在联系等。

一、种类多样

交通系统本身是一个巨系统，与城市各子系统间相互关联影响，这就使得造成交通拥堵的因素十分复杂且多样，包括人口、用地、城市空间结构、生活理念与方式和居民出行行为等。各大因素下又分为诸多子类，这里分别以交通工具和居民出行影响因素为例做具体说明。

（1）交通工具。

近年来，在社会发展和科技进步的大背景下，交通工具的多样性日益显著。在北京市，仅以道路出行为例，目前在路上行驶的交通工具就包括客车、出租汽车、公交车、特种车等共计19大类（表4-12）。这里既有助力自行车、人力三轮车、摩托车、公共汽（电）车、出租汽车和小型客车等传统交通工具，也出现了助力三轮车、电动老年代步车、平衡车等新兴科技交通工具。种类繁多的交通工具，其使用特征和行驶特性具有明显的差异性，一方面对交通基础设施提出了新的要求，另一方面也是对交通管理的巨大挑战。

交通工具类型　　　　　　　　　　　　　　　　表4-12

序号	道路交通工具	序号	道路交通工具	序号	道路交通工具
1	小型客车	8	重型货车	15	电动自行车
2	出租汽车	9	特种车辆	16	电动老年代步车
3	公交车	10	两轮摩托车	17	滑板
4	大型客车	11	三轮摩的	18	轮椅
5	中型客车	12	助力三轮板车	19	平衡车
6	轻型货车	13	人力三轮板车		
7	中型货车	14	助力自行车		

交通工具种类的繁杂使得它们之间相互干扰，秩序混乱，影响交通正常运行，降低城市道路的利用效率。城市次干路与支路大多没有设置机动车与非机动车的硬隔离设施，机非混行严重，相互干扰，影响通行效率，甚至造成交通拥堵。在个别交叉口，行人、自行车与机动车的路权容易发生冲突，导致交通秩序混乱，造成交通拥堵（图4-93）。

图4-93　交通秩序混乱导致交通拥堵

（2）居民出行影响因素。

居民出行选择决策包括出行地点、出行时间、出行方式等方方面面，这里仅以出行方式选择为例阐述其影响因素的多样性。随着北京市交通工具的多样化，居民出行拥有更多的选择，根据不同的需求可以选择更为合适的交通工具出行。国内外研究表明，影响居民出行方式的因素大致包括个人属性、家庭属性、出行特征属性、交通方式的服务水平属性等，这些因素在不同程度上影响居民出行方式的选择。表4-13展示的是既有研究中的一些影响居民出行的因素选择，根据研究的具体内容和区域，不同研究选取的出行影响属性是不同的。

已有研究出行影响因素选择　　　　　　　　　　　表4-13

研究者		Algers	Narisra	Zhang Junyi	Ching Fu Chen	宗芳	黎冬平	刘志明	杨敏
个人因素	性别	√	√		√	√		√	√
	职业							√	√
	年龄	√	√		√	√		√	√
	收入	√	√	√	√	√		√	√
	驾驶证								√
	受教育程度		√						√
家庭因素	总人数		√						
	非机动车数					√			√
	摩托车数					√			
	小汽车数	√	√		√	√	√		√
	学龄前儿童数		√						
出行特征因素	出行目的						√	√	
	出行距离						√		
交通方式服务水平因素	出行时间	√		√				√	
	出行费用	√		√					
	步行时间			√		√	√		
	等待时间					√			
	准点率								

二、层次分明

北京市交通拥堵成因体系根据交通拥堵的空间分布可大致分为"点、线、面"三个层次。"面"层主要指交通拥堵的宏观成因，包括人口总量、城市空间布局、小汽车使用强度等因素。"线"层指导致交通拥堵的中观成因，包括轨道交通线路与周边用地综合开发等因素。"点"层是指导致交通拥堵的个别微观因素，包括交叉口信号配时、道路出入口设置、公交站点设计等成因因素。"面"层拥堵成因以人口因素为例，图4-94为人口数量与晚高峰交通指数关系图，当人口数量从1400万增长到1600万时，晚高峰交通指数随人口数量呈线性增加，当人口数量增长到1600万时，晚高峰交通指数有明显的跳跃性增长，交通需求突破城市交通供给所能承受的临界状态，城市交通拥堵加剧。当人口数量达到2100万左右时，晚高峰交通拥堵指数高达8.1，处于严重拥堵状态。

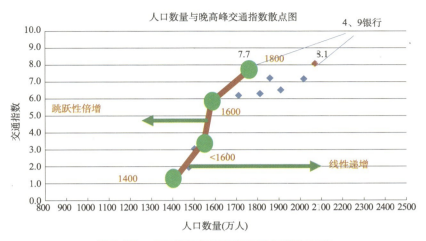

图4-94　人口数量与晚高峰交通指数散点图

"线"层以二环路为例，二环路地处北京市核心区，定位为快速路，主要承担大量的快速过境交通，但目前二环路沿线集聚了大量的商业、办公、金融、会展等功能建筑，导致二环路沿线存在大量高强度高频度的对于可达性要求较高的交通需求，与环路机动性的定位存在较大矛盾。"点"层以某交叉口为例，丰台区方庄地区群星路与芳古路交叉口，信号配时总共分为两个相位，第一相位南北方向直行、左转、右转通行，有效绿灯时间约78s，第二相位东西方向直行、左转、右转通行，有效绿灯时间仅为20s左右。东西相位时间短，车辆排队现象严重，车辆需第二个信号灯后才能通过。同时，西进口一个相位内左转车流为70%，左转车流与过街行人流线交织，造成左转车辆在交叉口内停留，导致东向直行无法完全进入，从而引起交叉口拥堵（图4-95）。

图4-95　群星路与芳古路交叉口拥堵状况

三、同中存异

交通拥堵是城市发展到一定阶段必然会面临的问题，各城市之间拥堵背后的成因同中存异，除有自己独特的特性外，也具有一定程度的相似性。因比，本章梳理的北京市交通拥堵成因体系中的因素，一部分是大部分城市发展过程中所面临的共同的交通问题，诸如城市空间功能布局与土地利用不合理、大量的人口与机动车的集聚、交通资源配置向私人机动化倾斜、交通组织管理不完善等。另一方面,有些是北京市不同于其他城市而独特存在的因素,如北京作为世界一线强城(ALPHA+评级),在全国乃至国际都具有极强的吸引力,由此带来的庞大交通需求是其他城市不可比拟的。此外,北京作为千年古都,是拥有世界文化遗产数量最多的城市,加上我国人民强烈的首都情结,每年庞大的旅游需求(特别是节假日)对交通基础设施、交通秩序管理都带来极大挑战。再者,受历史文物、中央部委、驻京央企、地方驻京机构等影响,城市大院多,地块尺度大,路网间距大,在一定程度上造成了局部路网稀疏、微循环受阻、出行绕行距离过长等问题。有关于北京拥堵成因的个性成因已在本章前节中详细介绍。

四、蝴蝶效应

目前,北京市交通系统在高峰时期基本处于承载能力的临界运行状态,在这一状态下,北京市交通系统较为敏感,容错空间十分狭小,系统运行较为脆弱,自身抗干扰能力弱,任何一个小节点上出现的问题,都有可能引发后续的连锁反应,最终造成局部系统、甚至整体系统的运行问题。这时个别参与者的不文明行为对系统运行的影响效应被放大,严重干扰系统运行的稳定性。英国布里斯托尔大学埃迪·威尔逊博士的一项研究结果显示,适当条件下,一名驾驶员紧急制动或超车可能引发一场"交通海啸",受影响路段将长达80km,即道路交通系统存在"蝴蝶效应"(由美国气象学家洛伦兹1963年提出,意指:"一只南美洲亚马逊河流域热带雨林中的蝴蝶,偶尔扇动几下翅膀,可以在两周以后引起美国得克萨斯州的一场龙卷风。"引申为不起眼的一个小动作却能引起一连串的巨大反应。)。因此,北京市交通拥堵成因体系的某些因素看似微观,但由于"蝴蝶效应"的存在,其影响程度不容忽视。例如,一场突如其来的交通事故和不文明的驾驶行为,如果处理不当,都极有可能带来整条道路甚至整个区域的交通瘫痪(图4-96)。

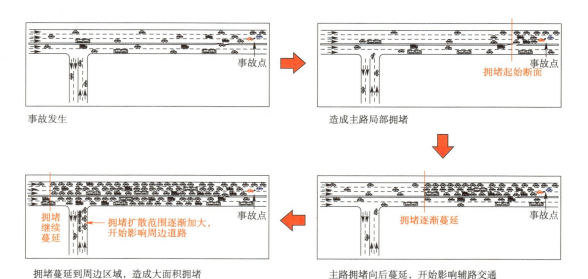

图4-96　道路交通事故带来的道路拥堵连锁反应

五、动静相宜

交通拥堵成因体系又一特征为动静相宜。成因要素众多的交通系统在一定时期内处于相对静态，对于确定的交通环境，交通拥堵呈现出一定的稳定性和规律性，然而在较长的时间维度上，随着城市功能布局、土地利用、居民出行需求的调整变化，拥堵成因在一定时期后是相对动态的。这里重点举例说明拥堵成因动态变化的特点。如居民出行目的会随着年龄、收入的变化而变化，一个人从学生转变为社会职业人，其出行目的由上学变成上班，同时出行时间也会相应发生变化。一般来说，在学生时期不会出现小汽车拥有及使用意愿，但随着收入的增加，居民追求宽敞舒适的居住环境和出行环境，出行方式可能由公共交通出行或者非机动车出行转移到小汽车出行，导致小汽车保有量增长，加大小汽车出行强度，加剧交通拥堵。

六、个性突出

通过分析大多城市共同面对的交通拥堵成因体系特征，还可以看出北京市交通拥堵的特性非常突出，主要包括首都位置、交通中心、旅游中心、路网建设规划、职住布局、文化影响和城市布局等方面特性。由于北京处于首都的特殊位置，造就了北京成为主要的交通中心、旅游中心，并且这会不可避免地给城市带来较大的交通压力，加之其路网建设密度稀疏、职住特性明显、通勤距离较长等因素，导致北京市交通拥堵个性成因突出，许多不合理的地方也急需采取相关措施和方法进行改进。

第五节 北京交通拥堵的主要矛盾

城市交通拥堵是交通问题，也是政治、法律、经济、社会和管理问题，其涉及领域众多，内部关系繁复。这些因素既包括宏观层面，如人口、土地布局等，也包括中观层面，如区域路网结构等，还包括个体参与者的具体行为等微观层面。此外，从影响要素的属性来看，既有法律层面、规划层面、管理层面的问题，也有工程技术和社会文化等方面的问题。俗语道"万山磅礴，必有主峰"，面对交通拥堵复杂的形成机理和众多要素，抓住主要成因，明确主要任务，以重点带动全局就显得尤为重要。结合上述工作和未来北京交通的发展形势，当前及未来一段时间内造成北京市交通拥堵的主要矛盾如下：

1. 交通供给设施资源总量与个体出行需求不断增长变化的矛盾

"京津冀协同发展国家战略"要求交通领域率先突破，加快构建互联互通的交通网络体系，提供一体化交通运输服务。中央关于供给侧结构性改革的部署，国务院关于城市优先发展公共交通的指导意见，要求加强公共交通建设，优化交通供给结构，提供集约、高效的城市交通服务，实现城市交通要素的最优配置。

目前交通供需矛盾仍是未来相当长一段时期北京交通面临的主要矛盾。从出行量的需求来看，随着北京市着力加强"全国政治中心、文化中心、国际交往中心、科技创新中心"功能建设，国际交往活动日益活跃，建设"中关村科学城、怀柔科学城、未来科学城",推动公共文化服务体系示范区和文化创意产业引领区建设,未来京津冀将协同发展提速,北京的城市功能和产业结构将得到进一步优化和提升,北京未来交通服务人口将进一步上涨,交通需求仍将攀升,交通总需求仍将随经济社会发展持续增长。

由于城市土地资源的有限性,对于北京这类人口众多且较为集聚的特大型城市来说,交通设施用地不可能无限制供给,同时,还存在交通基础设施建设运营资金需求大、建设成本增长快、债务余额高等问题。交通供给仍存在较大缺口,轨道交通比照远期规划目标还有很大距离,城市道路、公路和交通枢纽等交通基础设施规划实现率仍与计划中的有较大差距。

人口总量增长,居住地向城六区以外区域迁移,可能带来更远出行距离和更大交通压力。机动车保有量增速虽有所放缓,但总量仍在上升,2011年实施小客车调控以来,机动车保有量增速大幅下降,但平均每年增长仍超过10万辆,预计到2020年,机动车保有量达630万辆(图4-97)。出行总量仍将随经济社会发展持续增长,到2020年,六环内出行总量预计还会有大幅度增长,达到3656万人次(图4-98)。

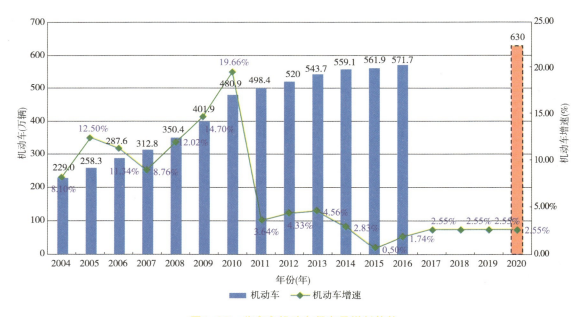

图4-97 北京市机动车保有量增长趋势

从出行品质的需求来看,市民对出行方式的便捷性、可选择性和可达性等条件将有更高的要求。目前,城市交通的便捷性、舒适性及个性化需求的满足程度等服务水平与期望中仍有相当差距,道路堵、停车乱、地铁挤、公交慢、换乘不便等问题仍很突出。

轨道交通客流拥挤,日均客运量超过1000万人次,满载率100%~120%的红色路段占总里程15.6%,满载率超过120%的黑色路段占总里程6.3%,常态限流车站84个(北京市城市轨道交通早高峰客流图如图4-99所示)。

图4-98 北京市中心城出行总量增长趋势

图4-99 北京市城市轨道交通早高峰客流图（2016年11月14日/星期一）

地面公交线网服务设置了快线网、普线网、支线网,同时开设了定制公交班车、夜班车、小区班车,在多样化服务方面取得了一定成效,但在服务的广度、深度、力度上还差距甚远,图4-100为北京市开设的公交车专用车道及定制公交。

图4-100　京通快速路公交车专用车道和定制公交

因此,交通供需矛盾仍是未来相当长一段时期北京交通面临的主要矛盾。未来必须将提升整体服务品质放在更重要的位置,努力满足市民日益增长的交通品质需要。

2. 交通设施资源与城市土地利用功能布局不相适配的矛盾

交通发展与土地利用不适配的矛盾将在未来相当长一段时期内对城市交通运行产生较大影响。近年来,在城市空间的拓展过程中,城市功能布局未与空间结构同步优化调整,城市优质公共服务资源配置不均,交通的先导和引领作用未得到有效发挥,未形成城市功能、土地开发与交通基础设施及交通服务相匹配的协调发展模式(图4-101)。由于城市开发和设施建设具有一定的不可逆转性,城市发展和交通基础设施建设一旦形成,短期内便很难改变,由此衍生的交通需求和供给矛盾也需要一定的时间去解决。可以判断,既有城市功能高度集聚的强中心格局与交通设施的错位关系仍是未来需要高度重视的主要矛盾之一,目前集中在四环路内的出行量占全北京市的一半左右,二环路以内核心区交通出行强度是五环路外的10倍以上(图4-102)。未来我们一方面要应对既有城市功能布局和交通系统不相适配所带来的交通问题,同时也要在非首都功能疏解和区域协同发展上避免产生同样的问题。

3. 交通设施资源供给侧结构与出行结构优化需求间的矛盾

2005年以来北京市不断加大交通基础设施建设力度,尤其是轨道交通投资比重稳步上升,轨道交通里程迅猛增长,供给策略由传统的需求导向型转向供给引导型。2015年公共交通出行在出行结构(不含步行)中所占比例已达到50%,公共交通主导地位基本确立。但同时随着公共交通出行比例逐年递增,受自行车道、步行道被小汽车停放蚕食的影响,"骑车险"促使自行车出行占比严重下滑,再加上公交慢、地铁挤等原因,公共交通出行远不能与相对快捷和舒适的小汽车出行相抗衡,公共交通的发展程度远未达到人们期望的吸引小汽车出行的目标,更与世界一些大城市的绿色出行方式(自行车、步行)回归有很大差距,出行结构仍需进一步优化。对照出行结构继续优化的需求,目前北京市交通设施供给侧尤其是结构方面仍存在较多问题,如城市道路功能级配不合理,过于追求大尺度、宽马路的道路基础设施,次干路、支路规划实现率低,影响路网通达性和承载能力的同时，也使得步行、自行车通行条件恶化，进一步刺激了小汽车高强度使用。此外，轨道交通制式单一，过于偏重短编组的地铁模式，忽略大容量市郊铁路的发展，很大程度上抑制了轨道交通整体服务水平的提高；道路公共交通与小汽车之间缺乏过渡服务类型，难以满足多样化、多层次的出行需求。

图4-101　北京市综合交通枢纽与城市功能布局

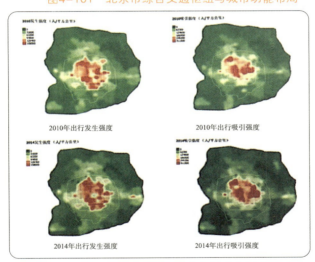

图4-102　各环路范围的出行发生与吸引强度

4. 交通系统运行的稳定性与交通参与者个体行为意识亟待提升的矛盾

2010年北京市28条缓堵综合措施出台后，交通指数有所下降，但近年来交通拥堵势头缓中回升，核心区拥堵居高不下。交通运行状况基本维持在5.7左右，处于轻度拥堵与中度拥堵之间。另一方面，轨道交通网络化拥堵特征凸显，截至2017年12月31日，全网22条线路84座车站实行常态化限流措施。可以看出，北京市交通系统基本处于承载能力的临界运行状态，在这一状态下，系统自身抗干扰能力和容错能力都大打折扣，系统运行较为脆弱。这时个别交通参与者的不文明行为对系统运行的影响效应将被放大，严重干扰系统运行的稳定性。英国学者研究发现，交通系统存在"蝴蝶效应"，在临界状态下，一名驾驶员的不文明驾驶行为，如随意变道，紧急制动或抢行等都可能引发后续几公里的道路交通拥堵。此外，个别驾驶员的非法占道停车，行人不遵守交通规则穿行道路，公共交通候车上车争抢不排队，都会严重干扰正常的交通秩序，影响交通系统运行的稳定性，导致交通拥堵。

5. 交通设施资源利用效率提升与组织管理手段科技化信息化不足的矛盾

交通系统挖潜与效率提升离不开高效精细化的组织管理手段作为支撑，近年来北京市建立了以交通运行监测调度中心（TOCC）为核心的全市综合交通运行实时监控体系和交通运行智能化分析与决策支持平台，初步实现了全市交通综合运输的统筹、协调和联动；此外，北京市开发了"北京交通"手机APP，向市民发布实时路况、实时公交、换乘信息、省际客运、停车场查询等各类交通信息，初步建立了交通行业的信息服务体系。同时，随着互联网、大数据等新型技术的出现，既有组织管理手段在交通系统资源动态调配、满足个性化和全方式出行动态信息服务等方面仍有较大提升空间，与交通基础设施使用效率提升的要求还有一定差距。例如基于实时交通流的交叉口信号灯智能配时系统，可根据交叉口不同方向的实时交通流状态，动态调整信号配时长度，优化通行权的分配，提升道路资源的利用效率。此外，在通过大数据、云计算等手段实时收集交通系统的运行状态，利用互联网动态发布出行信息，调节优化出行者的出行行为，通过打造透明交通，从而有效提升系统资源利用效率、缓解交通拥堵等方面也亟待改进。

6. 交通拥堵治理法制化和经济化与该领域法治基础较为薄弱的矛盾

治理交通拥堵离不开法治精神，纵观世界发达城市的治堵之道，更多是利用市场化的调控手段、完善的法律制度设计等来治理城市拥堵。近几年来北京市的治堵政策受到空前关注，但可供使用的治理拥堵的法律条款不足，例如北京市实施限行政策多年，但仍只能靠一年一发布的临时措施来维持，而实施拥堵收费政策没有法律依据等。此外，在立法层面处罚力度偏轻，致使违法成本低，难以起到遏制作用的问题愈加凸显。

同时，在交通执法方面，由于缺乏法律意识、违法成本低，导致交通参与者（包括车辆、行人和执法者）经常违法，机动车随意占有非机动车道及消防通道等现象比比皆是；运动式执法、柔性执法难以摆脱整治反弹、再整治再反弹的尴尬局面，严重影响"违法必究、执法必严"的法律严肃性，同时法律的威慑力也因此大打折扣。严格控制交通需求，大力规范交通行为，加大执法力度等交通管理措施，越来越需要法律层面的强力支持。另一方面，交通运输领域法治基础仍较为薄弱，交通运输法律法规体系的不完善、交通法治意识的淡薄、交通执法水平有待提升很难适应依法治堵的新形势，也很难实现建设世界一流宜居城市的发展目标。

第六节　本章小结

本章首先对交通系统的组成及其特点进行了详细分析，总结梳理了交通系统八大特点，具体包括巨系统、自组织适应、开放随机、供需困局、交织叠加、刚弹相济、动态聚集、相对稳定。进一步又对交通系统中交通拥堵产生的机理进行了阐述，交通供给、交通需求和组织管理方面的因素相互交叉相互影响，其综合作用最终会使交通系统的运行水平呈现出一个相对均衡的状态，根据评判交通运行水平的相关标准，来判定系统状态是否处于交通拥堵。需要说明的是，当交通供给、交通需求、组织管理方面的要素发生重大变化后，交通系统又会发生重构，由原有的稳定状态走向调整期，再走向另一个新的稳定均衡状态。

此外，本章对北京市交通拥堵的成因体系进行了细致地梳理，不难发现交通系统包含要素众多，拥堵形成的机理较为复杂，各成因要素间交织影响，互相作用。通过本章分析，具体形成了四个层级共213多类的北京交通拥堵成因库。相比于其他同类型城市，北京市的交通拥堵成因有其自身的独特性，这里既有作为我国首都特有的职能方面的特点，也有作为历朝历代古都遗留下来的对于城市布局和文化方面的特殊性。本章还对成因体系的特征进行了深入分析，包括种类多样、层次分明、同中存异、蝴蝶效应、动静相宜、个性突出等六类特征。

最后，本章还系统梳理了北京市交通拥堵的主要矛盾，从供给与需求、资源与功能布局、供给结构与出行结构、系统稳定与个体意识、效率提升与技术手段应用、法制化需求与法治基础薄弱等方面系统阐述了北京市交通拥堵的六对主要矛盾，为后续提出拥堵的解决方案指明了方向。

第五章

世界典型城市交通发展历程及治理经验

自1908年小汽车被大规模生产之日算起,现代城市的机动化发展已走过百年历程。百年间,既有小汽车进入家庭的滚滚浪潮,又有公交系统发展的跌宕起伏;既有交通工具更迭的风起云涌,也有绿色出行方式复兴的峰回路转,而国际大城市的"致堵"与"治堵"则是其中贯穿始终并仍在上演的不变主题。2007版《纽约市城市总体规划》提到"纽约的快速发展很大程度上是由交通运输网络的规模性驱动的,然而城市的地铁线路、河道岔口和通勤铁路将在今后几十年内超负荷运转,交通运输同时也是纽约未来发展最严重的潜在阻碍"。中国大城市在短短几年间就走过了发达国家城市几十年、甚至近百年走过的路程,其结果是城市居民虽然具有了购买小汽车的经济实力,却不具备科学合理使用小汽车的理性心态和文明素质,而城市不可能具有让居民自由拥有和使用小汽车的承载能力。世界大城市在几十年的交通拥堵治理的过程中,积累了大量的实践经验和教训,本章将通过对纽约、伦敦、东京、香港这四大对北京具有一定参考价值的世界典型城市相关交通治理经验的梳理,为北京市交通拥堵治理提供借鉴。本章具体将分别介绍以上城市的基本情况、交通供给、交通需求、交通发展里程以及相应的问题与治理对策(表5-1)。

世界主要城市交通拥堵治理主要措施 表5-1

城　市	采取措施
纽约	(1)制订交通发展规划《规划纽约》; (2)推动实施可持续街道项目; (3)颁布实施停车政策
伦敦	(1)实行拥堵收费政策; (2)设立低排放区和超低排放区; (3)建设自行车高速公路
东京	(1)建设综合交通枢纽; (2)削减停车位、提升停车费、制定完善的停车法律; (3)开展交通需求管理
香港	(1)TOD导向型城市开发模式及规划策略; (2)建立发达完备的公交体系,确立公交优先战略; (3)限制私家车规模与使用; (4)构建信息化、智能化的交通管理体系

第一节　纽约的交通发展回顾与治理经验

纽约市是美国人口最多的城市,面积789km^2,人口830万。纽约市内中心地区的交通主要由地铁系统提供支持。纽约大都市圈以纽约市为核心,辐射长岛、康涅狄格州及新泽西州的部分地区。纽约大都市圈的通勤交通主要由轨道交通系统来完成。

纽约市从1940年代出现大拥堵现象。因此20世纪40~50年代纽约开始发展交通基础设施，主要以修路为主。推行大规模援助公路建设的政策，公路网尤其是高速公路网迅速形成。2007年，纽约市为振兴经济，应对气候变化，提升市民的生活质量，颁布了历史上第一个全市范围内的可持续规划方案——《规划纽约2030》。2009年纽约市推行《街道设施规划手册》，确定绿色出行设施建设标准，为推广绿色出行奠定基础。2011年优化制订了《"更绿色，更美好"纽约城市规划》，精细化了交通降碳政策。

纽约目前的缓解交通拥堵、提升交通服务水平的措施主要是以下几个方面：①提供多元化、高质量公共交通出行方式；②降低道路、桥梁和机场的拥堵；③维护老化的公共交通、道路、桥梁等基础设施；④通过削减停车位、提升停车费引导居民改变出行方式。

一、城市基本情况

（1）城市概况。

纽约市包含曼哈顿区、皇后区、布鲁克林区、布朗克斯区、斯塔滕岛区五个行政区（图5-1）。纽约都市区，面积1.74万km^2，人口1900万，是美国最大的都市区。

图5-1　纽约市

纽约市也是世界上摩天大楼最多的城市，有35栋摩天大楼（200m以上），代表性的建筑有帝国大厦、洛克菲勒中心以及后来的世界贸易中心（2001年9月11日，世贸大楼遭恐怖分子袭击而倒塌）等。帝国大厦和世界贸易中心大楼均有100多层，直耸云霄，巍峨壮观。纽约也因此有了"站着的城市"之称。

纽约市还是美国文化、艺术、音乐和出版中心，有众多的博物馆、美术馆、图书馆、科学研究机构和艺术中心，美国三大广播电视网和一些有影响的报刊、通讯社的总部都设在这里。

（2）城市人口。

纽约市人口密度为1.06万人/km^2。纽约市是美国少数民族最为集中的地区。黑人有100万以上，主要聚居在布朗克斯区和哈林街区；著名的唐人街现有23万华人；还有众多的意大利人和犹太人。

（3）经济发展与产业结构。

纽约是世界的经济中心，也是世界三大金融中心之一(另外两个为伦敦和香港)。据财经日报辛科迪亚斯统计，纽约控制着全球40%的财政资金，是世界上最大的金融中心。服装、印刷、化妆品等行业均居全美国首位，机器制造、军火生产、石油加工和食品加工也占有重要地位。

二、交通供给情况

纽约都市区公共交通包括市郊铁路、地铁、地面公交，日均客运量985万人次（其中地铁549万人次，市郊铁路58万人次，城市公交242万人次，PATH系统24万人次，新泽西铁路37万人次，机场捷运2万人次，郊区公交73万人次）。纽约市和纽约都市区的公共交通全方式出行分担率分别为17.3%和14.2%，在机动化中的出行比例分别为43.2%和27.2%。

（1）道路交通网。

①市中心街道。

曼哈顿区的街道采用整齐有致的棋盘式设计。街道有大道(Avenue)和街(Street)两种命名方式。大道为南北向，自西向东编号为一至十二大道，中间穿插几条非编号的大道，这些大道是曼哈顿的南北向交通大动脉。街则为东西向，自南向北以数字递增编号，并以第五大道为准分为东与西。

②桥梁与隧道。

纽约市的五大区中有四区位于岛上，因此各区之间的交通需要由桥梁及隧道连接，这也成为纽约市区交通规划的一大特色。因此，纽约市不论是桥梁隧道的建筑、数量及繁忙程度，均领先于全球。对于曼哈顿区和邻近布鲁克林区与皇后区的部分道路，桥梁及隧道是民众往来曼哈顿区及郊区间的必经通道。

隧道方面，哈德逊河底下的林肯隧道每日有12万辆车往来于曼哈顿区及新泽西之间，为世界上最繁忙的行车隧道（图5-2）。荷兰隧道亦位于哈德逊河下，是世界上第一座采用通风系统的行车隧道，十分受到美国建筑界人士的尊敬，并视之为美国工程界的重要地标。

a)林肯隧道(内部)

b)林肯隧道(外部)

图5-2　林肯隧道

③林荫公园大道。

纽约市拥有一类特别的高速公路系统,即纽约公园大道系统(New York State Parkway System)。第一条开通的公园大道在1908年对公众开放,最初的设计构想是为纽约市居民提供通往郊区的快速道路,因此公园大道也特别注重景观方面的设计。根据纽约州的定义,公园大道是只允许自用小客车行驶的高速公路,但由于注重景观方面所以牺牲了许多较安全的设计,例如较短的加速减速道与较低的限高限速。纽约州总共有24条公园大道。

④州际公路。

纽约市为是条州际公路经过及开始的重要城市。贯穿美国东岸的95号州际公路经由乔治华盛顿大桥自新泽西进入纽约市的曼哈顿区与布朗克斯区。其他以纽约地区为端点的主要路线包括78号州际公路、80号州际公路以及87号州际公路。

（2）轨道交通网。

世界城市中心城区轨道线网密度均在1~2km/km^{2}之间,而纽约大都市圈曼哈顿地区的轨道线网密度约为2.5 km/km^2,第一圈层内的轨道线网密度也很高。纽约大都市圈的通勤交通主要由轨道交通系统来完成,其中地铁轨道交通系统由地铁、区域快铁组成,通过六大火车站实现无缝衔接。

①大众捷运系统。

大众捷运系统是纽约交通最重要的环节,其网络也是全北美洲规模最大、历史最为悠久的。由不同的政府单位及私营公司负责管理营运,其中最大的便是纽约大都会运输署(一般被称之MTA)。

②美国国铁。

美国国铁提供纽约市的城际铁路交通服务,拥有多条北往波士顿、南往费城与华盛顿特区的铁路,并以位于曼哈顿中城34街上的宾夕法尼亚车站作为主要车站。

③纽约地铁。

纽约地铁是大纽约地区的大众运输骨干,亦为全球最错综复杂,且历史悠久的公共地下铁路系统之一,共有469个车站,轨道长度约为656mi(约1056km),若加上地下街和地下相连通道等,则长达842mi(约1355km)。现由纽约大都会运输署管理,纽约市公共运输局负责运营。

（3）地面交通网。

①公共汽车。

纽约市的公共汽车路网遍布纽约市五大行政区,并在多处与地铁路网配合转乘,形成了便捷的交通网。目前市区公共汽车由纽约大都会运输署运营管理,平均每天有5800辆公共汽车载着2.01万人次的乘客,行走于200多条的慢车线及301条的快车线上。纽约公共汽车车况良好、车内干净、拥有空调,又十分准时,广受欢迎。

②出租汽车。

纽约地区有13087辆拥有营业执照的出租汽车,由私人公司管理,并由纽约出租汽车与轿车委员会发行执照。车费自2.5美元起步,之后每公里收费0.4美元（晚间20时后自3美元起跳,假日高峰时间的下午16时至20时则由3.5元起跳）,此外若遇上堵车或通过收费的桥梁及隧道时，乘客还得付额外费用。

③渡轮。

渡轮是纽约市最早发展的公共交通之一。在海上贸易的鼎盛时期，纽约港内的渡轮航线十分众多，自曼哈顿有前往新泽西州、斯塔腾岛及长岛之间的航线。目前保持两条航线：一是自曼哈顿岛南端炮台公园至斯塔腾岛的斯塔腾岛渡轮，二是自曼哈顿至新泽西霍伯肯的航线。

三、交通需求情况

美国是世界第一经济体，汽车保有量世界第一，因此被称为"车轮上的国家"。在全世界9.6亿汽车保有量中，美国就占了2.35亿辆，几乎是每人一辆（图5-3）。但在全球顶级富豪云集的纽约曼哈顿（人均收入要高出美国平均水平好几倍），75%的人都没有自己的私人汽车。纽约市民之所以不愿意买车，主要原因是开车的代价越来越高，很不划算。同时公共交通工具却非常方便，堪称一种省时、省力又省钱的办法，所以，当地私人汽车的使用率已经多年出现下滑局面。

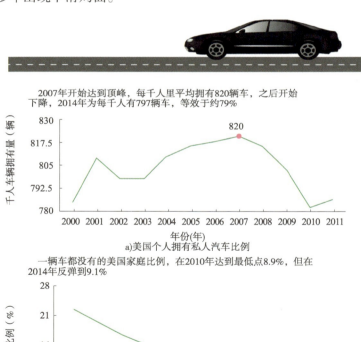

图5-3　美国拥有私人汽车比例

资料来源：世界银行。

在纽约市，出租汽车分为两类：黄色和绿色。黄色出租(Yellow TAXI)车可以在纽约市五大区（布朗克斯区、布鲁克林区、曼哈顿、皇后区、斯塔滕岛）内任何地点搭载乘客。绿色出租车(Green TAXI)则被规定只允许在上曼哈顿、布朗克斯区、皇后区和斯塔滕岛搭载乘客（图5-4）。

图5-4 2016年1—6月纽约市绿色出租汽车整体使用趋势

美国地铁通常是24h运行，特别是纽约曼哈顿地区，拥有全世界最庞大的地铁网络，被形象地称为"全美交通大动脉"。除了点多线长，站点的设置也比较合理。在曼哈顿中城或下城，通常隔350~500m就有一个地铁站。一些主要线路还实行全天快、慢车制度，既快捷又方便，所以大多数人选择乘地铁出行。

从图5-5所示24h搭乘趋势图来看，每日晚间是绿色出租汽车（Green TAXI）的使用高峰。晚间的出租汽车使用量明显高于早间，并且延续时间较长。从晚间19时的用车高峰一直持续到凌晨。

图5-5 Green Taxi 24h搭乘次数

四、交通发展历程

纽约市的交通发展经历了大规模无约束机动化发展至拥堵爆发、大规模供给到集约

图5-6　纽约市交通拥堵（1949）

化、绿色化多手段引导式发展三个历程。

（1）阶段一：大规模发展至拥堵爆发。

第一次世界大战结束后，美国的经济开始蓬勃发展。1929年，美国汽车产业的产值已占到全国工业产值的8%左右，小汽车保有量由677万辆增至2312万辆。高速的机动化发展远远超过了基础设施建设，因此纽约中心城区的交通拥堵达到令人难以容忍的程度，城市居民因为居住环境的恶化开始迁往郊区居住（图5-6）。

（2）阶段二：大规模基础设施建设。

为应对高速增长的交通需求，纽约市在20世纪40~50年代开始大规模发展交通基础设施建设，主要以修路为主。纽约市依靠大规模推行援助公路建设政策，公路网尤其是高速公路网迅速形成。在1921—1983年期间，美国用于公路建设的费用高达5000亿美元。

（3）阶段三：集约化、绿色化多手段引导式发展。

前文提到，交通的供给是有限的，其受到土地、能源等外在资源条件约束，而在一定程度上交通的需求是无限的。有限的交通供给增长是无法满足日益增长的交通需求的，因此纽约市从21世纪开始，转向了集约化、绿色化多手段引导式发展。

①2007年《规划纽约2030》。

《规划纽约2030》于2007年颁布，是纽约市历史上第一个全市范围内的可持续规划方案。该规划的主要目的是满足2030年新增的100万居民，振兴经济，应对气候变化，提升市民的生活质量。

②2009年绿色出行设施建设标准。

2009年纽约市推行《街道设施规划手册》（图5-7），确定绿色出行设施建设标准，进而启动了一批绿色工程，通过改建城市快速路，设置自行车专用道（图5-8），还道路空间于行人，方便和倡导"人"的出行。

图5-7　纽约市政府2009年5月发布街道设施规划手册，致力于改善步行和自行车出行环境

图5-8　纽约市将单行道施划为自行车专用道

纽约市自行车通勤数连年扩大，是美国自行车通勤数最高的城市，超过50万的市民一个月平均数次使用自行车。根据纽约市主要监测点断面流量显示（图5-9）：

a. 在过去20年，自行车通勤人数增长近4倍；

b. 与2010年相比，2011年自行车通勤人数增长了8%。

③ 2010年温室气体减排取得一定成绩。

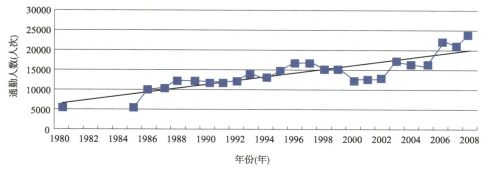

图5-9　纽约市某监测点观测到的每日自行车通勤人数变化趋势

来源：纽约市交通局。

2010年纽约市温室气体排放总量为5430万t，比2005年降低了6%，人均碳排量由7.6t降到6.7t。交通领域碳排放总量由2005年的1212万t降为1135万t，降幅为6.37%（图5-10）。

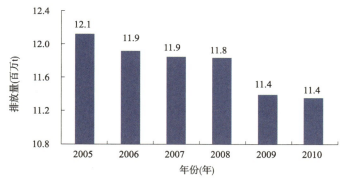

图5-10　2010年纽约市交通领域温室气体排放量

④ 2011年制订《"更绿色，更美好"纽约城市规划》。

2011年，纽约市长布隆伯格针对纽约市的城市规划提出了"更绿色，更美好"的理念，计划通过高效能建筑、清洁能源使用、可持续交通运输发展及废物废水强化处理等措施来实现"更绿色，更美好"的愿望。同时提出了全市温室气体排放目标：2030年温室气体排放量在2005年的基础上减少30%，2050年在2005年的基础上减少80%（图5-11）。

纽约市作为美国人口密度最大的城市之一，长期以来尽管采取了很多改善措施，但其PM2.5相关指标一直未达到美国国家标准。2011年纽约PM2.5排放量约为洛杉矶的6倍，其中本地PM2.5污染源的11%来自于交通运输领域（图5-12）。

2010年纽约市的二氧化碳排放总量为5430万t，其中交通运输领域排放的1140万t二氧化碳中有近70%来自于小汽车（图5-13）。

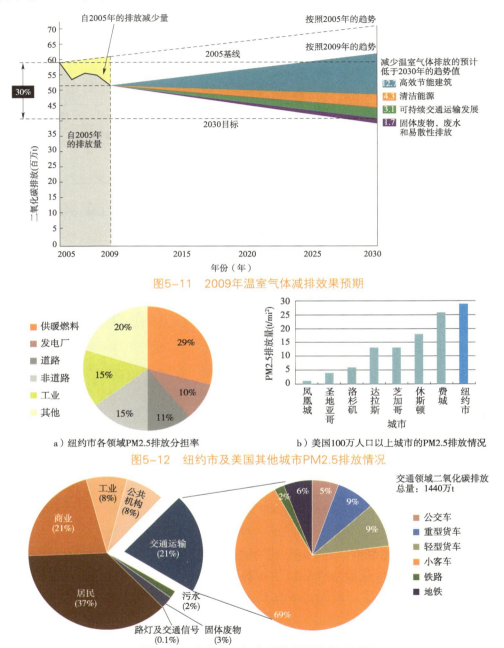

图5-11　2009年温室气体减排效果预期

图5-12　纽约市及美国其他城市PM2.5排放情况

图5-13　纽约市二氧化碳排放量结构比例图

因此，为进一步实现纽约市温室气体减排目标，《"更绿色，更美好"纽约城市规划》中提出的到2030年比2005年减排3360万t二氧化碳的目标中，要求交通领域减排量达到610万t，更加精细化了交通降碳政策（图5-14）。

图5-14　纽约市2007年和2011年的交通降碳措施对比

五、交通问题与治理经验

纽约市目前通过以下方面的措施来缓解交通拥堵，提升交通服务水平：制订交通发展规划、推行"可持续街道项目"、实施停车政策。

（1）制订交通发展规划《规划纽约2030》。

为了能够改善市民当前的出行环境，并满足未来100万新增居民的出行需求，纽约市制订了交通发展规划，主要实现如下三个方面的核心措施：

①提供多元化、高质量公共交通出行方式，包括公共交通、轨道交通、郊区通勤铁路、步行自行车专用道、出租汽车、汽车租赁、渡轮等；

②降低道路、桥梁和机场的拥堵，包括利用收费手段（交通拥堵收费、停车收费、道路收费）抑制机动车出行，减少城市道路上货运车流；

③维护老化的公共交通、道路、桥梁等基础设施。

为了实现以上三个目标，《规划纽约2030》交通板块共协调了三个以上的城市或区域交通部门负责行动计划的具体立项和实施，主要包括纽约市交通局、大都市区交通运输总署及纽约和新泽西港口管理局（表5-2）。

《规划纽约2030》中涉及的交通管理机构　　　　表5-2

部　　门	级　别	负责设施
纽约市交通局 (NYCDOT)	城市	道路、道路桥梁停车收费
大都市区交通运输总署 (MTA)	州	城市轨道交通公交服务
纽约和新泽西港口管理局 (PANYNJ)	跨州	交通枢纽

为了进一步实现纽约市温室气体减排目标，纽约市于2011年制订了交通降碳措施，主要包括以下几个部分：

①推进机动车的减少、替代出行和车辆更新、燃料补给；

②鼓励合乘、提高轮渡服务；

③减少出租汽车、租赁车辆的排放；

④继续推广公交导向社区模式；
⑤提升服务设施的步行可达性；
⑥提高公交线路覆盖率；
⑦提高轨道交通线网的覆盖率；
⑧提高自行车出行安全性和便利性、加强步行可达性和安全性。

（2）推行"可持续街道项目"。

由于城市交通管理分散，作为直属纽约市政府的纽约市交通局职责范围其实只限于城市道路和桥梁。所以如何改造纽约市道路系统以实现《规划纽约2030》所提出的交通目标，成为其关注的核心内容。

纽约市交通局于2008年，在其职责能力范围之内，制定和实施了"可持续街道"项目（图5-15）。该项目包括164个子项目，覆盖纽约市五个区，涉及多种出行方式（如步行改造项目、自行车计划、主干道上的交通安全改善措施、公共空间改造）等。具体而言，"可持续街道"项目有三个显著特点：

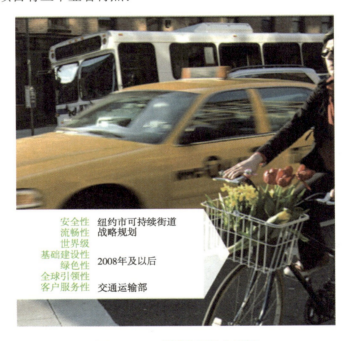

图5-15　可持续街道战略计划

①"可持续街道"项目体现了"以人为本"的理念。虽然在纽约市交通局制定具体交通措施时，纽约道路拥堵问题十分严重，例如根据浮动车数据，纽约市出行速度一直在13~14km/h，但是纽约市交通局没有以增加道路容量为主要解决方式，而是侧重于道路改造，注重为机动车、步行、自行车和公交车共同分配合理的空间，保障多种出行模式的出行效率和安全，而并非仅仅是保障机动车的出行效率和安全。

②在立项上，纽约市交通局以数据为出发点，选择效果明显的地区作为项目改造地点。例如纽约市的时代广场改造项目，选择了城市经济、文化的核心地带——时代广场和

百老汇大街作为改造对象。此外,"主干道上的交通安全改善"项目也是以道路上安全事故发生率较高的地区作为改造节点,包括第四大道、Delancey街等。因此,"可持续街道"项目不仅高调、曝光率高,而且收效显著,为进一步扩大项目范围奠定了基础。截至2013年,与2000年相比,纽约市温室气体排放减少了16%,道路伤亡事故降低了37%,自行车出行人数上升了289%。

③通过制定一系列"可持续街道"设计和评价规范(图5-16),由点向面地将示范项目向整个城市铺开,延长项目的影响时间和地理范围。纽约市交通局通过在实际项目中总结出其管辖范围内各类街道改造的原则,制订了从街道规划、设计到管理,再到评价一整套规范。所以,"可持续街道"不仅是一个短时间的项目,而是能够保证"以人为本"的街道设计原则成为长期有效的方针,指导从交通局到投资、设计、建设公司在日后能够持续地执行下去。

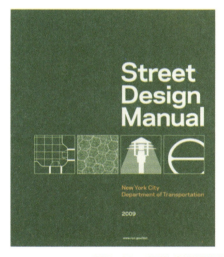 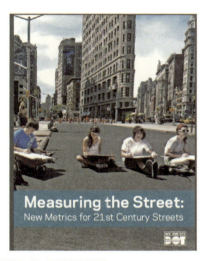

图5-16 纽约《道路设计导则》和《度量街道》

(3)实施停车政策。

由于公众对于空气污染以及机动车排放物带来的负面影响日益担忧,美国国会于1970年通过了清洁空气法案。该法案要求美国所有州起草一份联邦强制实施法案(State Implementation Plan),表明该州将努力改善空气以符合国家环境空气质量标准(National Ambient Air Quality Standards)。接下来,纽约市于1973年开展了交通控制计划(Transportation Control Plan),计划包括削减曼哈顿中央商务区(通常指曼哈顿60街以下的区域,CBD)40%的路边停车位。交通控制计划的出台也导致了日后的曼哈顿1~8区(包含从Battery north到东96街和西110街的区域)的停车分区决议管理。1~8区包含了曼哈顿最密集的居住区和商业区。

1982年,城市规划委员会通过了一项分区决议的修正案(第一章第三节),期望缩减曼哈顿核心区的停车位从而提升空气质量。人们普遍认为,减少路边停车位,特别是在主要通勤区的路边停车位,将能够减少曼哈顿的机动车数量并鼓励人们使用公共交通。1982年修订案的目标包括:

①减少核心区路边停车位的供应;
②减少进入核心区的机动车数量;
③提升核心区的空气质量。

1982年之前,分区决议通过停车最小值(相对于最大值)和街道准许以及设计规定设置路边停车场等措施鼓励在曼哈顿核心区进行路边停车。分区决议要求建设辅助停车设施来满足新住房的发展并允许大量的停车区设置与商业和社区设施的发展相配套。分区决议还允许在大多数商业和制造业地区设置容量高达150位的公共地面停车场(不同于公共停车泊位),以此来确保绝大多数公共停车区的用户都是通勤人员。

建立曼哈顿核心区停车规定产生的最大变化是家庭停车需求的消除和对辅助停车设施最大数量的限制,减少商业和社区设施使用的辅助停车数量,并禁止在某些通勤者最常停车的地方设置停车场。此外,辅助停车设施规定修改为要求停车区位于同一分区是辅助性的并限制为只有那些特定社区居住者可以使用。新的公共停车设施需要特别许可证。新建或现有建筑不再允许设置新的停车区,除非获得城市规划委员会的许可。

自1982年曼哈顿核心区停车法案实施以来,曼哈顿的路边停车位数量开始有所减少。在60街以下区域内,路边停车位的数量从1978年的约12.7万个下降到2010年的约10.2万个。停车位数量下降的原因有两个:一是改建了原来包含停车设施的建筑;二是曼哈顿核心区停车政策的实施对新增停车位供应的限制。

在通勤者进入曼哈顿最多的早高峰时段(早上7~10时),小汽车、出租汽车和货车进入CBD区域的趋势均有所下降。在1982—2009年这段时间内该数据下降了约7%,从15.4万辆下降到14.3万辆,且下降主要集中在2000年以后。尽管如此,进入曼哈顿的机动车总数却没有下降。根据2009年秋天一个工作日测量的结果显示,进入中心区的机动车数量达到75万辆,较1982年的70万辆增长了4.9万辆。然而,最新的数据却显示,自1999年进入CBD区域的机动车正在减少,记录最高的一年为84.4万辆。除了停车位供应减少带来的影响之外,其他的原因还可能包括捷运卡的使用、免费的公交地铁换乘以及公共交通安全性的提升。这些都可能鼓励通勤者选择私人汽车以外的通勤方式。

政策主要影响因素一:停车花费。

公共停车位减少的一个显著影响是在曼哈顿核心区停车的费用变得非常高。高力国际发布的2010年全球CBD停车率调查显示,纽约市平均每月的停车费和日常停车率是全美国最高的。在曼哈顿中城停车大约每月要花费538美元(在下城529美元),折合每天40美元(在下城31美元)。CBD的高停车费率是由有限的停车位供应和持续强劲的停车需求共同造成的结果。然而与1982年相比,停车的高成本和停车位供应的减少并没有导致进入CBD的车辆有所减少,但这并不是表示高成本的路边停车位没有影响到出行方式的选择。根据2009年美国社区调查(ACS),曼哈顿上下班通勤的交通共享率是73%,是全美国最高的。

纽约近期推出智能咪表行动,路内停车收费政策变更为——1h2美元、2h5美元、3h9美元、4h16美元的"打包递增"政策。Redwood City在繁忙地段将咪表升级为多车位咪表(图5-17)。

政策主要因素二:就业。

诸如收入和就业等停车供给以外的因素,与进入CBD的汽车数量有较强的相关性。高薪工作的效应，特别是金融、保险、房地产投资和服务行业等似乎比停车供给对通勤者驾车意向有更强的相关性。随着这些岗位从业人数的增加或减少，进入CBD的汽车数量也遵循类似的变化趋势。

政策主要因素三：空气质量。

虽然自1982年版停车法案实施以来进入CBD的汽车数量有所增加，但根据国家环境保护署(DEC)的数据，《清洁空气法》规定的大部分空气质量目标都已经实现。根据DEC发布的纽约州年度环境空气质量报告显示，自1985年以来，CBD和其他地点的一氧化碳(CO)年平均排放水平有所减少。可能有助于降低一氧化碳排放

图5-17 纽约多车位咪表

水平的因素包括简易通过技术和在汽车行业采用改进技术（如催化转换器的应用、无铅汽油的使用以及提高燃油效率）等。

第二节 伦敦的交通发展回顾与治理经验

英国伦敦，位于英国英格兰东南部，与美国纽约并列为世界上最大的金融中心。在现代交通体系建设方面，已成为世界上综合交通体系较为完善的城市之一。总结大伦敦地区交通的发展历程，交通拥堵已成为城市交通发展的关键问题。20世纪50年代以来，伦敦市汽车使用进入快速增长与蓬勃发展期，很多家庭拥有2辆以上汽车，造成交通拥挤、噪声及尾气污染等环境问题，至今仍难以真正摆脱交通拥堵的困扰。伦敦市的交通拥堵状况十分严重，M25高速公路是全英国最为繁忙的路段，高峰时期平均车速仅为10.6 mph（17.1 km/h）。但同时，伦敦也是世界治理城市中心城区交通拥堵最为成功的城市之一，面对中心城区快速增长的交通需求和日益恶化的交通问题，伦敦市政府提出了一系列政策措施。从大伦敦地区解决交通拥堵问题的方法来看，重点从供给端和需求端两个层面缓解交通拥堵。

一、城市基本情况

（1）城市概况。

大伦敦地区（Greater London），位于英国英格兰东南部，如图5-18所示，是英格兰

图5-18 大伦敦在英格兰的位置

下属的一级行政区划之一，占地面积为1579 km²，范围包含英国首都伦敦市及其周围的卫星城镇所组成的都会区。

伦敦城（City of London）是大伦敦地区的重要组成部分，占地面积为2.9km²，是重要的商业和金融中心（图5-19）。

图5-19　伦敦中心城区

（2）城市人口。

经分析，伦敦的人口演变历程如图5-20所示，随着工业化的进程，伦敦的人口从19世纪至20世纪80年代先增后减，20世纪90年代后又呈增长态势。截至2016年大伦敦地区人口总数高达878.8万人。

图5-20　大伦敦地区人口变化趋势

（3）经济发展与产业结构。

伦敦是世界上最重要的经济中心之一，也是欧洲最大的经济中心，与纽约并列为国际金融最为重要之地。据统计，伦敦市贡献了英国大约20%的国内生产总值（2005年合4460亿美元）。

从产业分布来看，伦敦产业结构层次较高，第一产业占比远远低于全英国水平，第二产业相对于其他世界级城市占比偏高，而第三产业占比最高。但是伦敦制造业部门主要是以诸如管理、行政办公等为主，集中了许多制造业公司总部。

二、交通供给情况

大伦敦公共交通系统由包括地上铁（Overground）的铁路、地铁（Underground/Tube）、轻轨（DLR）、有轨电车（Tramlink）等构成。如图5-21所示，总体来看伦敦公共交通客运量自20世纪90年代至2015年稳定上升。其中，公交客流量从1995年至2014年基本呈现缓慢上升形态，但2015年略有回落；轨道交通（主要包括铁路、地铁、轻轨）整体来看呈现增长趋势，并且轨道交通在公共客运总量中所占比例较大，达到54%。

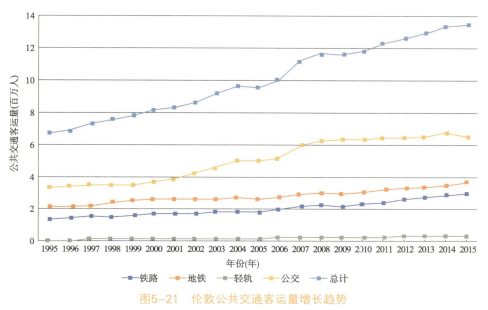

图5-21　伦敦公共交通客运量增长趋势

1. 道路交通网

伦敦市道路系统的主要特点是放射状道路加同心圆环路直交的道路网，如图5-22所示。围绕市中心有一环路，主要任务是改善内伦敦地区的交通。

图5-22　伦敦道路系统

2. 轨道交通网

（1）城市铁路。

大伦敦地区铁路含国际、市际、市郊、地上铁（London Overground）四类。如图5-23所示，市郊通勤铁路总体呈径向放射状布局，在市中心边缘附近设有较多终端车站。目前伦敦正实施东西向穿城的Crossrail，以减轻城区终端车站客流集散压力。

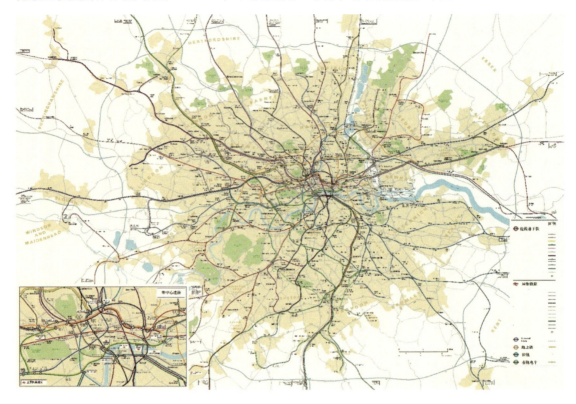

图5-23　伦敦道路网分布情况

伦敦地上铁是国铁的一部分，自2007年起特许伦敦交通局（TFL）经营，服务于大伦敦地区和赫特福德郡，如图5-24所示，伦敦地上铁共有6条线路。

伦敦地上铁自开通以来，经历了接近10年的发展，客运量呈现逐年上升趋势。如图5-25所示，日均客运量在开通的前3年中增长缓慢，但是从2009年开始，日均客运量飞速增长，在短短5年内，从2010年的15.7万人次增长了3倍，增长至2015年的50.5万人次。

（2）地铁。

伦敦拥有地铁线路11条，图5-26为伦敦地铁线路图，伦敦地铁线网总规模402km，设270座车站，平均站间距1.3km，其中260座车站位于大伦敦范围。表5-3进一步展示了2015年伦敦地铁的长度、车站数量、平均站间距及日均客流量，经统计，中央线和北线在2015年日均接纳的乘客最多，分别为71.5万人次和69.1万人次。从伦敦地铁整体上来看，如图5-27所示，日均客运量自20世纪60年代建成起，基本处于稳定上升状态。

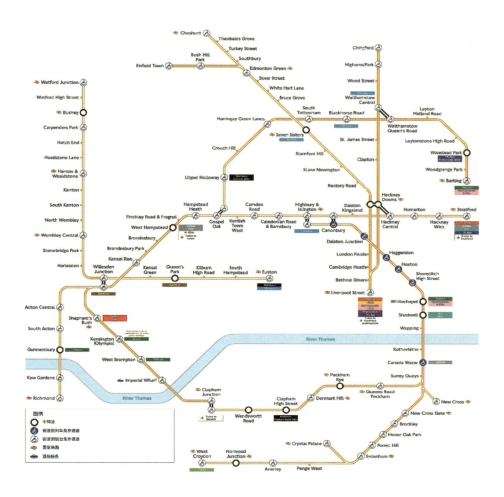

图5-24 伦敦地上铁线网图

图5-25 伦敦地上铁日均客流变化

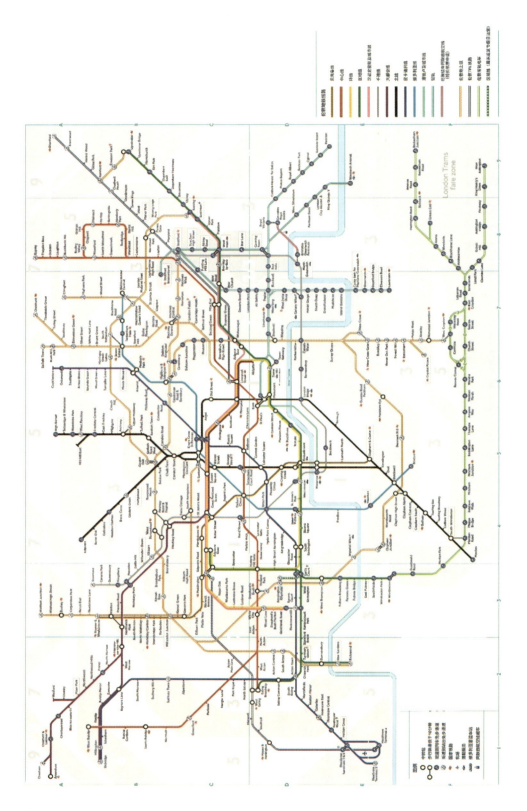

图5-26 伦敦地铁线路图

伦敦地铁线路列表(2015年)　　　　　　　　　　　表5-3

线 路 名 称	线路长度 （km）	车站数 （个）	平均站间距 （km）	日客流量 （万人次）
1. 贝克卢线（BAKERLOO LINE，棕色）	23.2	25	0.97	30.4
2. 中央线（CENTRAL LINE，红色）	74	49	1.54	71.5
3. 环线（CIRCLE LINE，黄色）	27.2	36	0.78	31.4
4. 汉默史密斯及城市线（HAMMERSMITH&CITY LINE，粉色）	25.5	29	0.91	—
5. 区域线（DISTRICT LINE，绿色）	64	60	1.08	57.1
6. 千禧线（JUBILEE LINE，银灰色）	36.2	27	1.39	58.5
7. 大都会线（METROPOLITAN LINE，洋红色）	66.7	34	2.02	18.3
8. 北线（NORTHERN LINE，黑色）	58	50	1.18	69.1
9. 皮卡迪利线（PICCADILLY LINE，深蓝色）	71	53	1.37	57.6
10. 维多利亚线（VICTORIA LINE，浅蓝色）	21	16	1.40	54.8
11. 滑铁卢及城市线（WATERLOO&CITY LINE，绿松色）	2.5	2	2.50	4.4

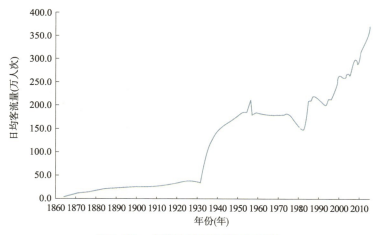

图5-27　伦敦地铁日均客运量变化

（3）轻轨。

道克兰轻轨（DLR）为全自动驾驶，结合伦敦东部港区再开发于1987年建成，作为地铁在城市东南部的补充，在票务、换乘方面均实现一体化。图5-28为伦敦地区轻轨线路图。

（4）有轨电车。

Tramlink 是伦敦南部的有轨电车系统，在多处可与铁路车站、地铁车站（绿线温布尔登站）、地上铁车站（West Croydon）换乘。有轨电车线路图如图5-29所示。

图5-28　道克兰轻轨线路图

图5-29　伦敦有轨电车线路图

（5）地面公交网。

如图5-30所示，伦敦中心城区主要有23条公交线路，途径城区重要地标。伦敦现有公交车9462辆，近年来一直保持增加态势。2015年，伦敦地面公交日均客运量约634万人次。

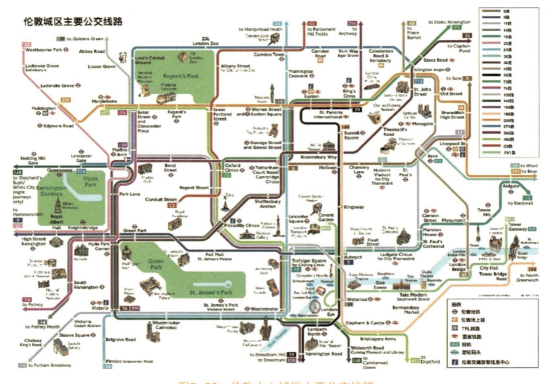

图5-30　伦敦中心城区主要公交线路

三、交通需求情况

（1）机动车保有量。

如图5-31和图5-32所示，从机动车保有总量来看，自1996—2007年，大伦敦地区机动车保有量继续呈现缓慢稳定增长趋势，至2007年达到约250万辆。从机动车保有量构成来看，自1996—2007年，大伦敦地区机动车保有量组成较为稳定，外伦敦和内伦敦机动车保有量各自所占总体比例基本呈稳定状态，波动不明显。

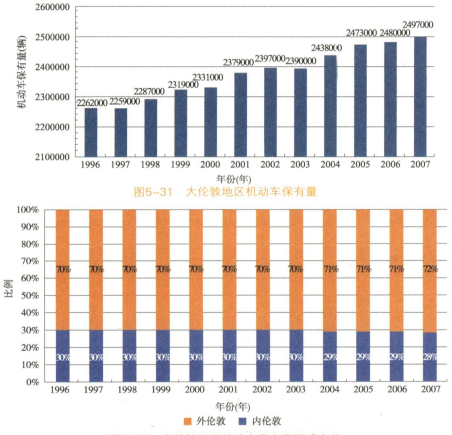

图5-31 大伦敦地区机动车保有量

图5-32 大伦敦地区机动车保有量组成变化

（2）交通出行总量。

如表5-4所示，自2000年以来，伦敦的出行总量增加了17.8%。其中，乘坐出租汽车、驾驶汽车或摩托车出行的人数有所下降；自行车出行总量尽管和其他形式相比数量较小，2010年仅为300万人次，然而从增长百分比来看，在2015年，自行车出行总量在所有出行方式中增长最快，5年内增长118%至600万以上。

（3）交通出行结构。

如图5-33所示，2015年，大伦敦地区公共交通出行分担率已达37%，超过个体机动化方式的36.2%，自20世纪90年代以来，20年间增加了12个百分点，个体机动化方式出行分担率则下降13个百分点；特别是跨区域出行中公共交通比例都达到

50%~85%。长期以来，自行车和步行出行占总体比例较小，且变化较小，比例较为稳定。

大伦敦地区出行总量(百万)（1995—2016） 表5-4

年份（年）	铁路	地下铁/轻轨	公交车（包括有轨电车）	出租汽车	汽车驾驶员	汽车乘客	摩托车	自行车	步行	总计
1995	1.3	1.6	2.2	0.3	6.6	3.6	0.2	0.3	5.2	21.3
1996	1.4	1.5	2.3	0.3	6.7	3.6	0.2	0.3	5.3	21.6
1997	1.5	1.6	2.3	0.3	6.7	3.6	0.2	0.3	5.3	21.8
1998	1.5	1.7	2.3	0.3	6.7	3.6	0.2	0.3	5.3	21.9
1999	1.6	1.8	2.3	0.3	6.9	3.6	0.2	0.3	5.4	22.4
2000	1.7	2	2.4	0.3	6.8	3.6	0.2	0.3	5.5	22.8
2001	1.7	1.9	2.6	0.3	6.8	3.6	0.2	0.3	5.5	22.9
2002	1.7	1.9	2.8	0.3	6.8	3.5	0.2	0.3	5.6	23.1
2003	1.8	1.9	3.2	0.3	6.7	3.5	0.2	0.3	5.6	23.5
2004	1.8	2	3.3	0.3	6.6	3.4	0.2	0.3	5.6	23.5
2005	1.8	1.9	3.2	0.3	6.5	3.4	0.2	0.4	5.7	23.4
2006	1.9	2	3.1	0.3	6.4	3.5	0.2	0.4	5.7	23.5
2007	2.1	2	3.6	0.4	6.3	3.5	0.2	0.4	5.8	24.3
2008	2.2	2.1	3.8	0.3	6.1	3.5	0.2	0.5	5.9	24.6
2009	2.1	2.2	3.9	0.3	6.2	3.5	0.2	0.5	6	24.9
2010	2.3	2.1	4.0	0.3	6.1	3.6	0.2	0.5	6.1	25.2
2011	2.4	2.2	4.1	0.3	5.9	3.6	0.2	0.5	6.2	25.4
2012	2.6	2.4	4.1	0.3	5.9	3.6	0.2	0.5	6.3	25.9
2013	2.7	2.5	4.1	0.3	5.8	3.6	0.2	0.5	6.3	26
2014	2.8	2.6	4.1	0.3	5.9	3.7	0.2	0.6	6.4	26.6
2015	2.9	2.8	3.9	0.3	5.9	3.6	0.2	0.6	6.5	26.7
百分比变化（%）										
2014—2015	2.7	9	−6.6	−16.4	−0.7	−0.8	0.8	7.0	1.6	0.2
2000—2015	74.4	42.6	60.3	−4.4	−13.9	1.6	−10.2	118.0	19.9	17.8

世界典型城市交通发展历程及治理经验 **第五章**

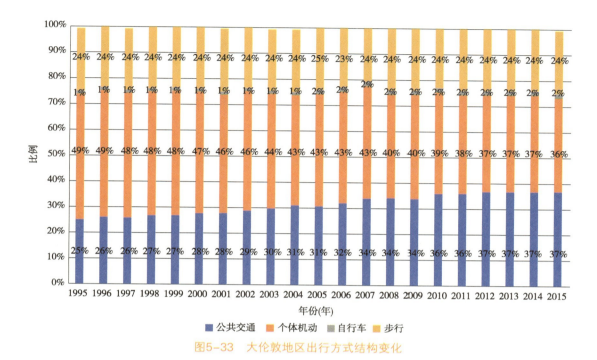

图5-33 大伦敦地区出行方式结构变化

从出行出发地和目的地角度来看，如图5-34所示，在工作日，伦敦市中心范围内出行以公共交通方式为主，伦敦近郊和远郊之间的出行中有80%左右是以铁路为基础的。伦敦远郊及外围地区的出行则以汽车和自行车为导向，仅有约20%的公共交通出行。

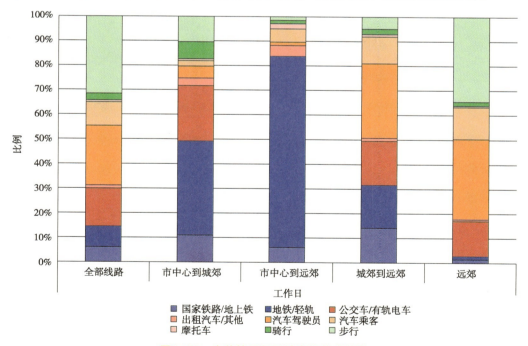

图5-34 大伦敦不同区域出行方式结构

四、交通发展历程

伦敦的城市规划历史可以追溯至1898年霍华德提出的"田园城市"理论,该规划提出在中心区周边建设花园新城,并通过交通干线与中心区连接。

1944年,第二次世界大战欧洲战场基本结束,伦敦进行了"大伦敦规划"(Great London Plan, 1944),旨在修建基础设施、疏散人口和改善居民生活条件,规划提出构建同心圆状的城市结构和建设卫星城等。

进入20世纪60年代,伦敦也出现了城市中心区衰退以及人口和就业岗位减少的困境。1964—1976年,伦敦提出了一系列规划,总称为"大伦敦发展规划"。

伦敦市政府于1985年被撒切尔政府解散,直到1999年才重新成立,政府管理的缺位导致一系列城市问题的出现,此时伦敦面临中心区功能高度集中、可达性下降等矛盾。21世纪初伦敦开始管理小汽车需求,重视不同交通方式的整合,并形成了差异化的交通政策。

由于人口不断增长和环境保护意识的提高,伦敦于2005年提出"2025长远交通规划"(Transport 2025: Transport Vision for a Growing World City),目标包括促进经济发展、应对气候变化、提高交通服务覆盖面和发展公共交通,措施包括交通基础设施扩容改造、管理交通需求和鼓励绿色交通等。在规划实施5年后,人们对交通服务的公平、安全、环保和便利性等提出了更高要求。伦敦交通发展过程概况见表5-5。

伦敦交通发展过程简述 表5-5

时间	交通的现状及问题	措施
19世纪30年代	伦敦的城市半径小于5km,城市道路狭窄,客运、货运混合	1. 修建新的过境道路; 2. 对外道路提供客运服务范围扩展到20km处
1850年	伦敦中心城出现了交通危机,城市交通流量不断增加	1. 修建环形铁路附线; 2. 建设长途通勤客运铁路线; 3. 建设4条跨泰晤士河的铁路线; 4. 完成地铁内环线建设
19世纪后半期	经济发展和伦敦不断外扩,伦敦出现了第二次交通危机	1. 修建地铁; 2. 将地铁系统与公共汽车客运系统连为整体

五、交通问题与治理经验

1. 拥堵收费政策

1)政策实施历程

伦敦的交通拥堵收费总的来说可以分为三个阶段:研究论证、推动实施、运行完善。总体实施历程如图5-35所示。

(1)研究论证阶段。

早在20世纪60年代,英国运输部便任命了一个由鲁宾·施密德领导的专家委员会,开始了首次对交通拥堵收费政策的论证研究。1964年,形成了道路收费的经济和技术可行性研究报告,论证了拥堵收费政策的有效性。1967年,英国运输部公布了《更少车辆,更美城市》研究的结果,建议直接道路收费是限制交通流量最有效的方法。20世纪80年代,伦敦规划咨询委员会研究多项交通政策以向英国政府提供伦敦战略规划建议,以实现道路空间更合理的供需平衡，并提出了拥堵收费是最有利的方法。

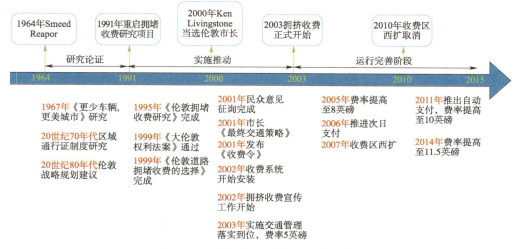

图5-35 伦敦拥堵收费实施的主要过程

（2）实施推动阶段。

1991年，伦敦拥堵的加剧，使得英国运输部启动了伦敦拥堵收费研究项目，并于1995年发布研究报告，提出伦敦推出拥堵收费将减少拥堵，产生净收入，在财务和经济两方面，迅速收回最初的成本。1998年，伦敦政府办公室成立了一个独立专家工作组，编写有关如何在伦敦中央区执行拥堵收费制度的报告，形成了《伦敦道路拥堵收费的选择》报告，对各种收费技术和范围进行了比选，形成了伦敦中央区拥堵收费制度的基础设计。1999年，英国议会通过了《大伦敦政府法案》，成立了大伦敦政府（GLA），使得市长拥有行政职务，有权实施改善城市、交通等的相关政策。2001年，伦敦交通局颁布了《收费令》，该文件为收费制度的实施提供了法律基础，并详细陈述了收费制度的主要方面。2001年7月，市长发布《最终交通策略》，在充分考虑《交通策略草案》咨询的结果后，确认在2003年初推出拥堵收费制度。2003年2月，伦敦正式实施拥堵收费制度。

（3）运行完善阶段。

2003年伦敦拥堵收费政策正式实施后，随着制度的发展，拥堵收费政策也经历了一系列的调整和完善。其中主要包括：

①2006年，推出次日支付，因为有调查显示，很多人进入拥堵收费区不缴费，只是因为他们忘记了支付，该政策完善使得用户在产生罚款之前有额外的24h缴费。

②2007年2月，拥堵收费区向西扩张，新增加了19 km²，西扩区也取得了预期的缓堵效果，但是作为政治承诺的砝码，2010年取消了西扩区，西扩区内的拥堵情况基本恢复到推出拥堵收费之前2006年的水平。

③2011年推出自动支付，使用自动扣款可减免1英镑。自动支付出现后，便一直是70%用户首选的支付方法，并显著减少了罚款通知的数量。

④修改了对"清洁"汽车的折扣方案，分别修改了对"清洁"汽车提供的折扣，对每公里二氧化碳排放少于150g的环保车辆5折优惠，对每公里二氧化碳排放少于75g的环保车

辆豁免，同时将新能源汽车考虑在豁免范围内。

⑤另外还进行了收费价格的调整。在2003年推出拥堵收费时每天每车收费5英镑，2005年收费金额提高到8英镑/（车次·天），2011年收费金额提至10英镑/（车次·天），2014年收费金额提高到11.5英镑/（车次·天）。

2）政策运行情况

（1）实施背景。

在拥堵收费前，伦敦全天交通拥堵都比较严重，行车速度低于15km/h，每年因拥堵造成的损失高达20亿英镑。

（2）政策目标。

政策实施初期，伦敦制定了明确的目标：将区域内的交通总量降低10%~15%，将交通速度提高10%至15%，将以车辆延误为量度的拥堵水平降低20%~30%。

（3）收费区域。

伦敦拥堵收费区域为市中心区内环路以内约21km²范围，只占整个大伦敦面积的1.3%。2003年实施之初也只是21km²，但在2007年2月，拥堵收费区向西扩张，新增加了19km²，包括肯辛顿区与切尔西区和威斯敏斯特区的大部分。扩张后的拥堵收费制度在一个区域运营，不论在区域内哪个位置，采用了和原始区域相同的收费、折扣和豁免，2010年拥堵收费西扩区取消。伦敦低排放区及拥堵收费区和西扩区如图5-36和图5-37所示。

图5-36 伦敦低排放区

图5-37 伦敦拥堵收费区和西扩区

（4）收费时间和标准。

收费时间周一至周五7时至18时，公共假期除外。收费金额最初为5英镑/（车次·天），允许一辆车在同一天内多次进出收费区。2005年收费金额提高到8英镑/（车次·天），2011年收费金额提至10英镑/（车次·天），2014年收费金额提高到11.5英镑/（车次·天）。

（5）收费方式。

在收费时段内，进出收费区或者在收费区内行驶、停车（除在居民区停车位），除非获得100%折扣，否则均必须支付收费。出行当日晚上24时之前为11.5英镑，出行后一日晚24时之前收费为14英镑，用信用卡自动转账的消费者支付10.5英镑，要进入收费区的车辆可按每日、周、月或年（提前）支付。驾驶员最初可以通过零售点、邮件、电话或互联网支付费用。2011年自动支付推出。

（6）收费对象。

对进出收费区域或在收费区域内行驶的车辆，都会进行收费，但是针对不同类型的车辆和人群，拥堵收费具有一定程度的折扣或豁免。

①优惠对象：区域内及区域周边的居民1折优惠，每公里二氧化碳排放少于150g的环保车辆5折优惠。

②豁免对象：两轮摩托车，紧急救援车辆（包括急救车、消防车），医疗系统车辆，残疾人使用车辆，出租汽车，租赁汽车（带驾驶员），女三海岸警卫队，港口管理局，部分伦敦政府车辆，军用车辆，皇家公园局等予以豁免。

（7）收费技术。

采用车牌视频识别的收费技术，如图5-38a）所示，同时采用IBM后台的数据分析系统可以较为准确地在遮挡号牌等难以识别的情况下，如图5-38b）所示，将识别准确率提升到90%。在伦敦收费区域的出入口和区域内部180处，共安装有650个红外摄像头，每个收费日约能捕获并处理100万张图。

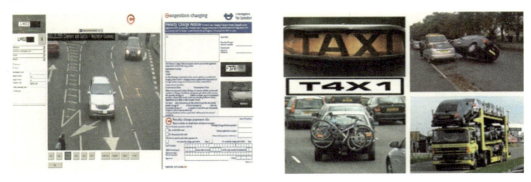

a)车牌视频识别系统　　　　　　　　　b)遮挡号牌等难以识别情况

图5-38　车牌识别

（8）执法和惩罚。

伦敦拥堵收费惩罚措施严格，最高罚款达185英镑。具体惩罚办法如图5-39所示。

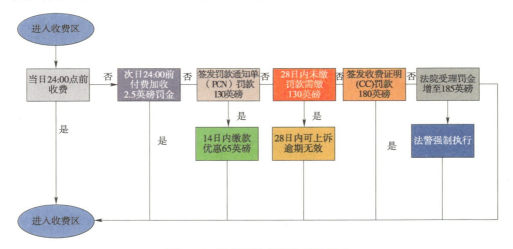

图5-39　伦敦拥堵收费执法流程图

（9）实施效果。

①拥堵收费区域内交通量大幅减少，交通拥堵延误水平有所反复。自2003年实施交通拥堵收费以来，进入收费区域内的交通量有了很大幅度的减少，如图5-40所示，缓堵效果非常明显。但是随着时间的推移，交通拥堵水平出现一定程度的反弹，伦敦就相应数次提高拥堵收费的价格水平。

②根据法律规定，拥堵收费制度获得的收入必须用于改善伦敦的交通。如图5-41所示，据统计，自拥堵收费政策实施以来，除第一年基础设施改善投入大于收入外，以后每

年都有2亿~3亿英镑的收入，其中50%左右用于系统的运营维护，其他主要用于改善公交网络、道路与桥梁、道路安全、步行与骑行、自治市交通计划等。

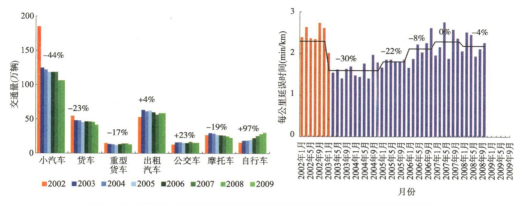

图5-40　2002—2009年进入拥堵收费区的交通量及交通延误水平

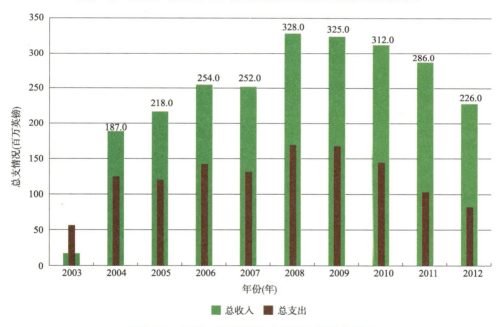

图5-41　2003—2012年伦敦拥堵收费收支情况

2. 低排放区和超低排放区政策

（1）低排放区政策。

伦敦自2008年2月实施低排放区政策（LEZ）。根据实施对象和标准，实施阶段分为四个阶段，旨在"提前"引入更清洁车辆，使得相比未实施该方案的情况，车辆能够提前几年变得"更清洁"。

"低排放区"的范围大约有980 km²，涵盖了大伦敦的大部分区域，包括大伦敦希斯罗机场的所有道路、大伦敦市边界，高速公路M1和M4的部分，高速公路M25除外（在M25上实施LEZ需得到非伦敦下属当地政府的同意，实施及执行更加困难）。不达到标准的车辆需缴费方可进入。收费时间为全天24h，包括双休日和公共节假日。

相对2003年起实施的道路拥堵收费而言，"低排放区"不仅面积大、付费高，而且它所针对的车辆在任何时间进入这个区域都不能"幸免"。迄今为止，管制对象仅限于轻型货车/重型货车，出租汽车和公交车的管理办法则依照伦敦交通局的规定。整个方案的实施耗资4900万英镑，包括监测系统的安装和相关交通标志的设置，每年运行的费用也在800万~900万英镑。由于早期的欧盟排放标准对于氮氧化物的约束力较低，因此低排放区对氮氧化物的排放几乎未产生实质性效果。

（2）超低排放区政策。

为解决机动车二氧化氮污染排放问题并进一步促使PM10达到"安全"水平，伦敦交通局计划自2020年起实施第二阶段"超低排放区"政策，将控制范围扩大到公交车、出租汽车、私人租赁车辆，加严对社会车辆的准入限制和要求，进一步限制伦敦中心城内车辆排放。

目前来看，超低排放区是未来伦敦进一步降低污染排放的重要政策，超低排放区政策主要措施可能包括：

①伦敦市中心运营的所有TFL双层公交车均应采用柴油-电动混合动力传动系统，单层公交车均应实现零排放（电动车或增程式电动车）。

②自2018年起，所有出租和租赁新车均必须实现零排放，按车辆更新计划推算，截至2033年，所有出租汽车将均可实现零排放。

③所有进入伦敦市中心的重型货车和客车实行欧6排放标准，汽车和厢式货车实施欧6（柴油车）和欧4（汽油车）排放标准。

④2020年对私人汽车实施欧6（柴油车）和欧4（汽油车）的排放标准。

伦敦低排放区政策的实施促进车型结构的转换，减少了污染物的排放，对交通流量或货运车辆交通的整体模式未产生明显影响。如图5-42所示，据统计，在低排放政策第一阶段于2007年2月实行后，符合标准的N2、N3重型货车及公交车、客运汽车等的比例稳定小幅度上升。

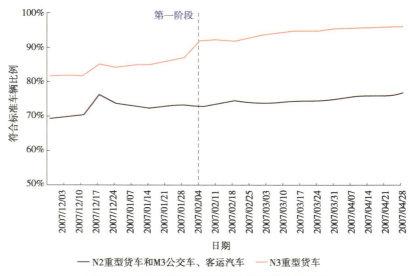

图5-42　符合低排放区排放标准车辆比例变化

3. 自行车高速公路

伦敦第一条自行车高速路（CS）于2010年建成，其道路线路示意图如图5-43所示。伦敦现有7条自行车高速路，计划共建设12条，分别是南北自行车高速路，东西自行车高速路，CS1～CS5，CS7～CS11，呈网络状覆盖伦敦区域。主要是添加了自行车专用道；重新设计了交叉口，提高了自行车的优先度；改变了公交车站，为骑行者增加了新的支路；部分道路禁止机动车转向，为骑行提供更好的环境等，主要为平面形式。伦敦自行车高速公路实景如图5-44所示。而且英国使用一种叫作"Quietway"的自行车道，暂译为"静道"，建在交通流相对较小的街道上，来补充自行车高速网，主要给骑行者提供安全的骑行体验。

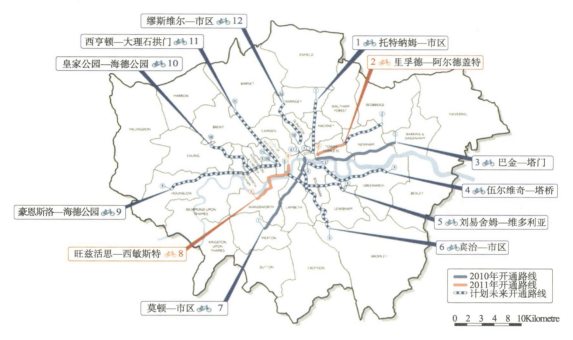

图5-43　伦敦地区自行车高速路线路示意图

图5-44　伦敦自行车高速实景图

此外,据英国《每日邮报》2013年12月29日报道,为进一步鼓励更多的人选择自行车作为出行工具,英国政府计划在伦敦建设SkyCycle——"高空自行车道",即建在铁道上方的高架自行车道网络。

"高空自行车道"高速公路总里程预计221km,设置有209个出入口,宽度为15m,计划在高峰时期可以服务40万左右的骑行者,将纵贯整个伦敦市,辐射至郊区。第一阶段的工程建设约6.4km,从伦敦东区开始通往利物浦街火车站,造价大约为2.2亿英镑(约合21.8亿人民币)。在自行车高速公路建成后,沿线大约有600万人可以使用。交通高峰期间,每小时大约有1.2万辆自行车通过,平均时速可达24km左右。SkyCycle概念图及设计规划如图5-45和图5-46所示。与从地面上骑行至郊区相比,从自行车高速公路上骑行至少可以缩短半个小时。如果上班族住在郊区,却在伦敦市中心上班,那么骑自行车上下班非常适合他们,只要早点出发,不用担心堵车迟到。

图5-45 SkyCycle概念设计图

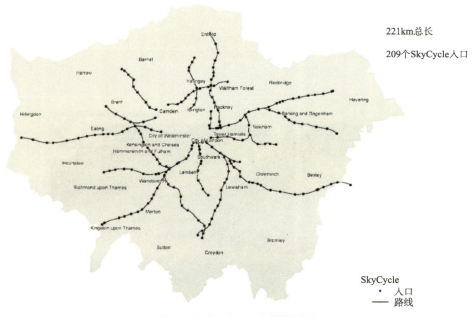

图5-46 SkyCycle建设规划图

第三节　东京的交通发展回顾与治理经验

日本东京位于日本最大平原（关东平原）的南部，是目前亚洲地区唯一的世界级国际化大都市。日本东京都市圈聚集近3340万人，人口密度远超过伦敦、纽约、巴黎三大城市，高度密集的人口和频繁的经济活动产生了巨大的交通需求。

从城市交通形态的角度分析，东京都市圈表现为单中心形式，每天大量从郊区涌向都市圈中心的交通流给城市的地面交通系统带来沉重的压力，导致东京都市圈内高峰小时的平均车速为21.0km/h，而行政区内为18.5km/h，仅为日本全国平均水平35.2km/h的一半。面积率为15.6%的道路网已无法满足高峰小时的交通需求，超过90%的通勤者依赖轨道线网。反观城市轨道系统，即便拥有12条轨道线和低于2~3min的发车间隔，东京都市圈内很多地铁路段仍达到了200%的拥挤度。与此同时，日本的人口老龄化正在加速，这种趋势为城市交通系统带来了新的挑战。

一、城市基本状况

（1）城市概况。

东京呈单中心的交通形态，同心圆式的城市结构。狭义上讲，东京指东京都的行政区划范围。"都"是日本一级行政区之一（相当于我国的省、自治区、直辖市）。除都之外，日本还有1道（北海道）、2府（大阪府、京都府）和43县，共47个"省"级行政单位。在都道府县之下，一般设有市、町（相当于我国的镇）、村三类平级的行政区划。此外，比较大的市往往会下设市辖区。

如图5-47所示，除部分岛屿外，东京都基本划分为位于东部的特别区（称为"区部"）和位于西部的其他30个市镇村（称为"多摩地区"）两大部分。区部是整个东京都市圈乃至日本全国的行政、历史文化、商业金融的中心，总面积约622km²，常住人口约884万人（2010年6月）。整个东京都总面积约2187km²，常住人口约1304万人（2010年6月）。

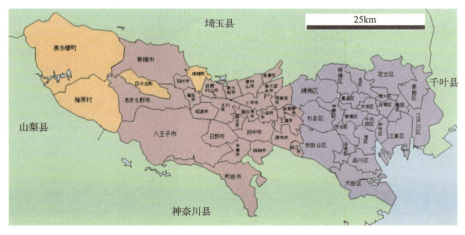

图5-47　东京都的范围（根据日文版维基百科改绘）

东京都市圈地处日本面积最大的关东平原,人口及城市空间聚集随着距市中心的距离而变化,这一趋势非常强烈,形成同心圆式的城市结构。因此,研究东京都市圈时,通常以半径50km或70km圈的区域作为东京都市圈的范围。

①东京50km圈。

日本国土交通省交通政策审议会在2000年编制东京轨道交通线网规划时以"距东京市中心大致50km的范围"作为规划对象地区。

据统计,2005年东京50km圈的人口为3150.5万人。

②东京70km圈。

在汇总分析人口普查数据时,以位于东京市中心的东京国际论坛(Tokyo International Forum,原东京都政府所在地)大楼为中心,按照10km的间隔设定同心圆,以各距离段所包含的市镇村分别进行各项人口指标的统计。据统计,2005年东京70km圈的人口为3509.8万人。

本书主要以现行轨道交通规划采用的东京50km圈涉及的1都3县(东京都、神奈川县、埼玉县、千叶县,下均简称1都3县)作为东京都市圈的范围,进行相关数据资料的收集、整理和分析。

(2)城市人口。

东京都市圈人口稠密,通勤人口集中。如前文所述,东京都市圈是以东京国际论坛大楼(原东京都政府)为中心、半径50km的区域,包括埼玉县、千叶县、神奈川县大部分与茨城县南部。东京都50km圈面积为6799.0km²,仅占日本全国总面积的1.8%。2005年常住人口为3150万人,占日本全国总人口的24.7%,其人口密度为4633.9人/km²。

2010年东京圈各区市镇村的常住人口密度分布如图5-48所示。

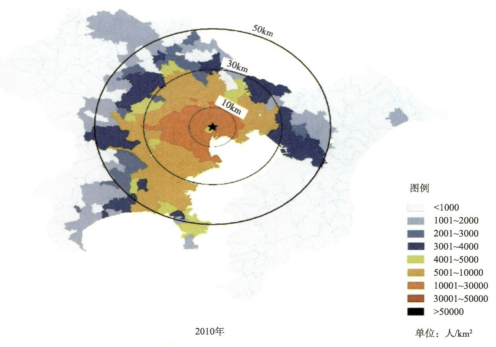

图5-48 2010年东京都市圈人口密度

二、交通供给情况

（1）道路交通网。

东京都市圈道路面积变化平稳，表5-6描述了1975—2005年期间东京都市圈道路面积的变化。1975年以后，东京都市圈进入稳定发展时期，道路面积略有所增加。而同一时期，道路长度变化不大，甚至部分地区道路长度有所减少。

东京都市圈各都县的道路面积（单位：km²）　　表5-6

年　　份	东京都	神奈川县	埼玉县	千叶县	合　　计
1975年	126.33	64.83	185.53	208.18	584.87
1980年	135.71	74.72	202.34	214.69	627.46
1985年	144.44	80.32	218.40	229.65	672.81
1990年	155.53	89.12	239.80	229.73	714.18
1992年	157.53	92.52	246.28	209.29	705.62

数据来源：道路统计年报、关闭经济白皮书。

除道路之外，交通设施还有铁道、轨道、轻轨、机场以及港口。根据2006年的调查，东京都23区交通设施用地面积为136.8km²，占区部土地面积的21.8%。

（2）轨道交通。

①轨道交通里程。

图5-49是1989—2008年期间东京都辖区内轨道交通营运里程的变化。2008年，地铁运营里程为291.3km，私营铁路运营里程406.8km。

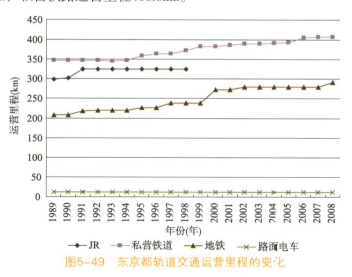

图5-49　东京都轨道交通运营里程的变化

东京都市圈轨道交通系统每日客运量高达4000万人次，位居世界城市之首。另外，东京都市圈第一圈层内轨道线网密度1.12 km/km²。东京都市圈轨道里程超过2300km²，其中包括超过1900km的铁路系统，连接东京都周围神奈川、琦玉、千叶三县的大部分地区，主要承担三县到东京都内的通勤客流。

②轨道交通线网。

东京都市圈（Tōkyō Dai-toshi-ken）是世界上人口规模最大的都市区域。由地铁、国铁、私铁等轨道交通构成的轨道系统日客运量接近4000万人次，其中国铁和私铁组成的市郊铁路所占比例为64%（图5-50）。

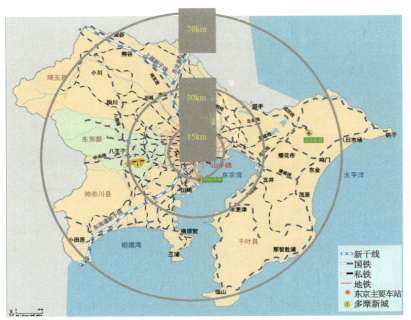

图5-50　东京都市圈轨道线

核心区（5km半径）：以东京站为圆心，包括山手铁路环线（全长34km）内及周边相邻区域，面积约为90km^2，是东京都市圈的都心和新宿、涩谷、池袋、大崎和上野等5个副都心（共7个）所在地，东京80%以上的地铁线路分布在这一区域。

中心区（15km半径）：由隶属于东京都的23个区组成，也称东京都区部或东京都23区部，面积622km^2。该地区除地铁外，还分布了多条JR国铁和私铁。

近郊区（30km半径）：由东京都多摩地区和三县临近东京都地区组成，其中东京都的多摩新城、神奈川县的横滨市和川崎市以及羽田国际机场都属于这一区域。这一区域也是由JR国铁和私铁提供服务。

远郊区（70km半径）：都市圈外围区域，成田国际机场就处于这一区域。主要由JR国铁和少量私铁提供运输服务。

东京都市圈的轨道交通系统由地铁、市郊铁路（国铁和私铁）以及新干线高速铁路系统构成，它们通过东京中心区域的JR山手线实现无缝衔接。

三、交通需求情况

（1）机动车保有量。

表5-7是东京都市圈汽车保有量。现在，东京都的汽车保有量超过400万辆，1都3县范围内汽车保有量接近1500万辆。

东京都市圈汽车保有量（单位：辆） 表5-7

年份（年）	车型	东京都	神奈川县	埼玉县	千叶县	合计
1990	普通小汽车	2603635	1970201	1623176	1395644	7592656
	载货汽车	839307	438382	400394	348222	2026305
	轻型小汽车	464558	370781	438122	420830	1694291
	合计	3907500	2779364	2461692	2164696	11313252
1995	普通小汽车	2845018	2394365	2103598	1816873	9159854
	载货汽车	725933	442150	428310	373101	1969494
	轻型小汽车	463854	439188	530295	509164	1942501
	合计	4034805	3275703	3062203	2699138	13071849
2000	普通小汽车	2963853	2587759	2369968	2042972	9964552
	载货汽车	585737	377372	391027	349019	1703155
	轻型小汽车	501277	513230	645313	602262	2262082
	合计	4050867	3478361	3406308	2994253	13929789
2005	普通小汽车	2931421	2634625	2417894	2101977	10085917
	载货汽车	488862	325109	336114	305272	1455357
	轻型小汽车	590588	646411	834359	762046	2833404
	合计	4010871	3606145	3588367	3169295	14374678

数据来源：日本地域经济总览。

（2）交通出行总量。

①人均出行次数。

东京都市圈居民出行的调查结果显示，自1978—1998年东京都市圈人均出行次数总体上处于下降的趋势。然而2008年东京圈的人均出行次数（2.45次）实际上略高于1998年的2.40次和1988年的2.42次，日本国土交通省的资料对此表述为："与1998年相比，2008年的调查中人均出行次数有增加的倾向"。

②地铁客流量。

从图5-51的客运量变化来看，东京都市圈的地铁客运量在1965—1975年期间迅速增长，1975年之后增长较为稳定；私营铁路的客运量从1965年以来一直稳定增长，近年增长势头略有放缓；JR的客运量在1985—1995年期间有一个跨越式增长过程；路面电车从1965年后迅速萎缩，1975年以后变化不大。

图5-52表示了1975年以来东京都市圈轨道交通运力、客运量以及服务水平的变化。1975年以来，通过新线建设、双复线化、郊外轨道交通与地铁直通运行等多种方法，东京

都市圈的轨道交通网络不断完善，实现了运力的增长速度大于客运量的增长速度，满员率（拥挤度）从1975年的221%降低到近年的170%左右。

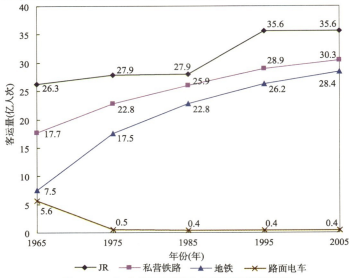

图5-51 东京都市圈轨道交通客运量的变迁

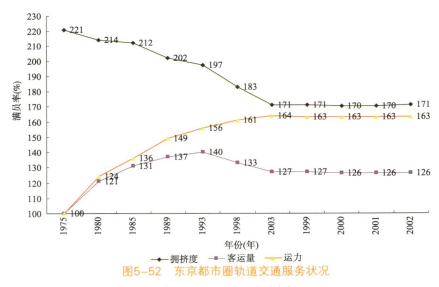

图5-52 东京都市圈轨道交通服务状况

数据来源：日本东京都政府官网。

（3）交通出行结构。

东京23区的轨道交通分担率为30%（2008年），远远超过东京都市圈的平均水平，并处于增长的趋势。与此相反，东京23区的小汽车分担率仅为11%（2008年），大大低于都市圈平均水平，而且比1998年又减少了4个百分点。对于其他交通方式，东京23区和都市圈平均水平并没有明显差别（图5-53）。

（4）交通出行目的与出行时间。

①交通出行目的。

如图5-54所示，总体上来看，上班出行增加，业务（公务、商务）和上学出行减少，私事出行变化不大；从性别上来看，男性上班和业务出行的比例明显高于女性，而私事出行的比例仅为女性的一半。另外，女性上班出行比例的增加较为明显。出行比例的性别差异反映日本女性逐渐从家庭走向社会。

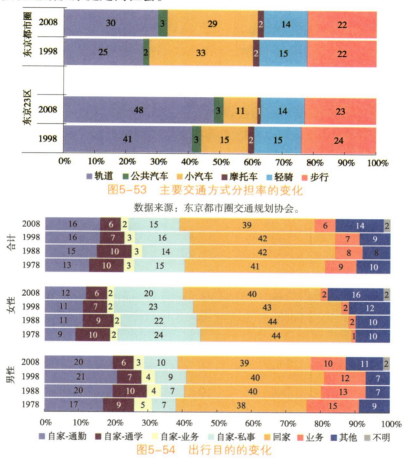

图5-53　主要交通方式分担率的变化

数据来源：东京都市圈交通规划协会。

图5-54　出行目的的变化

数据来源：东京都市圈交通规划协议会。

②交通出行时间。

如图5-55所示，平均出行时耗从1978年以来逐渐增大。

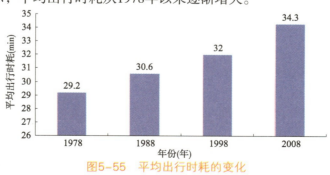

图5-55　平均出行时耗的变化

数据来源：东京都市圈交通规划协议会。

四、交通发展里程

本节主要从城市交通的角度介绍相关的交通规划的主要内容,分析过去50多年以来各个阶段东京都市圈存在的问题与对策措施,以期对北京有所启示。

(1)战后复兴期(1945—1955年)。

东京复兴规划的基本方针是避免过去由于城市过大所造成的弊端,采取地区规划(Regional Plan)的方式,明确都市圈结构的发展方向。其主要设想包括:抑制及分散中心城区;将郊外环形空白地带设定为绿廊,以确保耕地并防止市区无限制蔓延;在绿廊以外培育卫星城。

东京复兴规划包括大规模的道路建设和加快地铁建设,并按市中心8km圈的规划范围,制订了5条线路共101km长的地铁线网规划。规划线路的前提是与郊外轨道交通相连接,基本上都延伸到山手线外侧。

20世纪50年代初的东京,城市道路建设很不完善。人口急剧增加造成东京都市圈公共交通拥堵,特别是早高峰上班人流集中的现象很严重。为了应对日益显现的通勤问题,各铁路公司采取了增加车辆和运行班次等措施,但由于从郊区到城市中心的铁道线路有限,仅靠增加这些线路的运力不可能解决通勤难的问题。

另外,建设运营混乱也是一大问题。1951年,为加快地铁建设速度,以与私营郊外铁路直通运行为前提,东京都再次申请建设地铁。为了协调东京都和帝都高速度交通营团(营团)在建设地铁问题上的关系,1952年通过了促进首都陆上交通事业建设的法案,东京都的建设运营要求才得以被批准。这两种建设、运营方式的做法一直持续到现在,给乘客带来了诸多不便。虽然对于东京地铁一元化管理的呼声由来已久,但是直到2010年8月才由主管交通运输的国土交通省、财务省和东京都组成专门机构,开始研究协商东京地铁一元化以及民营化等问题。

(2)高速增长期(1955—1970)。

日本经济高速发展的同时,汽车制造行业蒸蒸向上,国民交通出行需求成倍增长,城市单中心化现象明显,而基础道路交通配套设施建设缓慢,各交通问题日渐凸显。

1960年日本政府决定了国民收入翻番计划,日本经济开始进入高速发展阶段。伴随着经济发展,人口向大城市集中的现象更加突出,以东京为中心的1都3县1960年以后的10年时间人口增加了625万人。汽车保有量也随着经济高速发展和人口大量集中而急速增加,东京中心城区从过去的以路面轨道交通和步行为主的城市迅速向汽车化城市转变。私人汽车和新干线是日本20世纪60年代经济高速增长时期的象征。汽车化的快速发展,城市区域日益巨大化,东京23区尤其是市中心各种功能过分集中与混合,过密的危害性增加,交通拥堵从市中心向周边扩散,大气及河流污染加剧。

1965年起,日本国有铁路实施了以增强城市地区运输能力为主要目标的第3次长期规划,在东京都市圈针对5条线路实行所谓"5方面作战",采取多种措施缓解通勤列车拥挤状况。其重点是增设线路,包括各线路的双复线化和连续立交化等在内,对快车线和慢车线、电气化线和蒸汽机车线进行分离。

（3）稳定发展期（1970—1989）。

1973年第一次石油危机以后，日本经济逐渐进入稳定发展时期，产业结构从大型设备制造转向技术革新，整个社会则从工业化转向后工业化。这一时期，东京都市圈的人口增长趋势发生了显著的变化。

在这一时期，高速增长阶段常住人口和制造业向东京都市圈集中的现象转变为就业人口和商务办公设施向东京23区集中的趋势，产业结构的变化和转型带动了城市功能和就业人口的"东京一极集中"，出现了城市圈中心地价上涨、常住人口空心化、交通问题恶化、城市环境污染加剧等一系列问题。

这一时期，日本的道路交通主要存在以下几方面的问题：
①交通需求增大与道路建设之间不协调；
②城市地区大量交通的控制方法不完善；
③缺少混合交通整治处理方法；
④日益深刻的交通公害亟待防治；
⑤频繁发生的交通事故不能有效防止和处理；
⑥大运量公共交通的建设与优待政策不够完善。

道路噪声及尾气污染等公害增加使得市民的环境意识大大增强。因此，1976年研究修订道路网规划时，主要从确保高效率的城市交通、保护城市环境等方面考虑，根据地区条件，实现轨道交通、常规公交、小汽车等各种交通方式适当的分担和有机结合。这次规划修订的基本方针是通过以地铁为中心的轨道交通线网和常规公交网络充实公共交通体系，促进汽车交通向公共交通工具的转换，以适当的交通管理抑制汽车交通的任意增长。

1980年以后，日本国内以服务业为中心内需扩大，进入景气恢复期。在国际金融自由化和工业企业国际化的新形势下，人力、物力、财力、信息等开始全部向东京集中，外资企业也大规模进驻东京。东京不仅仅具有日本首都的功能，而且逐渐升级为国际金融中心和信息中心，和纽约、伦敦一道成为全球的经济枢纽和国际化大都市。

（4）城市再生期（1990至今）。

1989年日本年号改为"平成"。由于泡沫经济破灭造成日本经济下滑，1990—2000年被称为"丢失的十年"。从那时起，改造城市结构成为东京都市圈乃至整个日本城市建设的关键。进入21世纪后，中心城区再开发越来越活跃，城市规划的潮流开始从支撑城市扩大发展的基础设施建设阶段向管理城市稳定发展的基础设施建设阶段转变。

以东京中心城区为主，1都3县的人口继续增加，周边其他县人口则有所减少，出现了人口从郊外向都市圈中心移动的新变化。都市圈中心以公务及商务功能为主、郊外以居住功能为主的功能分担呈瓦解趋势。

另一方面，在人口减少的社会背景下，以限制工业、大学等产业进入东京为代表的抑制人口向都市圈集中的政策在实施40年之后，于2003年4月撤销，进一步加快了人口向都市圈中心的流动（图5-56）。东京都市圈周边地区高速公路出入口附近以及沿线地区的工厂建设用地也有所增加，投资额也逐渐回升。新的都市圈格局正在形成。

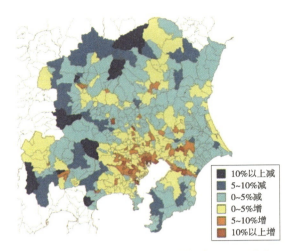

图5-56 2000—2005年东京都市圈人口变化
数据来源：日本政府官方网站。

五、交通问题与治理经验

（1）建设综合交通枢纽。

东京都市圈是世界上人口最多、密度最大的都市圈之一，综合交通枢纽在其城市及交通发展过程中发挥着重要的支撑作用。以日均进出站量364万人次的新宿站、日均进出站量112万人次的东京站等为代表的综合交通枢纽背后，是291km地铁、2031多km市郊铁路交织而成且每日运送旅客近4000万人次的庞大的轨道交通网络系统。在东京，综合交通枢纽的出站客流中，88.7%通过步行疏解，且大约90%左右的步行时间在10min内（图5-57）。

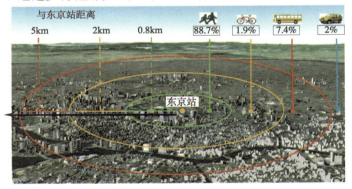

图5-57 东京综合交通枢纽出站客流情况

东京综合交通枢纽发展特点可以总结为以下三点：

特点一：综合交通枢纽建设与城市功能布局相结合。

城市功能布局与综合交通枢纽相结合是东京城市发展过程中的一大特点。东京的都心和副都心绝大部分都是围绕已有的综合交通枢纽进行规划和建设的（图5-58）。这些地区也确实成为东京目前经济最为繁荣、土地价值最高的地区。

在综合交通枢纽地区进行高强度开发，是集约使用土地资源，是城市与交通协调发展的必要途径。

特点二：综合交通枢纽周边高强度土地开发。

东京站周边的CBD地区（大手町—丸之内—有乐町），面积1.2km²聚集着4000个工作单位，容纳就业人数23万人。在高强度土地开发的同时，提供便利、高效的公共交通服务，提高枢纽客流集运和疏散的效率（图5-59）。

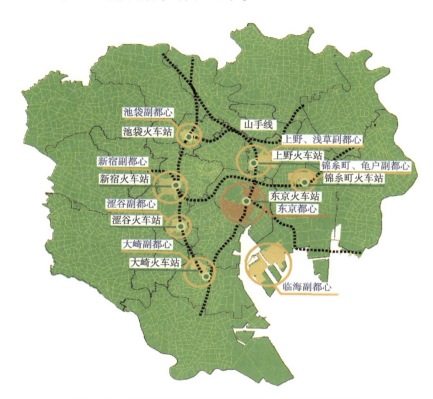

图5-58　东京围绕综合交通枢纽进行城市功能区的布局

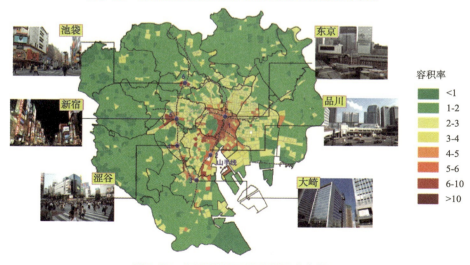

图5-59　东京都23区部容积率分布图

东京的综合交通枢纽在微观层面将公共汽车站、出租汽车站、地下停车场以及商店、银行、商业街等布置在同一建筑物内,或用地下通道连为一体,出入口数量多、分布广。

特点三:综合交通枢纽出入口与周边建筑有效衔接。

新宿站本身并没有引人注目的大型建筑,但充分利用地下空间,结合大型商场与购物中心,真正实现了交通与建筑群体的一体化,在超过2km²面积内分布了100个以上的出入口。新宿站汇集15条轨道,日均进出站量364万人(图5-60)。

图5-60　东京综合交通枢纽出入口与周边建筑衔接情况

东京等世界城市交通发展历程表明,建设综合交通枢纽的本质意义并不在于枢纽本身,而是立足于整个城市和交通的发展。要提高城市交通系统的承载力,激活城市发展的活力,使枢纽成为城市的"引擎"而不是"瓶颈",就必须建立内外畅达、上下贯通、集约高效的综合交通枢纽。

(2)完善停车制度。

①土地资源约束停车供给。

停车供给的合理规模是由人口密度和土地资源决定的。国际大城市在人口密度高、土地资源紧张的中心区域大多采用低配置、严管理的停车发展模式,甚至选择零增长或低增长的停车供给模式(图5-61)。

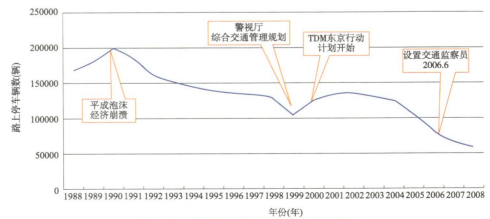

图5-61　东京都特别区路内停车场的变化

②高昂的停车价格。

停车价格是精细化调控停车需求的有效工具。东京对停车价格上限没有要求,企业通过市场供需关系自由调节,在供需关系最为紧张的中心区,停车价格就非常昂贵(图5-62)。

图5-62 东京都平均每小时停车收费价格(日元/h)

高昂且差别化的停车收费价格是东京停车的主要特征之一。日本东京居民月均收入为30万日元,其中有6万~8万日元用来支付基本的停车泊位(购车所需要的泊位);普通市民需花费大约1/3的月基本收入用来支付停车费用。

③制定完善的停车法律。

为解决困扰世界许多大城市的停车难题,日本制定了一系列法律、法规,包括《道路交通法》《停车场法》《城市规划法》《东京都停车条例》等。并经过不断的修订和完善,形成了一套全面、完善的停车场法律体系,使车辆无论停放在何处都能有法可循(图5-63)。

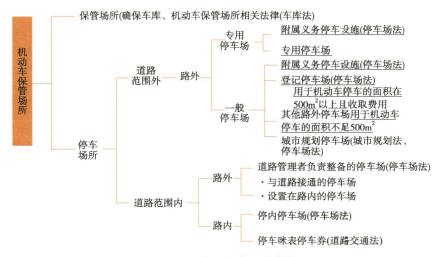

图5-63 完善的停车场法律体系

④严格执行既定法律法规。

对于小汽车使用者来说,东京完善的停车法律和严格的执法具有巨大的威慑作用,是政策取得预期效果必不可少的保障。

20世纪80年代,东京都路侧违章停车现象普遍,严重影响了道路交通运行效率,因此加强了对占道停车的处罚,如果连续违反六次停车的话,就会吊销驾驶证,连续三次被吊销的话,就会被终身禁驾。1991年,东京通过实施取缔部分路侧车位、对路侧违章停车严格执法等措施来缓解交通拥堵。违章停车一旦被发现,每次罚款合人民币1200元、扣2分(满分6分),伪造泊位证判入狱3个月(表5-8)。

日本停车场法部分内容　　　　　　　　　　　　　　　表5-8

依　据	违法行为	处　罚	扣　分
停车场法	虚假停车位证明	最高20万日元罚款	
	尚未交付使用,虚假图纸	最高10万日元罚款	
	使用道路停车位	3个月拘役或20万日元罚款	3分
	长时间路上停车	最高20万日元	2分

⑤因地制宜建设停车泊位。

北京城六区非居住区经营性停车场平均拥有车位159个,是东京的9.4倍(图5-64)。停车场规模过大,不利于精细化停车需求的调控。由于城市空间资源的有限,越是人口密度高、土地资源紧张的城市中心区,越不适合大范围、大规模的停车泊位供给模式,东京的经验是采取因地制宜、见缝插针的方式施划、建设停车场,缓解供需矛盾。

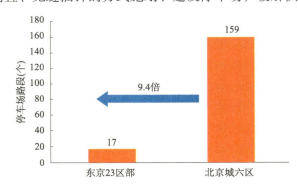

图5-64　东京23区部与北京城六区停车场规模对比

东京都23区部经营性停车场1.38万个,平均停车位17个,东京都停车场数量多且规模小、分布散,能够因地制宜、见缝插针满足停车需求。

⑥约束以通勤为目的的停车。

在东京,特别是中心区域对以通勤为目的的停车行为进行了较为严格的限制。日本国家机关对政府机关免费停车设施进行了限制,并针对公务员停车用车问题开展了自纠自查活动。1980年,日本出台政策禁止国家政府公务员将小汽车作为通勤方式。企业主为使用公共交通上班的员工提供全额通勤费用补贴,但不对小汽车通勤提供补助。因此虽然没有法律禁止企业员工停车,但由于过于昂贵,少有人问津。

东京的经验表明,停车治理是扭转畸形人车关系,缓解区域交通问题的有力法宝。而只有充分利用组合拳优势，因地制宜、建管结合才能将停车政策精细化调控作用发挥到极致。

（3）成熟的交通需求管理。

①汽车排放尾气的责任管理。

1986年，东京颁布《汽车排放尾气抑制指导纲要》，实施削减汽车排放尾气特别方法，政府根据年度环境指标，制定NO_x排放量，并落实到公司和个人。达到或超额完成的给予财政奖励，没有达到的给予处罚。98%的运输从业者提出了自己的计划书，汽车尾气排放量削减了11.9%（原定10%）。

日本在尾气污染防治中，更注重对各种尾气排放的污染物总量进行严格控制。同时，日本还根据污染物产生的衍生污染进行检测分析，通过分析结果将氮氧化物排放总量列入专项制订计划，并且将其控制细化到了具体的行业中。

②鼓励收费道路建设。

对于收费道路的建设，其初始的建设资金来源有国家财政贷款、中央政府补贴、地方政府补贴、私人贷款和其他形式的补贴。贷款和维修费用的偿还主要是通过道路使用收费的收入，目前东京城市高速道路的通行费高达700日元/次。

为了激励轨道线路的投资，政府采取了一系列措施包括：地铁补贴、新城轨道的补助、通过日本铁道建设公团（JPCPC）对JR日本国有铁路和私营铁路补助、单轨铁路和AGT自动导轨电车补贴、特定优惠政策。

其中第5项的特定优惠针对的是将获得利润再投入轨道建设的私营轨道公司，投入建设的基金可以免去税收，同时要求项目必须在10年内完成。这样不但减轻了交通拥挤的压力，而且降低了将来的使用者通行。

第四节　香港的交通发展回顾与治理经验

香港的城市特点是人口众多、可利用土地面积少、经济高度发达，是典型的人口高密度、经济高度发展的城市，但香港的交通系统依然保持了较高的工作效率，拥堵情况也较少发生。香港的交通及交通政策的发展也经历了漫长的研究及发展历程，形成了高效、平稳的城市交通格局。目前，香港的公共交通系统由地铁、专营巴士、非专营巴士、小巴、电车、轮渡等模式构成，每日约有1200万人次的实际载客量，约占香港日均交通出行量的90%。这一庞大系统的日常运营工作是由私人运营商承担，这也是全世界唯一完全不需要接受政府部门财政补贴的公共交通系统。

一、城市基本情况

（1）城市概况。

香港（简称：港；英语：Hong Kong，缩写：HK、HKG）是中华人民共和国两个特别行政区之一，位于南海北岸以及珠江口东侧，北接广东省深圳市，西隔珠江与澳门及广东省珠海市相望，其余两面与南海邻接，管辖总面积为2700km²，其中陆地面积为1100km²，占比达到40.16%。

香港全境由香港岛、九龙和新界组成，下设18个行政区划（图5-65），其中香港岛占4区，九龙占5区，新界占9区，香港岛北为最发达地区；地理环境上则由香港岛、大屿山、九龙半岛以及新界（包括262个离岛）组成。

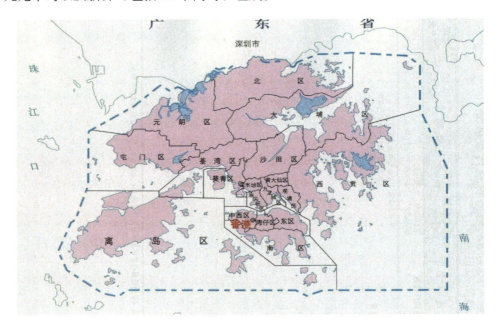

图5-65　香港行政区划图

（2）城市人口情况。

近20多年来，香港的人口一直呈现上升的趋势。截至2017年6月，香港常住人口约739万人（表5-9）。

1991—2017年香港年中人口统计数据（单位：万人）　　　　　表5-9

年份（年）	1991	1996	2001	2006	2011	2017
人口	575.20	643.55	671.43	685.71	707.16	738.95

（3）经济发展与产业结构。

香港2017年人均生产总值为4.6万美元。香港经济属于高度依赖国际贸易的自由市场经济系统。香港是国际商业、贸易及金融枢纽，服务业主导程度极高，占生产总值的比例在90%以上，其中金融服务业、贸易及物流业、专业及工商业支援服务业、旅游业是香港经济的四大传统产业，2017年共占总产值比例约为55.6%。

二、交通供给情况

（1）道路网络。

香港是全球高度繁荣的国际大都会之一。截至2017年底，香港有道路2112km，全港道路网平均密度约2km/km², 建成区道路密度约为11.5 km/km², 是世界上道路密度最高的城市之一 (表5-10)。

香港路网长度指标 表5-10

年份(年)	路网总长度(km)	年份(年)	路网总长度(km)
2012	2090	2015	2101
2013	2093	2016	2107
2014	2099	2017	2112

(2) 公共交通网络。

①地铁。

香港地铁每日载客量占公共运输总载客量约42%。现时,香港地铁系统由港铁公司运营。港铁公司是一家上市公司,政府是最大股东。2017年地铁系统每天平均载客约550万人次。

港铁的地铁系统如图5-66所示。地铁网络全长187km,沿途车站93个;又负责运营全长35.2km的机场快线。香港地铁系统每天载客量约为484万人次。

图5-66 香港地铁运营线路图

除了重型地铁系统外,港铁公司还负责运营新界西北的轻轨系统及港铁巴士。轻轨系统全长36.2km,共设有68个车站,每天载客约48.9万人次。港铁巴士每天载客量约为14万人次。

②电车。

香港电车在1904年投入服务,一直在港岛区运营。香港电车有限公司(电车公司)共经营7条电车路线,包括港岛北岸坚尼地城至筲箕湾一段长13km的双程路轨,以及环绕跑马地一段长约3km的单程路轨。

电车公司旗下共有电车167辆,包括2辆供游客和私人租用的敞篷电车,以及3辆特别维修电车,是世界上最大的双层电车车队。电车平均每日载客约17.2万人次。

③山顶缆车。

登山缆车由山顶缆车有限公司经营。缆车线全长1.4km,从中环花园道直达山顶,在1888年投入服务,其后在1989年进行现代化工程。缆车平均每日载客1.5万人次,主要是游客和观光游览的香港市民。

④专营巴士。

专营巴士是全港载客量最多的陆路交通工具,每日载客量约占公共交通总载客量的31.2%。

九龙和新界区的巴士服务,主要由九龙巴士有限公司(1933,九巴)提供。年底时,九巴经营334条行走九龙和新界的巴士线,以及65条过海巴士线,共有3967辆领有牌照的巴士。2017年内,九巴共载客10.05亿人次,平均每日载客275万人次。

港岛的巴士服务由新世界第一巴士(新巴)和城巴提供。2017年底,新巴共经营45条行走港岛的巴士线、13条行走九龙和将军澳的线路,以及35条过海巴士线。新巴有702辆领有牌照的空调巴士,每日平均载客量达44.7万人次。

城巴分为两个网络的巴士服务,其中一项服务涵盖52条港岛巴线、1条新界巴士线和31条过海巴士线;另一项服务东涌或机场的24条巴士线。2017年底时,城巴共有944辆领有牌照的空调巴士。2017年内,城巴平均每日载客57.9万人次。

龙运巴士有限公司(龙运)提供北大屿山和位于赤鱲角的机场的专营巴士服务,经营30条线路,共有2456辆领有牌照的空调巴士。2017年内,龙运巴士平均每日载客10.7万人次。

新大屿山巴士(1973)有限公司主要在大屿山提供巴士服务,经营23条大屿山线路及1条新界线路,拥有124辆已领牌照的巴士。2017年,新大屿山巴士平均每日载客7.77万人次。

⑤非专营巴士。

非专营巴士在公共交通系统中发挥辅助作用,缓解市民在繁忙时间对常规公共交通服务的庞大需求,为特定的乘客提供度身定制的服务,主要服务对象为游客、屋苑居民、雇员和学生。2018年11月30日,已登记的非专营公共巴士共有7128辆。

⑥公共小型巴士。

根据牌照规定,香港的公共小型巴士最多可载客19人,车辆数最多为4350辆。公共小巴分"绿色"和"红色"两类。绿色专线小巴的路线、车费、车辆分配及行车时间表,都由香港运输署规定。截至2018年4月,共有3293辆绿色专线小巴,行走352条线路,平均每日载客152万人次。红色小巴没有规定的线路和行车时间表,而且可自行厘定车费,但运营范围受到某些限制。截至2018年4月,共有1057辆红色小巴,平均每日载客29.5万人次。

⑦的士（出租汽车）。

2017年底时，香港共有15250辆红色市区的士、2838辆绿色新界的士及75辆蓝色大屿山的士，每日载客约100万人次。

⑧渡轮。

渡轮为那些没有陆路交通工具可达的离岛提供必要的对外交通服务，也为市民提供多一种往来内港及其他地区的交通工具。截至2017年7月，香港有12名渡轮营办商，合共营办19条领牌乘客渡轮航线，提供来往离岛以及港内线渡轮服务。此外，香港又发牌给"街渡"，为持牌及专营渡轮未能兼顾的偏远沿海小村落提供服务。在2017年，渡轮乘客达约4700万人次。

三、交通需求情况

（1）机动车保有量演变情况及分析。

香港在机动车保有量年增长率超过3%时，会立即采取措施控制机动车保有和使用。香港运输署官方数据显示，截至2017年底，香港领牌机动车76.62万辆，其中私人小汽车55.27万辆（表5-11）。

（2）交通需求情况。

按2017的统计数据，香港平均每日的公共交通出行量可达1270万人次，以2017年12月为例，各主要公共交通方式客运量占比分别为：铁路（44.1%）、专营巴士（31.1%）、公共小巴（14.%）和的士（6.9%），如图5-67所示。

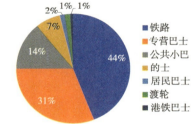

图5-67 按公共交通分类的平均每日乘客人次分布（2017年12月）

四、交通发展历程

香港是世界上人口最稠密的城市之一，在其1100km²的土地中，海拔高度50m以下的仅占17.8%，其余大多是陡峭的丘陵地带，在如此高密度下仍能保持城市交通的顺畅，有效地控制交通污染，这在很大程度上应归功于公共交通社区式的城市布局结构和一系列有效的交通需求管理措施。然而，香港的交通也经历了长时间的研究与发展才达到现在相对较为高效和稳定的状态。

香港的交通及交通政策经历了三个发展演变阶段：

20世纪50年代至70年代，是香港交通的缓慢发展期。轻工业在20世纪50年代初至70年代末的大发展，则推动了香港的全面繁荣。随着制造业经济的迅速起飞，香港地区人口和车辆的增长速度远远超过了公共道路的增长速度，经济增长与交通运输系统建设之间的不对称性日益显著。在1976年之前香港政府在政策上并没有对公共交通形成倾斜，而是延续"自由发展"政策。然而尽管还没有形成明确有力的政策聚焦，但已经开始反思供给导向的发展思路。

2003—2017年各类型机动车登记量及领牌量

表5-11

年份(年)	摩托车(辆)	私人汽车(辆)	出租汽车(辆)	巴士(辆)		货车(包括特别车辆)(辆)	公共小巴(辆)	私家小巴(辆)	政府车辆(辆)	总计(辆)	与去年变化百分比		私人汽车占比(%)
				专营	非专营						私人汽车	全部车辆	
2003	41128	382880	18138	6239	7696	122438	4350	1979	6654	591502	-0.5	-0.3	64.7
	(30266)	(338930)	(18114)	(6179)	(7296)	(110551)	(4334)	(1925)	(6654)	(524249)	(-0.6)	(-0.2)	(64.7)
2004	43620	385028	18138	6040	7704	122231	4350	1935	6498	595544	0.6	0.7	64.7
	(32735)	(344713)	(18043)	(5977)	(7361)	(111328)	(4328)	(1889)	(6498)	(532872)	(+1.7)	(+1.6)	(64.7)
2005	45943	388311	18138	5888	7659	122911	4350	1897	6394	601491	0.9	1.0	64.6
	(34025)	(350753)	(18010)	(5857)	(7415)	(111983)	(4347)	(1857)	(6394)	(540641)	(+1.8)	(+1.5)	(64.9)
2006	47992	393756	18138	5872	7572	123607	4350	1900	6408	609595	1.4	1.3	64.6
	(35920)	(360427)	(18031)	(5852)	(7373)	(112749)	(4349)	(1871)	(6408)	(552980)	(+2.8)	(+2.3)	(65.2)
2007	50140	406995	18138	5920	7563	121771	4350	1935	6320	623132	3.4	2.2	65.3
	(37074)	(372203)	(18061)	(5889)	(7428)	(111845)	(4350)	(1901)	(6320)	(565071)	(+3.3)	(+2.2)	(65.9)
2008	52008	421062	18138	5830	7578	118911	4350	1971	6295	636143	3.5	2.1	66.2
	(37608)	(383141)	(18115)	(5794)	(7450)	(110417)	(4350)	(1936)	(6295)	(575106)	(+2.9)	(+1.8)	(66.6)
2009	52933	429754	18138	5799	7570	115430	4350	2020	6276	642270	2.1	1.0	66.9
	(37604)	(393812)	(18128)	(5786)	(7460)	(108665)	(4347)	(1992)	(6276)	(584070)	(+2.8)	(+1.6)	(67.4)
2010	53823	449400	18138	5796	7570	116241	4350	2093	6315	663726	4.6	3.3	67.7
	(38008)	(414966)	(18131)	(5729)	(7481)	(110741)	(4348)	(2077)	(6315)	(607796)	(+5.4)	(+4.1)	(+68.3)

续上表

年份(年)	摩托车(辆)	私人汽车(辆)	出租汽车(辆)	巴士(辆) 专营	巴士(辆) 非专营	货车(包括特别车辆)(辆)	公共小巴(辆)	私家小巴(辆)	政府车辆(辆)	总计(辆)	与去年变化百分比 私人汽车	与去年变化百分比 全部车辆	私人汽车占比(%)
2011	55286 (38617)	471685 (434843)	18138 (18132)	5821 (5798)	7570 (7479)	118726 (112570)	4350 (4345)	2216 (2200)	6297 (6297)	690089 (630281)	5.0 (+4.8)	4.0 (+3.7)	68.4 (+69.0)
2012	57368 (39741)	494646 (454697)	18138 (18131)	5788 (5743)	7613 (7501)	121503 (114171)	4350 (4347)	2463 (2439)	6240 (6240)	718109 (653010)	4.9 (+4.6)	4.1 (+3.6)	68.9 (+69.6)
2013	60180 (41766)	517997 (475752)	18138 (18083)	5850 (5791)	7635 (7562)	126828 (118552)	4350 (4346)	2793 (2757)	6305 (6305)	750076 (680914)	4.7 (+4.6)	4.5 (+4.3)	69.1 (+69.9)
2014	63860 (44437)	541751 (495038)	18138 (18066)	5845 (5810)	7645 (7615)	118300 (114945)	4350 (4345)	3021 (2995)	6289 (6289)	769199 (699540)	4.6 (+4.1)	2.5 (+2.7)	70.4 (+70.8)
2015	68368 (47759)	567886 (521852)	18138 (18118)	5927 (5865)	7662 (7626)	115971 (113382)	4350 (4344)	3081 (3066)	6251 (6251)	797634 (728263)	4.8 (+5.4)	3.7 (+4.1)	71.2 (+71.7)
2016	72332 (50227)	583037 (536025)	18163 (18152)	5986 (5916)	7694 (7655)	116597 (113966)	4350 (4347)	3122 (3102)	6287 (6287)	817568 (745677)	7.7 (+2.7)	2.5 (+2.4)	71.3 (+71.9)
2017	76438 (53317)	600443 (552710)	18163 (18148)	6014 (5982)	7718 (7661)	117351 (114663)	4350 (4338)	3094 (3070)	6311 (6311)	839882 (766200)	3.0 (+3.1)	2.7 (+2.8)	71.5 (+72.1)

注：括号中为领牌车辆数。

20世纪80年代至90年代,是香港交通的转型和理性扩张阶段。20世纪80年代,香港的经济体系开始转向服务业主导型,内地改革开放政策推动的经济繁荣也进一步助推香港工商业的繁荣发展,香港处于经济增长方式和区域发展环境的双重转型时期。这段时间,香港人口密度和经济密度进一步增加,道路运输系统超负荷运转,严重影响了居民的工作和生活。1979—1998年间政府有选择性地进行了政策聚焦,即公共交通优先发展,公共交通实现了稳定的增长。同时在道路系统方面也给予了大量的财力支持,并始终强调道路的使用管理。在上述措施的共同作用下,香港交通系统实现了理性的扩张,有效缓解了路面交通压力。

2000年至今,香港交通面向未来进入精明的增长期。1997年之后,香港跨境货运和客运交通再次迅速增长,地区内人口分散仍在加剧,导致地区内的通勤需求和持续增长的跨境活动成为两大主要矛盾。香港特区政府于1999年完成了第三次综合交通运输研究,对香港地区的交通系统做了更为全面和细致的评估,并发布了第三份运输政策白皮书《长远运输政策白皮书——迈步向前》,描绘了香港进入21世纪后的交通发展蓝图,提出了交通基础设施能够更及时地满足战略性地区的交通需求预期;轨道交通作为最高效的大运量交通系统,将在空间使用上获得相应的优先权;公共交通服务能够更好地相互协作;使用新技术促进交通需求的理性化,并以最有效的方式进行管理;交通发展与环境保护的问题被引入交通规划和政策制定的领域。这五项基本原则对1999年至今的香港交通发展影响深远。

五、交通问题与治理经验

香港是以香港岛为核心、沿海环形分布、高楼大厦高度密集等为显著特征的国际大都市,2017年人口达到739万人,地域面积为1100km^2(由香港岛、九龙半岛、新界组成),2112km的道路,76.6万多辆车,汽车密度大约是360辆车/km,道路密度约0.29km/1000人,人车量大约是每9.6人一辆车,但当人们进入中心城区(包括香港岛中环、铜锣湾、上环、尖沙咀等)时发现,尽管道路普遍比较狭窄,但很少看见大面积堵车现象,并且有些道路上的车速非常快,城市运行效率很高。之所以香港不发生拥堵,主要得益于以下几个方面的综合策略与相关做法,而这些做法是值得北京学习借鉴的。

(1)TOD导向型城市开发模式及规划策略。

城市能否畅通高效,与城市土地开发模式和规划具有紧密关系。采取以公共交通为导向的城市发展战略(Transit Oriented Development,TOD),是第二次世界大战后西方国家大都市的普遍开发模式,有效解决了城市交通与城市形态的协调发展问题。香港在这一方面具有独到的成功之处。香港政府从一开始,就树立了城市TOD开发模式,除了老城区发展外,在城市新区开发中,新城市沿轨道交通轴线线性发展,实行轨道站点的高密度、大规模开发,形成了许多交通便利、商业繁荣、集中紧凑的城市次中心,如尖沙咀、湾仔、沙田等,既是城市公共交通的重要枢纽,又是城市建设高度密集、商业繁荣、人流密集的重要次中心(表5-12)。更为重要的是,香港严格管理小区的建设,在小区建设之前就必须申请到公共交通的配套线路,保证小区建成后住户出行方便。正是这种交通导向的城市开发模式,支撑了香港一个"弹丸之地"成为一座通达、高效、繁荣的现代国际大都市。

香港地铁站与周边土地容积率的关系　　　　　　　　表5-12

地　段	地　区	商业容积率	住宅容积率
一级商务中心	中环	12~15	8~10
二级商务中心	尖沙咀	12	7.5
二级商务中心	湾仔	10~12	8
零售商务中心	铜锣湾	—	7.5
新市镇中心	荃湾	9.5	6~6.5
住宅区中心	九龙湾	12	5
一般住宅区	奥运/九龙	8	6.5~7.5
一般住宅区	两湾河		5
一般住宅区	荔枝角		7.5
无地铁地区最大容积率			
中心附近		—	5
新市镇			3

近年来，香港交通规划策略向轨道交通偏移。为了能够更好地利用土地，香港特区政府规划署制订了以地铁沿线地点为核心的发展纲要，以减轻居民对道路的依赖及提高地铁网的效率。此外，香港特区政府鼓励地铁公司经营房地产，即香港特区政府以低价将土地出让给地铁公司，地铁公司再将地面转售给开发商。由于开通了地铁，地价上升，地铁公司获利丰厚，最终互利互赢。

（2）建立发达完备的公交体系，确立公交优先战略。

第一，存在多元化的公共交通方式，包括地铁、电车、巴士、小巴、的士和渡轮。香港运输署曾有统计显示：香港平均每天公共交通乘客人数为1270万人次，公共交通成为90%市民的出行选择方式（表5-13）。其中，地铁系统是香港公共运输系统的骨干和使用率最高的公交系统，线路全长约258km，由港铁（包括10条线路，分别为观塘线、荃湾线、港岛线、南港岛线、东涌线、将军澳线、迪士尼线、东铁线、马鞍山线及西铁线），轻铁，机场快线等行车网络构成，每日载客量占公共交通总载客量约44%。有轨电车则是至今保留的一种传统、古老的公共交通方式，在现代化的香港国际大都市中，依然发挥着重要作用。其他陆路交通工具主要包括专营巴士、公共小型巴士、的士和非专营的居民巴士等，占公共交通总客运量的48%。专营巴士是全港载客量最多的陆路交通工具，每日载客量约占公共交通总载客量的31%。更为重要的是，这些多元化的公交方式，通过分布在密集城市建筑中的公交站场，实现了陆路交通与轨道交通的无缝接驳，市民只要搭乘一趟公交车就可以乘坐到轨道交通。这种多元化、可选择、互动配合的公交方式，为提高香港的流动性、高效畅通提供了坚实的基础。

2006—2016年香港公共交通日客运量　　　　　　　　　　表5-13

年份（年）	2006	2007	2008	2009	2010	2011
公共交通日客运量（万人）	1135	1151	1140	1133	1163	1190
年份（年）	2012	2013	2014	2015	2016	2017
公共交通日客运量（万人）	1208	1235	1253	1260	1260	1270

第二，公交价格优惠体系。成本与价格，始终是城市公交高效运行的基本分析要素，之所以香港市民喜欢选择公交出行，与其价格优惠措施具有紧密关系。相对而言，在香港乘坐地铁比乘坐地面公交价格要高一些，如从九龙的尖沙咀乘坐荃湾线，乘一站到金钟，转乘港岛线两站到上环，总共三站需要11元（港币，下同），这与上海地铁乘坐三站3元人民币的价格而言，相对较贵。尽管如此，香港各类公交普遍实行的优惠价格政策，让市民得到了很大的实惠。例如香港地铁有八达通、单程票、旅客票等多种形式，地铁收费分成人及特惠两种，对12岁以下儿童、65岁及以上长者、12~25岁全日制学生及残疾人士采用特惠票价，除了机场快线，香港地铁为八达通使用者提供优惠，如来往金钟及尖沙咀，成人八达通收费为10元，但单程票收费则需11元。而在公交巴士和电车票价也实行针对不同群体的优惠政策，如电车成人车费为2元6角，12岁以下儿童为1元3角，年满65岁长者的车费则为1元2角（表5-14）。

香港个人八达通积分优惠　　　　　　　　　　表5-14

成人	在6天内，乘坐轻铁票值满港币30元，可享受车费折扣优惠3元，在下一程乘坐轻铁时可以使用
儿童／老人	在6天内，乘坐轻铁票值满港币15元，可享受车费折扣优惠1.5元，在下一程乘坐轻铁时可以使用

第三，严格的公交执法体系。依法严格处置诸多违法事件，是香港城市治理的有效手段和重要保证。在公共交通的秩序和运行中，香港的相关法规以及警务处的严格执法，发挥了十分重要的作用，包括实行加大违法处罚力度、大量的单向行车、电脑路口灯号调控、局部限制沿线停车等措施。例如香港法律明确规定，没有出租汽车牌照的私人汽车有偿载客，就是违法，初次违反罚款5000元，并处以3个月的监禁；第二次被抓处罚翻番，监禁6个月、罚款10000元，更严重的是，违法成本不仅停留在法律层面上，违法者的记录将被保险公司作为参考，"黑车"驾驶员将面临买不到保险的境地。对于乘坐"黑车"的乘客来说，同样可能付出代价，如果"黑车"发生交通事故，乘客将不可能得到保险公司理赔。因此，在香港，"黑车"已经成为一个历史名词。

第四，免除税收。虽然香港一向奉行对市场经济的不干预原则，但在公共交通问题上，香港特区政府进行了大量规划和管理。为鼓励公共交通的发展，香港特区政府给予了大量补贴，例如公交车享有特区香港特区政府的免税优惠，免除公共巴士使用的柴油原油税，极大地降低了巴士公司的运营成本。

（3）限制私人汽车规模与使用。

香港人均收入是内地的几倍，小汽车售价也比内地便宜，但许多人并不愿意购买私人汽车。这与香港自身的城市结构和公共政策有着紧密的关系。一方面，香港的城市地域结构狭小，人均生存空间的狭小决定了大部分人不能拥有小汽车。同时，香港的交通结构存在一定的封闭性，居民出行更乐于乘坐公共交通工具。另一方面，更为重要的是，自20世纪80年代开始，香港运输署实行了提高私人汽车使用成本的政策，通过控制汽车的拥有成本来限制汽车的增长。主要包括：

①收取高购车税。

在香港，车辆首次登记时所需交纳的首次登记税是控制车辆拥有的一项重要举措。香港设置了实行累进税制的首次登记税，15万元（港元，下同）以下部分，税率40%，15万~30万元部分，税率75%，30万~50万元部分，税率100%，高于50万元部分，税率115%。

申请车辆的首次登记时，必须填表交往运输署香港牌照事务处。当核实提交的资料后，车主须先缴付适当的首次登记税、登记费、车辆牌照费及交通意外伤亡援助基金的征费，有关部门方可为车辆登记及发牌。车辆牌照须每年或每4个月登记一次，有牌照的车辆方可在道路上行驶。

②收取高牌照年费。

发动机排量越大牌费越高，最低收费是小于1.5L汽缸容量的，牌费为3929元/年；最高收费是汽缸容量大于4.5L的，牌费为1.1万港元/年。对于一般香港人而言，每年牌照费是一笔不小的支出（表5-15）。

香港私家车牌照年费收费标准 表5-15

气缸容量（L）	私家车牌照年费（港元/年）	
	汽油	轻质柴油
1~1.5（含）	3929	5389
1.5（不含）~2.5（含）	5794	7254
2.5（不含）~3.5（含）	7664	9124
3.5（不含）~4.5（含）	9534	10994
>4.5	11329	12789

③高燃油税。

香港等地机动车燃油售价较高，此外还收取一定比例的燃油附加税。同样标号的汽油每公升价格为内地的3倍左右，其中油价约占46%左右，燃油税则占54%左右，燃油税包括在油价中。

④低供给高收费停车需求控制。

香港政府采取非常严格的停车位指标控制和高停车收费政策。

香港采用较低的停车供应指标，在总体的停车位数量上进行控制。例如一些住宅区每4~8户才拥有1个车位，很少采用1户1个车位的指标。另一方面，在商业办公区等出行目的地，停车供应也较少，大约每1万m^2配备20~40个停车位，靠近地铁站和枢纽的指标也很小，而且与高额停车收费相结合。

停车场费用以地段和停车条件而定,收费在每小时港币15~35元不等,并且在中心区域和黄金时段都将大幅提高,很多停车场每小时收费在港币25元以上。停车场的收费价格是由市场决定的,停车场会根据停车位的供需状况进行及时调整,提高或降低价格,所以即使停车位非常有限,在香港也很少出现停车位不足(供不应求)的现象。香港的路边停车设置了5000~6000个咪表,收费标准为港币8元/h。尽管路边收费价格与周边停车场价格相差较大,但由于路边停车位比较有限,并没有过多影响驾车者选择高收费的停车场。

对香港的350000辆私人汽车和出租汽车而言,除了1600个路边停车位和7300个停车位(在政府的多层停车场)之外,还有16.3万个公共使用的停车位和369000个私人使用(商业、住宅和工业)的停车位。这样,在公共的地方只有一半的私人汽车有停车位,商务中心地区停车非常难。在周末和节假日,停车更加困难。另外,香港实行高额的停车费(在市中心的许多地方大约为港币30~100元/h)。在居住区,租用私人停车位也很昂贵,并且停车位的数目有限(许多居住区用抽签的方式来分配停车位)。

⑤提高隧道通行费。

隧道和桥梁使用费增加出行成本。香港有16条隧道,其中9条(包括3个连接九龙和岛屿的跨港隧道)都收费。隧道使用费是港币5~35元/车。另外,作为新机场交通基础设施的青屿干线的使用费是港币15元/车。

⑥提高隧道通行费。

香港政府严格控制公务车数量,也是减轻城市交通压力的一个重要原因。香港政府规定公务员外出公干,必须选择最便宜的交通工具,即指地铁、巴士、出租汽车等,并指明"只有在无公共交通可达目的地或有必要的情况下,才应使用政府车辆"。即便使用公务车,也得需要建立详细的用车记录和信息数据,管理部门严格审查,严防公车私用,目前全港的公务车共有约6340辆,可以随时使用公务车的高级官员也仅有40多人,从而使得公务车数量越来越少。

(4)构建信息化、智能化的交通管理体系。

交通管理水平的高低,直接决定着城市交通的服务水平与运行效率。在交通管理方面,香港最大的特色就是依靠科技的信息化和智能化。在智能化管理方面,成立有公私合作的香港智能交通运输系统协会,全面推动全港交通运输的智能化工作。香港的智能化交通管理是一个完整的体系,主要包括以下几个部分:

①区域交通控制系统。

香港约有1821个交通信号灯控制路口,其中1730个由区域交通控制系统控制及操作,并装设有447个闭路电视摄影机监察这些路口的交通情况,交通控制覆盖率达到95%,控制系统每年都有更新。

②交通和乘客资讯读报信息显示系统。

此系统包括出旅行者资信亭,把多媒体交通的资料透过终端发送到主要的交通枢纽,如机场、会展、公共交通交汇处等地,下一步这一系统将向大型私有机构如大型商场等地进行资信拓展。还有互联网上广播闭路电视影像系统,反映主要道路的即时交通情况,全港在互联网广播的闭路电视影像数目有176个。香港"行车易"可让驾驶者透过互联网,根据不同条件,例如距离、时间、道路收费等,查询最佳行车路线。香港"乘车易"提供一站式的、多种公共交通工具的、点到点的网上路线搜寻服务。香港运输署启用的行车速度图，提供香港岛、九龙及新界（南）主要道路的估算行车速度、过海行车时间和由运输署道路监察镜头提供的快拍影像等信息。在过海通道上安装的行车时间显示器，提供由香港岛至九龙各条隧道出口的估计行车时间，协助驾驶员在抵达各主要分流点前，可通过行车时间显示器知悉各条过海线路所需的时间，从而选定合适的路线。在交通干线上安装的行车速度屏，为驾驶员提供车流和人流情况。

③公路交通自动缴费系统。

此系统包括桥隧等道路不停车自动缴费系统和八达通电子智能卡自动缴费系统组成。绝大多数桥梁和隧道装设自动收费系统，专设不停车收费通道，约有一半驶经收费行车隧道或收费道路的车辆，使用了自动收费系统，减少拥堵；八达通系统现已十分普及，被香港大部分交通运输系统采用，包括铁路、巴士、小巴、旅游巴士、渡轮、停车场及停车咪表。此外，超级市场、便利店、餐饮、饼店、自助售卖机、家品店、电信服务、自助照相站、戏院等非运输服务的小额交易，均接纳以八达通付款。目前市面上流通的八达通卡及产品已经超过2500万，系统每天平均处理超过1200万宗交易。

④交通监控与指挥协调系统。

监控道路上的监控设备，包括如闭路电视、闯红灯的录像机、自动车辆探测器、行车线管制信号灯、可变信息标志（可变速度限制指示器）等。指挥系统主要是指交通控制中心，中心内设有紧急事故交通协调中心、新界的区域交通控制系统、青马及青沙管制区的交通监察系统，以及深圳湾公路大桥的交通管制及监察系统，在此基础上，香港特区政府计划在2019年建设一个"综合交通管理中心"，将所有与交通相关的管理部门、运作部门和协调中心等都放在一起，发挥综合协调、管理、服务、处置等一体化的功能。在交通智能化方面，香港特区政府打算在交通事故处理系统、交通数据整合与开放、导航与交通信息服务、网上电招出租汽车服务、巴士上的乘客信息服务、车辆检测与追踪、卫星可见性的模拟和测量、跨部门电子收费等新技术进行开发和应用，提高交通信息传播和服务的相关性、准确性和及时性。

第五节 本章小结

机动化是经济社会繁荣的标志，与国外同等规模城市相比，北京的机动化是一个超速发展的过程，北京用30~40年的时间完成了发达国家城市的百年机动化进程，在获得丰厚成果同时，也凸显了众多复杂激烈的矛盾与挑战。国外城市的发展经验表明，在以小汽车为代表的机动化时代，以及经济繁荣、生产生活活跃的城市中，交通拥堵具有顽固性与周期性，交通拥堵、特别是通勤时期的交通拥堵不可避免，难以彻底消除。考虑到交通拥堵是社会多重矛盾的集中反映，缓解交通拥堵是一项长期的、艰巨的任务，交通拥堵的治理不能急于求成，更不能一蹴而就，因此，必须以科学、客观、理性与长远的态度审视与应对城市交通拥堵问题。

尽管北京也通过多项举措来治理交通问题，但比照东京、纽约、伦敦等世界城市的城市化与机动化历史进程，北京交通仍将在较长一段时间内处于剧烈变化阶段，未来发展面临巨大挑战，形势不容乐观。在通向世界城市之路上，北京面临诸多全新、复杂与深层次的发展要求：一方面北京城市交通要如何应对与东京大都市圈相类似的巨大交通需求考验和构建长距离高效通勤系统的迫切需求；另一方面北京要如何实现精细化调控和管理，缓解区域性交通拥堵，特别是中心城区交通供需的畸形关系；此外，北京将如何实现交通的节能环保等，这些都将成为城市决策者、管理者、研究者乃至参与者亟待思考与解决的重要问题。

第六章
北京市交通治理对策与措施

随着社会经济及城市化进程的快速发展，北京市交通发展进入一个关键时期，人口规模、机动车保有量和交通需求总量持续增长，交通发展面临严峻考验，尤其是进入21世纪以来，北京市机动车呈现"高速度增长、高强度使用、高密度聚集"的"三高"态势，交通拥堵逐渐呈现出区域化、常态化的特征，交通拥堵治理面临巨大挑战。通过科学审视深入分析北京市交通拥堵现象分类及成因，准确把握北京市未来交通发展的阶段性特征，北京市交通治理工作拓展思维广度、加大治理力度，明确重点，在拥堵治理上分类施策、精准施策，确定了"源头治本、精细治标，标本兼治、综合治理"的交通综合治理的总方针，提出了"规建管限"与"加减乘除"、打造精治法治共治的交通软环境、建立城市交通出行评价体系、向"以出行者为本"转变、加强停车治理、以静制动的交通治理策略。本章将在前述章节拥堵成因分析的基础上，重点对交通拥堵治理对策与措施展开讨论。

第一节　北京市城市交通拥堵治理措施体系

北京交通综合治理的总体方针为"源头治本、精细治标、标本兼治、综合治理"。源头治本即指从拥堵形成的源头性成因入手开展治理，通过源头治理，最终使源头性成因所带来的拥堵问题得到根本缓解、改善乃至彻底解决。坚持源头治本之策，涉及交通系统内外两个层面。从交通系统外部来说，一是将交通承载力作为城市发展的约束条件，二是控制人口规模，三是疏解非首都功能，四是落实职住平衡，五是京津冀协同发展。从交通系统内部来说，一是要建设北京现代化综合交通体系，二是坚持综合交通、绿色交通、智慧交通、平安交通四大理念，三是打造精治、法治、共治的交通软环境，四是"规建管限"与"加减乘除"。这两大方面、九项措施是实现源头治本的关键。在明确治本之策的同时，治标也要同等力度来抓，两手都要硬。治标之举的关键就是要坚持缓解交通拥堵年度计划，主要瞄准七大方面的措施：一是打通断头路，畅通微循环；二是坚持疏堵工程，瞄准堵点，加快改造；三是创新区域治理，实行区域"五微治理"；四是强化执法和秩序治理；五是科技驱动，提高管理水平；六是加强宣传互动，共治共管；七是创新工作机制，每年推出一批创新性工作。

在"源头治本、精细治标、标本兼治、综合治理"总方针指导下，以及梳理国内外大城市交通拥堵治理经验的基础上，本节对照拥堵产生机理及成因，从交通需求侧、交通供给侧和组织管理侧等方面构建北京市交通缓堵对策库。该对策库与拥堵成因相互对应，具体对策划分为4级（详见附件二）。

其中：一级缓堵对策包括城市发展、出行需求、心理行为、交通设施、法律保障、体制机制、运营管理、安全应急和价格体系等；二级缓堵对策35类；三级缓堵对策58类；四级缓堵对策276类。交通缓堵对策库如图6-1和表6-1所示。

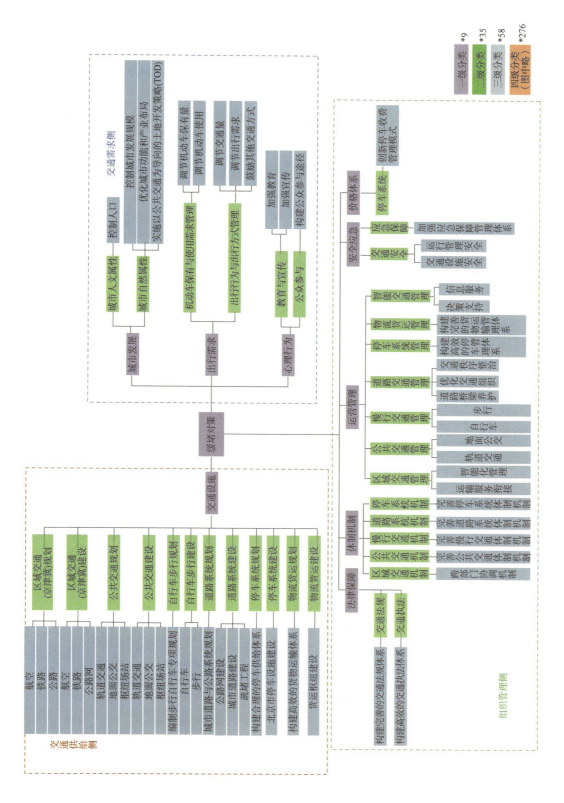

图6-1 交通缓堵对策库结构

交通缓堵对策库 表6-1

对策源	对应一级成因	一级对策	具体对策
交通需求侧	城市发展要素	城市发展	从控制人口、控制城市规模、优化城市功能和产业布局等方面,提出11条具体对策
	组织管理要素 行为理念要素	出行需求	从调节机动车保有量、调节交通量、鼓励其他交通方式等方面,提出21条具体对策
	行为理念要素	心理行为	从加强教育、宣传和构建公众参与途径等方面,提出6条具体对策
交通供给侧	交通设施要素 组织管理要素	交通设施	从区域交通(包括航空、铁路和公路)、公共交通、自行车、道路系统、停车系统、物流体系的规划和建设等方面,提出103条具体对策
组织管理侧	组织管理要素	法律保障	从交通法规和交通执法等方面,提出10条具体对策
	体制机制要素	体制机制	从跨部门协调机制,完善公共交通、慢行、道路、停车管理的体制机制等方面,提出19条具体对策
	组织管理要素	运营管理	从优化轨道、地面公交、自行车、步行的运营管理,智能化、信息化管理等方面,提出91条具体对策
	组织管理要素其他影响因素	安全应急	从交通设施安全、运行管理安全等方面,提出10条具体对策
	组织管理要素	价格体系	从停车管理的经营模式、停车收费管理等方面,提出5条具体对策

交通需求侧缓堵对策包括城市发展对策、出行需求对策和心理行为对策。城市发展对策对应城市发展要素成因,出行需求对策对应两类一级拥堵成因,心理行为对策对应行为理念要素成因(图6-2)。城市发展对策包括控制人口、控制建设规模、疏解非首都功能、平衡职住比例等11条对策;出行需求对策包括牌照摇号或拍卖、尾号限行、电话会议、网络办公、汽车共享等21条对策;心理行为对策包括加强不文明驾驶行为教育、加强公众参与交通治理等6条对策(表6-2)。

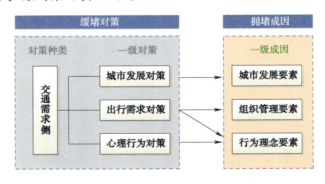

图6-2 交通需求侧缓堵对策对应拥堵成因

交通需求侧缓堵对策   表6-2

对策种类	一级对策	二级对策	具体对策
交通需求侧	城市发展	城市人文属性	控制人口
		城市自然属性	控制建设规模、疏解非首都功能、平衡职住比例等10条
	出行需求	机动车保有与使用需求管理	牌照摇号或拍卖、尾号限行等10条
		出行行为与出行方式管理	电话会议、网络办公、汽车共享等11条
	心理行为	教育与宣传	加强不文明驾驶行为教育（抢行、不让行、乱并线、乱鸣喇叭）等5条
		公众参与	加强公众参与交通治理

交通需求侧缓堵措施主要作用是推动城市与交通的协调互动，从交通需求源头治理交通拥堵。落点主要是以下几个方面：一是降低全市出行总量；二是降低核心区出行总量；三是降低典型拥堵区域的局部出行需求；四是降低出行需求在时间上的集中程度，即降低峰值；五是通过宣传教育，促进公众正确认识交通拥堵，减少主观上非理性和夸张的评价，客观真实地对待交通拥堵问题。上述需求侧措施的重点是削减对道路交通资源占用较大、利用效率较低的机动车出行需求。

交通供给侧缓堵对策主要指交通设施规划建设方面的措施，对应交通设施要素成因和组织管理要素成因（图6-3）。主要包括构建一流的国际综合航空体系、铁路运输体系和公路运输体系，构建市域内畅达、高效、舒适的轨道交通系统和便捷的地面公交网络，构建舒适宜人的自行车步行环境，构建功能结构合理的道路体系，构建网络功能齐全的公路体系，构建城市运行配送物流体系、构建新型邮政、快递体系等（表6-3）。

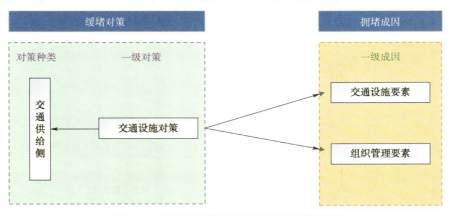

图6-3 交通供给侧缓堵对策对应拥堵成因

交通供给侧缓堵对策的主要目的是提高交通供给能力。一是加大交通基础设施建设力度，尤其是强化包括公共交通、自行车和步行的绿色出行系统建设，扩大交通承载能力，积极开展供给侧结构改革，建设"北京现代化综合交通体系"。公交优先与交通需求管理并重是缓解拥堵的有效方式，高品质的公交系统是交通需求管理见效的基础。从出行者的角度出发，提高公共交通出行效率和服务水平，吸引其他交通方式向公共交通方式转移,既有利于公共交通自身的发展,又可减少混合交通量、交通干扰甚至交通事故,从而维护交通秩序。同时,公共交通的普及,为实施交通需求管理政策提供了条件,降低了实施的压力和阻力,还能促进交通规划与城市发展互动反馈机制的进一步完善,从而减少中心城区交通发生源、吸引源的产生和城市交通需求的无序增长,引导各种交通行为的合理分配,形成城市最佳交通格局。二是推动交通投融资模式改革,改变交通运输对经济社会发展的瓶颈制约,支撑交通设施建设的健康发展。三是通过局部工程改造解决既有交通网络梗阻,盘活存量资源,助力有限交通资源的效率提升。

交通供给侧缓堵对策 表6-3

对策种类	一级对策	二级对策	具体对策
交通供给侧	交通设施	区域交通(京津冀)规划	包括构建一流的国际综合航空体系、铁路运输体系和公路运输体系等11条对策
		区域交通(京津冀)建设	包括新机场建设、铁路枢纽建设、公路枢纽建设等11条对策
		公共交通规划	包括构建市域内畅达、高效、舒适的轨道交通系统,构建快速、便捷的地面公交网络等11条对策
		公共交通建设	包括构建高效密集的轨道交通网、公交线网加密等11条对策
		自行车步行规划	构建舒适宜人的步行环境、构建安全便捷的自行车出行环境等10条对策
		自行车步行建设	推进自行车道建设、步道建设等12条对策
		道路系统规划	构建功能结构合理的道路体系、构建网络功能齐全的公路体系等5条对策
		道路系统建设	高速公路建设、快速路建设、主干路建设等15条对策
		停车系统规划	停车功能分区及供给规模等5条对策
		停车系统建设	居住小区配建及挖潜等4条对策
		物流货运规划	构建城市运行配送物流体系、构建新型邮政、快递体系等4条对策
		物流货运建设	物流园区建设、配送中心建设等4条对策

组织管理侧缓堵对策主要包括法律保障、体制机制、运营管理、安全应急和价格体系,对应三类一级拥堵成因(图6-4)。法律保障包括推动降低小汽车使用强度的立法工作、加强交通路政执法、加强交通运输执法等10条对策;体制机制包括跨区域设施建设体制机制、轨道交通和道路建设投融资体制机制、资金保障机制、停车管理体制机制等19条对策;运营管理包括优化枢纽客流换乘组织、构建高品质轨道交通服务体系、构建全网高效管理体系等91条对策;安全应急包括提高交通安全设施水平、加强应急保障管理体系等10条对策;价格体系包括创新路侧停车收费管理模式、差别化停车收费等5条对策(表6-4)。

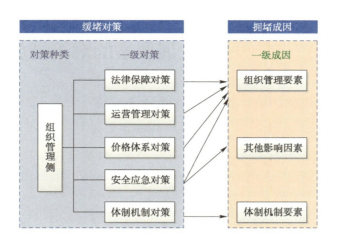

图6-4 组织管理侧缓堵对策对应拥堵成因

组织管理侧拥堵对策 表6-4

对策种类	一级对策	二级对策	具 体 对 策
组织管理侧	法律保障	交通法规	推动降低小汽车使用强度的立法工作等3条对策
		交通执法	加强交通路政执法、加强交通运输执法等7条对策
	体制机制	区域交通机制	跨区域设施建设体制机制、跨地区执法协同联动机制
		公共交通机制	轨道交通投融资体制机制、公共交通用地综合开发机制等4条对策
		慢行交通机制	资金保障机制、评估机制
		道路系统机制	道路建设投融资体制机制、建立规划公示、监督机制等7条对策
		停车系统机制	停车投融资体制机制、停车管理体制机制等4条对策
	运营管理	区域交通管理	优化枢纽客流换乘组织、综合交通运行协调指挥平台等8条对策
		公共交通管理	构建高品质轨道交通服务体系、构建高品质地面公交服务体系等18条对策
		慢行交通管理	保障自行车道畅通、加强步道养护等13条对策
		道路交通管理	提高公路养护水平、构建全网高效管理体系等15条对策
		停车系统管理	错时停车、小区域停车综合治理等11条对策
		物流货运管理	多式联运、甩挂运输等6条对策
		智慧交通管理	构建智能化高效运营管理体系、构建一站式信息服务体系等20条对策
	安全应急	安全管理	提高交通安全设施水平、事故多发道路隐患排查治理等7条对策(事故快速处理)
		应急保障	加强应急保障管理体系等3条对策
	价格体系	停车系统	创新路侧停车收费管理模式、差别化停车收费等5条对策

第二节　城市发展要素的对策措施

一、统筹编制城市规划，推动与交通协调发展

加快推进新版城市总体规划的落实工作，统筹编制综合交通规划，结合经济社会发展规划、土地利用规划，编制各级各类交通专项规划，切实发挥好城市总体规划的引领作用，在规划层面坚持以公共交通为导向的城市空间发展战略，在城市格局、功能组织等城市总体规划层面实现土地规划与交通规划的协调。

二、把交通承载力作为城市发展的约束条件

2017年9月27日，《北京城市总体规划（2016年—2035年）》（新总规）正式发布，其中明确提出了"坚持以人为本、可持续发展，将综合交通承载能力作为城市发展的约束条件"的理念。比照人口、水资源和生态等发展红线的划定，以城市交通环境符合可持续发展为前提，建立城市人口规模、功能布局、土地利用、开发强度与城市交通承载力匹配和约束机制，将城市阶段与区域的发展规模、开发强度控制在同期交通承载能力范围之内。将这一理念写入新总规，是源头解决城市交通问题的新曙光、新起点。北京城市副中心的建设已明确提出"零城市病""零交通病"的目标。北京市交通委员会拟在总量约束、布局约束、结构约束和时序约束等四个方面研究提出系统具体的实施意见，推进新理念的落地。

三、控制人口规模，疏解非首都功能

新总规已确定到2020年人口2300万的"天花板"，围绕这一目标，以京津冀一体化协同发展和通州城市副中心建设为契机，推动城市功能布局优化调整，具体做法：一是严格控制中心城建设增量和人口规模，限制商品住宅、医疗、行政办公、商业等大型设施在中心城新建和扩建，扩建和改造原有建筑必须同交通设施支撑能力相匹配。二是坚决疏解中心城非首都功能。2014年至今，北京市开展了疏解整治促提升专项行动，通过实施发布产业负面清单，清理散、乱、污企业，疏解各类批发市场，大力度拆除违法建设等措施，有效疏解了非首都功能相关产业。通过疏解，部分地区的交通状况得到根本缓解和改善，城市交通拥堵有所缓解，市"两会"交通问题提案和百姓关注度明显下降，下一步，要继续坚持疏解整治促提升专项行动，加大拆除违章和治理"开墙打洞"的力度，持续发力，从城市规模与功能层面源头治理和改善交通。

四、推动职住平衡发展模式，源头治理交通拥堵

推动职住平衡发展是源头治理交通拥堵的重要举措，北京市委市政府紧锣密鼓推进相关工作。一是新总规中设置了专门的章节进行论述，要求在规划时就要充分考虑职住平衡。二是要求城市副中心必须实现职住平衡，成为城市规划的典范。三是修改了保障房摇号政策，确定了本地就近优先的原则。四是已制定了新建住宅销售与区域内

就业挂钩的相关政策。另外，在新发布的《北京城市副中心控制性详细规划（街区层面）》中，还创造性地提出了"六元平衡"的概念，提出通过大数据模拟，把"职、住、医、教、休、商业服务"这六元在步行15min范围内进行最大可能的提供，实现一刻钟社区服务圈全覆盖，建立局部职住平衡的发展模式。相信随着职住平衡的理念在规划和政策层面的落实，必将对减少长距离通勤潮汐交通，优化出行结构，缓解拥堵起到积极作用。

五、减量发展，开启首都现代化建设新阶段

自党的十八届三中全会作出全面深化改革的部署，提出"加快建立生态文明制度，健全国土空间开发、资源节约利用、生态环境保护的体制机制，推动形成人与自然和谐发展现代化建设新格局"以来，京津冀协同发展与北京非首都功能疏解战略相继实施。习近平总书记深切关心北京的发展，三次视察北京并发表重要讲话，提出了"建设一个什么样的首都，怎样建设首都"这一重大课题，正成为北京发展蓝图的核心要义，同时党的十九大为北京做好首都工作进一步指明了方向。为贯彻落实习近平总书记重要讲话精神和党的十九大精神，北京从集聚资源求增长到疏解功能谋发展，成为全国第一个"减量"发展的城市。减量发展是首都追求高质量发展的鲜明特征与应有之义，已经成为开启新时代首都现代化建设的新航标。

落实"减量发展"的要求：一是要精简规模、提高效率。在人口与建设规模双控下，加大指向高精尖创新发展的引导力度，提升科技进步贡献率，促进经济的适度健康发展。二是要合理调整、有效疏解。一方面着力加强北京的"四个中心"功能建设，优化土地供给的功能布局，重点支撑高科技、金融、信息、商务等产业的发展；另一方面坚持推进非首都功能的疏解，着力打造与首都战略定位相适应的城市发展格局。三是要紧缩空间、有序增减。科学划定城市发展红线和空间管制区域，并以此为蓝本推动城市合理增长与城乡建设用地分区减量，形成紧缩有序的城市空间结构。

城市"减量"的同时，也伴随着交通承载力的"增量"。一是交通基础设施还远未实现规划目标，要大力发展做加法，还有新"增量"。二是城市其他方面的"减量"将减少和缓解交通的负荷与压力，相应地增加了既有交通设施资源的承载力，城市"减量发展"带给交通的将是增量的红利。

六、京津冀协同发展提升北京发展空间

推动京津冀协同发展，是党中央、国务院在新的历史发展阶段提出的重大国家战略。2014年2月26日，习近平总书记在北京市考察工作时发表重要讲话并就推进京津冀协同发展提出七点要求，强调要"把交通一体化作为推进京津冀协同发展的先行领域，加快构建快速、便捷、高效、安全、大容量、低成本的互联互通综合交通网络"。京津冀协同发展要以"一核、双城、三轴、四区、多节点"为骨架，以疏解非首都功能为核心，以解决北京"大城市病"为基本出发点。为此需要调整经济结构和空间结构，走出一条内涵集约发展的新路子，探索出一种人口经济密集地区优化开发的新模式，形

成新增长极，促进城市布局和空间结构协调发展。打造京津冀交通一体化：一是要结合京津冀城市群发展定位和战略要求，强化顶层设计，重点围绕区域主要运输通道功能布局，提出区域交通基础设施网络化发展重点及相关对策建议。二是要着力打造京津冀城市群一体化运输服务体系，提高区域客货运输效率及服务水平。三是加强区域协同发展体制机制及政策的保障，扫除行政壁垒和体制机制的障碍，有序推进交通一体化发展。

京津冀协同发展的国家战略，给北京交通的发展和治理创造了新的空间与战略机遇：一是极大开拓了北京城市功能新的发展空间，对非首都功能的疏解起到至关重要的作用。二是区域交通一体化必将整体提升北京现代化综合交通体系的能力和水平。三是"轨道上的京津冀"的交通发展战略将进一步促进北京市的轨道交通向2500km的规划目标迈进，未来共同构成区域快速、便捷、高效的绿色出行网络。随着这一国家战略的推进实施，其深远影响将越加显现。

第三节　交通设施要素的对策措施

一、推动供给侧改革，建设"北京现代化综合交通体系"

着力加快交通供给侧结构性改革，坚持"以人为本、文明法治、安全环保、城乡统筹、和谐宜居"的发展理念，打造由区域交通系统、公共交通系统、自行车步行系统、道路设施与运行系统、停车设施与管理系统、交通管理系统、物流运输系统、智慧交通系统、绿色交通系统和平安交通系统十大系统组成的"北京现代化综合交通体系"（图6-5）。其核心为两部分：第一部分为体系构成，目标是将北京交通体系都涵盖进来。中间为十大系统；上面为发展理念，即"以人为本、文明法治、安全环保、城乡统筹、和谐宜居"；下面为五大支撑保障，即"法规标准、体制机制、资金、人才队伍和交通文明"。最终目标是建成"安全、便捷、高效、绿色、经济"的现代化综合交通体系，这也是习总书记给北京交通确定的目标。同时，为了保证十大系统的顺利建成，相应建立起一套北京现代化综合交通体系建设与评价的指标体系，确定了9个宏观指标，400余个子系统指标，作为衡量十大系统是否建成的标准。这一完整目标体系的顶层设计和组织实施，必将全面提升北京交通系统自身的综合能力和水平，根治"交通病"，真正成为综合交通、绿色交通、智能交通、平安交通的典范。

在未来，北京市将结合十九大提出的建设交通强国战略任务，进一步强化十大交通系统建设。从现在到2020年，是建设交通强国的准备期。从2020年至2035年，是全面建设和实施期，要全面建成"安全、便捷、高效、绿色、经济"的现代化综合交通体系，使首都拥有全国领先、世界一流的国际大都市交通体系。从2035年至2050年，将现代化综合交通体系打造成世界领先的交通综合治理体系，使首都交通成为人民满意、世界领先的首善交通。

图6-5 北京现代化综合交通体系

二、推动投融资模式改革

在建设现代化综合交通体系过程中，轨道交通、城市道路、高速公路、普通公路四大板块资金需求大，建设成本增长快，债务余额高，资金链很难维持。供给侧结构性改革需要持续充足的资金作为保障，需要建立健全交通建设投融资体系，推动交通产业化进程，促进交通基础设施建设运营的可持续发展。拟实施的手段：一是建立市财政对交通基础设施投资水平逐年递增机制，增速与社会经济发展水平相匹配。二是完善投资环境引导市场发展。改革创新交通设施的供给机制和投入方式，优化政府投资，改善政策环境。纯公益性交通基础设施保证政府投资稳定投入，具有一定收益类交通基础设施有效吸引社会资本，保持交通投资持续稳定增长。建立公开透明的市场秩序，让各类市场主体有序参与、公平竞争，继续推行特许经营和政府购买服务制度。更好发挥政府引导和监管作用，保证交通基础设施的发展思路和规划得到实现。三是建立健全合作发展模式，健全价格调整机制和政府补贴、监管机制，兼顾公共利益与投资利益之间的平衡。加快在轨道交通、综合交通枢纽、停车楼等公共交通设施建设中采用政府和社会资本合作的模式。

三、通过盘活存量、挖潜升级，提高运行效率

打通各类"断头路"，提高路网通达性，推动发展开放便捷、尺度适宜、配套完善、邻里和谐的生活街区，提高既有路网的承载能力和运行水平。坚持"建管并重"原则，提高道路养护状况指标，完善城市道路养护制度和标准化养护模式。通过增加车辆、线路与改造车站设施设备、信号和供电系统，改进运行组织形式等措施，逐步消除轨道交通系统短板，提高网络运营能力和效率，缓解拥挤程度。同时努力提升发现和应对运行故障能力，提高轨道交通运行可靠性。科学优化调整公交线网，提高公交线网同站台换乘比例，加强城市轨道交通、地面公交等多种方式网络的融合衔接，提升公交换乘便利性。

四、完善疏堵工程，改造拥堵节点和区域

继续实施以拥堵区域和节点改造为重点的疏堵工程，针对中央国家机关、旅游景点、学校和医院等不同区域的出行特征，建立缓解交通拥堵示范区，通过工程改造（如路口拓宽、出入口优化、人车分流、标志标线调整等）及秩序管理进行交通出行水平的优化提升。此外，通过施划公交专用道、改造通道或站台、设置机非隔离护栏及便道护栏、设置步道桩等方式，改善轨道交通、公共交通、自行车及行人交通的拥堵节点的出行环境。

五、以重大工程建设为牵引，不断完善交通网络体系

全面推进重大工程建设、保障工作，包括京津冀交通一体化、冬奥会、世园会、新机场建设及环球影城五项重大工程。加快京秦高速公路、首都地区环线、京礼高速公路、新机场线、新机场北线、109国道、京雄高速公路、承平高速公路等高速公路建设，推进京张高速铁路、京唐高速铁路、京滨高速铁路、京雄高速铁路、新机场、7号线东延、八道线东延等高速铁路、城际铁路和城市轨道交通的建设。提前介入和全面推进世园会、新机场开通试运行各项交通保障工作。按照精彩、卓越、非凡的标准，编制冬奥会全要素覆盖的交通项目建设、交通运行组织与保障方案，关注环球影城外部道路交通新增项目的规划落地与实施。

围绕城市副中心、怀柔科学城的重点区域，加快推进广渠路东延、京密高速公路、安立路、北清路东延、111国道、通怀路等重点项目建设，构建新的轨道交通快速网络，建设通州新交通枢纽，进一步完善城市交通通道走廊骨架和网络。

第四节 组织管理要素的对策措施

一、完善交通综合治理法律法规，构建法规体系保障

坚持"依法治堵"的总体思路，运用法治思维和法治方式治理交通拥堵，大力完善法律法规和标准规范体系。加强交通拥堵治理法规保障，构建完善的交通法规体系。

近几年来，北京市不断加快交通法制建设，制定出台了多个相关法规和规范性文件。2015年北京市人大审议制定《北京市轨道交通运营安全条例》，有效维护了车站、车厢及线路两侧保护区秩序和安全，使地铁运营安全有法可依。2018年5月1日《北京市机动车停车条例》开始实施，为依法依规治理停车问题提供了强有力的法律支撑。2018年5月北京市人大审议通过《北京市查处非法客运若干规定》，在立小法（仅16条）、快立法（简化程序）、加大处罚和震慑力以解决违法成本低问题等方面取得新突破。研究探索降低机动车使用强度立法工作，设想将交通需求管理纳入法制化轨道。北京市政府及有关部门相继出台了关于网约车、私人小客车合乘、共享自行车、自动驾驶车辆道路测试等的指导意见，在交通新业态的鼓励发展和规范管理方面迈出了重要一步。

二、加快智慧交通体系建设，实现交通决策智能化、管理精细化

加强智能交通基础设施建设，推动智能交通感知设备建设及应用。加快交通大数据系统建设，构建跨部门的数据采集和共享体系，促进信息化和业务工作的深度融合，建立覆盖交通战略政策制定、规划设计和缓解拥堵的智能化、综合决策支撑、交通应急协调联动的交通治理体系，形成"用数据说话、用数据决策、用数据管理、用数据创新"的交通运行治理模式，提升精细化管理水平。通过科技手段加大可变潮汐车道建设，优化交通信号的控制，大力推动实施主干道信号灯绿波工程，缓解拥堵感受，提升交通系统运行效率。

北京市正在积极推进智慧交通"互联网+"发展，将交通运输11个领域都纳入智慧的范围（图6-6）。研究编制交通信息化工作三年规划及城市副中心智慧交通规划。建设北京市交通运输数据资源交换共享与应用平台，政企合作推进"互联网+"一体化出行服务建设。研究编制北京市智慧公路与新一代国家交通控制网试点方案，开展新机场高速"智慧高速"研究与示范应用，开展延崇高速绿色、智慧、自动驾驶车路协同等示范工程。推进城市轨道交通列车全自动运行示范工程建设。

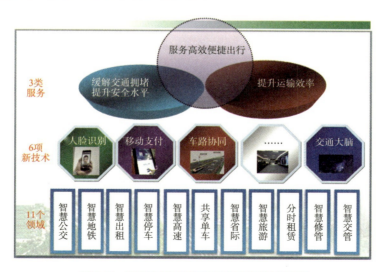

图6-6　交通行业智慧交通应用与发展领域

三、加强停车治理，构建规范有序的静态交通体系

停车问题是交通领域矛盾积累最深、治理难度最大的问题，但对于北京目前的发展阶段，由停车治理，以静制动调控机动车需求又是较为理想的切入环节。因此，治理停车问题要凝聚社会共识，坚持正确的战略方向，有策略、有步骤、分区域开展工作。北京停车治理整体思路如下。

一是厘清车位属性。停车设施并非基础设施，不可能依靠政府通过公共资源和公共资金提供低价甚至免费的保障。

基础设施是指为社会生产和居民生活提供公共服务的物质工程设施，是用于保证国家或地区社会经济活动正常进行的公共服务系统；而公共服务的属性在于它的公共性、普惠性和社会公平，具有"非排他性"，当某人使用基础设施所提供的服务时，不可能禁止他人使用，如医院、公园、公交、地铁等。显然，基本停车服务并不属于公共服务的范畴，那么停车设施也不属于基础设施。必须要清醒地认识到私人汽车是私人物品，车辆的停放，个人有义务和责任照管好。

从价格角度看，相关研究表明，一个车位消耗的建筑面积平均为30m²（包括停车场通道、柱体等设施的折算），与北京市城镇居民人均住房面积持平（约31m²），所以，同样消耗土地资源的车位，其价格应该如住房一样，由市场的供需关系来决定，能够反映土地资源的稀缺程度。

二是"摸清家底"。开展停车普查，更深入地认识停车供需关系，进行科学决策。

北京市停车普查结果表明，全市城镇地区停车位约382万个，夜间停车数量约384万个，看似供需平衡，但是由于停车供给与需求在时间（日间和夜间）和空间（居住区和出行区域）错位，造成了在特定时间和空间的停车供需矛盾突出。夜间，车辆绝大多数集中在居住区，出行区域车位闲置，但居住区车位不足，居住停车缺口达到129万个；日间，车辆很多集中在出行区域，如办公、商务、娱乐等场所，热点区域停车矛盾也非常突出。

控制小汽车出行，倡导公交优先，鼓励绿色交通，促进形成更为优化的交通结构，是北京的基本交通政策，出行区域的停车供需适度紧张是可以接受甚至应该保持的，有利于实现对小汽车出行的控制，向公交等方式进行转化。因此，停车矛盾最为棘手的在于居住区停车。通过普查发现，对于居住区停车有"一忧一喜"，忧的是居住区夜间停车缺口巨大，达到了129万个；喜的则是公共建筑（即出行区域）夜间有大量的闲置停车位，约90万个，通过错时的方式实现居住区与出行区域的建筑配建共享利用仍有很大的潜力。

三是治理居住区停车。根据不同区域的交通供需情况，适度满足居住区车位需求。2018年5月1日实施的《北京市机动车停车条例》，也明确提出了"停车入位、停车付费、违停受罚"的基本原则，市民停车用者自负。对于核心区等土地空间资源相对紧张的区域，即便有部分人愿意出高价进行停车，那也不意味着过度进行建设。居住区停车供给策略将城市区域划分限制供给区、适度供给区、基本供给区和宽松供给区等差别化的供给理念，供给要从城市外围区域向核心区逐步收紧，以控制核心区小汽车的拥有。

同时，积极开展治理工作，采取小区域治理的方式逐步推进，主要依靠街道与社区和居民共治和自治，通过居住认证等方式来区分停车需求，挤出一批外来车辆的停放需求；利用居住区内部空间施划停车位或者建设机械式立体停车位来挖潜一批停车位；协调居住区解决周边单位错时停车共享一些停车位；在居住区周边道路增加一些夜间临时停车位等，总之采取一定的办法在居住半径内缩小居住停车位的缺位。

四是开展路侧停车管理改革。这是静态交通体系管理成败的关键所在。

长期以来，路侧停车采用经营模式进行管理，存在很多问题，主要是"乱"，体现为车位乱、管理乱、收费乱，谓之三乱。因此，对路侧停车管理进行改革：一是改收费方式，取消现金交易，一律电子收费；二是改车位施划，全市统一规划设计并施划，并进行电子化管理；三是改革管理，每个区招标确定管理单位，统一管理。首先，选择采用用高位视频设备为主，地磁和视频桩作为辅助。其次，将数十家经营管理单位进行规范、整合，每区严格控制管理企业的数量，车位管理企业只提供服务和管理，不进行收费。最后，大力加强公众引导和宣传，努力扭转公众的传统习惯，由原来不交或少交（面对面现金交易，可以议价），变为按标准停车付费（电子收费，停车时间和费用由后台系统记录，不交和少交已无可能）。

五是推动停车立法。出台地方性法规《北京市机动车停车条例》（简称《条例》）。经过长达几年的不懈努力，广泛征求人大代表、政协委员的意见，协调各部门关系，2018年5月1日，《北京市机动车停车条例》正式开始实施，基本思想是"停车入位、停车付费、违停受罚"。这是北京市停车领域的第一个地方性法规，具有划时代的意义。立法过程中，进行了深入、广泛的思考，一是对停车行为的方方面面都做出规范和规定；二是通过立法的过程促成治理共识；三是进一步明确执法主体和职责；四是加大各项处罚的力度。《条例》的出台为创造停车治理有法可依、有法必依的崭新局面提供了基本的条件。

四、关注交通新业态发展变化，规范引导其健康发展

交通新业态主要是由信息化、智能化和共享化所带来的交通系统自身运行与服务模式等方面的新变化，最具新业态特征和影响的，是以网约车、共享单车和共享汽车为代表，集新型共享交通方式、互联网科技、风险投资于一身，对传统交通及租赁方式带来巨大冲击的共享经济新业态。客观地说，这种新业态在一定程度上满足了出行群体日益增长的多样化服务需求，提升了交通运输服务的质量与效率，但也带来了违规运营、无序扩张、忽视管理、责任缺乏、扰乱秩序等社会问题，因此，对交通领域的共享经济新业态，依法经营、规范有序、引导支持、良性发展是行业的根本出路。

此外，新业态的最新领域就是无人驾驶，其对未来交通出行方式将产生重大影响。无人驾驶的基本安全性要给予高度重视，主要应在以下几方面开展相关工作：一是重视探测装备对道路方位、红绿灯、障碍物的识别功能；二是开展了人工智能的研发、应用与大量的场内测试；三是如若发生计算机故障，要有保护程序或驾驶员可随时接管；四是严格依据《中华人民共和国道路交通安全法》处理事故，购买高额保险。在这个基础上，北京市

于2017年12月出台了全国首个无人驾驶道路测试的指导意见和规定，政策和管理创新获得社会好评，实现了无人驾驶从场内测试转入公开道路环境测试阶段。随着诸如节日道路两侧悬挂红灯笼或中国结，干扰机器识别问题的暴露和解决，真实环境的检测将不断推动车辆性能和水平的提高，未来将尽早转入复杂道路全方位环境测试。

五、建设综合交通信息服务平台，构建"透明交通"

交通出行信息服务，是满足公众出行的最基本、最直接的信息服务，运营管理单位应通过移动互联网等方式提供轨道公交换乘、交通状况预报、动态交通出行规划、停车诱导、汽车共享等信息服务，满足公众精细化、个性化出行需求，引导公众合理安排出行。建设轨道全路网客流引导信息系统，向乘客提供客流拥挤度信息，引导乘客合理选择线路。推动京津冀地区交通信息化"互联互通"试点工程，落实公交"一卡通"、汽车电子标识、ETC不停车全国联网收费、省域长途客运联网售票、省际交通执法案件信息互换等工程，逐步实现道路运输与铁路、民航票务系统的衔接，提供跨区域、立体化、全过程全覆盖的综合交通信息服务。

六、强化交通需求管理政策，调节机动化出行需求

交通需求管理政策指通过交通政策的导向作用，促进交通参与者的交通选择行动的变更，从而减少或重新分配出行对时间和空间的需求，最终达到提高城市交通系统运行效率、缓解交通拥堵和改善交通污染状况的目的。

以2008年北京奥运会为节点，北京交通需求管理政策发展历程分为三个阶段：第一阶段2008年以前，以停车管理手段为主，实施了停车泊位证、停车收费等试点型政策；第二阶段为2008—2010年，以保障和巩固奥运交通运行为主要目的，以限制小汽车出行手段为代表，实施了包括单双号限行、机动车高峰时段区域限行、错时上下班等交通需求管理政策；第三阶段为2011年以后，实施综合措施缓解交通拥堵，实施了包括常态化的机动车高峰时段区域限行、小客车保有量增量调控政策、差别化停车收费、外埠小客车及大货车限行等政策。

目前，北京市交通需求管理政策体系基本成型，但现行政策多为行政手段，政策精细化程度和灵活性均不足，尚缺乏经济手段的运用和法律方面的保障支持。下一步通过借鉴国际城市经验，逐步建立起完善的交通需求管理政策体系。一是建立多元化的综合管理政策体系。改变单一的行政为主的交通管理手段，充分利用行政、经济、法律等多种手段，加强对机动车保有及使用的调控。二是面对限购、限行政策进入相对常态化时期，研究推进降低机动车使用强度立法工作，通过立法过程寻求社会最大公约数。三是对诸如停车泊位证、新购车辆高额登记税、拥堵收费、低排放区收费等经济手段加强政策储备研究，力求通过使用成本调节机动车的保有及使用。四是研究政策手段向精细化方向过渡。针对机动车保有，研究考虑与城市交通承载力、车牌使用年限、车辆排放标准等挂钩的年度车辆额度投放管理机制；同时可放宽存量车或二手车转让交易限制，通过盘活存量车市场，减轻新增需求压力；针对车辆使用，可利用互联网、大数据，制定更

加精细化的收费政策、限行政策,对不同时段、不同区域、不同车型采取差异化的管理手段。

七、加大交通违法处置力度,营造良好的交通秩序和运输环境

加大占道违法停车管控力度,严厉打击违法停车行为。加强酒后驾车、闯红灯、占用公交专用道及应急车道行驶等违法行为日常管控,全面强化货车"三超一疲劳"违法行为综合治理。严厉打击机场、火车站、客运枢纽、轨道交通车站等交通节点的非法营运车辆。加强超载超限的治理,确保道路、桥梁等交通基础设施安全运行。

第五节 行为理念要素的对策措施

一、创新绿色出行指标,推动绿色交通发展新局面

长期以来,公交出行比例(仅包含地铁和地面公交)是绿色交通发展的主要参考指标。近年来,随着共享单车的迅速发展以及北京自行车、步行体系的不断完善,北京市创新地将自行车、步行出行吸纳进来,即将"轨道+地面公交+自行车+步行"共同构成绿色出行,从而使绿色出行与小汽车出行对比鲜明,可通过指标一目了然小汽车出行的变化情况。2017年,北京绿色出行指标已达72.5%,力争2020年实现75%的目标。

北京市开展"自行车路权整治",扭转小汽车过度侵占自行车路权的局面,加大自行车路权的建设和管理投入,2020年自行车道达到3200km,打造良好的绿色出行体验。由于共享单车的蓬勃兴起,近期自行车出行比例大幅回升,未来将有更多更好的方式让更多的人践行绿色出行。绿色出行将成为北京市出行的基石和缓解交通拥堵的根本出路。

二、增强资源付费和绿色交通意识,缓解小汽车保有与使用强度

积极引导市民树立土地等稀缺资源占用和使用付费的理念,增强停车资源使用付费的意识,强化机动车使用成本,调节人们的出行理念和行为。此外,大力倡导绿色出行,从减少机动车污染排放角度积极宣传倡导"健康出行、低碳出行""打响蓝天保卫战从减少小汽车使用开始"的出行新理念,引导市民积极参与到减少小汽车污染排放,保卫蓝天、健康出行的活动中来,培养"市民出行首选公共交通"的意识。增强公众交通出行文明和守法意识。

大力倡导文明驾驶、文明礼让、文明乘车、文明出行。充分利用广播、电视、报纸、网络和手机等传统及新媒体,持续开展交通文明出行和安全出行宣传教育活动,加强社会沟通,合理引导社会预期,引导公众正确认识交通拥堵,减少对交通拥堵主观上非理性和夸张的评价,客观真实地对待交通拥堵问题。通过召开论证会、听证会、座谈会和信息公开等多种方式,利用在线访谈、社区宣讲和论坛等渠道,加强与市民沟通,引导公众参与交通管理。注重发挥群众组织和社会组织的作用,拓宽市民参与渠道,建立更加有效的协

商对话沟通机制。营造"解决交通问题需要全民参与"的良好氛围。

第六节　体制机制要素的对策措施

一、深化首都交通综合治理体制机制改革，全面提升交通顶层设计

推动首都交通综合治理体制机制创新，加强顶层设计，形成党政齐抓共管，市民共治共享的工作局面。一是加强领导，成立市级交通综合治理领导小组，由市长担任组长，相关市领导、各相关单位及各区政府"一把手"为主要成员，从而全面提升市区两级统筹协调力度。二是改革建立"权责一致、管理下移"的交通治理体系，落实区政府治理交通拥堵主体责任，将治理交通拥堵工作纳入区政府重点工作任务，加强交通行业法律规范标准建设。三是实施缓解拥堵年度行动计划，将规、建、管、限等治理的综合措施一揽子分解为工作任务，对各区、各单位实行督办考核。四是同步推进交通管理重心下移至区、街乡镇党委政府和社区，加强区级交通管理机构和人员配置，创新设立街巷长制，落实各级的交通管理职责。构建完善的交通法规体系。整合执法资源，推进交通综合行政执法改革。

二、完善规划编制、协调调度和交通综合一体化执法和绩效考核机制

1. 完善交通的规划编制机制

在城市的规划编制机制中，强化城市综合交通体系规划的地位和作用，重视其战略性和指导性。城市综合交通体系规划作为城市总体规划的重要组成部分，应与城市总体规划同步编制，相互协调与反馈，克服城市规划与交通规划衔接不到位、联系不紧密的问题。未来的交通体系规划，一是围绕"一张图"，要强化多规融合，做好规划衔接，指导分区规划、控制性规划和专项规划方案的落实，为制定城市交通政策提供依据。二是将以人为核心的理念贯穿规划全过程，从规划理念到规划方案，再到实施方案，全周期、全过程体现以人为核心的理念。扭转城市交通问题的认识误区，杜绝"以车为本"，避免过于简单地采用工程思维编制规划。三是要加强规划实施、评估和滚动编制，采取"城市政府主导、综合交通体系规划+行动计划分解落实"的模式，将规划实施评估纳入规定程序，明确规划实施的评估时限、评估方法、评估内容、报告体例和资料收集等要求。建立规划动态更新机制，设立固定年限（例如每5年一次），开展规划评估和更新工作。四是利用互联网大数据，创新规划方法，制定综合交通规划导则与行业新标准规范，适应新发展的需要。五是克服规划阶段相关配套政策研究脱节问题，建立同步开展政策保障研究机制。

2. 加强协调调度机制

建立市级交通治理领导小组统筹协调调度机制，强化市级各部门之间的协同配合，发挥区级政府协调推进的优势，发布年度行动计划，签订目标责任书，实施专项督察督办，确保年度目标任务全面完成。

3. 健全交通执法机制

逐步统一京津冀执法和处罚裁量标准，建立区域道路运输违法信息互联互通机制，实

现运营车辆、运营驾驶员、处罚信息联网共享。进一步推进京津冀执法联动，建立新机场执法会商、冬奥会交通秩序保障会商、跨省运输违法违章联合治理等新机制。

推进城市副中心执法体制机制设计，率先实施交通综合执法体制改革试点，将多部门联合执法、执法重心下移、"街乡吹哨，部门报到"等新方式综合运用，坚持打击和治理各类违法违规行为，维护良好的交通秩序。

4. 建立完善的绩效考核机制

一是落实区政府治理交通拥堵主体责任，将交通拥堵治理列为区级重点工作，明确目标，制定任务分解清单。二是改进考核指标，不再采用单一的拥堵指数作为区级交通综合治理工作的考核指标，采用综合考核指标评价各区工作，提升各区工作积极性，促进区级交通综合治理有效开展。三是充分调动各区工作积极性，相关资金列入"治理大城市病"转移支付专项，给予资金支持，使权、责、权、保障、评价、考核真正有机统一。

第七节 其他要素的对策措施

一、建立重大活动和节假日交通保障机制

北京城市功能定位是全国政治中心、文化中心、国际交往中心、科技创新中心。重大活动已成为国家政治中心、国际交往中心功能的集中体现，假日交通运行也体现出文化中心的相应特点。为满足"交通为'四个中心'功能定位服务"的相关要求，需要建立健全交通保障的运行机制，使之规范化、程序化。同时，从专项特殊保障向与日常运行相融合的常态保障转变，体现更高的保障能力和水平。节假日交通规划则要根据不同节日特点，形成有针对性的保障机制。

二、加强应急保障管理体系建设，全力提升应急保障能力

北京作为国家首都和超大城市，交通应急保障能力一是为城市各类突发事件提供交通支持和保障，二是对交通系统自身的突发事件与事故实施快速反应与缓解能力。国际国内重大活动密集，各类灾害和事故易发多发，安全地位极端重要。因此，需要不断提升交通应急保障预案水平，提高交通专业保障队伍专业保障能力和快速反应能力，做好交通应急的物资储备，从组织上、制度上、物资上做好应急体系的建设，最大限度避免和减轻交通设施突发事件的损失和影响，提升北京市交通应急抢险的管理水平和综合能力。

第八节 本章小结

治理交通拥堵作为北京市工作的重点之一，近年来各级领导、社会各界、广大市民对交通工作密切关注，举全市之力治理交通拥堵已形成高度共识，交通发展呈现出良好的外

部环境氛围。但交通拥堵既是交通问题，也是政治、法律、经济、社会和管理问题，涉及领域众多，内部关系十分复杂。这就需要对北京交通未来面临的发展形势进行深入分析，梳理当前及未来一段时间内造成交通拥堵的主要挑战，提出系统性、战略性的总体方略，做到对拥堵治理分类施策、精准施策。

本章根据上述章节的研究成果，基于拥堵成因分析，针对性地给出了北京市交通缓堵对策库。首先，本章从需求侧、供给侧、管理侧三方面入手，提出了北京市治理交通拥堵的总体方略和思路。其次，在交通拥堵治理总体方略的指导下，考虑北京市交通发展现状，并结合形势挑战分析和国内外城市交通拥堵治理经验，从需求侧、供给侧和组织管理侧三个方面出发，构建了精细化的交通拥堵治理措施体系，对缓解交通拥堵、更好地满足人们的交通出行需求有着重要意义。

第七章 总结

新中国成立以来，北京交通发展经历了机动化萌芽期、机动化发展初期、公交优先发展的机动化加速发展期、公交优先与需求管理并重的机动化加速发展期、建设新型北京现代化综合交通体系的新时期五个阶段，目前交通建设成果显著，为首都城市战略定位提供了有力的交通服务支撑。伴随着城市交通快速发展，北京交通拥堵也经历了非机动车为主的阶段、非机动化向机动化过渡阶段、机动车交通拥堵阶段以及综合性交通拥堵阶段这一系列时期。本书系统归纳和分析了新时期下北京交通拥堵现象和状况，划分为道路交通拥堵、城市轨道交通拥堵、公共汽（电）车交通拥堵、静态交通（停车）拥堵及出租汽车拥堵五类，具体特征体现在交通方式、时间分布、空间分布等。结合新时期交通拥堵特征，本书提出了交通拥堵的新内涵：核心是关注于人，不仅是只关注道路交通供需状态，而是更关注出行者的整个出行过程，涵盖各交通子系统，并且与以往相比更关注于各子系统之间的衔接过程。对交通拥堵的评价应从单一交通方式的移动性评价出发，转向以为个体为单位的出行全过程效率评价，即从"个体出行"角度出发，采用出行时效、出行距离、可达性、出行满意度链等指标，以反映城市总体出行效率。

交通系统具有巨系统、自组织适应、开放随机、供需困局、交织叠加、刚弹相济、动态聚集、相对稳定等特点，影响交通拥堵的因素众多，其成因涉及城市发展、人口、土地、交通设施、组织管理、社会文化等方方面面，各因素间的内在关系和互动规律错综复杂。针对交通拥堵成因，本书结合北京城市特点，构建了北京市交通拥堵成因体系，将交通拥堵成因划分为四个层级，其中一级成因6类，具体包括城市发展要素，交通设施要素，组织管理要素，出行理念要素，体制机制要素和其他要素，二级成因30类，三级成因71类，四级成因213类。相比于其他同类型城市，北京交通拥堵成因还有其自身的独特性，包括首都特性、交通特性、旅游特性、路网特性、文化特性、布局特性等，北京交通拥堵成因体系具有种类多样、层次分明、同中存异、蝴蝶效应、动静相宜、个性突出等特征。而世界典型城市的发展经验表明，在以小汽车为代表的机动化时代，以及经济繁荣、生产生活活跃的城市中，交通拥堵具有顽固性与周期性，交通拥堵、特别是通勤时期的交通拥堵不可避免，难以彻底消除。考虑到交通拥堵是社会多重矛盾的集中反映，缓解交通拥堵是一项长期的、艰巨的任务，交通拥堵的治理不能急于求成，因此，我们必须以科学、客观、理性与长远的态度审视与应对城市交通拥堵问题。本书基于拥堵成因分析，结合世界城市经验，针对性地提出了北京交通缓堵对策库。首先，通过科学审视深入分析北京交通拥堵现象分类及成因，准确把握北京未来交通发展的阶段性特征，提出了"源头治本、精细治标，标本兼治、综合治理"的北京市交通拥堵治理总体方略和思路。其次，在总体方略的指导下考虑北京交通发展，并结合形势挑战分析和国内外城市交通拥堵治理经验，从需求侧、供给侧和组织管理侧等方面出发，构建了精细化的交通拥堵治理措施体系，对缓解交通拥堵、更好地满足人们的交通出行需求有着重要意义，以期为城市交通决策者、管理者提供支撑。

目前北京交通仍将在较长一段时间内处于快速发展阶段,未来发展面临巨大挑战,形势不容乐观。在通向世界城市之路上,北京面临诸多全新、复杂与深层次的发展要求。一方面北京交通要应对与东京大都市圈相类似的巨大交通需求考验和构建长距离高效通勤系统的迫切需求;另一方面北京要实现精细化调控和管理,缓解区域性交通拥堵,特别是改善中心城区的交通供需关系,这些都将成为城市决策者、管理者、研究者乃至参与者亟待思考与解决的重要问题。

附件一

交通拥堵成因体系

交通拥堵成因体系

一级成因	二级成因	三级成因	四级成因
1. 城市发展要素	人口	人口规模	人口总量
			人口增速
		人口结构	常住与流动人口比例
			人口年龄结构
			人口收入结构
			家庭规模构成
		人口分布	人口空间分布
			人口密度
	用地	功能空间布局	公共服务资源集聚情况
			就业居住分布(职住平衡)情况
			功能布局紧凑集约
			就近入学比例
		土地利用结构	功能用地占比
			低端产业发展
			土地集约利用程度
		用地开发组织	用地开发各功能区建设合理同步有序
			用地开发基础配套设施合理同步有序
			公共交通引导城市空间拓展与土地开发
	空间结构	空间结构	单中心 VS 多中心
2. 交通设施要素	区域交通	区域轨道交通	区域轨道交通网络化规模
			区域轨道交通线网功能配比
		区域公路	区域公路交通网络化规模
			公路配套设施完善程度
		区域航空	区域航空枢纽建设
			航空枢纽与城市交通衔接
	公共交通	交通枢纽	综合枢纽与城市功能区布局协调
			对外枢纽与城市交通衔接
			交通枢纽与周边用地一体化开发
		轨道交通	轨道线网规模
			轨道网络层级
			轨道与城市空间拓展引导支撑
			轨道站点与周边用地综合开发

续上表

一级成因	二级成因	三级成因	四级成因
2. 交通设施要素	公共交通	轨道交通	轨道站点出入口设置与周边建筑融合
			轨道系统线路间换乘衔接
			轨道交通与公共电汽车衔接
			轨道交通与自行车步行系统
			轨道交通 P&R 停车场建设
			轨道编组
			轨道车型
			轨道信号装备
			换乘和服务设施人性化程度
		公共电汽车	公共电汽车线网覆盖率
			公共电汽车网络服务层级
			公交场站建设
			公交专用道建设
			与轨道衔接换乘衔接
			与其他交通方式换乘衔接
			公共电汽车车辆配置水平
			公交站点设置
			公交站点设计
	步行自行车	步行	步行道网络规模
			步行道连续性
			步道管理维护
			步行道宽度
			步行路权保障
			无障碍设施发展水平
			过街设施布局及间距
		自行车	自行车专用道网络规模
			自行车专用道连续性
			机动车占用自行车道情况
			公共自行车租赁点覆盖率
			自行车停车设施
			自行车停车设施管理维护
			路网尺度和连通度

357

续上表

一级成因	二级成因	三级成因	四级成因
2. 交通设施要素	道路设施	规划建设	路网规模
			路网密度
			路网级配
			路网规划实现率
			微循环系统建设
			道路上下游通行能力匹配
			出入口设置
		挖潜改造	可变车道建设
			缩小车道间隔，提高通行能力
			拥堵瓶颈节点
		维护保养	道路维护保养
			桥梁维护保养
			其他基础设施维护保养
	停车设施	车位建设	居住区停车车位供给
			学校周边停车供给
			医院停车设施供给
		其他	停车设施挪用占用
			停车场电子收费系统建设
	物流运输	货运枢纽	物流枢纽规划与布局
			中心区物流配送点完善情况
			货运场站与周边交通基础设施和用地协调情况
			综合货运枢纽与多式联运建设
		货运车辆	货运车辆标准化规范化情况
			以客带货车辆比例
		货运企业	企业集约化、专业化程度
			企业装备科技化水平
	交通工程设施	信号控制	交通信号灯设置
		标志标线	交叉口渠化设计
			道路标志标牌设计
			道路标线设计
		其他	机非隔离装置

续上表

一级成因	二级成因	三级成因	四级成因
3.组织管理要素	需求管理政策	行政手段	车辆保有控制政策
			车辆尾号限行政策
		经济手段	停车收费政策
			拥堵收费政策
			燃油附加排污税
			车船税
		其他手段	错峰上下班
			弹性上下班、上下学
			就近入学
			远程办公、教学
	法规标准	交通法规	拥堵治理法规保障
			停车管理法规保障
			运输行业管理法规保障
			交通违法治理法规保障
		相关标准	行业车辆准入标准
			行业人员准入标准
			行业企业准入标准
			基础设施相关标准
	运行组织	道路交通	信号灯设计
			信号灯配时
			路口路段交通组织
			施工区域施工期交通组织
			学校周边上下学高峰期临时交通组织
			商区周边节假日临时交通组织
			景区周边旅游季临时交通组织
			场馆大型活动临时交通组织
		轨道交通	轨道交通运营组织
			轨道站点人流组织
			轨道交通信号控制
			票制票价

续上表

一级成因	二级成因	三级成因	四级成因
3. 组织管理要素	运行组织	公共电汽车	票制票价
			公共电汽车交叉口优先通行信号设置
			公共电汽车进出场站流线设计
		公租自行车	票制票价
			公租自行车运行调配组织
		停车	路侧停车管理
			停车场出入流线组织
	秩序管理	社会车辆	违章停车执法
			违章驾驶执法
			交通事故处理
		营运车辆	站外揽客越线经营执法
			违规停靠议价执法
		其他	占道经营执法
			私挖乱掘执法
			黑车摩的非法营运
	信息服务	区域交通	区域航空出行信息服务
			区域轨道出行信息服务
			区域公路出行信息服务
		城市交通	公共交通出行信息服务
			道路路况发布与信息服务
			停车诱导信息服务
	科技水平	区域交通	公路综检站科技信息化建设
			民航铁路票务系统对接
			京津冀三省交通协同执法
			省域长途客运联网售票
		城市交通	ETC 不停车收费建设
			公交一卡通区域联网
			机动车电子标识加装
			交通执法装备科技化建设
			新能源车分时租赁
			停车场电子收费配置
			行业营运车辆电子监控
			综合智慧交通信息服务体系建设

续上表

一级成因	二级成因	三级成因	四级成因
4. 行为理念要素	小汽车保有与使用	小汽车保有	汽车是生活必需品还是奢侈品
			小汽车数量
			小汽车增速
			小汽车使用强度
			小汽车拥有成本
			小汽车密度分布
		小汽车使用	小汽车使用外部成本应否有偿付费
			家长接送孩子使用小汽车比例
			进出商区人群使用小汽车比例
			进出景区人群使用小汽车比例
			自驾游比例
			停车成本
			小汽车使用成本
	生活理念与方式	生活享乐追求	追求舒适宽敞的居住环境与出行环境
			极简主义生活理念与方式
			小汽车拥有及使用意愿
			假日娱乐旅游购物需求
		互联网+	网络购物行为
			网络办公会议
			网络远程诊疗
			网络远程教学培训
	交通文明行为	绿色出行	绿色出行理念
			绿色出行行为
		交通守法	交通法治意识
			法律法规了解情况
			遵守交通规则情况
		交通陋习	驾车陋习
			停车陋习
			乘公交地铁陋习
			过马路陋习
		个人心理	个人幸福感
			个人情绪

续上表

一级成因	二级成因	三级成因	四级成因
5. 体制机制要素	职能审批机制	建设审批	城市规划与交通规划衔接情况
		管理养护	项目审批考虑交通设施承载能力约束
	协调调度机制	组织构建	相关领导与部门参与
		推动落实	任务分解与部署落实
		督查考核	政府督查与最终考核
	绩效考核机制	绩效考核内容	政府绩效考核是否纳入交通治理
	规划编制机制	规划编制机制	城市规划与交通规划衔接情况
			项目审批考虑交通设施承载能力约束
	交通执法机制	执法体系	多部门联合的高效执法体系
		居民自治	交通秩序治理公众参与居民自治情况
	属地职责机制	责任清单	区政府、街道乡镇、各部门责任清单
		职责分工	区政府、街道乡镇、各部门职责分工
		监督问责	市区两级督查联动
6. 其他影响因素	施工	占道施工	占道施工交通组织
	极端天气	极端天气	大风、雨雪、雾霾、沙尘等极端天气
	节假日	小长假	小长假旅游探亲等出行影响
		寒暑假	寒暑假旅游探亲等出行影响
	首都功能	政治活动保障	特殊勤务
		大型赛事及活动展览保障	大型赛事及展览等活动交通管制
		旅游活动量多	进京游客数量多、强度大
			高强度聚集的出行需求
	事故	交通事故	降低道路通行能力
			引发二次事故

附件二

交通拥堵缓堵对策库

交通拥堵缓堵对策库

种类	一级对策	二级对策	三级对策	四级对策
交通需求侧	城市发展	城市人文属性	控制人口	控制人口
		城市自然属性	控制城市规模	控制建设用地
			优化城市功能和产业布局	非核心功能疏解
				控制中心城建设总量增加
				新城、副中心建设
				促进职住平衡
			实施以公共交通为导向的土地开发策略（TOD）	建立城市轨道与沿线用地一体化开发
				交通枢纽与城市功能区整合
				轨道站点周边建筑与车站直接连通
				加强地铁车辆段上盖整体开发
				腾退土地优先用于交通基础设施建设
	出行需求	机动车保有与使用需求管理	调节机动车保有量	摇号
				牌照拍卖
				停车泊位证
				高额购置税费（如首次购车注册费）
				年度高额税费（如车辆牌照费）
			调节机动车使用	燃油税、阶梯油价、附加税等
				停车收费
				拥堵收费
				低排放区
				区域限行
		出行行为与出行方式管理	调节交通量	电话会议
				网络办公
				错时上下班
				弹性工作制
				落实就近入学、就医政策
				压缩工作日
			鼓励其他交通方式	鼓励合乘
				停车换乘、自行车换乘
				汽车、自行车租赁
				汽车共享
				公交通勤优惠

续上表

种类	一级对策	二级对策	三级对策	四级对策
交通需求侧	心理行为	教育与宣传	加强教育	加强不文明驾驶行为教育（抢行、不让行、乱并线、乱鸣笛）
				加强违法违章停车教育
				加强驾校培训、教学与考核
			加强宣传	加强绿色出行意识宣传
				搭建治理交通拥堵互动平台
		公众参与	构建公众参与途径	加强公众参与交通治理
交通供给侧	交通设施	区域交通（京津冀）规划	航空	优化航道资源配置
				提高航空中转服务水平，优化市内集疏运体系，实现多方式无缝衔接
			铁路	构建内集外配的铁路枢纽体系
				优化铁路枢纽布局
				优化铁路线路，加快推进铁路专用线及铁路外环线建设
				优化市内集疏运体系，实现多方式无缝衔接
			公路	优化公路网级配结构
				优化公路枢纽布局
				完善公路线网，优化断头路等不合理道路
				推进京津冀路网互联互通
				加快高速公路主骨架建设、国省干线公路升级改造
		区域交通（京津冀）建设	航空	新机场建设
				机场交通衔接设施建设
			铁路	铁路枢纽建设
				铁路枢纽交通衔接设施建设
				干线铁路建设
				城际铁路建设
				市域（郊）铁路建设
			公路网	公路枢纽建设
				公路枢纽交通衔接设施建设
				高速公路建设
				普通公路建设

续上表

种类	一级对策	二级对策	三级对策	四级对策
交通供给侧	交通设施	公共交通规划	轨道交通	构建市域内畅达、高效、舒适的轨道交通系统
				优化轨道交通线网布局
				完善轨道交通站点交通衔接规划
				加强轨道站点与周边用地衔接
			地面公交	构建快速、便捷的地面公交网络
				构建完善的郊区客运体系
				完善社区交通圈
				优化公交线网布局
				优化公交设施场站布局
			枢纽场站	构建各种交通方式相互融合的换乘体系
				公共交通用地综合开发
		公共交通建设	轨道交通	轨道网络加密，构建高效密集的轨道交通网
				多层次轨道网络建设（市郊铁路）
				轨道交通枢纽衔接换乘设施建设
				轨道站点接驳设施建设（步行、自行车、公交、小汽车）
			地面公交	公交线网加密
				形成连续的公交快速通勤走廊
				公交专用道施化
				加快公交专用道科技设施建设
				BRT系统建设
			枢纽场站	综合交通枢纽建设
				公交场站建设
		自行车步行规划	编制步行自行车专项规划	构建舒适、宜人的步行环境
				构建安全、便捷的自行车出行环境
				构建慢行生活圈
				完善绿道系统
				道路断面优化
				完善人行道、自行车道宽度标准
				完善自行车停车设施的配建标准、布局
				优化人过街设施的类型、布局、间距

续上表

种类	一级对策	二级对策	三级对策	四级对策
交通供给侧	交通设施	自行车步行规划	编制步行自行车专项规划	加强与其他交通方式的衔接与协调规划
				完善公共自行车系统规划（网点布局、规模）
		自行车步行建设	自行车	推进自行车道建设
				自行车停车设施建设
				B+R设施建设
				公共自行车系统建设
				完善隔离设施
			步行	推进步道建设
				推进人行连廊和通道建设
				行人过街设施建设
				完善隔离设施
				街道家具
				无障碍设施建设
				遮阴树木
		道路系统规划	城市道路与公路系统规划	构建功能结构合理的道路体系
				构建网络功能齐全的公路体系
				优化路网布局
				优化路网级配结构
				推广街区制
		道路系统建设	公路网建设	高速公路建设
				国道建设
				省（市）道建设
				县道建设
				乡道建设
			城市道路建设	快速路建设
				主干路建设
				次支路建设
				打通断头路
				推广应用潮汐车道
			疏堵工程	优化平交路口
				优化环路出入口
				建设公交港湾
				隔离护栏设置
				安全防护设施

续上表

种类	一级对策	二级对策	三级对策	四级对策
交通供给侧	交通设施	停车系统规划	构建合理的停车供给体系	停车功能分区及供给规模
				配建指标
				路外公共停车场规划分布
				P+R停车设施规划布局
				路内停车规划分布及设置规范
		停车系统建设	全市停车设施建设	居住小区（配建及挖潜）
				公建配建
				占道
				停车换乘
		物流货运规划	构建高效的货物运输体系	构建城市运行配送物流体系
				构建新型邮政、快递体系
				优化货运场站布局
				完善货运通道规划
		物流货运建设	货运枢纽建设	物流园区建设
				配送中心建设
				末端装卸点建设
				货运通道建设
组织管理侧	法律保障	交通法规	构建高效的交通法规体系	推动降低小汽车使用强度的立法工作
				推动机动车停车管理立法工作
				制订出台规范共享单车运行管理指导意见
		交通执法	构建高效的交通执法体系	执法体制机制
				强化非现场执法
				加强交通路政执法
				加强交通运输执法
				完善路侧停车监管执法
				保险放宽现场取证规定
				强化"门前三包"责任落实
	体制机制	区域交通机制	跨部门协调机制	跨区域设施建设体制机制
				跨地区执法协同联动机制

续上表

种类	一级对策	二级对策	三级对策	四级对策
组织管理侧	体制机制	公共交通机制	完善公共交通体制机制	票制票价改革（多样化）
				轨道交通投融资体制机制
				公共交通用地综合开发机制
				城市公共交通服务质量考评机制
		慢行交通机制	完善慢行交通体制机制	资金保障机制
				评估机制
		道路系统机制	完善道路系统体制机制	道路建设投融资体制机制
				完善市缓堵工作小组
				建立规划公示、监督机制
				强化规划法定效力
				代征代建道路的建设、管理和移交机制
				城市开发强度与城市承载力匹配机制
				完善交通影响评价
		停车系统机制	完善停车系统体制机制	停车投融资体制机制
				停车管理体制机制
				完善路侧停车位规划设置机制
				改革路侧停车经营体制
	运营管理	区域交通管理	运输服务衔接	优化枢纽客流换乘组织
				客运班线公交运营化改造
				旅客"联程联运"
				货物"多式联运"
			智能化管理	综合交通运行协调指挥平台
				高速公路电子不停车收费系统（ETC）
				汽车电子标识
				交通一卡通互联互通
		公共交通管理	轨道交通	构建高品质轨道交通服务体系
				提高轨道交通驻车换乘服务水平
				轨道交通运营制式多样化
				缩短发车间隔
				改善衔接换乘条件
				车站环境改善
				轨道交通养护

续上表

种类	一级对策	二级对策	三级对策	四级对策
组织管理侧	运营管理	公共交通管理	地面公交	构建高品质地面公交服务体系
				优化调整公交线网
				公交信号优先
				多样化公交服务
				"村村通"公交
				公交车辆更新
				乘车环境改善
				改造公交站台设施
				实施公交候车亭综合治理
				智能化调度
				公交电子站牌
		慢行交通管理	自行车	保障自行车道畅通（避免停车、市政设施、商铺占用）
				加强自行车道养护
				加强自行车停车管理
				规范公共自行车停车区域
				交叉口信号优先
				完善指示标识
				完善隔离设施
				公共自行车运营组织调度
			步行	保障人行道畅通（避免停车、市政设施、商铺占用）
				加强步道养护
				交叉口信号优先
				完善指示标识
				完善隔离设施
		道路交通管理	道路桥梁养护	提高公路养护水平
				提高城市道路养护水平
				提高桥梁养护水平
			优化交通组织	构建全网高效管理体系
				推进交通灯控系统深度改造
				科学设置单行线系统

续上表

种类	一级对策	二级对策	三级对策	四级对策
组织管理侧	运营管理	道路交通管理	优化交通组织	潮汐车道
				优化调整快速路主干路出入口
				交叉口渠化改造
				标志标线
				交通管制（大型活动赛事等）
				信号配时
				可变情报板
			交通秩序整治	占路经营、"黑车"摩的、私挖乱掘等环境秩序综合治理
				学校、医院周边地区的交通秩序管理
		停车系统管理	构建高效的停车管理体系	停车立法
				停车执法
				停车对外开放共享
				错时停车
				限时停车
				停车泊立证
				小区域停车综合治理
				加大停车秩序治理力度
				停车资源管理信息系统
				停车诱导
				停车电子收费
		物流货运管理	构建完善的货物运输管理体系	多式联运
				甩挂运输
				共同配送
				夜间配送
				外埠过境大货车绕行
				优化完善车辆结构及通行政策
		智慧交通管理	决策支持	构建智能化高效运营管理体系
				场站枢纽客流监控
				道路网路况检测
				运营车辆监控
				构建全方位智能化交通管理体系

续上表

种类	一级对策	二级对策	三级对策	四级对策
组织管理侧	运营管理	智慧交通管理	决策支持	构建全方位的交通感知体系
				构建便捷电子支付体系
				构建交通行业数据应用与共享体系
				交通数据挖掘
				推进交通行业大数据创新应用
				交通大数据开放共享
				推进跨部门数据融合共享
				交通模型体系
				交通运行时空分析诊断
				发展新能源小汽车分时租赁模式
			信息服务	构建一站式信息服务体系
				建成缓解拥堵信息系统
				网站、热线、移动终端等服务
				综合交通出行信息服务平台
				实现每周交通运行预报及发布
	交通安全与应急	交通安全	交通设施安全	提高交通安全设施水平（标准）
				设施结构安全的检测和维护
				构建高效便捷的智能装备体系
			运行管理安全	事故多发道路隐患排查治理
				规范道路运输企业生产经营行为及主体责任
				加强单位班车、校车等非营运性车辆的运行安全管理
				完善驾驶员培训和管理制度
		应急保障	加强应急保障管理体系	加强非机动车辆使用的安全管理
				健全交通事故应急反应机制
				加强交通事故紧急救援体系建设
	价格体系	停车系统	创新停车收费管理模式	创新路侧停车收费管理模式
				差别化停车收费
				停车收费管理
				积极推动社会单位自有车位有偿使用
				实现"规范收费、人钱分离"经营监督管理

参考文献

[1] 张晓东,高扬.纽约市综合交通规划解析及其对北京的启示[J].交通工程,2014(1):60-64.

[2] Button K, Verhoef E. Road Pricing Traffic Congestion and the Environment[M]. Edward Elgar Publishing, 1998.

[3] 郝瑶.巴黎、伦敦、纽约和东京四大城市的交通政策发展动向[J].投资北京,2002(9):15-16.

[4] 公安部交通管理局.城市道路交通管理评价指标体系[J].道路交通管理, 2012.

[5] 美国交通研究委员会.美国道路通行能力手册[M].北京: 人民交通出版社, 2007.

[6] Dixon L. Bicycle and Pedestrian Level-ofservice Performance Measures and Standards for Congestion Management Systems[J]. Transportation Research Record: Journal of the Transportation Research Board, 1996, 1538: 1-9.

[7] 林建新, 戴冀峰, 杨倩, 等. 城市自行车道路路段服务水平研究——以CBD地区为例 [J]. 北京建筑工程学院学报, 2016, 32(2): 1-5.

[8] 孟杰, 赵连生. 城市公共交通服务水平评价体系研究 [J]. 武汉理工大学学报（交通科学与工程版），2012, 36(3): 620-623.

[9] 曹守华, 袁振洲, 张驰清, 等. 基于乘客感知的城市轨道交通通道服务水平划分[J]. 交通运输系统工程与信息, 2009, 9(2): 99-104.

[10] Jensen S. Pedestrian and Bicycle Level of Service on Road Way Segments[J]. Transportation Research Record: Journal of the Transportation Research Board, 2007, 2031: 43-51.

[11] Landis B W, Vattikuti V R, Brannick M T. Real- time Human Perceptions: Toward a Bicycle Level of Service[J].Transportation Research Record: Journal of the Transportation Research Board, 1997, 1578: 119-126.

[12] 张栋, 杨晓光, 安健, 等.基于乘客感知的常规公交服务质量评价方法 [J]. 城市交通, 2012, 10(4): 72-78.

[13] 张凡, 上官晨博, 邹吉聪, 等. 公共汽车交通服务水平评价系统[J]. 山西大学学报（自然科学版），2010, 33(2): 198-206.

[14] 朱彦, 曹彦荣, 杜道生. 城市快速路行程时间的统计分析与预测[J]. 交通运输工程与信息学报, 2009, 7(1): 93-97.

[15] 陈瑜. 地铁乘客服务水平评价体系研究[J]. 城市轨道交通研究, 2006, 9(9): 63-64.

[16] 张秀媛, 白夜. 模糊统计分析方法在停车管理评价中的应用[J]. 数学的实践与认识, 2006, 36(6): 57-62.

[17] 刘琛, 郑丽媛, 诸云. 基于数据包络法的城市公共自行车系统综合评价[J]. 交通运输工程与信息, 2016, 14(3): 119-128.

[18] 王秋平, 秦利芸. 基于DEA的城市公共交通系统综合评价[J]. 城市公共交通, 2006(5): 25-27.

[19] 周和平, 陈凤. 基于DEA与SFA方法的城市公共交通运输效率评价[J]. 长沙大学学报,2008(05):85-88.

[20] 林广.交通运输与纽约城市发展(1820～1870)[J].城市问题,1997(4):51-54.

[21] 张云宁, 郭建民, 许强. 基于数据包络分析(DEA)模型的城市停车场运行效率评价[J]. 交通标准化, 2008(9): 204-206.

[22] 张鹏, 丁柏群, 何永明. 基于层次分析法的公交服务可靠性综合评价[J]. 城市公共交通, 2012(7): 25-29.

[23] 齐晓杰, 张鹏, 赵雨旸. 基于层次分析法交叉口服务水平的综合评价 [J]. 黑龙江工程学院学报, 自然科学版, 2007, 21(4): 35-38.

[24] 尹俊淞, 刘澜, 梁亮. 基于权重约束数据包络分析模型的地铁站换乘效率评价[J]. 城市轨道交通, 2013, 16(2): 85-88.

[25] 杨洪. 基于AHP-FCE的城市轨道交通服务质量评价[J]. 交通科技与经济, 2012(14): 120-122.

[26] 王维民. 停车需求预测结果评价中的可拓层次分析法[J]. 黑龙江交通科技,2010(07):227-228, 230.

[27] 董红彦, 王秋平. 基于模糊理论的停车场服务水平评价[J]. 交通科技与经济,2009(06):20-23.

[28] 安睿, 韩敏. 城市区域自行车网络运行分析研究[J]. 交通科技与经济, 2017, 19(2): 13-18.

[29] 郭秀珍, 翁小雄. 基于ＡＨＰ法的公交服务水平模糊综合评价[J]. 交通信息与安全, 2014, 32(1): 42-46.

[30] 朱锐, 李林波, 吴兵. 基于模糊评价的常规公交候车服务水平[J]. 重庆交通大学学报(自然科学版),2012(03):103-108.

[31] 向兵, 孙有望. 城市轨道交通乘客服务水平评价方法研究[J]. 城市轨道交通研究,2008(09):31-34.

[32] HILLER B G. Evaluation of a cellular phone- based system for measurements of traffic speed and travel times[J]. The Case Study from Israel, 2007(12): 380-391.

[33] 陆建,王炜.城市道路网规划指标体系[J],交通运输工程报,2004.12,4(4):62-67.

[34] 牛灵芝,温惠英.城市道路拥堵与道路平均速度相关性分析[J],交通信息与安全，2014,32(6):44-47.

[35] 李坦,邵春福,陈晓明.基于模糊神经网络的信号交叉口服务水平模型[J].交通运输系统工程与信息，2009,9(4):127-128.

[36] 海德俊.从世贸中心枢纽的演变看纽约都市圈的区域发展与交通战略[J].交通与运输,2016(z2):30-35.

[37] 袁品矜,袁振洲.信号交叉口服务水平评价体系指标的分析与应用[J].公路交通技术,2006(4):127-128.

[38] Schrank D L, Lomax T J. Urban mobility report[R]. Texas:Texas Transportation Institute, The Texas A & M University System,2001.

[39] Schrank,D．，and Lomax，T．2001 Urban Mobility Report[M].Texas Transportation Institute，2001: 67.

[40] Lomax, T. J.,and Schrank, K. L. The 2005 Urban Mobility Report[M]. Texas Transportation Institute, 2005:91.

[41] U.S.Department of Tmsponation and Federal Highway Administration. Monitoring Urban Freeways in 2003: Current Conditions and Trends from Archived Operations Data[R].U.S.

[42] Tomtom Intenational B. V. 2012 Q3 congestion in dex North America[R].Tomtom International B. V., 2012.

[43] 薛晶晶, 廖唱.城市公交车到站规律及站台服务水平研究.交通运输系统工程与信息,2009,11(S1):74-80.

[44] 柏海舰,李文权.常规公交站台容纳线路能力计算模型[J].东南大学学报(自然科学版), 2007, 37(6): 1078.

[45] 胡启洲，邓卫，张卫华. 城市公交线网的灰色评价及其应用[J].交通运输系统工程与信息，2006，6(2):57-61.

[46] 郭延永,刘攀,吴瑶, 等. 城市轨道交通单线服务水平评价方法与应用[J]. 合肥工业大学学报（自然科学版），2017, 40(3): 384-389.

[47] 杭东.美国纽约如何治理交通堵车[J]. 交通与运输, 2012,28(6):14-14.

[48] 黎冬平, 晏克非, 许明明, 等. 城市轨道车站设施的进站服务水平评价分析[J]. 同济大学学报（自然科学版），2010, 38(10): 1458-1462.

[49] 滕爱兵, 韩竹斌, 李旭宏, 等. 步行和自行车交通系统评价指标体系[J]. 城市交通, 2016, 14(5): 37-43.

[50] 北京交通发展研究院.2016年中国城市交通规划年会论文集[C].中国会议:刘跃军、孙明正、周凌、鹿璐,2016.

[51] 王强.大伦敦地区公共交通系统剖析[J].价值工程.2017.(29):145-147

[52] 单博文. 基于道路服务水平的停车需求预测[J]. 武汉理工大学学报（交通科学与工程版）, 2012(3): 541-544.

[53] 刘大任, 林航飞. 基于车辆被拒绝概率的停车区服务水平研究[J]. 武汉理工大学学报（交通科学与工程版）, 2012(1): 91-94.

[54] 李娅, 龚翔, 王运霞, 祖永昶. 基于VISSIM仿真设置路内停车位的交通量条件[J]. 城市交通 , 2016(6): 55-59.

[55] 张建军, 魏景丽, 吴迪. 城市交通拥堵成因分析及对策研究[C]. 中国城市交通规划年会暨学术研讨会, 2014.

[56] 张嘉敏. 城市交通拥堵的根本原因及对策分析[J]. 综合运输, 2011(11):57-60.

[57] 黄国浪. 城市交通拥堵的识别与预测[D]. 西安：长安大学, 2014.

[58] 丘银英, 唐立波. 城市交通拥堵及治堵政策刍议[J]. 城市交通, 2012, 10(2):40-45.

[59] 谈晓洁, 周晶, 盛昭瀚. 城市交通拥挤特征及疏导决策分析[J]. 管理工程学报, 2003, 17(1):56-60.

[60] 李曼, 王艳辉, 晋君, 等. 基于路网客流模态的城市轨道交通网络拥堵演变机理[J]. 东南大学学报（自然科学版）, 2017(2).

[61] Pigou Arthur C. The economics of welfare [M]. London: Macmillan and Company, 1920.

[62] Congress U S. Intermodal Surface Transportation Efficiency Act[J]. Pub. L, 1991: 102-240.

[63] Transportation Research Board. Highway Capacity Manual 2000[M]. Washington, D.C. National Research Council, 2000.

[64] 曹晓飞. 城市道路交通拥堵评价方法及其应用[D]. 北京：北京交通大学, 2008.

[65] 陶希东.国际大都市治理交通拥堵的国际经验与启示——以香港为例[J].创新,2016,10(01):106-113.

[66] 蒋金亮, 宋瑞, 李晋, 等. 基于DEA的城市道路交通拥堵评价[J]. 交通信息与安全, 2011, 29(3):10-14.

[67] 陆建, 王炜. 面向可持续发展的城市交通系统综合评价方法研究[J]. 土木工程学报, 2004, 37(3).

[68] 吴照章. 香港交通对我国其他城市的借鉴[J]. 交通技术, 2017, 6(3): 113-119.

[69] 李坦, 郭军海, 李明. 基于分段模型的测速雷达电波折射误差修正方法[J]. 飞行器测控学报, 2009, 28(3):39-43.

[70] 刘小明, 段海林. 平面交叉口交通冲突技术标准化研究[J]. 公路交通科技, 1997, 14(3):29-34.

[71] Texas Transportation Institute. 2005 Annual Urban Mobility Report[OL]. Texas A&M University, 2005.

[72] 高自友, 赵小梅, 黄海军, 等. 复杂网络理论与城市交通系统复杂性问题的相关研究[J]. 交通运输系统工程与信息, 2006, 6(3):41-47.

[73] 郭继孚, 刘莹, 余柳. 对中国大城市交通拥堵问题的认识[J]. 城市交通, 2011, 09(2):8-14.

[74] 王笑京. 智能交通系统研发历程与动态述评[J]. 城市交通, 2008, 6(1):5-12.

[75] 庄斌, 杨晓光, 李克平. 道路交通拥挤事件判别准则与检测算法[J]. 中国公路学报, 2006, 19(3):82-86.

[76] 北京市规划和国土资源管理委员会. 北京城市总体规划(2016年—2035年)[Z].2017-09.

[77] 杨涛. 我国城市道路网体系基本问题与若干建议[J]. 城市交通, 2004, 2(3):3-6.

[78] 通勤者出行行为特征与分析方法研究[D]. 北京：北京交通大学, 2007.

[79] 马祖琦. 伦敦中心区"交通拥挤收费政策"——背景、经验与启示[]. 国际城市规划, 2004, 19(1):42-45.

[80] 城市交通拥堵对策——封闭型小区交通开放研究[D]. 长沙：长沙理工大学, 2014.
[81] 姜桂艳, 江龙晖, 王江锋, 等. 城市快速路交通拥挤识别方法[J]. 交通运输工程学报, 2006, 6(3):87-91.
[82] 祝付玲. 城市道路交通拥堵评价指标体系研究[D]. 南京：东南大学, 2006.
[83] 刘志刚, 申金升. 城市交通拥堵问题的博弈分析[J]. 城市交通, 2005, 3(2):63-65.
[84] 韩小亮, 邓祖新. 城市交通拥堵的经济学分析——基于计算经济学的模拟检验[J]. 财经研究, 2006, 32(5):19-31.
[85] 戴东昌, 蔡建华. 国外解决城市交通拥堵问题的对策[J]. 武汉建设, 2010(3):61-63.
[86] 樊晓珂. 城市交通拥堵问题研究[J]. 中国公共安全:学术版, 2007(1):48-51.
[87] 李建琴. 城市交通拥挤的经济分析与对策[J]. 城市问题, 2002(2):59-62.
[88] 潘海啸. 中国城市绿色交通——改善交通拥挤的根本性策略[J]. 现代城市研究, 2010(1):6-10.
[89] 刘晓. 关于城市交通拥堵问题研究的文献综述[J]. 经济研究导刊, 2010(4):102-103.
[90] 王凤武. 优先发展城市公共交通建设和谐城市交通体系[J]. 城市交通, 2007, 5(6):7-13.
[91] 李新佳. 欧洲智能交通建设情况及启发[J]. 城市交通, 2004, 2(2):58-62.
[92] 徐月欣. 不同天气条件下的城市快速路交通拥堵评价与短时预测——以西安市为例[D].西安:长安大学,2017.
[93] 北京市人民政府.北京城市建设总体规划初步方案[Z].1957.
[94] 北京市人民政府.北京城市建设总体规划方案[Z].1983-07.
[95] 中华人民共和国国务院.汽车工业产业政策[Z].1994-03.
[96] 国家发展和改革委员会.汽车产业发展政策[Z].2004-06.
[97] 中华人民共和国国务院.国家高速公路网规划[Z].2004-09.
[98] 北京市人民政府办公厅.北京交通发展纲要(2004—2020年)[Z].2005-04.
[99] 北京市人民政府办公厅.关于优先发展公共交通的意见[Z].2006-12.
[100] 北京市人民政府.关于2008年北京奥运会残奥会期间对本市机动车采取临时交通管理措施的通告[Z].2008-07.
[101] 北京市人民政府.北京市建设人文交通科技交通绿色交通行动计划（2009—2015年）[Z].2009-12.
[102] 北京市人民政府.关于调整首都功能核心区行政区划的请示[Z].2010-06.
[103] 中华人民共和国国务院.国务院关于同意北京市调整部分行政区划的批复[Z].2010-06.
[104] 北京市人民政府.北京市小客车数量调控暂行规定[Z].2010-12.
[105] 北京市人民政府.北京市人民政府关于进一步推进首都交通科学发展加大力度缓解交通拥堵工作的意见[Z].2010-12.
[106] 北京市人民政府.北京市人民政府关于建设公交城市提升公共交通服务能力的意见[Z].2012-06.
[107] 中共中央政治局.京津冀协同发展规划纲要[Z].2015-07.